CONSTITUIÇÃO
E PROCESSO CIVIL

saraivajur.com.br
Visite nosso portal

Coordenação:
Vallisney de Souza Oliveira

CONSTITUIÇÃO E PROCESSO CIVIL

Autores:
Carolina de Souza Lacerda Aires França
Ivana da Cunha Leite
Joana Cristina Brasil Barbosa Ferreira
Ketlen Anne Pontes Pina
Márcio André Lopes Cavalcante
Vallisney de Souza Oliveira

2008

ISBN 978-85-02-06510-9

Dados Internacionais de Catalogação na Publicação (CIP)
(Câmara Brasileira do Livro, SP, Brasil)

Brasil
Constituição e processo civil / coordenação Vallisney de Souza Oliveira. — São Paulo : Saraiva, 2008.

Vários autores.
Bibliografia.

1. Brasil - Constituição (1988) 2. Processo civil - Leis e legislação - Brasil I. Oliveira, Vallisney de Souza. II. Título.

07-4093

CDU-347.9(81)(094.4)
-342.4(81)"1988"

Índice para catálogo sistemático:
1. Brasil : Código de processo civil   347.9(81)(094.4)
2. Brasil : Constituição de 1988   342.4(81)"1988"

Data de fechamento da edição: 3-8-2007.

Editora Saraiva

Av. Marquês de São Vicente, 1697 — CEP 01139-904 — Barra Funda — São Paulo-SP
Vendas: (11) 3613-3344 (tel.) / (11) 3611-3268 (fax) — SAC: (11) 3613-3210 (Grande SP) / 0800557688 (outras localidades) — E-mail: saraivajur@editorasaraiva.com.br — Acesse: www.saraivajur.com.br

Filiais

AMAZONAS/RONDÔNIA/RORAIMA/ACRE
Rua Costa Azevedo, 56 — Centro
Fone: (92) 3633-4227 — Fax: (92) 3633-4782
Manaus
BAHIA/SERGIPE
Rua Agripino Dórea, 23 — Brotas
Fone: (71) 3381-5854 / 3381-5895
Fax: (71) 3381-0959 — Salvador
BAURU (SÃO PAULO)
Rua Monsenhor Claro, 2-55/2-57 — Centro
Fone: (14) 3234-5643 — Fax: (14) 3234-7401
Bauru
CEARÁ/PIAUÍ/MARANHÃO
Av. Filomeno Gomes, 670 — Jacarecanga
Fone: (85) 3238-2323 / 3238-1384
Fax: (85) 3238-1331 — Fortaleza
DISTRITO FEDERAL
SIG QD 3 Bl. B - Loja 97 — Setor Industrial Gráfico
Fone: (61) 3344-2920 / 3344-2951
Fax: (61) 3344-1709 — Brasília
GOIÁS/TOCANTINS
Av. Independência, 5330 — Setor Aeroporto
Fone: (62) 3225-2882 / 3212-2806
Fax: (62) 3224-3016 — Goiânia
MATO GROSSO DO SUL/MATO GROSSO
Rua 14 de Julho, 3148 — Centro
Fone: (67) 3382-3682 — Fax: (67) 3382-0112
Campo Grande

MINAS GERAIS
Rua Além Paraíba, 449 — Lagoinha
Fone: (31) 3429-8300 — Fax: (31) 3429-8310
Belo Horizonte
PARÁ/AMAPÁ
Travessa Apinagés, 186 — Batista Campos
Fone: (91) 3222-9034 / 3224-9038
Fax: (91) 3241-0499 — Belém
PARANÁ/SANTA CATARINA
Rua Conselheiro Laurindo, 2895 — Prado Velho
Fone/Fax: (41) 3332-4894 — Curitiba
PERNAMBUCO/PARAÍBA/R. G. DO NORTE/ALAGOAS
Rua Corredor do Bispo, 185 — Boa Vista
Fone: (81) 3421-4246 — Fax: (81) 3421-4510
Recife
RIBEIRÃO PRETO (SÃO PAULO)
Av. Francisco Junqueira, 1255 — Centro
Fone: (16) 3610-5843 — Fax: (16) 3610-8284
Ribeirão Preto
RIO DE JANEIRO/ESPÍRITO SANTO
Rua Visconde de Santa Isabel, 113 a 119 — Vila Isabel
Fone: (21) 2577-9494 — Fax: (21) 2577-8867 / 2577-9565
Rio de Janeiro
RIO GRANDE DO SUL
Av. Ceará, 1360 — São Geraldo
Fone: (51) 3343-1467 / 3343-7563
Fax: (51) 3343-2986 / 3343-7469 — Porto Alegre
SÃO PAULO
Av. Marquês de São Vicente, 1697 — Barra Funda
Fone: PABX (11) 3613-3000 — São Paulo

Ao constitucionalista JOÃO DOS SANTOS PEREIRA BRAGA, exemplar figura humana, estudioso da ciência jurídica e mestre de muitas gerações, na pessoa de quem os autores também homenageiam a todos os outros professores da Faculdade de Direito da Universidade Federal do Amazonas.

AGRADECIMENTOS

Ao Dr. Jânio Mady dos Santos, pelo apoio, pelo incentivo e pelas sugestões, e ao Dr. Carlos Gomes, por nos brindar com a imprescindível revisão do texto.

Se as coisas são inatingíveis... ora!
Não é motivo para não querê-las...
Que tristes os caminhos, se não fora
A mágica presença das estrelas!

(Mário Quintana)

SUMÁRIO

Apresentação XVII

Prefácio XXI

Capítulo I

O DIREITO À RAZOÁVEL DURAÇÃO DO PROCESSO APÓS A EMENDA CONSTITUCIONAL N. 45/ 2004: *Vallisney de Souza Oliveira* 1
1. Introdução 1
2. Princípios processuais constitucionais 2
3. Princípio do processo sem dilações indevidas 4
4. *Due process of law* e duração razoável do processo 11
5. Contraditório, ampla defesa e celeridade jurisdicional 18
6. Igualdade e tempestividade do processo 23
7. Lentidão processual e responsabilidade do Estado 26
8. Conclusão 35

Capítulo II

PRINCÍPIO CONSTITUCIONAL DA INAFASTABILIDADE DO CONTROLE JURISDICIONAL: QUESTÕES ATUAIS: *Ketlen Anne Pontes Pina* 38
1. Introdução 38
2. O princípio da inafastabilidade do controle jurisdicional 39
   2.1. O direito à efetividade da tutela jurisdicional 41
3. Questões processuais 44
   3.1. A instância administrativa 44
   3.2. O pagamento da multa administrativa com desconto 47
   3.3. Prazo para impetração do mandado de segurança 48
   3.4. O poder judicante do Senado Federal 54
   3.5. A exigência de exaustão da instância da justiça desportiva. 60
   3.6. Tutela antecipada em ação rescisória 66
   3.7. O prequestionamento nos recursos especial e extraordinário 73

3.8. O regime de retenção dos recursos especial e extraordinário 76
3.9. A repercussão geral da questão constitucional 85
4. Conclusão 89

Capítulo III

O *AMICUS CURIAE* E A PLURALIZAÇÃO DAS AÇÕES CONSTITUCIONAIS: *Joana Cristina Brasil Barbosa Ferreira* 91
1. Introdução 91
2. Da relação processual 92
3. Do *amicus curiae* 94
   3.1. Da natureza jurídica 94
   3.2. Da matriz norte-americana 98
      3.2.1. Legitimados a intervir 100
      3.2.2. Causas e matérias em que se admite a participação 101
      3.2.3. Atribuições que lhe são conferidas 102
   3.3. Do modelo adotado no Brasil 103
4. Da abordagem processual 107
   4.1. Da abordagem processual constitucional 108
      4.1.1. Dos aspectos procedimentais 114
         4.1.1.1. Legitimados 115
         4.1.1.2. Pressupostos para a admissão 116
         4.1.1.3. Participação: atos e eventuais sanções 117
      4.1.2. Dos aspectos jurisprudenciais controvertidos 118
         4.1.2.1. Modos de participar no processo 118
         4.1.2.2. Viabilidade recursal 122
         4.1.2.3. Prazo de admissibilidade 124
      4.1.3. Da declaração incidental de inconstitucionalidade 125
      4.1.4. Da argüição de descumprimento de preceito fundamental 126
   4.2. Da previsão em outros diplomas legais 129
      4.2.1. Da Comissão de Valores Mobiliários (CVM) 129
      4.2.2. Do Conselho Administrativo de Defesa Econômica (CADE) 130
      4.2.3. Da previsão na Lei n. 10.259/2001 131
      4.2.4. Da súmula vinculante e do amigo do juízo 133
      4.2.5. Da previsão, controvertida, na Lei n. 9.469/97 136
   4.3. Dos novos horizontes 138
5. Conclusão 142

Capítulo IV
A RELATIVIZAÇÃO DA COISA JULGADA INCONSTITUCIONAL SEGUNDO CRITÉRIOS OBJETIVOS:
Márcio André Lopes Cavalcante 145
1. Introdução 145
2. A teoria da relativização da coisa julgada inconstitucional 146
   2.1. Evolução histórica no Brasil 146
   2.2. A segurança jurídica da coisa julgada e a supremacia da constituição: ponderação de interesses para a promoção da justiça 148
      2.2.1. Os princípios e o ordenamento jurídico 148
      2.2.2. O inevitável e indispensável diálogo entre os princípios constitucionais em função da ponderação de interesses 149
      2.2.3. O princípio da segurança jurídica 150
      2.2.4. O princípio da constitucionalidade ou da supremacia constitucional 152
      2.2.5. A coisa julgada e o ideal da Justiça 154
      2.2.6. A intangibilidade do instituto da coisa julgada é um princípio constitucional? 156
   2.3. O diálogo da supremacia constitucional e da segurança jurídica por meio da ponderação de interesses 158
   2.4. Hipóteses de coisa julgada inconstitucional 162
      2.4.1. Decisão proferida com base em norma posteriormente declarada inconstitucional, em controle concentrado 162
      2.4.2. Decisão baseada na não-incidência de determinada norma, porque considerada inconstitucional *incidenter tantum*, e posteriormente reconhecida constitucional, em controle concentrado 163
      2.4.3. Decisão que deliberou contrariamente à regra ou princípio diretamente contemplado na Constituição Federal 164
   2.5. Natureza da decisão inconstitucional transitada em julgado 165
   2.6. A eficácia da decisão que relativiza a coisa julgada inconstitucional 166
   2.7. A coisa julgada inconstitucional e a ação de investigação de paternidade 169

2.8. O parágrafo único do art. 741 e o recém-editado art. 475-L, § 1º, do CPC 172
3. Os instrumentos processuais adequados à relativização das decisões inconstitucionais transitadas em julgado 175
   3.1. A disciplina do tema no sistema jurídico-constitucional brasileiro 175
   3.2. Instrumentos processuais em espécie 177
   3.3. *Querela nullitatis insanabilis* 179
   3.4. Argüição de descumprimento de preceito fundamental ... 181
4. A contra-ofensiva à teoria da relativização da coisa julgada 184
5. A concepção objetiva da teoria da relativização da coisa julgada inconstitucional 188
   5.1. O vício da sentença que autoriza a relativização 189
   5.2. Os efeitos da declaração 189
   5.3. Os instrumentos de controle 189
   5.4. Novos rumos 190
6. Conclusão 190

Capítulo V

ANTECIPAÇÃO DE TUTELA EM FACE DA FAZENDA PÚBLICA: ASPECTOS CONSTITUCIONAIS-PREVIDENCIÁRIOS: *Ivana da Cunha Leite* 194
1. Introdução 194
2. O Direito Previdenciário brasileiro na Constituição Federal de 1988 — breves considerações 195
3. Dos princípios constitucionais-previdenciários 196
   3.1. Considerações iniciais 196
   3.2. Princípio da dignidade da pessoa humana 198
   3.3. Princípio da justiça social 200
   3.4. Princípio da igualdade material 201
   3.5. Princípio da legalidade 201
   3.6. Princípios da proporcionalidade e da razoabilidade 202
      3.6.1. Princípio da proporcionalidade e seus subprincípios 202
      3.6.2. Princípio da razoabilidade 204
   3.7. Princípio da inafastabilidade da jurisdição 207
4. Fazenda Pública e tutela antecipada 208
   4.1. Considerações gerais 208
   4.2. Prerrogativas da Fazenda Pública federal em juízo 208
   4.3. Do duplo grau necessário 210

4.3.1. Da concessão da tutela antecipada na sentença 218
4.4. Do efeito devolutivo do art. 520 do CPC 219
4.5. Da efetivação da tutela antecipada 222
    4.5.1. Dos precatórios 223
4.6. Da irreversibilidade dos efeitos práticos da antecipação 228
4.7. Da suspensão da antecipação da tutela contra o Poder Público 231
5. Antecipação da tutela no Direito Previdenciário 232
    5.1. Requisitos da antecipação da tutela previdenciária 233
        5.1.1. Requerimento da parte autora 233
        5.1.2. Verossimilhança e prova inequívoca 234
        5.1.3. Risco de dano irreparável ou de difícil reparação .. 234
    5.2. Espécies de tutela antecipada previdenciária 235
        5.2.1. Nas ações revisionais de cálculo ou reajuste de benefícios 235
        5.2.2. Nas ações sobre cancelamento de benefício 236
        5.2.3. Nas ações sobre prestações vencidas 238
6. Conclusão 238

Capítulo VI

EXECUÇÃO DE DÍVIDA DE PEQUENO VALOR: EXCEÇÃO CONSTITUCIONAL AO REGIME DO PRECATÓRIO: *Carolina de Souza Lacerda Aires França* 241
1. Introdução 241
2. Conceito de Fazenda Pública 242
3. Bens públicos 247
4. Procedimento da execução por quantia certa contra a Fazenda Pública 251
5. Precatórios 265
6. Execução de dívida de pequeno valor contra a Fazenda Pública 271
    6.1. Exceção ao uso do precatório 272
    6.2. O procedimento da execução das obrigações de pequeno valor contra a Fazenda Pública 285
    6.3. O procedimento executivo por quantia certa da Lei n. 10.259/2001 289
7. Conclusão 293

Referências 297

APRESENTAÇÃO

Pede-me o Professor Vallisney de Souza Oliveira, da Faculdade de Direito da Universidade Federal do Amazonas, autor do primeiro dos estudos aqui reunidos e Coordenador da coletânea de atualidades de Direito Processual Civil Constitucional, que os enfeixa, para sobre ela escrever duas palavras à guisa de apresentação.

Duplamente me sensibiliza a incumbência.

Com este conjunto de ensaios, a própria comunidade acadêmica da área de pós-graduação em Direito, que os seis ensaístas personificam pelo que são ou pelo que foram, presta homenagem mediata e difusa a todos os professores da velha Faculdade de tão gratas lembranças minhas, seja como discente, seja como docente. Mas, não só. Esmera-se em fazê-lo, em grau imediato, na pessoa de ex-aluno meu muito dileto, e desde então e até hoje boníssimo amigo, o Professor João dos Santos Pereira Braga.

Ali o conheci em fins da sexta década do século passado. Era a escola, então, estabelecimento federal isolado de ensino superior, conformação que guardou por bom tempo até ser absorvida pela ressurecta Universidade do Amazonas, hoje denominada Universidade Federal do Amazonas. E dela éramos, ele, aluno destacado, e eu, Professor Catedrático de Direito Judiciário Penal, como se usava chamar a disciplina antes que o *boom* de especulação acadêmica e investigação científica catapultasse o processo, tanto civil quanto penal, às marcas notáveis de afirmação e prestígio que entrou a ostentar contemporaneamente.

Não tenho dados seguros a respeito, mas é muito provável que João Braga haja sido meu aluno em 1960, quando terá cursado — aí incluída a disciplina a meu cargo — o 5º ano do Bacharelado. Mas eu o conhecera desde antes, no próprio ambiente escolar, que foi, naquela fase, extremamente propício.

Com efeito, federalizara-se a Faculdade em fins de 1949. Impusera-se, fazia tempo, a reconstituição de sua Congregação, que a bem dizer se esvaziara desde as desacumulações do Estado Novo, mediante realização de concursos para provimento das cátedras vagas, que eram todas, menos uma. Após uma primeira tentativa de parco resultado, pois se limitou à realização em 1945, com aprovação e indicação do candidato inscrito, de

XVII

um só certame endereçado à cátedra de Medicina Legal, deu-se curso a uma segunda jornada, esta, pós-federalização, bem-sucedida com a realização, entre 1953 e 1960, de praticamente todos os concursos. Esse foi período de notável efervescência cultural que empolgou a Escola e a própria cidade, para a qual afluíam, compondo bancas examinadoras, Mestres consagrados de grandes centros nacionais.

Graças a seus atributos intelectuais e morais, à sua irretocável compostura, à lhaneza ímpar do seu trato, enfim — como resumido magnificamente na dedicatória da obra, que lhe fazem seus autores —, ao seu perfil de exemplar figura humana, conhecer João Braga naqueles idos implicou, para mim, tornar-me seu amigo desde então e cultivar zelosamente essa amizade que em pouco se fará cinqüentenária.

É verdade que, havendo-me transferido de Manaus para Brasília em 1964, não lhe pude acompanhar de perto, para testemunhá-lo pessoalmente, o itinerário encetado dali por diante. Sei-o, porém, marcado por episódios e ofícios consagradores, desde a advocacia brilhantemente exercida nos primeiros tempos até o magistério jurídico, que terminou por sublimar no seu culto ao Direito Constitucional, tudo sem prejuízo, em fase mais recente, do desempenho da chamada judicatura contábil, a que também se emprega como Conselheiro do Tribunal de Contas do Estado do Amazonas, tendo já sido, inclusive, seu presidente.

O tributo, pois, que aqui se lhe presta, constitui ato feliz de lídima justiça. Nada pode servir melhor à apresentação da obra que o veicula.

Gratifica-me também a incumbência, por outro lado, com o prazer da boa impressão haurida, em sua forma e na densidade jurídica de sua substância, dos ensaios que integram a coletânea e que, quiçá por isso e como se fora para lhes exprimir o mútuo e harmônico ligamento, são chamados capítulos.

A harmonia entre todos, há pouco acentuada, revela-se mais nítida em face de especulação que se faça, de haverem provindo, na seleção dos assuntos e na sua titulação, de um só estudioso — e não de seis como se deu. Neles são trabalhados, é certo, temas atuais e polêmicos, mas tanto melhor: garimpar na Constituição elementos processuais garantistas explícitos ou implícitos, isolá-los e conceituá-los cabalmente e traçar de cada um a particular fisiologia é cometimento impostergável de obra nova como esta.

O livro é bom e recomenda a Academia em que foi gerado. Parabenizo seus autores — o Professor Doutor Vallisney Oliveira, também Coordenador, o Defensor Público e Professor Márcio André, a Procuradora Ketlen Pina, a advogada Ivana Leite e as pós-graduadas em Direito Joana Cristina e Carolina Lacerda — pela iniciativa que tomaram e pelo sucesso que lhe propiciaram.

Xavier de Albuquerque

Ministro aposentado, ex-Presidente do Supremo Tribunal Federal. Ex-Professor Catedrático da Faculdade de Direito da Universidade do Amazonas. Ex-Professor Titular da Universidade de Brasília. Advogado

PREFÁCIO

Aquele que leia, sem paixão e preconceito, o texto da Constituição de 1988 poderá, descontados os naturais problemas de qualquer obra do ser humano, asseverar que se trata, sem dúvida, de diploma exemplar, profundamente renovador, à altura dos melhores que o constitucionalismo tem produzido, aí incluídas as justamente decantadas Constituições da Espanha e Portugal.

O primeiro dado a destacar é de topografia, mas igualmente de conteúdo: o texto se instaura com a indicação dos princípios fundamentais, direitos individuais, garantias fundamentais e direitos sociais. Em vez da clássica exposição vestibular da estrutura do Estado e de seus Poderes, deu-se prevalência ao cidadão e ao trabalho: no dado geográfico, uma eleição ideológica. Aí está porque é ela, verdadeiramente, uma Constituição-Cidadã, como lhe chamou meu saudoso Amigo Deputado Ulysses Guimarães.

E mais. O Poder Judiciário foi nela contemplado com maior responsabilidade e atribuições, motivando, em contrapartida, diversos novos deveres, tais como a necessidade de ensejar ampla defesa, de fundamentar os julgados e de imprimir transparência aos seus atos.

Vale registrar: a exemplo das melhores Constituições do mundo, a nossa Carta Magna, ao dar guarida a regras processuais, confia ao magistrado brasileiro a proteção aos mais fracos, dotando-o para tanto dos meios de resolver a gama de conflitos presentes em todas as classes sociais.

A experiência vem demonstrando que a opção constitucional de proteção por meio do processo se realiza plenamente, pois em quase vinte anos de vigência de nossa Constituição as demandas se multiplicaram e, em conseqüência, muitos direitos, antes apenas sonhados pelo povo, lhe foram conferidos.

Os delineamentos do Estado Democrático de Direito e do justo processo são estudados na presente obra, sob a coordenação eficiente do Juiz Federal Vallisney de Souza Oliveira, ora atuando, por convocação, como Desembargador Federal no Tribunal Regional Federal da 1ª Região, com sede em Brasília — DF.

No capítulo inicial da obra, que pretende homenagear o ilustre professor João Braga e toda a Faculdade de Direito da Universidade Federal do Amazonas, Vallisney de Souza Oliveira — autor dos prestigiados livros editados pela Saraiva: *Embargos à execução fiscal, Audiência, instrução e julgamento* e *Nulidade da sentença e o princípio da congruência* — expõe sua visão doutrinária a respeito do direito constitucional ao processo sem dilações indevidas, assunto que já constava implicitamente da Carta Maior. Em seu estudo, com profundidade analisa o novo inciso LXXVIII, contemplado na Reforma do Judiciário aprovada em 2004, de cuja proposta, até 2002, tive a honra de ser o relator no âmbito do Senado.

O citado autor amazonense, que é Doutor em Direito Processual e Professor de graduação e pós-graduação da Faculdade de Direito da Universidade Federal do Amazonas, avança no tratamento do tema no direito estrangeiro, ressaltando sua relação com os princípios do contraditório e da igualdade. Enfoca, ainda, a lentidão do processo, que internamente repercute na restituição do bem apreendido e que externamente dá ensejo à ação de responsabilidade do Estado, pelo descumprimento do direito constitucional de ter o litígio terminado em prazo razoável.

No capítulo seguinte, Ketllen Pina enfrenta as questões processuais controvertidas concernentes ao princípio constitucional da inafastabilidade do controle jurisdicional, defendendo o ponto de vista de que restrições impostas pela lei à concessão de liminares não podem obstar à incidência do preceito constitucional do acesso à justiça.

Ao mesmo tempo, trata do esgotamento da instância administrativa como condição para se buscar a tutela jurisdicional, bem como do poder judicante do Senado Federal no processo de julgamento do Presidente da República por crime de responsabilidade em face do princípio constitucional da inafastabilidade da jurisdição.

Outras questões sempre atuais ainda são abordadas no mesmo artigo, tais como o exaurimento das instâncias desportivas (art. 217, § 1º, da CF/88) e seu confronto com a atuação do Poder Judiciário, a exigência de pré-questionamento para a interposição dos recursos especial e extraordinário, o prazo previsto para a impetração do mandado de segurança e a exigência de depósito para o conhecimento de recurso administrativo, tudo em face do princípio de acesso à justiça, reputado como de máxima garantia e fundamental para a organização do Estado e suas funções pelo modelo formado no Brasil de jurisdição única.

No terceiro capítulo, Joana Cristina Barbosa, ex-aluna da Universidade Federal do Amazonas e especialista em Direito pela Universidade

Mackenzie/SP, reporta-se à figura democrática do *amicus curiae* e à pluralização das ações constitucionais, entendendo que esse novo sujeito processual tem como finalidade principal auxiliar o juiz na interpretação do direito, pelo que não se trata de mera intervenção de terceiros, como defende parte da doutrina que começa a se firmar aos poucos no Brasil.

Vai a autora às origens do *amicus curiae*, no sistema norte-americano, para chegar à legislação atual, em especial às Leis de Ação Direta de Inconstitucionalidade e de Argüição de Descumprimento de Preceito Fundamental.

No quarto capítulo, Márcio André Cavalcante, ex-aluno e agora professor da Universidade Federal do Amazonas, cuida da concepção objetiva da relativização da coisa julgada inconstitucional, mesmo após o prazo bienal da rescisória, realizando a análise do aparente conflito entre os princípios da supremacia constitucional e da segurança jurídica, que deverá ser resolvido pela ponderação de interesses.

Em seu texto, defende que a relativização ocorre com a necessidade de violação direta e objetiva do texto constitucional, a mitigação dos efeitos retroativos da declaração de nulidade, a razoabilidade na escolha dos instrumentos processuais cabíveis e faz, por fim, um apelo ao legislador para a regulamentação do tema.

Ao entrar nos meandros do direito constitucional, previdenciário e processual, a advogada Ivana Cunha Leite enfrenta, no quinto capítulo, a tutela antecipada contra a Fazenda Pública: aspectos constitucionais-previdenciários, no qual discorre acerca da questão dos beneficiários da Previdência em litígio com o INSS, quando é premente o direito a ser protegido, seja pela idade dos autores, seja pela necessidade alimentar.

Defende a antecipação da tutela contra a Fazenda Pública Previdenciária, invocando os princípios da dignidade humana, da justiça social e da igualdade material, todos previstos na nossa Carta Maior, e descortina o difícil e sempre tormentoso problema dos litígios entre o particular e o Estado.

No último capítulo, Carolina Lacerda, também pós-graduada em Direito pela Universidade Federal do Amazonas, pormenoriza toda a legislação decorrente do art. 100 da Constituição Federal relacionada com o pagamento dos débitos públicos, por sinal matéria em permanente debate legislativo, doutrinário e jurisprudencial.

Nesse estudo, Carolina Lacerda analisa ainda os aspectos da execução civil e as modificações legais, em especial a Emenda Constitucional

n. 20, de 13 de setembro de 1998, bem como as Emendas Constitucionais n. 30 e 37, de 13 de setembro de 2000 e 12 de junho de 2002, repectivamente, além de outras pautas necessárias para que o Estado cumpra o seu débito de forma justa e célere.

Por derradeiro, merece colocado em relevo que o Professor Vallisney de Souza Oliveira e seus ex-alunos e hoje exemplares profissionais do Direito conseguem reafirmar com esses estudos a fé na Constituição Federal e nas suas regras processuais, mercê do brilho que a elas conseguiram imprimir.

Por essa razão, esta obra não padece da mais leve miopia exegética, razão pela qual merece ela ser lida por tantos quantos primam pela atualização na Ciência do Direito Constitucional Judiciário.

J. Bernardo Cabral

Presidente da Ordem dos Advogados do Brasil (1981-1983). Relator-Geral da Constituição Federal de 1988 e Doutor *Honoris Causa* pela Universidade Federal do Rio de Janeiro (2005)

Capítulo I
O DIREITO À RAZOÁVEL DURAÇÃO DO PROCESSO APÓS A EMENDA CONSTITUCIONAL N. 45/2004

> Vallisney de Souza Oliveira
>
> Juiz Federal. Professor da Universidade Federal do Amazonas — UFAM. Mestre e Doutor em Direito (PUC/SP). Ex-Procurador da República e ex-Promotor de Justiça. Graduado em Direito pela Universidade Federal do Amazonas

1. Introdução

Existem, sem dúvida, numerosos problemas judiciais com muitas conseqüências no acesso do povo à jurisdição. Entre as causas dos óbices para a efetividade e a rapidez na solução das demandas, arrolam-se problemas de organização e estruturação do Judiciário, a enormidade de litígios em face da insuficiência de julgadores para resolvê-los, o óbice na legislação processual, tais como o excessivo número de recursos e o procedimento inoperante da execução, entre tantos outros.

A chamada morosidade jurisdicional, mais do que um problema, é uma conseqüência de outras indesejáveis causas que se refletem na jurisdição e na estrutura do Poder incumbido de julgar.

O quadro caótico e complexo da ritualística processual brasileira gera sensação de impotência nos operadores do Direito e insatisfação nas partes, que se deparam com o difícil e caro acesso ao Judiciário e com a demora exagerada na efetivação e na conclusão das causas.

Por outro lado, diante de tal situação, os estudiosos da Ciência do Direito e o próprio Estado, por meio do Legislativo e também do Executivo, passaram a buscar, nas últimas décadas, medidas alternativas ao quadro problemático do procedimento judicial, a fim de possibilitar às pessoas uma justiça realmente rápida e efetiva, a exemplo de inúmeras leis modificadoras da legislação processual civil, sobretudo entre 2005 e 2007.

Mas, alerte-se, a celeridade almejada não pode deixar de se conciliar com a segurança jurídica, princípio de maior preocupação, nos últimos anos, para os elaboradores dos Códigos, que concebiam a técnica como o grande apanágio do Direito Processual.

Nesse contexto, consagra-se o princípio do acesso rápido à justiça, garantia individual contra o Poder Público, que, tendo o monopólio de dizer e de efetivar o direito, possui também a difícil incumbência de prestar a jurisdição com segurança, mas sem tardança.

Falhando o juiz no desiderato de realizar a justiça, o princípio a ser aqui tratado incidirá para que o débito do Estado, por não ser presto na sua missão jurisdicional, além de outras conseqüências, possa ser satisfeito com eventual reparação de dano causado ao cidadão.

Diante disso, sobressai-se o direito ao processo sem dilações indevidas, um dos princípios processuais decorrentes do devido processo legal, agora convenientemente posto na Constituição da República, por meio da Emenda Constitucional n. 45, de 2004. Essa inovação contribuirá para consolidar o entendimento de que, em caso de prejuízo pela inobservância desse direito constitucional de recepção do serviço de justiça adequado, o cidadão tenha incontestável amparo jurídico. E o Estado, que tem basicamente quase o monopólio de julgar, deverá obrigar-se a prevenir ou a reparar eventuais danos causados a direitos subjetivos.

2. Princípios processuais constitucionais

Atualmente vem-se dando uma atenção muito grande aos princípios constitucionais, que deixaram a estática posição de reserva e de suplemento de normas e passaram a assumir um papel ativo e fundamental na formação do Direito e no método interpretativo.

Dessa nova concepção doutrinária e legislativa de princípios constitucionais, advém o fato de que no transcorrer de um processo, judicial ou administrativo, não podem ser transgredidos mandamentos imprescindíveis, como ampla defesa, igualdade das partes, licitude na produção de provas e outros, mesmo que para isso haja de se afastar o método interpretativo literal em relação a uma simples norma, a qual poderá deixar de ser aplicada em caso de choque com superiores preceitos principiológicos.

Esses preciosos mandamentos constitucionais se contextualizam na busca do aperfeiçoamento do sistema jurídico e em compasso com os anseios da sociedade atual, isto é, da sociedade deste novo século que começa a dar os primeiros sinais.

Os princípios, assentados na Constituição brasileira em vigor, impõem observância por parte do juiz, por parte dos litigantes e das demais pessoas atuantes na *vida* jurisdicional, quanto a que os atos processuais praticados estejam isentos de vícios e alcancem a finalidade maior da verdade e da entrega do bem jurídico tutelado pelo direito a quem tem razão.

A violação a esses comandos maiores, além de implicar transgressão à norma de hierarquia superior no ordenamento jurídico, acarreta o desrespeito a emanações de justiça e de ideais do constituinte brasileiro de 1988, que rejeitou veementemente a ditadura e o arbítrio, de triste experiência entre as décadas de sessenta e oitenta do século passado, seja provinda de qualquer Poder ou organismo estatal.

Ao se prever e se exigir do juiz cumprimento dos princípios decorrentes do fundamental devido processo, está-se defendendo a atuação dentro dos contornos constitucionais[1]. Por outro lado, atente-se não ser lícito aos operadores do Direito o respeito inflexível a um princípio, com atropelo a outros; tampouco é aceitável a distinção privilegiada, em todas as ocasiões, ao considerado mais importante, pois tais preceitos, assim como as relações sociais, amoldam-se e se conformam no espaço confortável do sistema jurídico, de modo que a não-aplicação de um deles, em dada ocasião, não significa sua invalidade.

O juiz adotará suas decisões seguindo as normas atuantes no caso concreto, daí configurar de grande relevância que sejam realçados o papel e a função dos sujeitos do processo perante os princípios vetores do Direito Constitucional. E a obtenção de um veredicto justo e imparcial implica tutela do melhor direito, sem dilações indevidas e com aplicação da lei de forma racional e proporcional, seguindo-se a larga estrada do devido processo, com garantia às partes do contraditório, da ampla defesa e dos demais princípios processuais incidentes nas demandas levadas ao Poder Judiciário, como a fundamentação e a publicação dos atos judiciais.

Assim, os princípios processuais constitucionais interligam-se entre si, são cada vez mais imprescindíveis no processo e trazem consigo regras éticas e comandos extraídos do corpo da Constituição da República, razão pela qual crescem continuamente em importância e atualidade.

---

[1] Deve ser lembrado que o devido processo e muitos outros princípios constitucionais são essenciais em qualquer procedimento de atuação dos três Poderes, impondo obediência não somente ao juiz, no processo judiciário, mas também à autoridade executiva, no procedimento administrativo, e à legislativa, como, por exemplo, no procedimento da Comissão Parlamentar de Inquérito (CPI), hoje tão usual no Brasil.

Ressalte-se ainda que, além dos princípios estabelecidos na Constituição brasileira, existem outros, provenientes do § 5º do art. 5º da Carta da República, os quais o próprio constituinte de 1988 optou por não arrolar em lista exaustiva. Ou melhor, além daqueles explícitos no sistema constitucional pairam princípios subsumidos de outros, de igual valia, expressos ou acordados em tratados internacionais a que o Brasil aderiu.

Por exemplo, a igualdade processual não está expressa na Constituição. Decorre do devido processo legal e do próprio princípio da igualdade geral (art. 5º, *caput*, e incisos), que têm a mesma validade de outras regras explícitas na Constituição como as da fundamentação das decisões e da publicidade dos atos[2].

O princípio da razoável duração do processo, recentemente incluído na Constituição, pela Emenda n. 45/2004, antes já tinha amparo no devido processo legal e em tratado internacional (Pacto de São José da Costa Rica de 1969) que o Brasil aceitou e que nossa legislação posteriormente ratificou.

3. Princípio do processo sem dilações indevidas

Como se disse anteriormente, a morosidade é causa de insatisfações do cidadão[3], preocupação do Estado e fator negativo à imagem do Poder Judiciário brasileiro perante a sociedade e até perante outros países.

Deve-se consignar que a longevidade na solução das controvérsias não existe somente no Brasil, ao contrário, trata-se de um problema mundial[4]. Daí a causa da adoção por inúmeros ordenamentos estrangeiros

---

[2] O mesmo se pode falar da Constituição italiana, cujo art. 111 deixou de contemplar (expressamente) o princípio da publicidade dos atos processuais, o que não passou despercebido a, entre outros, Luigi Paolo Comoglio, para quem a publicidade, mesmo não tendo sido prevista na reforma constitucional, constitui garantia sobre a qual se funda o direito ao processo équo ("Il giusto processo" civile nella dimensione comparatistica. *Revista de Processo,* São Paulo: Revista dos Tribunais, n. 108, p. 138, out./dez. 2002).

[3] "O pronunciamento judicial que cumpre com sua nobre missão de compor uma controvérsia intersubjetiva ou um conflito de alta relevância social (na esfera penal) no momento oportuno proporciona às partes, aos interessados e aos operadores do Direito grande satisfação. Mesmo aquele que sai derrotado não deve se lamentar da pronta resposta do Judiciário uma vez que, pelo prisma psicológico, o possível e natural inconformismo é, sem dúvida, mais tênue quando a luta processual não se prolonga durante muito tempo" (CRUZ E TUCCI, José Rogério. Garantia do processo sem dilações indevidas — Responsabilidade do Estado pela intempestividade da prestação jurisdicional. In: *Temas atuais de direito processual civil.* Belo Horizonte: Del Rey, 2001, p. 169).

[4] Anota a autora lusitana Conceição Gomes, ao tratar da morosidade processual: "A crise da justiça não é um problema específico de Portugal. Atravessa fronteiras e está presente em países

de regras prevendo um processo rápido e efetivo, bem como de instalação na Europa de uma Corte Supranacional destinada a fiscalizar e até mesmo a condenar o Estado aderente pelo descumprimento do princípio da razoabilidade de duração do processo, entre outras transgressões a direitos humanos.

A preocupação com a morosidade da justiça teve espaço inicialmente na Declaração de Direitos e Deveres do Homem, pela qual "toda pessoa pode recorrer aos tribunais para fazer respeitar os seus direitos. Deve poder contar, outrossim, com processo simples e breve, mediante o qual a justiça a proteja contra atos de autoridade que violem, em seu prejuízo, qualquer dos direitos fundamentais consagrados constitucionalmente"[5]. Todavia, como bem observa Luigi Paolo Comoglio, essa Declaração Universal de 1948 não foi explícita quanto ao direito ao processo em tempo razoável, somente previsto de modo indubitável na Convenção Européia dos Direitos Humanos de 1950[6], aceita por inúmeros Estados Europeus.

Assim, segundo a Convenção Européia dos Direitos do Homem e das Liberdades Fundamentais, de 1950, "qualquer pessoa tem direito a que sua causa seja examinada eqüitativa e publicamente, num prazo razoável por um tribunal independente e imparcial" (art. 6.1) e quando presa ou detida, "tem direito de ser julgada num prazo razoável" (art. 5.3)[7].

A partir de então instituiu-se a Corte Internacional de Direitos Humanos — o Tribunal de Estrasburgo — com sede em França, a qual, sem

---

cultural, social e economicamente distintos. Trata-se de um fenômeno global, naturalmente com causas, matizes e sintomas muito específicos ou, ainda que semelhantes, com diferentes intensidades. Apesar das especificidades, em muitos países o acesso à justiça está a ser fortemente afetado pela longa duração dos processos. A lentidão da justiça é, consensualmente, reconhecida como um dos problemas mais graves dos atuais sistemas judiciais, com custos sociais, políticos e econômicos muito elevados. Pode, por exemplo, potenciar a criminalidade oculta, a proliferação de formas alternativas ilegítimas de resolução de conflitos, como é o caso da cobrança de dívidas ou do recurso a justiceiros (milícias populares) ou afastar investimentos econômicos" (*O tempo dos tribunais*: um estudo sobre a morosidade da justiça. Coimbra: Coimbra Ed., 2003, p. 12 — Coleção Tribunais em sociedade — 1).

[5] Nesse sentido, ZANFERDINI, Flávia de Almeida Montingelli. *O processo civil no 3º milênio e os principais obstáculos ao alcance de sua efetividade*. Rio de Janeiro: Forense, 2004, p. 5.

[6] COMOGLIO, Luigi Paolo. Garanzie costituzionali e "giusto processo" (modelli a confronto). *Revista de Processo*, São Paulo: Revista dos Tribunais, n. 90, p. 108, abr./jun. 1998.

[7] Segundo Mauro Cappelletti, a Convenção Européia reconhece explicitamente que a Justiça que não cumpre com suas funções dentro de um prazo razoável para muitos é uma Justiça inacessível (*Acesso à justiça*. Porto Alegre: Sergio Antonio Fabris Editor, 1988, p. 20-21).

prejuízo do controle no âmbito interno de cada país signatário, fiscaliza a atuação do Estado pactuante quanto à razoável duração do processo.

A Itália acrescentou à Constituição italiana (Emenda n. 2, de 1999) o § 2º do art. 111, segundo o qual a jurisdição deve concretizar-se mediante o justo processo legal, com obediência ao contraditório, à igualdade e à imparcialidade do juiz, devendo a lei assegurar a razoável duração procedimental.

É interessante a experiência desse país, que em 1997 aderiu à Convenção Européia. Depois de ter sofrido inúmeras e consideráveis condenações na Corte de Estrasburgo pelo descumprimento do art. 6º da Convenção[8], o Estado italiano promulgou a Lei n. 89, de 24 de março de 2001 — a denominada Lei Pinto —, a qual criou um procedimento próprio para os pedidos de indenização perante os tribunais domésticos (Cortes de Apelo e Corte Constitucional)[9]. Isso causou a diminuição ou o total desaparecimento das demandas pela violação à ausência de razoável duração dos processos perante a Corte Internacional de Direitos Humanos, mas não resolveu o problema da exagerada demora dos processos na Itália[10].

---

[8] As somas chegaram a oito bilhões de liras em 1997, sete bilhões de liras em 1998, doze bilhões de liras em 1999, dezenove bilhões de liras em 2000 (VELI, Giovanni Berti Arnoaldi. Il diritto ad un processo di ragionevole durata: la "Legge Pinto" e l'Europa tradita. Disponível em <http://www.fondazioneforensebolognese.it/relazione.> Acesso em 27-5-2005. p. 4).

[9] A mencionada lei e a jurisprudência das Cortes Italianas logo no início sofreram duríssimas e implacáveis críticas na doutrina. Uma das mais agudas foi feita pelo mesmo Giovanni Berti Arnoaldi Veli. Segundo esse autor a Lei Pinto surgiu para atender à pressão da Corte Européia de Direitos Humanos, quase que totalmente tomada de recursos na sua grande maioria da Itália — criando um alívio na Corte de Estrasburgo após sua edição. Essa mesma lei nada previu sobre a aceleração de processos, enquanto os cidadãos italianos ficaram privados de uma justiça supranacional, com jurisprudência já consolidada acerca da condenação pela irrazoável duração das causas, o que se agravou em razão de as Cortes de Apelo não estarem seguindo a consolidada jurisprudência da Corte Internacional de sucessivas condenações do Estado Italiano (Il diritto ad un processo di ragionevole durata: la "Legge Pinto" e l'Europa tradita, cit., p. 2-3). Todavia, como observou mais recentemente Elena Falletti, a Suprema Corte Italiana reconheceu, em março de 2004, ser dever do juiz italiano, na medida do possível, tentar aplicar a Lei Pinto conforme a jurisprudência da Corte Européia de Direitos Humanos (Si ricompone il contrasto tra la Corte di Strasburgo e la giurisprudenza italiana sull'effettività del rimedio interno previsto dalla legge Pinto. *Rivista Trimestrale di Diritto e Procedura Civile*, Milano: Giuffrè, n. 1, p. 218-219, mar. 2005).

[10] Em 2001, após a edição da Lei n. 89, a Corte Européia remeteu para as Cortes italianas todos os *recursos* lá depositados, ficando aliviada da enormidade de processos contra a Itália que sobrecarregavam aquela Corte Internacional. Porém, a Corte Européia, em casos particulares, sobretudo quando não se concede ao recorrente a efetividade e a acessibilidade da tutela no Direito Inter-

Também a Constituição Espanhola dispõe que todas as pessoas têm o direito a uma tutela efetiva dos juízes e tribunais (art. 24.1) e a um processo público sem dilações indevidas e com todas as garantias (art. 24.2). Aliás, essa Constituição vai além, ao prever um direito a uma indenização pelo Estado pelos danos causados em conseqüência do mau funcionamento da Administração da Justiça (art. 121), em que se enquadra obviamente a dilação indevida.

Na Constituição da República Portuguesa, na mesma linha, "todos têm direito a que uma causa em que intervenham seja objeto de decisão em prazo razoável e mediante processo eqüitativo" (art. 20.4). Segundo o art. 21 do Código de Processo Civil português, "a proteção jurídica através dos tribunais *implica o direito de obter, em tempo razoável*, uma decisão judicial que aprecie, com força de caso julgado, a pretensão regularmente deduzida em juízo, bem como a possibilidade de *fazê-la* executar" (grifos nossos).

Na América do Norte, é de salientar também a Emenda VI da Constituição dos Estados Unidos, que consagra, segundo Abraham e Perry, o "direito a um rápido e público julgamento, por um júri imparcial, no Estado e distrito onde o crime foi cometido"[11].

A Convenção Americana de Direitos Humanos, o chamado Pacto de São José da Costa Rica, de 1969, dispõe, em seu art. 8.1, o que segue: "Toda pessoa terá o direito de ser ouvida, com as devidas garantias dentro de um prazo razoável, por um juiz ou tribunal competente, independente e imparcial". Essa mesma Convenção dispõe no seu art. 25.1: "Toda pessoa tem direito a um recurso simples e rápido ou a qualquer outro recurso efetivo perante os juízes ou tribunais competentes, que a ampare contra atos que violem seus direitos fundamentais reconhecidos pela Constituição, a lei ou a presente Convenção, ainda quando tal violação seja cometida por pessoas que atuem no exercício de suas funções oficiais"[12].

---

no, tem afastado excepcionalmente o princípio da *subsidiariedade* e recebido o recurso do cidadão, sem necessidade de exaurimento da Justiça Italiana (Elena Falletti, Si ricompone il contrasto tra la Corte di Strasburgo e la giurisprudenza italiana sull'effetività del rimedio interno previsto dalla legge Pinto, cit., p. 216-218).

[11] Apud SILVEIRA, Paulo Fernando. *Devido processo legal*. 3. ed. Belo Horizonte: Del Rey, 2001, p. 324.

[12] ZANFERDINI, Flávia de Almeida Montingelli. *O processo civil no 3º milênio e os principais obstáculos ao alcance de sua efetividade*, cit., p. 5.

A propósito, em sentença de 4 de julho de 2006, publicada em 17 de agosto de 2006, a Corte Americana de Direitos Humanos, organismo internacional de proteção e guarda da Convenção Americana de Direitos Humanos da OEA, condenou o Brasil por violação aos direitos à vida e à integridade pessoal e ainda à devida proteção judicial (art. 25.1) e ao princípio da razoabilidade do término do processo (art. 8.1).

Trata-se do caso ocorrido com Damião Ximenes Lopes, doente mental morto em 4 de outubro de 1999 na Casa de Repouso Guararapes, no município de Sobral, Estado do Ceará. Após o trâmite devido da demanda proposta perante a Comissão, em 1999, pelos familiares da vítima, o processo foi recebido na Corte em 1994. A família, representada pela *Organização Justiça Global*, recebeu da Corte americana o reconhecimento de que o Brasil violou os direitos humanos ao não fiscalizar devidadamente a referida Clínica, onde ocorreram os maus-tratos e a morte, com isso causando danos materiais, morais e psicológicos aos familiares da vítima que, além de terem perdido seu ente querido, não tinham recebido do Judiciário brasileiro a decisão em relação aos pedidos de punição dos culpados e de reparação de danos morais.

Na hipótese, a Corte Interamericana considerou o atraso por mais de seis anos do processo penal e do processo civil de reparação de dano moral, ambos em curso no Judiciário do Estado do Ceará, sem que até a data da sentença da Corte tivesse havido conclusão no juízo de primeiro grau com sentença prolatada, tudo em decorrência de demoras injustificáveis por culpa do aparelho judiciário. Além de ter recebido outras sanções imateriais, o Estado brasileiro foi condenado a indenizar os pais e os irmãos da vítima em mais de cento e trinta e cinco mil dólares americanos, a serem entregues diretamente aos beneficiários[13].

Este é mais um exemplo da importância do princípio da razoabilidade da duração do processo, que se generalizou nas Constituições, nas Convenções Internacionais e nas legislações dos Estados, já existindo, portanto, mecanismos internacionais, tais como a Corte Européia e a Corte Americana, visando a dar cumprimento aos acordos internacionais e às regras constitucionais para evitar que o processo não seja exageradamente demorado e causador de prejuízos injustificáveis às partes.

Dentro desse contexto, no final de 2004, à Constituição brasileira se acrescentou a novel disposição da necessidade da razoável duração do processo.

---

[13] <www.global.org.br/docs/sentencaximeneportugues.doc>. Acesso em 26-8-2006.

A inclusão desse princípio foi fruto da proposta de Emenda sobre a Reforma do Judiciário, que garantiu a toda pessoa, no âmbito judicial e administrativo, "a razoável duração do processo e os meios que garantem a celeridade de sua tramitação" (art. 5º, LXXVIII, da CF, com redação da EC n. 45/2004, resultante da PEC n. 29/2000/Câmara dos Deputados e da PEC n. 96/1992 do Senado Federal).

O princípio da justiça rápida e efetiva, inserido expressamente na Constituição, não pode deixar de ser concretizado, mesmo porque a produção da norma por si só não dá a garantia de que no mundo dos fatos o escopo do legislador constituinte prevaleça e se torne realidade[14].

Com efeito, pouco ou nada influenciará a previsão legal da solução rápida das demandas e da proibição, sob pena de sanção, inclusive, do atraso na prestação jurisdicional, se faltam instrumentos concretos para a obtenção desse desiderato. Não se pode olvidar a realidade dos fatos, como o excesso de demandas, a situação de trabalho dos juízes e de seus auxiliares e a própria necessidade de dialética judicial no processo, exigente do imprescindível e fundamental respeito ao contraditório, este também princípio expresso na Constituição da República. Isso não é óbice a que os organismos estatais, sobretudo os juízes e os tribunais da Nação, possam buscar modos de dar eficácia plena ao dispositivo e aplicar sanções pelo descumprimento desse novo, *vivo* e inafastável princípio processual.

Como se sabe, por mais inovadora e útil que seja a norma, não se torna realidade *de um dia para outro*. Esse tempo necessário de consolidação no Direito brasileiro, em especial para a amenização da demora comum no quadro forense, não afasta as medidas eficazes para a sua plena atuação,

---

[14] Isso não significa absolutamente que tal dispositivo seja de "mínima eficácia prática", como entende o douto constitucionalista Gabriel Dezen Junior, que defende a sua posição do seguinte modo: "A um, porque poderá vir a ser qualificado como princípio constitucional programático, com o que será, inclusive jurisprudencialmente, entendido apenas como uma sugestão de ação estatal futura, fazendo com que o Poder Público tenha que agir, quando quiser e como puder, para propiciar agilização processual, e não conduzindo a nenhum resultado imediato, inclusive porque não prevê qualquer tipo de sanção às autoridades responsáveis pela duração irrazoável do processo. A dois, porque a imprecisão conceitual do que seja razoável em termos de desenvolvimento processual, consideradas as variáveis da escassez crônica de juízes, excessiva litigância dos entes públicos e a completa defasagem da nossa legislação processual, impedirá qualquer atitude positiva quanto à nova prescrição constitucional, exceto a que já existia antes dela, qual seja a dedicação pessoal, silenciosa e abnegada da magistratura" (Notas preliminares à reforma do Poder Judiciário. *Circulus — Revista da Justiça Federal do Amazonas,* Manaus: Editora da Universidade do Amazonas — EDUA, n. 4, p. 41-42, jul./dez. 2004).

principalmente a ação de responsabilização do Estado para reparar danos materiais e morais por violação à duração razoável do processo.

De fato, ao incluir na Lei Fundamental o princípio da justiça célere, reforça-se o dever estatal de observá-lo e de expedir outras leis aptas a assegurá-lo[15], embora o Brasil e os demais países da América Latina não contem ainda com um organismo internacional forte e com poderes iguais ao da Corte Européia de Estrasburgo para controlar a atuação da atividade jurisdicional entre os Estados conveniados, sem prejuízo da atuação do Direito de cada nação pactuante.

Aos sujeitos do direito e do processo incumbem a missão de alcançar o princípio da razoável duração das causas e contrastá-lo em cada caso concreto a fim de que a justiça rápida e efetiva se comungue, na prática, com a aspiração da sociedade brasileira, pois, nas palavras de Roberto Rosas, a vida judicial, por sua tradição e solidez, ainda é a fórmula necessária para abreviar a crise causada pela demora na solução dos conflitos[16].

Destarte, a expressa disposição constitucional desse princípio torna ainda mais clara e viável eventual ação civil visando à responsabilidade do Estado por danos pessoais causados pela demora na prestação da justiça. E não se pode deixar de cogitar, ademais, como conseqüência da desobediência ao princípio do prazo razoável, os efeitos no próprio processo em favor de quem se vê tolhido de sua liberdade e de seus bens ou que não pode exercer sua defesa.

Portanto, com base no princípio aqui tratado, o cidadão pode exigir que se cumpram aceleradamente os prazos legais, com vistas a possibilitar a pronta defesa daquele que sofreu o constrangimento ilegal. Se o tempo legal e/ou razoável extrapolou, quem está preso deve ser solto; se existe

---

[15] Diversas leis reformadoras do Código de Processo Civil foram editadas após a Emenda Constitucional n. 45/2004 com o fim de cumprir o princípio da celeridade processual e a razoabilidade do processo, entre as quais as seguintes: Lei n. 11.287/2005 (objetiva reduzir o número de recursos de agravos de instrumento, mediante obrigatória conversão em agravo retido, salvo situações de urgência), Lei n. 11.232/2005 (prevê o cumprimento imediato da sentença, tornando a execução apenas uma fase procedimental e não mais um novo processo), Lei n. 11.276/2006 (cria a súmula, provinda do STF ou do STJ, impeditiva do recurso de apelação), Lei n. 11.277/2006 (possibilita a sentença liminar de improcedência do pedido para casos repetitivos), Lei n. 11.419/2006 (instaura a informatização judicial, a fim de viabilizar um processo totalmente eletrônico), Lei n. 11.441/2007 (retira de apreciação do Judiciário procedimentos de jurisdição voluntária, tais como algumas hipóteses de inventário, partilha, separação consensual e divórcio consensual).

[16] Devido processo legal: garantias processuais civis. In: Sálvio de Figueiredo Teixeira (Coord.). *Estudos em homenagem ao Ministro Adhemar Ferreira Maciel*. São Paulo: Saraiva, 2001, p. 637.

prescrição penal a ser declarada, que seja decretada; se existe bem apreendido pela administração ou pelo juiz, que seja liberado. O que não se admite é o angustiado cidadão vir a sofrer prejuízos com a demora da atividade judiciária.

O dano material e moral, causado pela longevidade do processo, possibilitará ao interessado propor a ação de indenização pelo mau funcionamento da atividade estatal, com base também na responsabilidade prevista nesse princípio constante do art. 5º da Constituição.

Como se trata de uma omissão (não agir) do Estado em concluir satisfatoriamente as demandas propostas perante o Judiciário, torna-se necessário verificar, em cada caso, as condições reais da demora, averiguar as etapas procedimentais, a ilegalidade no cumprimento do prazo, a causa e a culpa (das partes ou do juiz, por exemplo) pela demora, tudo com o fim de saber se o Estado deve responder pelo descumprimento da regra constitucional.

Além da responsabilidade do Estado, cujo dever é o de indenizar o cidadão em processo próprio, são admissíveis outras sanções contra o agente faltoso, seja por ação das corregedorias de tribunais, seja pelo Conselho Nacional de Justiça, sem prejuízo da ação de regresso do Estado contra o seu agente. Mas nestes casos a situação se apresenta mais complexa, diante da necessidade de se averiguar subjetivamente tal responsabilidade.

Antes de dar continuidade ao aspecto da responsabilidade pela lentidão dos processos, é importante contrastar o devido processo legal e outros princípios em face do princípio de que se está cuidando nesta sede.

4. "Due process of law" e duração razoável do processo

Há uma grande zona nebulosa entre o princípio do devido processo legal, o chamado princípio constitucional da proporcionalidade (consagrado no Direito alemão) e o da razoabilidade (versão da proporcionalidade que medrou na América do Norte).

Trata-se de visões diferentes em intensidade e ângulo para a disposição constante do art. 5º, *caput*, da CF de 1988, em que se assegura o direito à vida, à liberdade, à igualdade e à propriedade.

No Direito norte-americano consolidou-se há muito tempo o princípio do devido processo legal, que tem sua força na Quinta Emenda da Constituição estadunidense, sobretudo no aspecto penal, segundo a qual nenhuma pessoa será privada da vida, da liberdade ou da propriedade sem o devido processo legal.

Além disso, tal cláusula se reforça na Décima Quarta Emenda da Constituição Americana, pela qual nenhum Estado privará alguém da vida, liberdade ou propriedade sem o devido processo legal, nem negará a qualquer pessoa, dentro de sua jurisdição, a igual proteção das leis.

Dos Estados Unidos da América o Brasil emprestou o *due process of law*, como se pode verificar pelo próprio nome do princípio. De fato, consoante a Constituição de 1988 (art. 5º, *caput*, e inciso LIV), é vedada a privação da pessoa do uso de seus bens, sem o respectivo *devido processo legal* perante a autoridade prévia e constitucionalmente investida na função de julgar.

Contudo, não se pode esquecer que, ao lado do seu ângulo meramente processual, assentado no direito da parte a um processo judicial e administrativo com todas as garantias advindas dessa cláusula, os americanos lhe deram também uma conotação substancial, ligada à própria noção de *justiça* humanitária, bem fundamental a ser almejado e distribuído pelo Estado, de forma devida e adequada.

Esse último enfoque é a versão atual da célebre afirmação do romanista antigo Ulpiano: "dar a cada um aquilo que lhe pertence", ou seja, é dever do Poder Público garantir com justiça os direitos básicos à vida, à propriedade e à liberdade.

É bom lembrar que o devido processo legal, no seu aspecto substancial, não pode ter no Brasil a exata leitura que fazem os americanos, em razão da diferença entre os dois sistemas constitucionais, conquanto isso não seja óbice, como consta da nossa própria Carta Maior, para sua aplicação integral na medida e na moldura do direito pátrio[17].

Apesar de o Direito brasileiro embasar-se na legalidade estrita e não na eqüidade, e de a lei e a Constituição limitarem e delimitarem o poder do juiz, o devido processo requer a legislação orientada na preservação dos direitos mais valiosos do ser humano, pois, segundo nossa Constituição, "todos são iguais perante a lei" e "ninguém será obrigado a fazer ou deixar de fazer alguma coisa senão em virtude de lei" (art. 5º, *caput* e inciso I).

Como aqui existe um sistema baseado na lei, é muito importante que o juiz a tenha como fundamento[18]. Porém, ao intérprete cumpre

---

[17] "Não é vedado ao juiz brasileiro servir-se da experiência norte-americana que adotou sistema de interpretação baseado na existência de preceitos fundamentais em que a razoabilidade ou a racionalidade se converte em parâmetro do exame da constitucionalidade dos atos normativos" (NALINI, José Renato. *O juiz e o acesso à justiça*. São Paulo: Revista dos Tribunais, 1994, p. 99).

[18] Deve-se lembrar que para feitura da lei existem muitos componentes ideológicos e pressões de grupos, como explica Cármen Lúcia Antunes Rocha: "O povo, não mais os deuses, era fon-

analisá-la em face da Constituição, local onde reside o princípio do devido processo legal, na sua face material, envolto por princípios derivados que também o fortalecem.

Daí por que o princípio da legalidade deve ser entendido como preceito em face da Constituição. Se a norma infraconstitucional for de evidente inconstitucionalidade, por ferir a razoabilidade na sua edição e o patente sentimento comum de justiça e também princípios constitucionais fundamentais, não se deve aplicá-la[19].

Ao juiz incumbe averiguar a possível violação a direitos como o de viver dignamente, de ser livre, de ser igual e de ser legítimo proprietário e possuidor das coisas, o que lhe aumenta a responsabilidade na análise do senso de justiça e lhe possibilita proibir que no processo uma parte indevidamente sobrepuje os direitos processuais da outra, bem como lhe suprima o direito a um julgamento *justo*.

Anota Fernão Borba Franco não ser aceitável o uso de "critérios particulares de 'justiça', ainda que nos casos concretos, jungidos aos princípios constantes da cláusula do devido processo legal". Acrescenta ser inaceitável a rejeição da norma posta, sob o argumento de refletir "a vontade de uma minoria antidemocrática e dominadora". Para esse mesmo autor:

> "Os conceitos particulares a respeito da construção da norma não podem ser levados a tamanhas conseqüências, sob pena de insegurança jurídica. Mas também não se deve interpretar a lei sem o exame dos princípios e das garantias individuais, sem o respeito aos direitos humanos, e enfim sem sua inserção nos princípios democráticos"[20].

---

te do direito; mas a lei era o novo deus, fosse de que origem fosse. Certo, acreditava-se no legalitarismo como fonte de segurança jurídica e ruptura do arbítrio. Não demorou muito, embora tenha custado demais ao povo, para se descobrir que a lei não é sempre resultado da vontade geral e nem sempre tem o jeito do povo para o qual foi feita. A lei podia ser, portanto, a nova vertente do arbítrio. Arbítrio oficial, é certo, mas arbítrio" (*O princípio constitucional da igualdade*. Belo Horizonte: Lê, 1990, p. 81).

[19] "No Brasil, a lei se deslegitima, anula e torna inexistente, não só pela bastardia da origem, senão ainda pelos horrores da aplicação" (BARBOSA, Rui. *Oração aos moços*. 80. ed. Rio de Janeiro: Ediouro, 1997, p. 67).

[20] Recrutamento e poder do juiz. *Revista de Processo*, São Paulo: Revista dos Tribunais, n. 86, p. 257, abr./jun. 1997.

Por conseguinte, o devido processo legal, fundado na Constituição, deve ser interpretado em face de outras normas constitucionais relativas ao direito do ser humano à vida digna.

Deveras, incumbe ao julgador examinar a questão de fato e de direito em face da Constituição. A norma constitucional é superior e impositiva a todas as outras, contém inspirações de direito e de justiça e traça as linhas mestras para o Estado alcançar os seus fins primordiais em benefício do ser humano e da sociedade.

A mesma Constituição é componente vigoroso do devido processo que se superpõe como norma maior para forçar e reforçar a realização de outras garantias jurídicas individuais e coletivas em benefício da pessoa, por meio da jurisdição. A cláusula do devido processo limita a atuação do Estado, coíbe o abuso Judicial e Administrativo e fornece os contornos de justiça, de razão e de proporção para o Poder ofertar um procedimento célere e ao mesmo tempo incólume de vícios.

Sendo poder e ao mesmo tempo dever de obediência judicial, ninguém pode ser condenado ou despojado dos seus mais caros bens jurídicos, sem ser ouvido em processo regular, fator imprescindível para a proteção a fundamentais direitos da pessoa humana em qualquer seara da ciência jurídica.

Pelo princípio do *due process of law*, a atuação estatal, no âmbito dos três Poderes, não pode ser arbitrária. As normas devem ser razoáveis com preservação da vida, da igualdade, da liberdade e da propriedade, e a atuação do Poder Público deve efetivar-se em proporção com o fim buscado, respeitando-se os direitos humanos e sociais.

Portanto, cabe ao juiz utilizar a força do princípio do devido processo legal para realizar direitos constitucionais e evitar lesões à dignidade humana e a outros bens valiosíssimos do cidadão.

Isso implica encontrar no inciso. LIV do art. 5º da Constituição preceito profícuo e eficaz, na medida em que implica análise da inconstitucionalidade do processo de formação da lei, quando a norma venha a violar direitos como o de viver e o de ser livre[21].

---

[21] Regis Fernandes de Oliveira dá exemplos históricos da violação do devido processo legal, o que autorizaria ao juiz com base no princípio constitucional do devido processo não aplicar a norma. Diz o autor: "Não pode deixar de ter espírito crítico quando aplica a lei de Hitler ou de Mussolini, por exemplo. Será que aplicaríamos, com simplicidade, as ordens baixadas pelo *Führer* autorizando experiências químicas em judeus, ou determinaríamos sua eliminação, mediante envenenamento a gás? (...) Será que aplicaríamos as leis repressivas do *apartheid* sul-africano?

Quanto ao aspecto instrumental, esse princípio exige como elemento inicial a existência do *processo* para salvaguarda de direito; em seguida requer os elementos *legalidade e constitucionalidade*; por último exige o componente do *justo*, isto é, que do início ao fim o processo legal seja devido e adequado[22].

De fato, no ângulo procedimental, "o devido processo legal concretizar-se-á por meio de garantias processuais oferecidas no ordenamento, visando ordenar o procedimento, e diminuir ao máximo o risco de intromissões errôneas nos bens tutelados"[23].

Entende-se como devido processo legal, sob o ângulo procedimental, a necessidade de o Estado-juiz e o Estado-Administrador (e até o Legislativo, como já se afirmou no tópico inicial) não usarem de arbítrio ou desvio de conduta na condução dos atos, judiciais e administrativos, e não transgredirem normas processuais embasadas na própria Constituição e na ordem jurídica vigente.

Dessa importante cláusula disposta na nossa Constituição, especialmente sob o ângulo processual, extraem-se inúmeros outros princípios circundantes[24]. Trata-se de princípio geral de direito e como resultado do processo de abstração de um grande número de normas garantidoras, sobretudo, do acesso ao processo público e rápido, e ao juiz natural, limpo, justo e imparcial[25].

É direito constitucional impostergável de qualquer um obter o processo devido. Processo équo implica oferta de celeridade e duração

---

Será que nos prestaríamos a cumprir automaticamente normas de degradação da personalidade, de crimes de lesa-humanidade, sem indagar de onde provieram as normas?" (*O juiz na sociedade moderna*. Coord. Hélio Bicudo. São Paulo: FTD, 1997, p. 70-71 — Coleção Juristas da Atualidade).

[22] Justo não é qualquer processo, que se limita a ser regular sobre o plano formal; justo é o processo que se desenvolve com respeito aos parâmetros fixados pela norma constitucional e pelos valores partilhados pela coletividade. Ou seja, é aquele processo que se desenvolve diante de um juiz imparcial, em contraditório entre todos os interessados e em tempo razoável (TROCKER, Nicolò. Il nuovo articolo 111 della costituzione e il giusto processo in materia civile: profile generali. *Rivista trimestrale di diritto e procedura civile*. Milano, Giuffrè, anno LV, n. 2, p. 386, giugno 2001).

[23] LIMA, Maria Rosynete Oliveira. *Devido processo legal*. Porto Alegre: Fabris, 1999, p. 200.

[24] O devido processo legal se desdobra nas garantias da prestação jurisdicional dentro de um lapso temporal razoável, de acesso à justiça, do juiz natural, da igualdade das partes, da plenitude da defesa, da publicidade processual e da motivação das decisões judiciárias (TUCCI, Rogério Lauria; TUCCI, José Rogério Cruz e. *Devido processo legal e tutela jurisdicional*. São Paulo: Revista dos Tribunais, 1993, p. 107).

[25] LEIBAR, Iñaki Esparza. *El principio del proceso debido*. Barcelona: Bosch, 1995, p. 15, 75-76 e 236-237.

razoável, ou seja, procedimento sem os exageros injustificáveis que desanimam e frustram o cidadão e fazem-no desacreditar na justiça de seu país.

No cenário da jurisdição, ao magistrado é proibido atropelar a lei devida para cada caso a ser julgado e os demais princípios consagrados na Constituição. Não pode o julgador ainda ignorar os direitos e garantias dos litigantes, como a plenitude de defesa, a igualdade perante a lei processual e a ética judiciária, princípios que visam a possibilitar julgamentos imparciais, proferidos por juiz independente e competente para decidir e com respeito aos direitos dos sujeitos do processo. Por outro lado, essas garantias das partes não podem servir de óbice para que se chegue ao veredicto no prazo apropriado.

Assim sendo, deixar de aplicar as normas constitucionais atinentes ao devido processo legal e ao direito à razoável duração do processo (art. 5º, *caput* e incisos, da nossa Carta Política) é aceitar a omissão no julgamento, é contribuir para a existência do anormal andamento dos processos[26], é permitir que os advogados e as partes fiquem aguardando anos para um despacho ou para uma decisão judicial ou mesmo para a publicação de julgamento há muito tempo realizado, é admitir que as demandas não sejam apreciadas e julgadas e, enfim, é aceitar que o jurisdicionado não saiba quando terá uma resposta estatal para seu pleito, para sua preocupação e para seu tormento gerado pela ânsia na espera de solução para o litígio que o fez procurar o órgão julgador. Quando o juiz não concede a tutela almejada prontamente, ou pelo menos em prazo razoável, a frustração e a violação ao devido processo legal são drasticamente inarredáveis.

Obedecer ao prazo razoável de duração das demandas implica obedecer ao majestoso princípio do processo devido; implica limitar o poder do julgador que se omite e que deixa de fazer justiça; implica ainda entregar a cada um aquilo que lhe é devido no tempo azado; portanto, significa distribuir justiça, papel indeclinável do Judiciário.

Foi o devido processo legal, não custa nada observar, o princípio que deu sustentáculo ao direito à duração razoável do processo, antes

---

[26] Como aqueles processos *nascidos tortos*, "destinados a perder-se nas brumas dos contornos mutantes que se perdem no infinito", na pontual observação de Fortunato Lazzaro, magistrado do Tribunal de Roma (La ragionevole durata del processo: uno valore fondamentale della nostra Costituzione. Disponível em <http://www.ilprocessotelematico.it/BackStage/La ragionevole durata>. Acesso em 18-5-2005, p. 2).

mesmo da reforma constitucional brasileira veiculada na Emenda Constitucional n. 45/2004[27].

Portanto, outrora subsumido do devido processo legal, o princípio do processo sem dilações indevidas se fortalece ainda mais no ordenamento jurídico nacional, dado o explícito dever do Estado de entregar presta e devidamente a tutela e garantir a cada pessoa o acesso efetivo à jurisdição.

Mas o direito à duração razoável processual deve conciliar-se necessariamente com outros princípios decorrentes do devido processo legal, como é o caso do contraditório, da ampla defesa, da igualdade, da fundamentação das decisões, da publicidade dos atos, da proibição de provas obtidas por meios ilícitos.

Como os princípios devem mútua obediência entre si e devem estar em relação de conformidade, na hipótese de conflito há de se priorizar qual daqueles derivados do devido processo legal deve prevalecer: se o direito à razoável duração do processo ou qualquer um que se lhe contraponha, como o princípio do contraditório e outros.

O direito ao duplo grau de jurisdição, por exemplo, segundo o qual as causas devem ser julgadas por mais de um órgão, consoante preferencialmente a ordem hierárquica entre juízes e tribunais, não pode em regra ser eliminado apenas para prestigiar o agora positivado princípio da duração razoável. Isso porque, se a existência de instância única poderia *a priori* atender ao princípio da celeridade, por outro a segurança jurídica impõe ser necessária a oferta de possibilidade para as decisões relevantes serem revistas, geralmente por órgão de hierarquia superior.

Igualmente, o princípio da duração razoável não significa que o juiz deve deixar de fundamentar suas decisões, sendo inconstitucional e não razoável qualquer lei previsora da desnecessidade da motivação do julgado por parte de juízes e tribunais[28].

---

[27] Como já se asseverou, o direito ao processo sem dilações indevidas tinha fundamento de validade no art. 5º, LIV, da Constituição e também se inseria no § 5º do art. 5º da Constituição da República, bem como no próprio Pacto de São José da Costa Rica (art. 8º, item 1), de 1969, ratificado pelo Brasil em 1992.

[28] De duvidosa constitucionalidade, por violar o princípio constitucional da fundamentação, é a regra segundo a qual o juiz recursal dos Juizados Especiais poderá "confirmar a sentença pelos seus próprios fundamentos", como consta do art. 46, parte final, da Lei n. 9.099/95, porque uma interpretação restritiva dessa lei especial poderá levar ao arbítrio e até à negativa de jurisdição (devida fundamentação, própria do órgão prolator).

Por outro lado, se uma lei vier a proibir o acesso à justiça e pela morosidade causar prejuízos aos direitos à vida, à liberdade e à propriedade, estará violando o direito ao desfecho célere das causas, razão pela qual é evidente que o princípio processual da não-morosidade é também útil atuação do devido processo legal.

A previsão explícita da duração processual razoável ao lado da celeridade, esta agora com identidade própria, pelo novo inciso LXXVIII do art. 5º da Constituição, vai exigir naturalmente mais eficiência do Judiciário, sua estruturação e planejamento, a criação de mais varas de justiça, quando e onde necessário, e o maior aparelhamento dos serviços auxiliares e de material[29].

O processo que dura e perdura no tempo, irracional e desnecessariamente, impõe ao cidadão um indevido processo legal, especialmente em face de uma legislação desatualizada e ultrapassada, com transgressão aos direitos à vida, à liberdade, à igualdade e à propriedade, daí a inovadora regra constitucional encontrar-se afinada com os anseios pelos bens mais caros do indivíduo e da própria dignidade do ser humano.

Por fim, o apontado inciso LXXVIII do art. 5º da CF/88 possibilitou ao devido processo legal entrar mais profundamente em sintonia com os princípios da economia e da celeridade processual, uma vez que o jurisdicionado tem direito a um processo que termine dentro de um prazo razoável, com o máximo aproveitamento dos atos processuais.

5. Contraditório, ampla defesa e celeridade jurisdicional

Segundo o inciso LV do art. 5º da CF, "aos litigantes, em processo judicial ou administrativo, e aos acusados em geral são assegurados o contraditório e a ampla defesa, com os meios e recursos a ela inerentes".

O contraditório consiste no direito de ser ouvido no processo e de poder falar e reagir em face das afirmações de outrem. O exercício do contraditório requer que o interessado tenha conhecimento de fatos judiciais, seja intimado, seja citado ou notificado, isto é, fique ciente dos atos processuais relevantes na marcha processual e que porventura possam vir a atingir a sua esfera de direitos.

---

[29] Bem diz Vicenzo Vigoriti, com apoio em seus compatriotas Denti, Taruffo e Chiarloni, "se é verdade que o problema da duração excessiva não se resolve simplesmente multiplicando o pessoal, melhorando as estruturas, adaptando os ritos, é verdade também que através deste caminho se obterá pelo menos algum resultado" (Notas sobre o custo e a duração do processo civil na Itália. *Revista de Processo*, São Paulo: Revista dos Tribunais, n. 43, p. 146, jul./set. 1986).

O contraditório se manifesta como expressão do dever-poder do julgador na oferta de garantia a cada um dos litigantes dos meios de recebimento da tutela adequada. Portanto, incumbe ao juiz na prática de atos processuais (despachos e decisões, geralmente) seguir o rito, com impulso próprio, mas instigando a ação das partes, num constante e efetivo diálogo, visando à tutela justa e mais afinada com a verdade, com a igualdade e com o bem comum que advém da correta e acertada jurisdição[30].

A ampla defesa, princípio também estabelecido na Constituição, consiste em conceder a alguém o direito de se defender com todos os instrumentos probatórios não proibidos, o direito à impugnação, ao recurso, à assistência por advogado, a defensor público, ao acesso à justiça e tantos mais[31].

Aliás, no processo penal a afirmação da ampla defesa é mais enfática. O art. 261 do CPP é explícito na aceitação desse postulado, uma vez que "nenhum acusado, ainda que ausente ou foragido, será processado ou julgado sem defensor"[32].

A ampla defesa, o contraditório e o direito a um processo rápido e efetivo decorrem do princípio do *due process of law*, e, por serem princípios, torna-se imperiosa a harmonia e a ponderação na incidência dessas normas fundadas na Constituição.

A dialética judicial exige tempo razoável, porém o culto excessivo ao contraditório — aquele rigor que torna o juiz escravo das partes — pode violar o princípio da celeridade e o direito de alguém à duração do processo no tempo devido, ou melhor, alerte-se, no tempo razoável, o que não significa no tempo absurdo.

De igual maneira, a ampla defesa, com os meios recursais inerentes, consiste no direito de a parte poder, com todos os mecanismos idôneos à

---

[30] Como assinala Arruda Alvim, "realmente, há que haver contraditório justamente com a finalidade de que não se decida a respeito do interesse de uma parte, sobrepujando o da outra, sem que esta seja ouvida, ou, ao menos e na verdade, que se lhe enseje oportunidade para que o possa ser" (*Tratado de direito processual civil*. São Paulo: Revista dos Tribunais, 1990, p. 90).

[31] "Ter assegurada a defesa em juízo consiste, em última análise, em não ser privado da vida, liberdade ou propriedade sem a garantia que pressupõe a tramitação de um processo segundo a forma estabelecida em lei" (COUTURE, Eduardo J. *Fundamentos do direito processual civil*. Trad. de Rubens Gomes de Sousa. São Paulo: Saraiva, 1946, p. 81).

[32] O Supremo Tribunal Federal, igualmente, por meio de sua Súmula 523, assim enunciou: "No processo penal, a falta de defesa constitui nulidade absoluta, mas a sua deficiência só o anulará se houver prova de prejuízo para o réu".

sua disposição, agir e reagir. Por outro lado, não se pode, em nome da ampla defesa, pretender tornar o processo um círculo vicioso que nunca acaba, pois é necessário ir adiante com a seqüência de atos essenciais e prestos a fim de observar, e não violar, a efetiva prestação jurisdicional.

A compreensão da ampla defesa, é certo, implica admitir a assistência por advogado, o acompanhamento processual, a ampla produção probatória, a manifestação e as alegações, a impugnação e a interposição de recursos; contudo, tais instrumentos não podem prejudicar a rápida duração do processo.

Além dos casos previstos em lei, sempre que possível, ao juiz incumbe ouvir os sujeitos interessados, seja na audiência, seja na fase probatória, com o escopo de precaver-se contra surpresas e contratempos procedimentais, bem como para evitar que sua sentença seja reputada nula pelo órgão judicial revisor.

Atente-se, porém, a que fidelidade ao contraditório não significa deixar o juiz refém das partes. Apenas para utilizar um exemplo: se, por acaso, o magistrado se depara com questões de ordem pública (que digam respeito ao interesse público e não meramente individual dos litigantes), compete-lhe atuar de imediato, sendo necessário ouvir os interessados apenas quando tiver dúvidas quanto à incidência da norma ou quando não houver prejuízo à rápida solução da demanda. Do contrário, seria um preito injustificável a um princípio que, na hipótese, deveria ceder em nome da prestação jurisdicional rápida e efetiva, isto é, da tutela sem dilações indevidas.

O magistrado não pode agir com açodamento. Entretanto, se resta claro e induvidoso que o processo deve terminar logo, se à evidência falta um pressuposto processual insanável, se ocorreu induvidoso fato modificativo ou extintivo do direito do autor, em regra não há razão para ter que sacrificar a celeridade em prol da exigência de um inaplicável contraditório, que nem de longe será atingido; porquanto, diante de eventual erro judiciário — improvável na hipótese em que se apresenta —, o prejudicado poderá recorrer.

No sistema processual brasileiro, as questões examináveis de ofício demandam mitigação do contraditório, não imposição. Mas, dadas a incidência constitucional e a harmonia entre os princípios, é conveniente que, quando a situação não ensejar atraso na prestação jurisdicional ou na solução do processo, o juiz consulte as partes antes de dar a marcha, suspender, decidir, resolver qualquer incidente, extinguir o processo *ex offício*, ou seja, desde que esse ato de preservação do contraditório e da ampla defesa não cause prejuízo ao bom andamento e à celeridade processual, realizando assim o direito à conclusão do processo sem demora.

Portanto, é até compreensível e factível poder o juiz prestigiar o contraditório e a ampla defesa de maneira que, antes de decidir sobre uma questão de conhecimento oficial, dê oportunidade para as partes se manifestarem acerca dela. Depois dessa oportunidade, quem sabe não resolva dar continuidade ao processo ou, se resolver pela sua extinção, agir com segurança e com obediência ao comando constitucional que, apesar de não essencial naquele caso concreto, foi prestigiado pela dialética processual.

No entanto, cada situação específica levará a uma ou a outra solução, ou seja, levará à extinção do processo de ofício sem oitiva das partes, sobretudo quando a situação caracterizadora do fim do processo se tornar evidente, com o que se prestigia a celeridade, ou, ao contrário, levará à aplicação do contraditório, em que o juiz, por cautela, em vez de sentenciar, abre vista às partes para se manifestarem acerca do apontado fato extintivo, desde que o ato judicial não se caracterize como protelatório, especialmente se ainda pairam dúvidas (isto é, os fatos não estão tão evidentes para a extinção de ofício).

Para Carlos Alberto Álvaro de Oliveira, em caso de incidência do preceito do *iura novit curia*, o juiz não pode afastar o contraditório, uma vez que, agindo assim, haverá diminuição da crença do cidadão na justiça[33]. O referido autor se funda na legislação processual civil francesa, que proíbe o juiz de decidir matéria de direito sem antes dar oportunidade para as partes contradizerem[34].

Entretanto, o Código de Processo Civil brasileiro, ao invés da exigência francesa, concede poderes para o juiz de ofício extinguir o processo sem necessidade de contraditório (§ 3º do art. 267 do CPC). Conquanto tal regra deva, de fato, adequar-se devidamente à Constituição (art. 5º, LV), na verdade não há nenhum preceito proibindo o juiz de atuar de ofício — pelo contrário, há norma processual autorizando —, razão pela qual se conclui no sentido de que os princípios constitucionais

---

[33] O juiz e o princípio do contraditório. *Revista de Processo*, São Paulo: Revista dos Tribunais, n. 73, p. 12, jan./mar. 1994.
[34] Igualmente, Cândido Rangel Dinamarco vê no art. 16 do CPC da França uma rica e sábia norma, um mandamento universal para o correto exercício da jurisdição (*Fundamentos do processo civil moderno*. 3. ed. São Paulo: Malheiros, 2000, v. 1, p. 135).

devem harmonizar-se. Ou, em outras palavras, é necessário conciliar o princípio do contraditório com os princípios constitucionais da celeridade e da duração processual dentro do prazo razoável, aqui externado pelos princípios do *iura novit curia* e do impulso oficial.

Eis a razão pela qual não se pode defender, em nome do contraditório, a privação da liberdade da atividade judicial em matéria processual de ordem pública, mesmo porque não existe princípio de incidência absoluta.

Isso pode ser facilmente verificado em mais um exemplo, atual, da possibilidade de o juiz, tratando-se de matéria exclusivamente de direito, extinguir o processo por indeferimento da inicial, sem precisar ouvir o réu, ou seja, sem precisar citá-lo, quando em juízo anterior já se manifestou em outras ações (idênticas) pela absouta improcedência do pedido, conforme dispõe o art. 285-A do CPC, introduzido pela Lei n. 11.277/2006.

Até pelo caráter da oficialidade da atuação estatal e visando a evitar a perda de tempo, que pode frustrar expectativas de uma pronta tutela jurisdicional, o juiz tem poderes para agir com firmeza e presteza, dentro da sua livre e segura cognição. Cabe-lhe decidir de plano, não tendo que pedir licença das partes toda vez que pratique um ato judicial, sob pena de aceitar o cerceamento da jurisdição, poder e função indeclinável do Estado. O que não pode fazer o magistrado é agir com surpresa, especialmente em direitos disponíveis, exceções processuais e matérias de fato. Não está autorizado, em regra, a atuar nessas mesmas circunstâncias sem dar oportunidade de ampla defesa e de contraditório; porquanto, quando a lei prevê o diálogo entre o juiz e as partes, tal diálogo se converte como fundamental para o devido processo.

Esse poder de atuar de ofício, porém, não impede que o magistrado, democraticamente, estando inseguro das suas convicções jurídicas ou não conhecendo bem a situação apresentada, ouça as partes, por escrito ou em audiência para tais finalidades.

Por incidência de outros princípios, tais como a celeridade e a razoabilidade do tempo das decisões, não ocorrerá violação ao contraditório se o julgador, constatando a situação na qual deva atuar de ofício, manifestar-se desde logo, pois é seu poder-dever tomar essa atitude. Se eventualmente estiver errado, resta à parte ainda a via do recurso, como a apelação e/ou os embargos de declaração.

Cabe ao magistrado verificar se não há mais interesse (necessidade e utilidade) de prosseguir com o processo ou se o juízo é incompetente em absoluto. Cabe-lhe também agir com o devido processo legal, aplicando a pronta e efetiva resposta estatal desde logo, se reconhecer essa circunstância, em vez de dar vista às partes para falarem nos autos acerca do óbvio, com a conseqüente transgressão da celeridade e da razoável duração processual.

Em suma, como inexiste princípio de aplicação absoluta, há lugar para o amplo e pleno ajustamento entre os princípios do contraditório e da ampla defesa e os princípios da duração razoável e da celeridade do processo, tudo em benefício do devido processo legal.

6. Igualdade e tempestividade do processo

Conforme a Constituição Federal, todos são iguais perante a lei. Isso implica afirmar que o Estado não pode fazer diferenciações infundadas e irracionais para certas pessoas em detrimento de outras, que, dadas suas condições, possuem direitos aos mesmos direitos e se sujeitam às mesmas vedações.

A isonomia se volta para o legislador, que deve desigualar para nivelar, e não o contrário, desigualar os iguais, porque neste último caso implica discriminar. Significa dizer que a norma pode fazer distinções a quem se situa em patamar diferente de outrem, mas não pode criar privilégios ou restrições a pessoas em estado de receber o mesmo tratamento jurídico.

Disso decorre que ao Estado-juiz cabe apurar se está sendo cumprido o princípio da igualdade e, ao mesmo tempo, no processo, o magistrado deve preservar o tratamento igualitário a partes que estão no mesmo plano jurídico de igualdade[35].

A isonomia constitucional assentada no *caput* do art. 5º da Constituição também se caracteriza pela obediência ao devido processo legal. Por isso é necessário haver, em abstrato, a isonomia perante a lei e, no caso concreto, perante o órgão judicante, com vistas a garantias constitu-

---

[35] "Em cada auto processual, mais do que um número, existem pessoas humanas que debatem muitas vezes direitos sociais relevantíssimos, como a moradia, a alimentação, o trabalho e a saúde. Esses litigantes, para alcançarem os objetivos constitucionais, a efetiva participação, a efetividade e os escopos do processo, não podem litigar em desequilíbrio de forças. A decisão judicial, em face da carga política que representa e em razão da responsabilidade social que lhe é imanente, só pode vir após absoluta garantia de que as partes litigaram em igualdade de condições" (PORTANOVA, Rui. *Princípios do processo civil*. Porto Alegre: Livraria do Advogado, 1997, p. 42-43).

cionais processuais. Isto é, o legislador e o julgador precisam realizar a desigualdade aparente como meio para alcançar uma norma equânime e uma justiça igualitária.

Diante do caso concreto, compete ao juiz dar tratamento isonômico às partes e agir de forma que a desigualdade não seja fator de patentes injustiças. Para estar de acordo com a igualdade processual, toca-lhe o dever de atuar de modo a assegurar aos litigantes os meios necessários para que vença aquele que está com a razão, e não aquele que por ser hipersuficiente no âmbito material, tenha o beneplácito da Justiça e do processo em detrimento do hipossuficiente, este inferiorizado, pelo menos diante do Estado-Juiz[36].

O juiz, destinatário da norma da igualdade, da aplicação da norma legal no caso concreto, não poderá afastar-se, "nem frustrar, nem tergiversar com o princípio fundamental que lhe impõe assegurar igualdade — de maneira efetiva e não formal — com o objetivo de erradicar a pobreza e construir uma sociedade livre, justa e solidária"[37].

É essencial a existência da igualdade no conhecimento da lide posta em juízo, nos arsenais jurídicos à disposição das partes e na defesa técnica, para que o magistrado possa aplicar o direito com cognição completa sobre a verdade.

Nesse contexto, a igualdade precisa se realizar como garantia constitucional e caminhar de mãos dadas com outras garantias processuais. Quanto mais o juiz observa o princípio da igualdade, mais saberá que a demanda caminhará célere e efetiva e, o que é muito importante, na trilha da verdade real. Portanto, o órgão julgador precisa fazer valer a isonomia constitucional e processual que implica um processo equânime e um julgamento justo. Porém, por outro lado, a demora do processo causa uma desigualdade flagrante, porque poderá estar a serviço daquele que sabe de antemão não ter razão, e que por isso não pretende, realmente, o final do procedimento.

---

[36] Mauro Cappelletti e Bryant Garth acentuam que "se é verdade que a igualdade de todos perante a lei, igualdade efetiva — não apenas formal — é o ideal básico de nossa época, o enfoque de acesso à justiça só poderá conduzir a um produto jurídico de muito maior 'beleza' — ou melhor qualidade — do que aquele de que dispomos atualmente" (*Acesso à justiça*. Porto Alegre: Sergio Antonio Fabris Editor, 1988, p. 165).

[37] NALINI, José Renato. *O juiz e o acesso à justiça*, cit., p. 22.

A isonomia processual visa então ao equilíbrio entre os sujeitos, a iguais oportunidades e aos mesmos benefícios. A demora do processo pode acarretar desigualdades, razão por que uma justiça eficiente deve andar em sintonia com uma justiça igualitária, com realização da liberdade e da dignidade daquele que não pode esperar muito para a solução do processo em que está em jogo o seu pretenso direito.

De fato, a desigualdade temporal também pode criar problemas para o direito ao processo sem dilações indevidas, pois se a parte tem prazo em dobro para recorrer, e em quádruplo para contestar como ocorre nos casos previstos no Código de Processo Civil (art. 188), essa situação pode levar casuisticamente a atrasos na prestação da tutela jurisdicional, embora não seja essa circunstância por si só preponderante para se dizer que a norma supracitada viola o princípio da igualdade e, sobretudo, o da duração razoável do processo. Como se afirmou antes, os princípios necessitam conciliar-se.

Então, não é simplesmente porque a Fazenda Pública tem prazo em dobro para recorrer e em quádruplo para contestar que decorre a violação ao princípio da igualdade, pois se trata de partes desiguais, embora as justificativas para esse tratamento diferenciado atualmente não mais tenham razão de existir, dado que os órgãos públicos brasileiros estão muito mais aparelhados do que no passado, inclusive de pessoal. Isso, porém, não significa que a lei não possa deixar de vir a conceder tais prerrogativas, levando-se em consideração tratar-se de interesse em juízo da própria coletividade representada pelo Estado como parte processual.

Quanto ao tempo de duração do processo, não é pelo fato da concessão legal do prazo mais longo do que é concedido para as partes comuns que decorre genericamente a demora na conclusão dos processos; muitas vezes o atraso tem origem em outras etapas processuais, como quando os autos do processo ficam conclusos por muito tempo para um despacho, para um parecer do Ministério Público ou para a apreciação judicial de um recurso etc.

Certas diferenciações, como, por exemplo, as prerrogativas dadas à Fazenda Pública, não podem por si sós ser apontadas como fator de demora do processo. O caso concreto vai demonstrar a situação de atraso, embora uma boa legislação, como a Lei dos Juizados Especiais Federais (Lei n. 10.259, de 2002), a qual suprimiu as prerrogativas da Fazenda Pública, esteja de acordo com o anseio do cidadão por uma justiça célere e operativa.

De todo modo, o princípio do processo sem dilações indevidas favorece o princípio da igualdade, porque o tempo deve ser distribuído igual e indistintamente para as partes, embora quando o direito está em perigo, antes do seu término, caiba ao magistrado conceder liminarmente medida judicial para fazer com que o tempo, este cruel e implacável extintor de direitos, não seja fator de desigualdades.

Eis aí, no processo de urgência[38], um motivo essencial para a efetivação do princípio da razoável duração do processo, porque, na sua atuação, o juiz faz o equilíbrio do ônus do tempo de espera, deferindo antecipada ou cautelarmente a tutela, a fim de que a demora natural, eventual ou injustificável não cause injustiças e desigualdades.

Mas não estaria de acordo com a Constituição uma lei que criasse a possibilidade de medida urgente sem recurso, com possibilidade, naturalmente, de causar prejuízo a uma das partes. Nessa hipótese, o princípio do processo sem dilações indevidas deve ceder aos princípios da igualdade e do contraditório, por não ser somente o autor que tem o direito de receber um tratamento privilegiado em prejuízo do réu.

Por fim, no trabalho de conciliar igualdade e celeridade, chama a atenção o art. 125 do CPC, que concede ao juiz o poder-dever de assegurar às partes a igualdade de tratamento (inciso I) e ao mesmo tempo velar pela solução rápida do litígio (inciso II), o que demonstra, sem dúvida, dever o princípio da igualdade no processo aproximar-se cada vez mais do princípio do processo sem dilações indevidas.

7. Lentidão processual e responsabilidade do Estado

Em que pese ter a Emenda Constitucional n. 45, de 2004, previsto mecanismos para a fiscalização quanto à correta atuação judicial, como a criação do Conselho Nacional de Justiça — CNJ[39], bem como ainda

---

[38] "Referimo-nos à urgência, cada vez mais comum, como exigência imposta pelas circunstâncias, ou até mesmo psicologicamente determinada pela insegurança e pela angústia existencial, característica trágica tornada marca permanente do homem moderno" (SILVA, Ovídio Baptista da. Celeridade *versus* economia processual. *Genesis — Revista de Direito Processual Civil*, Curitiba: Genesis, n. 15, p. 49, jan./mar. 2000).

[39] O Conselho Nacional de Justiça é mais um órgão do Poder Judiciário, com a função, entre outras, de zelar pelo cumprimento dos deveres funcionais dos juízes, de conhecer das reclamações contra membros ou órgãos do Poder Judiciário e de determinar a remoção, a disponibilidade ou a aposentadoria, de rever os processos disciplinares de juízes e membros de tribunais julgados há menos de um ano (art. 92, I-A, e art. 103-B, § 4º e incisos, da CF de 1988, com a

faltar uma completa legislação infraconstitucional para estabelecer o procedimento e as regras visando à forma de obtenção mais fácil desse direito em juízo[40], a garantia constitucional ao processo rápido e tempestivo, insculpido na Carta Magna, constitui sem dúvida um grande passo para a busca dos direitos individuais lesados decorrentes da morosidade da jurisdição.

Não se pode deixar de considerar também que aqui o cidadão, a exemplo da Corte Européia de Direitos Humanos, como mencionado, embora sem o amplo direito de ação do cidadão europeu, tem a seu dispor o instrumento do socorro perante a Comissão Americana de Direitos, que poderá levar à Corte de Direitos Humanos da OEA, com sede em Costa Rica, a demanda contra o Estado, como ocorreu com o processo no caso Damião Ximenes antes comentado[41].

No entanto, além disso, outras medidas podem ser tomadas contra a violação do princípio da razoável duração do processo perante o próprio Judiciário brasileiro.

Para a análise das conseqüências referentes à ausência de duração razoável há de se distinguir a repercussão interna, no próprio âmbito do processo moroso, da repercussão externa, a ação contra o Estado pela demora na prestação jurisdicional.

A proibição da dilação judicial indevida traz como conseqüência o direito do cidadão de não vir a sofrer, exclusivamente, os prejuízos pela deficiência na atividade estatal[42]. É inerente ao princípio processual, no

---

redação dada pela EC n. 45/2004). Como se vê, é um órgão que não possui funções jurisdicionais (isto é, destinado a solução de conflitos), mas sim administrativas — correicionais e disciplinares.

[40] As reformas no Código de Processo Civil são pontuais, embora significativas, como ocorreu, entre outras alterações, com a mudança no modo de cumprimento da sentença (Lei n. 11.232, de 22-12-2005), na execução extrajudicial (Lei n. 11.382, de 6-12-2006), com alterações recursais (Lei n. 11.187, de 19-10-2005, e Lei n. 11.276, de 7-2-2006), com a possibilidade de reconhecimento pelo juiz de ofício da prescrição (Lei n. 11.280/2006), com a Lei instituidora do processo eletrônico (Lei n. 11.419, de 19-12-2006), com a previsão do inventário, partilha, separação consensual e divórcio consensual por via administrativa (Lei. n. 11.441/2007).

[41] Vale ressaltar que, nesse julgamento, a Corte Americana rejeitou a preliminar levantada pela defesa do Brasil de que a família da vítima deveria primeiro esgotar as vias judiciais brasileiras (como é o entendimento atual da Corte Européia, que exige primeiro que o cidadão procure a justiça de seu país para se *queixar* contra a excessiva demora de um processo. <www.global.org.br/docs/sentencaximenesportugues.doc>. Acesso em 26-8-2006.

[42] No STJ, sendo relator o Min. José Delgado, num caso em que uma liminar durava mais de três anos sem nunca ter sido cassada, a 1ª Turma se pronunciou no sentido de que, tratando-se de uma situação fática consolidada em face da morosidade dos atos processuais, "não podem os jurisdicionados sofrer com as decisões colocadas à apreciação do Poder Judiciário" (STJ, AgRg no REsp 626590/RN. Data do Julgamento 5-8-2004, *DJ*, 27-9-2004, p. 263).

seu aspecto político, a noção de o cidadão não ter que dar mais sacrifícios do que os que as regras proibitivas, repressivas e punitivas lhe impõem. A isso, soma-se a aplicação do princípio da razoabilidade, reforçado pelo devido processo legal material previsto na nossa Constituição da República. No ângulo interno de uma relação processual (juiz e partes), se o Estado demora a declarar alguém culpado ou a puni-lo pelo cometimento de um crime, torna-se indubitável o direito à declaração da prescrição penal, nos termos dos prazos estabelecidos em lei, sem contar com o direito de liberdade, quando ocorre excesso de prazo injustificável na privação da liberdade[43]. Igualmente, se a Polícia, ao cumprir ordem judicial,

---

[43] Mesmo em caso de crime considerado hediondo, é inadmissível a prisão cautelar em tempo maior do que o razoável, não se justificando a privação arbitrária da liberdade ao réu, conforme já assentou o STF, mesmo antes da EC n. 45, de 2004, em voto relatado pelo Ministro Celso de Mello: "(...) O direito ao julgamento, sem dilações indevidas, qualifica-se como prerrogativa fundamental que decorre da garantia constitucional do 'due process of law'. O réu — especialmente aquele que se acha sujeito a medidas cautelares de privação da sua liberdade — tem o direito público subjetivo de ser julgado, pelo Poder Público, dentro de prazo razoável, sem demora excessiva e nem dilações indevidas. Convenção Americana sobre Direitos Humanos (Art. 7º, ns. 5 e 6). Doutrina. Jurisprudência. O excesso de prazo, quando exclusivamente imputável ao aparelho judiciário — não derivando, portanto, de qualquer fato procrastinatório causalmente atribuível ao réu — traduz situação anômala que compromete a efetividade do processo, pois, além de tornar evidente o desprezo estatal pela liberdade do cidadão, frustra um direito básico que assiste a qualquer pessoa: o direito à resolução do litígio, sem dilações indevidas e com todas as garantias reconhecidas pelo ordenamento constitucional. Precedentes" (HC 80.379/SP. Data do julgamento: 18-12-2000. 2ª Turma. DJ, 25-5-2001. p. 11). E após a EC n. 45/2004, ainda na hipótese de crime hediondo, sendo o mesmo Ministro Relator, o STF se manifestou: "Nada pode justificar a permanência de uma pessoa na prisão, sem culpa formada, quando configurado excesso irrazoável no tempo de sua segregação cautelar (RTJ 137/287 — RTJ 157/633 — RTJ 180/262-264 — RTJ 187/933-934), considerada a excepcionalidade de que se reveste, em nosso sistema jurídico, a prisão meramente processual do indiciado ou do réu, mesmo que se trate de crime hediondo ou de delito a este equiparado. O excesso de prazo, quando exclusivamente imputável ao aparelho judiciário — não derivando, portanto, de qualquer fato procrastinatório causalmente atribuível ao réu — traduz situação anômala que compromete a efetividade do processo, pois, além de tornar evidente o desprezo estatal pela liberdade do cidadão, frustra um direito básico que assiste a qualquer pessoa: o direito à resolução do litígio, sem dilações indevidas (CF, art. 5º, LXXVIII) e com todas as garantias reconhecidas pelo ordenamento constitucional, inclusive a de não sofrer o arbítrio da coerção estatal representado pela privação cautelar da liberdade por tempo irrazoável ou superior àquele estabelecido em lei. A duração prolongada, abusiva e irrazoável da prisão cautelar de alguém ofende, de modo frontal, o postulado da dignidade da pessoa humana, que representa — considerada a centralidade desse princípio essencial (CF, art. 1º, III) — significativo vetor interpretativo, verdadeiro valor-fonte que conforma e inspira todo o ordenamento constitucional vigente em nosso País e que traduz, de modo expressivo, um dos fundamentos em que se assenta, entre nós, a ordem republicana e democrática consagrada pelo sistema de direito constitucional positivo. Constituição Federal (art. 5º, incisos LIV e LXXVIII). EC 45/2004. Convenção Americana sobre Direitos Humanos (Art. 7º, n. 5 e 6). Doutrina. Jurisprudência. O indiciado ou o réu, quando configurado excesso irrazoável na duração de sua prisão cautelar, não podem permanecer expostos a tal situação de evidente abusividade, ainda

por exemplo, faz a apreensão de um bem (veículo, documento ou outro objeto), não se justifica que o seu proprietário sofra uma injustificável invasão em seu direito de propriedade, pela demora excessiva no desfecho do caso perante a Justiça, com danos materiais e às vezes morais pela demasiada espera por uma solução final.

A propósito, Luís Gustavo Grandinetti Castanho de Carvalho observa com acuidade o seguinte:

> "O Código de Processo Penal estabelece uma série de prazos para que neles se pratiquem os atos processuais. Para o réu preso, a conseqüência imediata da extrapolação de prazos é a ilegalidade da prisão e a sua soltura. E para o réu que responde aos termos da ação penal solto? Há alguma conseqüência para a extrapolação de tais prazos? Nenhuma.
>
> Parece claro que, se existe uma pretensão contra o réu, tem ele o direito de livrar-se desta pretensão e o instrumento de que dispõe é a defesa. Se o réu fica cerceado prolongadamente da faculdade de exercer o direito de defesa, a ação que contra ele se dirige adquire conotação de constrangimento ilegal. Para obviar a ilegalidade deste constrangimento é preciso que se permita ao réu oferecer sua defesa para que sobre ela se manifeste a prestação jurisdicional"[44].

Com efeito, se o Estado demora sem razão no procedimento de um inquérito policial ou de um processo penal, nada mais justo que o juiz ouça a pretensão do *acusado* (solto) e tome providências para finalizar o procedimento inquisitorial ou a ação penal.

Por outro lado, o atraso excessivo na investigação da autoria de um crime, que, em tempo muito menor, natural e facilmente seria encerrada (seja pelo resultado da descoberta da autoria do crime ou mesmo pela constatação de insuficiência de provas para a propositura da ação penal), se o funcionamento fosse normal e não *patológico*, configura patente agressão à ampla defesa do cidadão.

---

que se cuide de pessoas acusadas da suposta prática de crime hediondo (Súmula n. 697/STF), sob pena de o instrumento processual da tutela cautelar penal transmudar-se, mediante subversão dos fins que o legitimam, em inaceitável (e inconstitucional) meio de antecipação executória da própria sanção penal. Precedentes" (HC 85.237/DF, rel. Min. Celso de Mello, data do julgamento: 17-3-2005, Tribunal Pleno, *DJ*, 29-4-2005, p. 8).

[44] *Processo penal e Constituição:* princípios constitucionais do processo penal. 3. ed. Rio de Janeiro: Lumen Juris, 2004, p. 134-135.

Aliás, a demora imotivada de um procedimento policial ou judicial causa danos não apenas a direitos subjetivos, mas também ao próprio interesse público do processo, com conseqüência deletéria à verdade real, em face do desaparecimento da prova oral, como o esquecimento de fatos por uma testemunha, ou da prova material, como o desaparecimento de vestígios essenciais para a descoberta do delito.

Além disso, quando há restrição na propriedade por força da atuação do Estado-juiz, que, por exemplo, determina a apreensão de um bem do particular, naturalmente que o processo deve terminar em prazo razoável. Caso contrário, a conseqüência, aceitando-se a incidência de tal princípio, deve ser a devolução da coisa apreendida, assim como ocorre, sem dúvida, quando alguém fica preso mais tempo do que as leis processuais penais prevêem.

Nesse aspecto, o direito à liberdade e o direito à devolução do bem, em razão do excesso de prazo no procedimento estatal, são conseqüências do princípio do direito à razoável duração do processo, o que não impede que esse princípio possa ser avaliado em face de outros princípios processuais aplicáveis na situação concreta que se apresentar perante o órgão decisório.

Quanto ao ângulo externo à relação entre juiz e partes, não há dúvida de que o direito à razoável duração, agora também previsto na Constituição, por força da Emenda Constitucional n. 45, de 2004, pode ocasionar a interposição de outro processo, perante o juízo competente, para apurar a responsabilidade do Estado pela demora exagerada na conclusão definitiva de determinada lide.

Essa responsabilidade tem seu fundamento no art. 37, § 6º, da Constituição de 1988, do seguinte teor: "As pessoas jurídicas de direito público e as de direito privado prestadoras de serviços públicos responderão pelos danos que seus agentes, nessa qualidade, causarem a terceiros, assegurado o direito de regresso contra o responsável nos casos de dolo ou culpa".

Não custa lembrar que, especificamente, quanto ao processo penal, a nossa Constituição possui regras expressas, pois, segundo o art. 5º, LXXV, "o Estado indenizará o condenado por erro judiciário, assim como o que ficar preso além do tempo fixado na sentença". A prisão de alguém além do tempo legal, ou melhor, por excesso de prazo, decerto viola o princípio da razoável duração procedimental, com dano direto àquele que imotivadamente teve sua liberdade violada. E as medidas adotadas geralmente consistem no relaxamento de prisão em flagrante e na ordem de *habeas corpus*[45].

De igual maneira, a demora intolerável do processo que cause dano subjetivo pode levar à reparação civil, havendo assim possibilidade jurídica do pedido de indenização em face do Estado.

Esse prejuízo poderá ser material ou moral e o autor deverá provar o nexo de causalidade entre a lentidão injusta e o dano sofrido.

Para caracterizar a responsabilidade é necessário que se encontrem presentes os requisitos da omissão estatal pela não-conclusão do procedimento judicial em tempo razoável, a prova do dano causado ao autor e ainda o nexo de causalidade entre a inação estatal e o prejuízo ao particular.

A prova do dano é do autor, sendo seu o ônus de demonstrar que a demora excessiva do processo lhe causou um malefício a ser reparado pelo Estado.

Na omissão no cumprimento dos procedimentos judiciais devidos, considera-se a demora exagerada entre o início do processo até a resolução definitiva da causa, contando-se aqui não somente o tempo entre a demanda e a sentença, mas também a fase recursal e a fase do cumprimento da decisão.

Por outro lado, na contagem do tempo não razoável de duração leva-se em conta o prazo que seria normalmente aceitável e se faz uma projeção do excesso, isto é, do lapso excedente caracterizador da devida reparação.

De todo modo, há grande dificuldade, diante de conceitos vagos como os termos "dilação indevida" e "duração razoável", em saber da real ocorrência do indevido processo legal, daí a necessidade de o juiz, na ação de reparação, ter que avaliar cada caso concreto: se a culpa foi do advogado da parte, se a causa era complexa, entre outros fatores.

Não se pode deixar de notar também ser necessário levar em conta alguns elementos circunstanciais para a caracterização desse prazo exces-

---

[45] Entre tantos casos na Jurisprudência brasileira, vale mencionar os fundamentos da 6ª Turma do STJ, na concessão de ordem de *habeas corpus*: "o princípio da razoabilidade é ínsito ao devido processo legal, razão por que tem o acusado o direito de ser julgado em prazo razoável. Na espécie, é manifesto o constrangimento ilegal, já que o acusado, preso após a pronúncia, encontra-se sob custódia há três anos e meio, aguardando recambiamento para o Juízo processante" (HC 27.723/PE, rel. Min. Paulo Medina, data do julgamento: 18-9-2003, *DJ*, 13-10-2003, p. 451).

sivo, como, por exemplo, os parâmetros utilizados pela Corte Européia de Direitos Humanos (Corte de Estrasburgo), dispostos também no art. 2.2. da Lei italiana n. 89, de 2001, ou seja, a complexidade do caso[46] e o comportamento das partes, do juiz do procedimento e de outras pessoas intervenientes no processo.

É o que pensa também Paulo Hoffman, para quem a definição do prazo razoável deve ter como critério exclusivo a análise do caso concreto. Trata-se do "critério da *posta in gioco*, estabelecido pela Corte Européia dos Direitos do Homem, que, como já afirmado, julga infração ao direito do término do processo em prazo razoável e sem dilações indevidas e o próprio valor da indenização com base nos seguintes critérios: a) complexidade do caso; b) comportamento das partes; c) atuação dos juízes, dos auxiliares e da jurisdição"[47].

Provado que o prazo de duração não foi ou não está sendo razoável, independentemente do término da demanda que se aponta como morosa, tendo sido provado o dano e o nexo causal, haverá de ser responsabilizado: o Estado-membro, no caso da atitude, melhor dizendo, da não-atuação dos órgãos da justiça estadual, ou a União, na hipótese de ineficiência da Justiça Federal, Trabalhista, Eleitoral e Militar, e respectivos tribunais de recursos.

Igualmente é viável a ação de responsabilidade da União, se o exagero no atraso ocorrer no Supremo Tribunal Federal, no Superior Tribunal de Justiça, nos demais tribunais superiores, ou no próprio Conselho Nacional de Justiça.

Deve-se alertar que nem sempre a demora é causada pelo magistrado. O motivo da dilação indevida pode provir da desídia do escrivão ao não fazer os termos ou conclusões; do perito, por se exceder na entrega de um laudo, do Ministério Público, ao demorar na entrega de um parecer; da Polícia, ao não cumprir diligências, entre outros colaboradores ou órgãos intervenientes no processo. Contudo, é o fato de a direção e a condução do processo serem feitas por um agente público, representante

---

[46] No caso Damião Ximenes Lopes x Brasil, na sentença de 4 de julho de 2006, a Corte Americana entendeu que tanto o processo penal quanto o processo civil, ambos em curso na Justiça do Estado do Ceará, não eram complexos e era injustificavel que, para decidir sobre a punição dos denunciados e sobre o direito à indenização de danos morais aos familiares da vítima de maus-tratos e posterior morte, transcorressem os anos de 2000 até 2006, sem ao menos a completa instrução das causas (Disponível em <www.global.org.br/docs/sentencaximenesportugues.doc>. Acesso em 26-8-2006).

[47] *Razoável duração do processo*. São Paulo: Quartier Latin, 2006, p. 109.

de um Poder do Estado (Judiciário), aquilo que mais evidencia a falta de diligência do processo. Ou seja, as demandas são propostas e registradas (autuadas) no Poder Judiciário, e o eventual atraso é causado por esse ente estatal, conquanto não se possa excluir num específico caso concreto a exclusiva culpa de um auxiliar da justiça, como um perito ou intérprete, ou de um membro de um dos órgãos essenciais à Justiça, como o promotor de justiça ou o defensor público.

Podem então as parcelas de culpa estar diluídas ou caracterizadas em apenas um setor. A busca nas causas e nos focos do retardamento, para os fins da responsabilização estatal, será importante apenas para provar a omissão e não para provar a culpa do agente. Melhor explicando: o autor terá que provar o tempo excessivo na conclusão do processo e o dano sofrido, mas mesmo que se descubra ter-se dado tal ocorrência por culpa do juiz, essa constatação não poderá levar o magistrado à responsabilidade na mesma ação. Cabe ao Estado apresentar elementos de prova na sua ação de regresso, ofertando-se a ampla defesa ao agente público.

Isso implica dizer que, para haver responsabilidade do causador do dano, ou dos causadores, por dolo ou culpa, é imprescindível a ação de regresso do Estado contra o agente a quem se atribui o motivo do dano, seja juiz, promotor, funcionário do Judiciário etc., não se podendo admitir a alternativa de o particular poder escolher ingressar em face do Estado e/ou em face do juiz ou, concomitantemente, em face de ambos[48].

Na hipótese da responsabilidade subjetiva do magistrado (ação de regresso), o art 133 do CPC possui regra específica, nos seguintes termos: "Responderá por perdas e danos o juiz, quando: I — no exercício de suas funções, proceder com dolo ou fraude; II — recusar, omitir ou retardar, sem justo motivo, providência que deva ordenar de ofício, ou a requerimento da parte". Mas nesta segunda hipótese somente se reputarão verdadeiros os fatos "depois que a parte, por intermédio do escrivão, requerer

---

[48] Diferente é o entendimento de Lair de Araújo Filho, para quem o juiz poderá responder diretamente pela ação do particular ou por força da ação de regresso estatal. Esse autor explica o seguinte: "A coexistência de ambos os regimes, o da responsabilidade pessoal do juiz e da responsabilidade objetiva do Estado deve resultar em prol do usuário do serviço a quem caberá a escolha em face de quem demandar e a qual título", conforme a conveniência da vítima (LOUREIRO FILHO, Lair da Silva. Responsabilidade pública por atividade judiciária no direito brasileiro. *Revista de Direito Administrativo,* Rio de Janeiro: 231:5-46, p. 28, jan./mar., 2003). Não se há de concordar com tal entendimento, uma vez que a Constituição é clara ao dispor que as demandas do cidadão devem ser propostas em face do Estado, enquanto o juiz apenas responde pessoalmente perante o Estado e não perante o usuário do serviço judiciário.

ao juiz que determine a providência e este não lhe atender o pedido dentro de 10 (dez) dias" (parágrafo único).

Contudo, tal parágrafo único contém apenas uma carta de recomendação, pois a Constituição, no art. 37, § 6º, não traz qualquer reserva ou condição para a responsabilidade subjetiva contra o agente.

Dessa maneira, se o juiz atrasar o processo por dolo ou fraude, ou por negligência, imperícia e imprudência, o Estado, independentemente da ação do lesionado visando à reparação do dano, poderá logo acionar o magistrado ou qualquer agente estatal causador do evento, mesmo que concorrentemente, sem prejuízo das ações das corregedorias, dos procedimentos disciplinares e da atuação do Conselho Nacional de Justiça[49].

Além dessas hipóteses expressas no mencionado art. 133, diversos motivos contribuem para a excessiva demora do término razoável do procedimento.

As razões injustificadas do atraso muitas vezes estão diluídas em parcelas de culpa de vários sujeitos processuais, como o oficial de justiça, o juiz, inclusive o juiz-corregedor, quando deixa de fiscalizar a demora, o agente do Ministério Público, bem como da Administração do Tribunal, que não proveu a Comarca com juízes e funcionários, do legislador, que deixou de criar cargos de juiz ou de auxiliares da Justiça, inclusive o legislador processual, que criou ritos muito lentos com inúmeros recursos.

Não se pode deixar de cogitar também de outras origens da demora com o escopo de verificar se deve existir ou não a responsabilização estatal. Por exemplo, a causa decorrente do extravio do processo na mudança da sede do Foro, incêndio ou enchente na cidade[50], com a conse-

---

[49] Em 29 de novembro de 2005, o Conselho Nacional de Justiça determinou que o Tribunal de Justiça de Goiás designasse um juiz para julgar uma ação divisória cumulada com demarcatória que tramitava na Comarca de Iaciara-GO há 38 anos, sem que tivesse sido proferida ainda a sentença. A justificativa da demora foi a falta de juiz na Comarca, mas o CNJ acolheu a representação do advogado da parte (Wilson Sabino). "A decisão foi tomada por maioria. O relator da matéria foi o então ministro corregedor Antônio de Pádua Ribeiro, que classificou a demora no julgamento deste processo como uma *aberração*" (Longa Espera — CNJ manda TJ-GO julgar ação que tramita há 38 anos. *Revista Consultor Jurídico*, 29 de novembro de 2005. Disponível em <http://www.conjur.estadao.com.br>. Acesso em 4-12-2005).

[50] Este exemplo é de Oreste Nestor de Souza Laspro: "Assim, não pode ser pleiteada a exclusão da sua responsabilidade, sob o argumento da força maior, quando, na verdade, a essência da causa do dano está na sua própria inércia. Imagine-se, por exemplo, aquela situação em que, em razão de uma enchente, as atividades forenses são interrompidas em uma determinada Comarca. Em um primeiro momento, o Estado não pode ser responsabilizado pelos danos oriundos da

qüente necessidade da restauração de autos, além de outras hipóteses excepcionais. Mas, em geral, a deficiência do aparelhamento judiciário, como a falta de juízes, não é óbice à reparação do prejuízo causado ao particular, pela ineficiência da recusa do poder de julgar em tempo apropriado.

Entretanto, tudo deverá ser sopesado na ação em face do Estado, isto é, saber se a ausência de duração razoável do processo é ou não justificável, se é ou não absurdo e prejudicial, se deve ou não haver indenização ao particular, bem como em (outro) procedimento próprio, e nos termos do devido processo legal, se houve culpa ou dolo do agente a fim de o Estado responsabilizá-lo.

8. Conclusão

O cidadão tem direito a uma justiça ágil, na qual um dos demandantes seja logo proclamado vencedor e receba o que é seu, prontamente. Significa recusar tal direito, quando o litigante, a vítima, seus sucessores esperam anos para a punição de culpados, para a reparação do dano a direitos subjetivos ou para o recebimento de bens ou valores por quem tem o direito de deles dispor.

Esse cenário crítico na conclusão dos processos na Justiça brasileira, em que o cidadão passa longos anos à espera da tutela jurisdicional, pode causar danos psicológicos e morais graves, não sendo admissível que a justiça, com a sua demora, gere insegurança e angústia em razão do tempo excessivo na solução definitiva de um processo ou na entrega do *bem da vida* — para usar uma expressão comum na doutrina processual —, a quem obteve reconhecimento judicial de um direito.

Dentro de tais circunstâncias, à maneira de inúmeros Estados estrangeiros, sobretudo os da Comunidade Européia, foi definitivamente posto na Constituição de 1988 o princípio do prazo judicial razoável (sem dilações indevidas) que, conquanto não seja possível, magicamente,

---

falha temporária no serviço. Agora, se antes mesmo da enchente já não havia um Juiz designado para a Comarca ou se o Estado não tomou as devidas providências para minimizar os danosos efeitos da ausência de atividade jurisdicional, evidentemente não poderá ser alegada a excludente de força maior, na medida em que o Estado indiretamente contribuiu para o prejuízo ou, no mínimo, para seu agravamento. No primeiro caso (ausência de juiz), o dano poderia ocorrer mesmo sem a enchente e, no segundo caso (omissão em adotar medidas alternativas), o prejuízo poderia ter sido minimizado" (*A responsabilidade civil do juiz*. São Paulo: Revista dos Tribunais, 2000, p. 183).

fazer-se realidade na Justiça brasileira, pois há necessidade ainda de serem feitas reformas estruturais no aparelho Judiciário e de ser dada continuidade nas reformas infraconstitucionais, já constitui notável avanço normativo ao ser inserido na Carta Maior como Direito fundamental.

Decorrente do princípio do devido processo legal, o direito à razoável duração do processo precisa harmonizar-se com outros princípios, como o do contraditório, da ampla defesa e da igualdade, de modo que agora, no mesmo patamar constitucional, haja uma divisão proporcional de incidência, tudo em nome do consumidor da Justiça.

O excesso de prazo na conclusão de procedimentos e de processos traz conseqüências que exigem a devida reparação.

O Estado deve aparelhar os seus órgãos jurisdicionais e os essenciais à justiça a fim de possibilitar a resposta judicial rápida e eficaz. Por outro lado, na eventualidade de não haver cumprimento desse direito do ser humano, reconhecido mundialmente, que o Estado arque com as conseqüências do funcionamento insatisfatório da prestação jurisdicional, especialmente quando a parte sofre danos por tal disfunção.

No âmbito interno da relação processual, ao interessado assiste o direito subjetivo de não ser prejudicado pela lentidão, alguns há muito estabelecidos, como o direito à soltura, se preso, o direito à declaração da prescrição penal, a medidas urgentes de amparo no juízo cível e, ainda, embora isso ainda não esteja sedimentado na jurisprudência e na doutrina, o direito do proprietário à liberação de bem, se apreendido por tempo injustificável.

Por fim, a indevida atuação procedimental acarreta a possibilidade de ação de responsabilidade do Estado, pela demora, com o direito de ação regressiva contra o agente causador do dano.

Conquanto na jurisprudência pátria ainda não se tenha generalizado a aceitação da aplicação automática desse princípio, em especial no campo da reparação do dano em ação civil, espera-se que, com esse dispositivo constitucional, passe o Estado a concretizar uma justiça rápida e efetiva, e que num futuro muito próximo o processo longo seja exceção, e que essa exceção, ou seja, esse estado intolerável de irracional duração, quando causar prejuízo, seja prontamente indenizável, mediante condenação civil pelo mau funcionamento da justiça, tudo dentro do devido processo legal.

Todos esses motivos tornam o princípio do término do processo em tempo razoável, posto na Constituição Federal pela Emenda n. 45, de

2004, um dos princípios processuais constitucionais mais valiosos aos quais, por isso, se voltarão todas as preocupações dos operadores do Direito. Espera-se que daqui a alguns anos, com ou sem legislação específica, o comando constitucional tenha contribuído com resultados efetivos para tornar a justiça brasileira mais racional e mais eficiente, e que, quando houver dano subjetivo pelo descumprimento do prazo razoável de duração processual, haja a pronta e devida reparação desse dano.

Esta é a razão para ser otimista e para acreditar que o direito ao processo sem dilações indevidas, porque dotado de atributos necessários para responder aos anseios e à crença do povo na Justiça, se torne o grande princípio do século XXI, aquele para o qual se voltará toda a atenção da doutrina, da jurisprudência e da legislação.

Capítulo II

PRINCÍPIO CONSTITUCIONAL DA INAFASTABILIDADE DO CONTROLE JURISDICIONAL: QUESTÕES ATUAIS

Ketlen Anne Pontes Pina

Procuradora do Município de Manaus/AM. Pós-graduada em Direito Civil e Direito Processual Civil pelo Centro Universitário CIESA/AM. Graduada em Direito pela Universidade Federal do Amazonas — UFAM.

1. Introdução

Em determinado momento histórico, o Estado proibiu a autotutela — justiça com as próprias mãos — e assumiu o monopólio da jurisdição. Em contrapartida, assumiu também o dever de conferir aos particulares o direito de ação e o amplo acesso ao Judiciário, consubstanciado, na atualidade, no princípio da inafastabilidade do controle jurisdicional e positivado, no Brasil, na regra do art. 5º, XXXV, da Constituição da República, segundo a qual "a lei não excluirá da apreciação do Poder Judiciário lesão ou ameaça a direito". O Estado passou, portanto, a ter o dever de oferecer ao jurisdicionado não só o caminho para buscar os seus direitos, mas também a prestação jurisdicional com resultado útil e efetivo, por meio de mecanismos adequados e eficazes.

Há momentos, contudo, em que a função jurisdicional não consegue desempenhar adequadamente seu papel, fazendo-se necessário examinar determinadas questões pertencentes ao campo do Direito Processual Civil, com vistas a tornar realidade a efetivação do direito material. Encontram-se, assim, em institutos e legislações infraconstitucionais e até na própria Constituição, temas que representam afronta, por vezes real, por vezes aparente, ao princípio da inafastabilidade do controle jurisdicional (art. 5º, XXXV, da CF), cabendo, questionar *se, quando* e *como* poderão ser aplicadas as disposições em discussão. Dessa forma, o interesse que enseja a presente investigação reside na problemática existente na ofensa e/ou observância do princípio da inafastabilidade do controle jurisdicional, verificada diante de casos concretos, quando com ele se defrontam situações atuais em que seria aplicável uma legislação ou um instituto processual que supostamente violaria a garantia constitucional, causando dúvidas, discussão e divergência de opiniões entre doutrinadores e demais aplicadores do Direito.

2. O princípio da inafastabilidade do controle jurisdicional

A Constituição da República, visando a evitar o arbítrio e o desrespeito aos direitos fundamentais do homem, estabeleceu que os Poderes do Estado são "independentes e harmônicos entre si, repartindo entre eles as funções estatais e prevendo prerrogativas e imunidades para que bem pudessem exercê-las, bem como criando mecanismos de controles recíprocos, sempre como garantia do Estado democrático de Direito"[51]. Ao lado da função de legislar e de administrar, o Estado exerce a função de julgar, consistente na imposição da validade do ordenamento jurídico, de forma coativa.

A função jurisdicional pertence tipicamente ao Poder Judiciário. Conceitua-se como a função de tutelar os direitos e aplicar as normas legais aos casos concretos, mediante processo regular, por intermédio de órgão judicante imparcial, com a substituição da atividade e a vontade das partes, a fim de buscar a paz social. Consoante ensinamento de Celso Ribeiro Bastos, à função jurisdicional cabe o importante papel de "fazer valer o ordenamento jurídico, de forma coativa, toda vez que seu cumprimento não se dê sem resistência"[52].

Dessa forma, é o próprio Estado quem determina que os conflitos devem ser solucionados à luz da estrutura de um Estado de Direito, evitando a autotutela, a denominada *justiça com as próprias mãos*. O Estado, ao mesmo tempo que inaugura essa função privativa, buscando estabelecer relações sociais com maior civilidade, tem também o dever de possibilitar o acesso dos cidadãos à tutela jurisdicional em sua plenitude.

Exatamente aqui desponta o princípio da inafastabilidade do controle jurisdicional, inserto em nossa Constituição da República, no art. 5º, XXXV, determinando que o Poder Público disponibilize a todos, indistintamente, a mais ampla prestação jurisdicional, a qual deve ocorrer em toda a sua inteireza, possibilitando não apenas o acesso puro e simples —

---

[51] MORAES, Alexandre de. *Direito constitucional*. 8. ed. São Paulo: Atlas, 2000, p. 356.
[52] BASTOS, Celso Ribeiro; MARTINS, Ives Gandra. *Comentários à Constituição do Brasil*. 3. ed. São Paulo: Saraiva, 2004, v. 2, p. 184.

ingresso em juízo —, como também a garantia e o respeito ao devido processo legal, além da tutela efetiva aos direitos.

O inciso XXXV do art. 5º da Constituição da República prescreve que "a lei não excluirá da apreciação do Poder Judiciário lesão ou ameaça a direito". Isso significa, segundo explica Celso Ribeiro Bastos, "que lei alguma poderá auto-excluir-se da apreciação do Poder Judiciário quanto à sua constitucionalidade, nem poderá dizer que ela seja ininvocável pelos interessados perante o Poder Judiciário para a resolução das controvérsias que surjam da sua aplicação"[53].

Em outras palavras, o direito de ação, assim instituído, não pode ser cerceado por nenhuma disposição legal. Bastará, portanto, a existência em prol de alguém de um direito, ainda que não tenha caráter individualista, mas se confunda com o interesse coletivo, difuso, homogêneo e até de entes despersonalizados, para merecer a tutela jurisdicional repressiva, quando houver lesão, ou preventiva, quando o direito estiver sendo ameaçado.

Por fim, cumpre esclarecer que o direito de ação constitucionalmente previsto não é incondicional, representando, no dizer de Nelson Nery Junior, um "direito subjetivo à sentença *tout court*, seja essa de acolhimento ou de rejeição da pretensão, desde que preenchidas as condições da ação"[54]. Dessa afirmação, pode-se abstrair que a garantia do amplo acesso ao Judiciário pressupõe o preenchimento de alguns requisitos essenciais — as condições da ação (art. 267, VI, do CPC) e os pressupostos processuais (art. 267, IV, do CPC) —, bem como a observância dos prazos e das formas processuais, sem que isso implique violação do princípio da inafastabilidade do controle jurisdicional, uma vez que esses institutos significam limitações naturais ao exercício do direito de ação[55].

Essas limitações ao poder de agir, como bem pondera Eduardo Melo de Mesquita, harmonizam-se com a garantia constitucional "tanto quanto não lhe embaracem ou esvaziem o conteúdo"[56], sendo, em verdade, essenciais ao seu exercício. Isso porque, nas palavras daquele jurista:

---

[53] BASTOS, Celso Ribeiro; MARTINS, Ives Gandra. *Comentários à Constituição do Brasil*, cit., v. 2, p. 186.

[54] *Princípios do processo civil na Constituição Federal*. 8. ed. São Paulo: Revista dos Tribunais, 2002, p. 103.

[55] NERY JUNIOR, Nelson. *Princípios do processo civil na Constituição Federal*, cit., p. 104.

[56] *As tutelas cautelar e antecipada*. São Paulo: Revista dos Tribunais, 2002, p. 57 (Coleção Estudos de Direito de Processo Enrico Tulio Liebman, v. 52).

"(...) conceber-se que alguém possa demandar em juízo de forma doentia, patológica, pelo simples prazer de litigar, compromete, sobremaneira, aquela garantia, se atentarmos ao fato de que inúmeras manifestações patológicas de litígios sem causa subtrairão um tempo assaz precioso, em detrimento de outras tantas demandas necessárias que deixarão de ter merecida atenção do Judiciário"[57].

2.1. O direito à efetividade da tutela jurisdicional

Pelo princípio constitucional da inafastabilidade do controle jurisdicional, todos têm direito de obter do Poder Judiciário uma prestação jurisdicional efetiva, com resultado eficaz. Não é suficiente, portanto, o simples direito à tutela jurisdicional. "É preciso que essa tutela seja a *adequada*, sem o que estaria vazio o sentido do princípio"[58].

Eduardo Melo de Mesquita entende ainda que a garantia constitucional de ação está "umbilicalmente ligada à noção de *efetividade*"[59], que ele divide ainda em "efetividade técnica" e "efetividade qualitativa". A primeira seria relativa à possibilidade processual de ação; a segunda poderia ser traduzida como a exigência de "resultado alcançável na tutela de um interesse ou direito substancial, objetivando assegurar os direitos subjetivos e interesses legítimos"[60].

Com efeito, se o Estado proibiu a autotutela e assumiu o poder de solucionar os casos conflituosos concretos, ele também assumiu o delicado dever de prestar aos cidadãos a adequada tutela jurisdicional, conferindo àquele que busca na intervenção judicial o mesmo resultado obtido caso fosse espontaneamente observada a norma de direito material ou fosse realizada a ação privada (autotutela) proibida.

A garantia de acesso à justiça não pode significar apenas o direito de ir a juízo[61]. Segundo lição de Luiz Guilherme Marinoni, "a concepção de direito de ação como direito à sentença de mérito não poderia ter vida

---

[57] *As tutelas cautelar e antecipada*, cit., p. 57.

[58] MESQUITA, Eduardo Melo de. *As tutelas cautelar e antecipada*, cit., p. 100.

[59] *As tutelas cautelar e antecipada*, cit., p. 57.

[60] MESQUITA, Eduardo Melo de. *As tutelas cautelar e antecipada*, cit., p. 57.

[61] "A inafastabilidade da jurisdição não se realiza com o peticionar, mas com o obter decisão estatal vinculadora sobre o quanto peticionado, pelo que urge recuperar o efeito útil da prescrição principiológica do inciso XXXV do art. 5º, pela adoção de mecanismos constitucionais e infraconstitucionais que restabeleçam a racionalidade processual e a funcionalidade estrutural do Judiciário" (CABRAL, José Bernardo. Reforma do Judiciário e a promessa constitucional de

muito longa, uma vez que o julgamento do mérito somente tem importância — como deveria ser óbvio — se o direito material envolvido no litígio for realizado — além de reconhecido pelo Estado-Juiz"[62].

Nesse sentido, o direito à sentença deve ser visto como direito aos meios executivos capazes de dar efetividade ao direito substancial, o que significa direito à efetividade em sentido estrito. Por outro lado, quando se pensa no direito à efetividade em sentido lato, não se pode esquecer de que a tutela jurisdicional deve ser tempestiva e, em alguns casos, ter a possibilidade de ser preventiva.

Por direito de acesso à justiça entende-se o direito ao ordenamento prévio de procedimentos realmente capazes de prestar a tutela efetiva e, portanto, *adequada* — preventiva, se for o caso — e *tempestiva*. Isso porque, diante da inclusão da locução *ameaça a direito* no dispositivo constitucional em comento, não há mais qualquer dúvida sobre o direito à tutela jurisdicional capaz de impedir a violação do direito.

Por essa exata razão, a aferição do *periculum in mora* não pode ser subtraída do Poder Judiciário e chamada ao plano da norma, sob pena de desrespeito ao direito à adequada tutela jurisdicional. Assim, se o legislador ordinário restringir o uso da liminar, a ser dada, quando necessária, pelo juiz, violará o princípio da inafastabilidade do controle jurisdicional, pois estará subtraindo a análise da necessidade da tutela de urgência da valoração judicial, transplantando-a para o domínio da norma.

Referindo-se a certos casuísmos do direito brasileiro, Nelson Nery Junior lembra a edição de medidas provisórias ou mesmo de leis que restringem ou proíbem a concessão de liminares, o mais das vezes contra o Poder Público[63]. Afirma o autor que tais normas devem ser interpretadas conforme a Constituição: "(...) Se forem instrumentos impedientes de o jurisdicionado obter a tutela jurisdicional adequada, estarão em desconformidade com a Constituição e o juiz deverá ignorá-las, concedendo a liminar independentemente de a norma legal proibir essa concessão"[64].

---

acesso à Justiça e de participação popular. *Circulus — Revista da Justiça Federal do Amazonas*, Manaus: Editora da Universidade Federal do Amazonas — EDUA, n. 4, p. 122, jul./dez. 2004).

[62] MARINONI, Luiz Guilherme. *Técnica processual e tutela dos direitos*. São Paulo: Revista dos Tribunais, 2004, p. 179-180.

[63] NERY JUNIOR, Nelson. *Princípios do processo civil na Constituição Federal*, cit., p. 100.

[64] *Princípios do processo civil na Constituição Federal*, cit., p. 100.

A medida é, pois, decorrência lógica do princípio do art. 5º, XXXV, da CF/88, e do poder geral de cautela do juiz, não havendo necessidade de previsão legal, autorizativa ou proibitiva:

> "Quando a tutela adequada para o jurisdicionado for medida urgente, o juiz, preenchidos os requisitos legais, tem de concedê-la, independentemente de haver lei autorizando, ou, ainda, que haja lei proibindo a tutela urgente.
> (...) Pelo texto do CPC 273, cabe concessão de liminar em, praticamente, qualquer ação judicial de rito ordinário. Mesmo assim, ainda que a lei não preveja para determinada hipótese a concessão de medida liminar, se ela for necessária como tutela jurisdicional adequada para o caso concreto, o juiz só atenderá ao princípio constitucional do direito de ação se a conceder"[65].

O princípio do acesso à justiça importa também o direito à *tempestividade* da tutela jurisdicional. Essa tempestividade "não só tem a ver com a tutela antecipatória, como também com a compreensão da duração do processo de acordo com o uso racional do tempo processual por parte do réu e do juiz"[66]. Tanto é assim que a Reforma do Judiciário, trazida com a Emenda Constitucional n. 45/2004, na busca primordial de conferir maior efetividade ao processo, tratou de inserir o inciso LXXVIII no art. 5º da CF/88, que, de forma expressa, consagra o princípio da celeridade processual, assegurando a todas as pessoas o direito ao processo em tempo razoável.

O abuso do direito de defesa (art. 273, II, do CPC) e a incontrovérsia de parcela da demanda (art. 273, § 6º, do CPC) também autorizam a antecipação dos efeitos da tutela final, com o objetivo de dar tratamento racional ao tempo do processo, permitindo que decisões sobre o mérito sejam tomadas no seu curso. Desse modo, "parte-se da premissa de que não é racional obrigar o autor a suportar a demora do processo quando há abuso do direito de defesa ou quando parcela da demanda pode ser definida no curso do processo"[67].

É válido concluir, portanto, que a concretização do princípio em estudo depende da adequação da técnica processual aos direitos, ou, ain-

---

[65] NERY JUNIOR, Nelson. *Princípios do processo civil na Constituição Federal*, cit., p. 100-101.
[66] MARINONI, Luiz Guilherme. *Técnica processual e tutela dos direitos*, cit., p. 183.
[67] MARINONI, Luiz Guilherme. *Técnica processual e tutela dos direitos*, cit., p. 184.

da, da visualização da técnica processual a partir das necessidades do direito substancial.

Após essa generalidade contextual do princípio, passa-se agora a averiguar situações, controvertidas na jurisprudência e na doutrina, a que se atribuem ofensa ou conformidade com o direito do povo à justiça, para procurar demonstrar quando há violação à Constituição e quando não há essa apontada violação.

3. Questões processuais

3.1. A instância administrativa

Um dos temas que merecem atenção no estudo do princípio da inafastabilidade do controle jurisdicional diz respeito à instância administrativa, especialmente quanto ao entendimento, atualmente superado, no sentido de que a discussão administrativa impede o acesso ao Judiciário.

O assunto tomou forma e importância com o art. 153, § 4º, segunda parte, da Constituição de 1969, com redação dada pela EC n. 7/77, o qual autorizava a exigência, por lei infraconstitucional, do prévio esgotamento da via administrativa para que pudesse ingressar com ação em juízo, funcionando como condição de procedibilidade da ação civil, que, se não atendida, ensejaria a extinção do processo sem conhecimento do mérito por falta de interesse processual, nos termos do inciso VI do art. 267 do CPC [68].

Dessa maneira, exigia-se que toda a instância administrativa fosse exaurida para que se pudesse buscar a tutela jurisdicional pretendida. Sabe-se, no entanto, que o permissivo constitucional criado pela Emenda n. 7/77 à Constituição de 1969 nunca teve o condão de implantar no Brasil um contencioso administrativo[69] nos moldes do sistema europeu[70].

---

[68] NERY JUNIOR, Nelson. *Princípios do processo civil na Constituição Federal*, cit., p. 106.

[69] MEIRELLES, Hely Lopes. *Direito administrativo brasileiro*. 26. ed. São Paulo: Malheiros, 2001, p. 47, trazendo, na oportunidade, conceitos fornecidos por Trotabas: "Entende-se por contencioso administrativo o conjunto de litígios que podem resultar da atividade da Administração. O contencioso administrativo é, pois, mais amplo que a jurisdição administrativa, porque, se a maior parte dos litígios suscitados pela atividade da Administração Pública são levados diante da jurisdição administrativa, apenas alguns litígios são levados diante da jurisdição judiciária (...)".

[70] Sobre a origem do sistema do contencioso administrativo, o mesmo mestre Hely Lopes Meirelles cita Roger Bonnard: "O sistema do contencioso administrativo foi originalmente adotado na França, de onde se propagou para outras nações. Resultou da acirrada luta que se travou no ocaso da Monarquia entre o Parlamento, que então exercia funções jurisdicionais, e os Intendentes, que representavam as administrações locais" (*Direito administrativo brasileiro*, cit., p. 47).

O que se criou efetivamente foi uma instância administrativa de curso forçado; mas nem mesmo esse contencioso completamente desfigurado chegou a ser posto em prática, por falta de regulamentação[71], até porque não se vislumbrava em suas decisões força jurisdicional.

A Constituição de 1988, implantando uma nova sistemática no País, voltada ao Estado Democrático de Direito, extirpou do sistema constitucional brasileiro a chamada jurisdição condicionada ou instância administrativa de curso forçado. Caso contrário, estar-se-ia criando enorme empecilho para o jurisdicionado buscar a efetiva tutela jurisdicional.

Dessa maneira, questiona-se se é possível obrigar seja percorrida e esgotada toda a instância administrativa para se buscar a tutela jurisdicional.

"Inexiste a obrigatoriedade de esgotamento da instância administrativa para que a parte possa acessar o Judiciário. A Constituição Federal de 1988, diferentemente da anterior, afastou a necessidade da chamada jurisdição condicionada ou instância administrativa de curso forçado, pois já se decidiu pela inexigibilidade de exaurimento das vias administrativas para obter-se o provimento judicial, uma vez que excluiu a permissão, que a Emenda Constitucional n. 2 à Constituição anterior estabelecera, de que a lei condicionasse o ingresso em juízo à exaustão das vias administrativas, verdadeiro obstáculo ao princípio do livre acesso ao Poder Judiciário"[72].

Como se pode observar, no sistema jurídico adotado pela Constituição vigente não mais há respaldo para a criação de instâncias administrativas de curso forçado, haja vista não apenas a consagração do princípio do acesso à justiça, mas também a não repetição da ressalva contida no texto constitucional revogado.

Indagando se ainda há espaço, no momento atual, para a jurisdição condicionada, Celso Ribeiro Bastos afasta qualquer dúvida remanescente: "Qualquer que seja a lesão ou mesmo a sua ameaça, surge imediatamente o direito subjetivo público de ter o prejudicado a sua questão examinada por um dos órgãos do Poder Judiciário"[73].

---

[71] BASTOS, Celso Ribeiro; MARTINS, Ives Gandra. *Comentários à Constituição do Brasil,* cit., v. 2, p. 186-187.

[72] MORAES, Alexandre de. *Direito constitucional,* cit., p. 98.

[73] BASTOS, Celso Ribeiro; MARTINS, Ives Gandra. *Comentários à Constituição do Brasil,* cit., v, 2, p. 187.

Na mesma linha, Nelson Nery Junior, consignando seu entendimento no sentido da impossibilidade de a lei infraconstitucional condicionar o acesso ao Poder Judiciário ao esgotamento da via administrativa, afirma: "Não é de acolher-se alegação da Fazenda Pública, em ação judicial, de que não foram esgotadas as vias administrativas para obter-se o provimento que se deseja em juízo"[74].

No entanto, resta ainda uma única diferenciação, com amparo constitucional, relativamente às ações referentes à disciplina e às competições esportivas, prevista no § 1º do art. 217 da Constituição da República, a qual exige a exaustão das instâncias da justiça desportiva para a provocação do Judiciário. Essa disposição, contudo, além de críticas, merece também uma análise mais aprofundada, o que será feito em tópico próprio.

É cediço, por outro lado, que a lei infraconstitucional pode sim criar órgãos administrativos diante dos quais seja possível apresentar reclamações contra a Administração, bem como prever recursos administrativos para órgãos monocráticos ou colegiados, desde que, é claro, a utilização de tais remédios representem mera faculdade ao administrado, não podendo passar de via opcional. Aliás, consoante leciona Celso Ribeiro Bastos, essa fase administrativa pode até ser benéfica, já que permite uma retificação corretiva pela administração de seus próprios atos:

> "Ninguém pode negar que em muitas hipóteses possam ser até mesmo úteis, por ensejar a oportunidade de autocorreção pela Administração dos seus próprios atos, sem impor ao particular os ônus de uma ação judicial; mas o fundamental é que a entrada pela via administrativa há de ser uma opção livre do administrado e não uma imposição da lei ou de qualquer ato administrativo"[75].

No mais, a Jurisprudência é pacífica quanto à desnecessidade da exaustão da instância administrativa como condição para o exercício do direito de ação, conforme se pode observar, por exemplo, na Súmula 89 do STJ[76], na Súmula 213 do extinto TFR[77] e na Súmula 9 do TRF/3ª Região[78].

---

[74] *Princípios do processo civil na Constituição Federal*, cit., p. 106-107.

[75] BASTOS, Celso Ribeiro; MARTINS, Ives Gandra. *Comentários à Constituição do Brasil*, cit., v. 2, p. 187.

[76] Súmula 89 do STJ: "A ação acidentária prescinde do exaurimento da via administrativa.

[77] Súmula 213 do TFR: "O exaurimento da via administrativa não é condição para a propositura de ação de natureza previdenciária.

[78] Súmula 9 do TRF da 3ª Região: "Em matéria previdenciária, torna-se desnecessário o prévio exaurimento da via administrativa, como condição de ajuizamento da ação".

Ainda se torna oportuno o esclarecimento quanto aos motivos pelos quais a Administração não pode proferir decisões com força de coisa julgada, bem como por que o procedimento administrativo deve ser sempre gracioso.

Sobre o tema, segundo explica Maria Sylvia Di Pietro, o procedimento administrativo, instaurado mediante provocação do interessado ou por iniciativa da própria Administração, estabelece uma relação bilateral: de um lado, o administrado deduz uma pretensão, e, de outro, a Administração decide, não como terceiro estranho à controvérsia, mas como parte atuante no próprio interesse e nos limites impostos por lei. Provocada ou não pelo particular, a Administração atua no seu próprio interesse e para atender a fins que lhe são específicos. Não há, portanto, como negar que a Administração é parte interessada, razão pela qual o procedimento administrativo deve ser sempre gracioso e, pela mesma razão, não pode a Administração proferir decisões com força de coisa julgada, pois ninguém pode ser juiz e parte ao mesmo tempo. Eis a grande diferença entre a função administrativa e a função jurisdicional[79].

Por essas razões, a Constituição da República de 1988 não prevê o contencioso administrativo e mantém o sistema de jurisdição única[80], consagrado pelo princípio da inafastabilidade do controle jurisdicional, podendo o jurisdicionado, de forma genérica, socorrer-se da tutela do Poder Judiciário imediatamente à ocorrência da lesão ou de ameaça de direito, antes ou no curso do processo administrativo. Qualquer entendimento ou disposição infraconstitucional que condicione o acesso à tutela jurisdicional ao esgotamento da via administrativa estará contrariando o princípio do inciso XXXV do art. 5º da Constituição de 1988.

3.2. O pagamento da multa administrativa com desconto

Não devem ser tidas como inconstitucionais tão-somente as leis que agridam, de forma direta, a Constituição, mas todas aquelas que criem alguma sorte de premiação ou punição para o apelo judicial[81].

---

[79] DI PIETRO, Maria Sylvia Zanella. *Direito administrativo*. 14. ed. São Paulo: Atlas, 2002, p. 505.
[80] MEIRELLES, Hely Lopes. *Direito administrativo brasileiro*, cit., p. 664.
[81] BASTOS, Celso Ribeiro; MARTINS, Ives Gandra. *Comentários à Constituição do Brasil,* cit., v. 2, p. 189.

Isso porque, conforme visto, o acesso ao Judiciário deve ser o mais abrangente possível, em todos os seu níveis, tanto no simples ingresso em juízo como no desenvolver de todo o processo judicial. Deve, então, o princípio da inafastabilidade do controle jurisdicional ser interpretado da forma mais ampla possível, para que se evite a limitação do acesso à tutela judicial.

Por essas razões, devem ser tidos como inconstitucionais certos procedimentos existentes que consistem em, de alguma forma, estimular a fuga ao Poder Judiciário, como o pagamento de multa administrativa com desconto de 50% caso o contribuinte desista do seu direito de se socorrer de ação judicial[82].

Ora, embora de maneira sutil, o procedimento acima incentiva sim o contribuinte a evitar o Judiciário e buscar uma solução administrativa. Ainda que se acredite, em tese, que a Administração não possui razão no procedimento administrativo instaurado, o contribuinte se vê desestimulado a ir buscar seu direito perante o Poder Judiciário, diante da possibilidade de uma eventual sucumbência nessa esfera, preferindo optar pela tentadora proposta oferecida no âmbito administrativo, quando ainda poderá pagar a respectiva multa com desconto de 50%[83].

3.3. Prazo para impetração do mandado de segurança

Outra questão cuja análise se faz relevante no presente estudo refere-se ao prazo, estipulado em lei infraconstitucional, para impetração do mandado de segurança.

O mandado de segurança é instituto criado pelo Direito brasileiro, introduzido pela Constituição de 1934, em seu art. 113, § 33, e repetido nas Constituições de 1946, 1967 e 1988. Foi definido por Hely Lopes Meirelles como:

---

[82] BASTOS, Celso Ribeiro; MARTINS, Ives Gandra. *Comentários à Constituição do Brasil*, cit., v. 2, p. 189.

[83] Quanto a leis infraconstitucionais que trazem mecanismos de premiação ou punição ao apelo judicial, para se concluir definitivamente pela sua inconstitucionalidade, vale transcrever o pensamento do saudoso constitucionalista Celso Ribeiro Bastos: "Este [o apelo judicial] há de ser tido como recurso normal dentro do Estado de Direito, e a lei tem de se comportar neutramente diante do direito constitucionalmente assegurado. Não é o caso, pois, de desestimulá-lo ou reprimi-lo, nem às escâncaras nem de forma disfarçada" (BASTOS, Celso Ribeiro; MARTINS, Ives Gandra, *Comentários à Constituição do Brasil*, cit., v. 2, p. 18).

"O meio constitucional posto à disposição de toda pessoa física ou jurídica, órgão com capacidade processual, ou universalidade reconhecida por lei, para proteção de direito individual ou coletivo, líquido e certo, não amparado por *habeas corpus* ou *habeas data*, lesado ou ameaçado de lesão, por ato de autoridade, seja de que categoria for e sejam quais forem as funções que exerça"[84].

A Constituição vigente, no inciso LXIX do art. 5º, assim dispõe acerca da concessão desse *remédio* jurídico: "conceder-se-á mandado de segurança para proteger direito líquido e certo, não amparado por *habeas corpus* ou *habeas data*, quando o responsável pela ilegalidade ou abuso de poder for autoridade pública ou agente de pessoa jurídica no exercício de atribuições do Poder Público".

É cediço que as Constituições brasileiras jamais fixaram o prazo para a impetração do mandado de segurança, tendo sido a matéria sempre tratada por leis ordinárias, que dispunham sobre regras de procedimento para o exercício da garantia constitucional.

A Lei n. 191/36 exigia, em seu art. 3º, que a impetração ocorresse dentro do prazo de cento e vinte dias contados da ciência do ato impugnado. O preceito foi praticamente repetido pelo art. 331 do CPC de 1939 e pelo art. 18 da Lei n. 1.533/51, esta última ainda vigente, contendo a seguinte redação: "O direito de requerer mandado de segurança extinguir-se-á decorridos cento e vinte dias contados da ciência, pelo interessado, do ato impugnado".

As Constituições brasileiras que instituíram o mandado de segurança como garantia constitucional, somente exigiram que se amparasse direito líquido e certo ameaçado ou lesado por ato ilegal ou abusivo de autoridade. Ou seja, os contornos constitucionais para o exercício do direito de impetrar mandado de segurança sempre foram apenas estes.

Ocorre que, como a Carta Política apenas apresenta esse axioma, sem, contudo, regulamentar o referido exercício do mandado segurança, função essa de incumbência da legislação ordinária, cabe então questionar qual a real abrangência do poder regulamentar do legislador ordinário infraconstitucional. Isto é, a lei de natureza procedimental teria legi-

---

[84] MEIRELLES, Hely Lopes. *Mandado de segurança:* ação popular; ação civil pública; mandado de injunção; "habeas data"; ação direta de inconstitucionalidade; ação declaratória de constitucionalidade; argüição de descumprimento de preceito-fundamental; o controle incidental de normas no direito brasileiro. 26. ed. São Paulo: Malheiros, 2003, p. 21-22.

timidade para restringir garantia instituída pela Constituição da República, reclamando requisitos que a Carta Política não exigiu para o exercício da garantia e/ou direito?

Para Nelson Nery Junior a resposta é negativa:

> "O legislador poderia, isto sim, estabelecer normas procedimentais para que pudesse ser exercida na prática a garantia constitucional do mandado de segurança, como por exemplo a forma e o prazo em que seriam prestadas as informações pela autoridade coatora, a intervenção obrigatória do Ministério Público etc."[85].

O poder regulamentar do legislador infraconstitucional deve traduzir-se, sim, na *conformação legislativa*. Explica-se: ao regulamentar as disposições constitucionais, o legislador tem a função de limitar e conformar direitos, mas esse poder não é amplo; esbarra justamente na natureza e/ou caráter do direito fundamental que se pretende regulamentar, de onde se deve abstrair o alcance da limitação a ser ditada pela lei conformadora.

Isso porque a interpretação dos direitos fundamentais deve pressupor sua máxima efetividade, só podendo o legislador limitar tais direitos na medida em que tiver uma razão maior para isso, qual seja, para garantir outros direitos fundamentais, o que significa dizer que, no exercício do seu poder regulamentar, o legislador infraconstitucional há de observar pressupostos de finalidade, necessidade, forma adequada e justa medida, buscando proporcionalidade no sopesamento de valores.

Sob fundamentação diversa, mas igualmente pensando ser inconstitucional a exigência do art. 18 da Lei n. 1.533, Miguel Seabra Fagundes, citado por Zaiden Geraige Neto, faz um paralelo com o *habeas corpus*, remédio esse insuscetível de prescrição ou decadência[86]. Tal comparação se faz pertinente, pois demonstra que a intenção do legislador constituinte não foi a de condicionar o exercício dos remédios constitucionais a qualquer espécie de prazo, entendendo-os como garantias amplas colocadas à disposição do jurisdicionado.

Doutrina e jurisprudência tradicionais, ao contrário, costumam dizer que o prazo para a impetração da ação de segurança é de deca-

---

[85] *Princípios do processo civil na Constituição Federal*, cit., p. 109.
[86] *O princípio da inafastabilidade do controle jurisdicional*: art. 5º, inciso XXXV, da Constituição Federal. São Paulo: Revista dos Tribunais, 2003, p. 59 (Coleção Estudos de Direito de Processo Enrico Tulio Liebman, v. 56).

dência, porque, se não exercido o direito dentro dos cento e vinte dias, a parte perde o direito de fazê-lo, facultada a dedução da pretensão objetivando a reparação do eventual direito lesado pela via ordinária.

Aliás, a matéria está pacificada no Supremo Tribunal Federal[87]. Mas, segundo este tribunal, a consumação da decadência do direito de impetrar a ação mandamental não confere juridicidade ao ato estatal impugnado, não tem o condão de convalidá-lo e nem a virtude de torná-lo imune ao controle jurisdicional. Por outro lado, o STF também reconhece a constitucionalidade do art. 18 da Lei n. 1.533/51[88].

Ressalta o Superior Tribunal de Justiça — RMS 710-0/RS[89] — que, muito embora a Constituição não estabeleça prazo para impetração do *writ*, nada impede que a legislação ordinária o faça, motivo pelo qual o art. 18 da Lei n. 1.533 teria sido recepcionado pela nova Carta, entendendo, portanto, que ocorrerá decadência quando a propositura da ação mandamental ultrapassar o prazo limite estabelecido na norma infraconstitucional[90].

Igualmente, o Superior Tribunal de Justiça — RMS 18.788/MG[91] — admite que o prazo de cento e vinte dias, para impetrar mandado de

---

[87] Dentre outros: STF, MS-AgR 25.816/DF, rel. Min. Eros Grau, *DJ*, 4-8-2006; STF, MS 24.872/DF, rel. Min. Marco Aurélio, *DJ*, 30-9-2005, p. 4; STF, RMS 24.736/DF, rel. Min. Joaquim Barbosa, *DJ*, 5-8-2005, p. 149. Em longo acórdão, ao reputar constitucional o art. 18 da Lei n. 1.533/51, o STF salientou que a não-observância do prazo de cento e vinte dias opera, em face de sua eficácia preclusiva, a decadência/extinção do direito de impetrar o *writ* constitucional, não gerando, contudo, a extinção do próprio direito subjetivo eventualmente amparável pelo mandado de segurança ou por qualquer outro meio ordinário de tutela jurisdicional (STF, RMS 21.362, rel. Min. Celso de Mello, data do julgamento: 14-4-1992, *DJ*, 26-6-1992).

[88] Veja-se mais exemplo desse entendimento: "Revela-se insuscetível de conhecimento a ação de mandado de segurança que foi ajuizada tardiamente, em momento no qual já se achava consumado o prazo decadencial de 120 dias a que se refere o art. 18 da Lei nº 1.533/51, cuja validade jurídica foi reconhecida, pelo Supremo Tribunal Federal, em face da vigente Constituição da República (RTJ 142/161 — RTJ 145/186 — RTJ 156/506). Precedentes" (RMS 23.806 — AgR/DF, rel. Min. Celso de Mello, *DJ*, 21-6-2002. p. 120).

[89] STJ, RMS 710-0/RS, 2ª Turma, rel. Min. Américo Luz, data do julgamento: 18-8-1993, *DJ*, 20-9-1993.

[90] No mesmo sentido, entre outros: "O direito de requerer mandado de segurança extinguir-se-á decorridos 120 (cento e vinte) dias contados da ciência, pelo interessado, do ato impugnado (artigo 18 da Lei nº 1.533/51)" (STJ, AgRg no REsp 756.879/GO, rel. Min. Hamilton Carvalhido, 6ª Turma, *DJ*, 28-11-2005. p. 350); "Conforme reiterada jurisprudência do Superior Tribunal de Justiça, o prazo decadencial para impetração do mandado de segurança é de 120 (cento e vinte) dias, contados da efetiva constrição ao pretenso direito líquido e certo invocado" (STJ, AgRg no RMS 20.232/PR, rel. Min. Gilson Dipp, 5ª Turma, 17-10-2005, p. 321).

[91] Rel. Min. Paulo Medina, 6ª Turma, *DJ*, 19-6-2006, p. 208.

segurança conta-se da ciência, pelo interessado, do ato objurgado, o que se dá com a sua publicação e aduz que, ultrapassado o prazo previsto no art. 18 da Lei n. 1.533/51, opera-se, irremediavelmente, a decadência, não podendo o pedido de reconsideração na via administrativa interromper o prazo para o mandado de segurança, nos termos da Súmula 430 do STF.

Assim, aqueles que compartilham das teses acima esposadas defendem que o prazo do art. 18 da Lei n. 1.533/51 não lesiona o inciso XXXV do art. 5º da Constituição da República, uma vez que o acesso ao Judiciário não foi vedado, já que o jurisdicionado poderá socorrer-se de outra via processual, buscando proteger o direito que colimava salvaguardar por meio do mandado de segurança.

Em resposta a esse raciocínio, transcreve-se trecho do voto do Ministro Carlos Velloso:

> "(...) ajuíza-se uma ação de segurança, comprovando-se, documentalmente, os fatos. Poderá o juiz, então, fazer incidir sobre os fatos a norma de direito positivo e verificar se, de tal incidência, nasce o direito. No momento de fazer isto, entretanto, verifica o juiz que o *writ* foi requerido no 121º dia. Decidirá, então, pela decadência do direito à impetração, mandando o impetrante para as vias ordinárias. O que vai acontecer: na via ordinária, repetir-se-á a mesma petição, serão juntados os mesmos documentos, não será marcada audiência, porque não haveria necessidade de se fazerem novas provas. Ora, isto é científico? É claro que não. Isto não presta obséquio ao princípio da economia processual que comanda todo o processo"[92].

O que deveria ser feito, portanto, seria uma confrontação de valores, a fim de se buscar a proporcionalidade, verificando-se qual medida trará mais benefícios ou prejuízos. Sob essa ótica, isto é, sob o aspecto da adequação entre meio e fim, o preceito do art. 18 da Lei n. 1.533/51 malfere o princípio da proporcionalidade.

Em outras palavras, os benefícios obtidos com a adoção do prazo de cento e vinte dias para a propositura do *writ* são infinitamente menores do que os prejuízos dele advindos.

---

[92] Apud BOGO, Luciano Alaor. Do prazo para impetração do mandado de segurança (artigo 18 da Lei nº 1.533/51). *Cadernos de Direito Constitucional e Ciência Política*. São Paulo: Revista dos Tribunais, v. 26, p. 190, jan./mar. 1999.

Realmente, ao se limitar o direito fundamental à impetração do mandado de segurança de forma diferenciada, não se tem em mira proteger um outro direito fundamental, mas tão-somente facilitar a defesa da autoridade tida como coatora, donde se conclui que não é razoável a medida, pois os danos causados (limitação ao direito fundamental do impetrante) não são compatíveis com os resultados obtidos.

Por tais razões, correto é o entendimento de Nelson Nery Junior, para quem a solução que vem sendo apontada pela doutrina e pela jurisprudência implica necessariamente o reconhecimento da falsidade da tese acerca da decadência, reforçando ainda mais a inconstitucionalidade de que padece o dispositivo da Lei n. 1.533, de 1951, que estipula prazo para o exercício da garantia constitucional[93].

Ora, se o direito material buscado pelo mandado de segurança ainda não foi extinto, pois a decadência somente teria atingido o direito à impetração da ordem, é porque a lei infraconstitucional limitou mesmo o exercício da garantia, extrapolando os seus limites e caracterizando-se como exigência inconstitucional.

Mais correto, então, seria considerar que o direito de impetrar a ordem se extinguiria com a extinção do direito líquido e certo cuja proteção se busca pelo ajuizamento da ação constitucional. Dessa forma, uma vez extinto o direito ameaçado ou lesado por ato ilegal ou abusivo da autoridade, conseqüentemente estaria extinto o direito de impetrar mandado de segurança objetivando a proteção do direito material já inexistente.

Ademais, é do espírito do *mandamus* e da própria sistemática inserta na Constituição da República que o direito que se busca tutelar com a impetração da ordem não pode, simplesmente, desaparecer da órbita do *writ* porque se previu prazo decadencial para sua impetração. Esse formalismo inconstitucional não se pode sobrepor a um bem muitas vezes relevante ao jurisdicionado. Por outro lado, a natureza urgente da ação constitucional não pode servir como justificativa a impedir o exercício da garantia após o mencionado prazo de cento e vinte dias.

Nelson Nery Junior bem elucida a questão, trazendo a seguinte situação hipotética:

> "Nada impede, porém, que o impetrante esteja estudando o caso e tenha sido aconselhado por seu advogado a buscar outras so-

---
[93] *Princípios do processo civil na Constituição Federal*, cit., p. 109.

luções e que esse processo de maturação da questão dure mais de cento e vinte dias. Isto não quer significar, entretanto, que não haveria mais interesse processual daquele que teve seu direito líquido e certo ameaçado ou violado por ato ilegal ou abusivo de autoridade"[94].

O que se deve ter em mente, enfim, é que o mandado de segurança é uma ação constitucional, porque prevista na Constituição da República, e, sendo assim, deve ser exercido e limitado à luz da Carta Política, notadamente nos incisos LXIX e LXX de seu art. 5º, vedando-se ao legislador ordinário instituir limitações ao pleno exercício do direito representado pelo *writ*, pois as normas procedimentais devem ser criadas em respeito aos princípios constitucionais.

Assim, convém analisar o assunto sempre sob a ótica do princípio da inafastabilidade do controle jurisdicional, o qual deve orientar o estudioso na busca da exata compreensão e aplicação dos institutos jurídicos, entre eles, a ação mandamental, que, concluindo, não se submete a nenhum prazo.

3.4. O poder judicante do Senado Federal

A Constituição da República, no seu art. 86, *in fine*, prevê como juízo natural para processo e julgamento do Presidente da República, nos crimes de responsabilidade, o Senado Federal, atribuindo sua competência privativa, consoante os termos do art. 52, I, da mesma Carta Política:

> "Art. 86. Admitida a acusação contra o Presidente da República, por dois terços da Câmara dos Deputados, será ele submetido a julgamento perante o Supremo Tribunal Federal, nas infrações penais comuns, ou perante o Senado Federal, nos crimes de responsabilidade.
>
> Art. 52. Compete privativamente ao Senado Federal:
>
> I — Processar e julgar o Presidente e o Vice-Presidente da República nos crimes de responsabilidade, bem como os Ministros de Estado e os Comandantes da Marinha, do Exército e da Aeronáutica nos crimes da mesma natureza conexos com aqueles".

Ao lado dos dispositivos transcritos, o parágrafo único do art. 52 da CF/88 vem delimitar os efeitos da condenação para os crimes de responsabilidade, restringindo-os à perda do cargo e à inabilitação, por oito

---

[94] *Princípios do processo civil na Constituição Federal*, cit., p. 110.

anos, para o exercício de função pública, compreendendo-se nesta todas as espécies de funções públicas, sejam as derivadas de concursos públicos, sejam as de confiança, ou mesmo os mandatos eletivos.

Os crimes de responsabilidade, por sua vez, estão previstos no art. 85 da mesma Constituição, em rol meramente exemplificativo, e na legislação federal pertinente — Lei n. 1.079/50 — e se referem às infrações político-administrativas cometidas no desempenho da função, que atentam contra a existência da União, o livre exercício dos Poderes do Estado, a segurança interna do país, a probidade administrativa, a lei orçamentária, o exercício dos direitos políticos, individuais e sociais e o cumprimento das leis e das decisões judiciais[95].

Mais do que a um necessário e devido processo legal no âmbito do Judiciário, a atribuição referida acima, conferida ao Senado Federal, aproxima-se de um procedimento inerente à própria sistemática legislativo-constitucional, na medida em que se manifesta o princípio dos controles recíprocos existentes entre as funções do Poder.

Nesse sentido é o pensamento de Celso Ribeiro Bastos:

> "O julgamento pelo Senado só atinge fundamentalmente o Presidente da República e altas autoridades; e essa sua sujeição a um julgamento pelo Legislativo é mais uma manifestação do princípio dos controles recíprocos que há de existir entre os Poderes do que uma tentativa de criar qualquer sorte de privilégios"[96].

É cediço que nosso Estado Democrático de Direito sustenta-se sobre a clássica organização de Poderes, cuja divisão se faz segundo o critério funcional, que consiste em distinguir as três funções estatais, atribuídas a três órgãos autônomos entre si, mas que se controlam mutuamente, princípio este fundamental na organização político-liberal.

Com a instalação desse modelo de organização, o poder soberano estatal destina a função jurisdicional ao Poder Judiciário. A Constituição atribui o poder de dizer o direito a determinados órgãos pertencentes ao Judiciário, cercando-os de várias garantias e, ao mesmo tempo, exigindo deles uma série de comportamentos (imparcialidade, preparo técnico, exclusividade etc.).

---

[95] MORAES, Alexandre de. *Direito constitucional*, cit., p. 415.
[96] BASTOS, Celso Ribeiro; MARTINS, Ives Gandra. *Comentários à Constituição do Brasil*, cit., v. 2, p. 187.

Entretanto, casos há em que o próprio poder soberano, por meio da Constituição, permite que outros Poderes, também representantes do Estado, exerçam a função jurisdicional, ou por outro lado que o Poder Judiciário exerça, por exemplo, função legislativa[97].

Isso decorre do fato de que todos os Poderes exercem funções únicas do Estado, dentro de uma visão mais contemporânea das funções estatais, que reconhece que o Estado Constitucional de direito assenta-se na idéia de unidade, pois o poder soberano é uno e indivisível[98].

Assim, o Direito Constitucional contemporâneo, apesar de permanecer na tradicional linha da idéia da tripartição de poderes, já entende que esta fórmula, interpretada com rigidez, tornou-se inadequada para um Estado que assumiu a missão de fornecer ao seu povo o bem-estar, devendo, pois, separar as funções estatais dentro de um mecanismo de controles recíprocos, denominado freios e contrapesos[99].

Disso se conclui que, no modelo nacional, não há uma exclusividade absoluta do Poder Judiciário para o exercício da jurisdição, uma vez que o próprio legislador constituinte também a atribuiu a outros órgãos do Estado, como forma de controle recíproco entre Poderes[100].

No dizer de Alexandre de Moraes:

> "Tal previsão se torna necessária quando analisa-se que a eficácia da constituição é dependente de fatores alheios à mera vontade do legislador constituinte. Por esse motivo, a Constituição Federal não pode ficar indefesa, desprovida de mecanismos que garantam sua aplicabilidade e a defendam, principalmente, dos governantes que ultrapassarem os limites das funções conferidas a eles pelas normas constitucionais. Dentro deste mecanismo de defesa, que corresponde ao já citado sistema de 'freios e contrapesos', temos a previsão da punição dos assim chamados crimes de responsabilidade"[101].

---

[97] É o que Alexandre de Moraes conceitua como funções atípicas dos Poderes (*Direito constitucional*, cit., *passim*).

[98] MORAES, Alexandre de. *Direito constitucional*, cit., p. 360.

[99] MORAES, Alexandre de. *Direito constitucional*, cit., p. 360.

[100] Não se pode deixar de considerar a própria arbitragem como meio privado de solução de conflitos, na forma da Lei n. 9.307/96.

[101] *Direito constitucional*, cit., p. 415.

Ademais, é de esclarecer, os crimes de competência para julgamento pelo Senado Federal são só os decorrentes do exercício da profissão, o que faz presumir, como entende Celso Ribeiro Bastos, que se trata mais de definir o estatuto jurídico constitucional a que estão sujeitas as autoridades elencadas no inciso I do art. 52 da CF/88 do que qualquer outra coisa[102].

Além de tudo, o poder judicante do Senado Federal também não fere o monopólio judicial de controle, porque qualquer irregularidade de ordem formal no procedimento referido poderá ser levada à apreciação do Poder Judiciário que, por sua vez, somente não poderá interferir no mérito das discussões intrínsecas ao Legislativo.

A figura do *impeachment* surgiu no Brasil com base na Carta de 1891, seguindo o modelo norte-americano, de natureza jurídica eminentemente política, conforme entendimento majoritário da doutrina nacional[103].

O instituto previsto no ordenamento jurídico brasileiro, entretanto, possui características e peculiaridades próprias definidas em lei ordinária, e todo o seu processo, instrução e efetivo julgamento são norteados pelos princípios do *due process of law*.

A acusação formalmente oferecida à Câmara dos Deputados coloca o Presidente da República na condição de acusado e, como tal, com direito à ampla defesa e ao contraditório. Ora, o devido processo legal e seus corolários deverão ser assegurados aos litigantes, em processo judicial ou administrativo, e aos acusados em geral, conforme texto constitucional expresso, inclusive ao Presidente da República no procedimento de *impeachment*, tanto na fase de deliberação sobre a admissibilidade da acusação quanto na fase de processo e julgamento, perante o Senado Federal[104].

É nesse contexto que deve estar presente o controle jurisdicional, no sentido de fazer valer o direito de ampla defesa e a bilateralidade no *due process of law*, nos casos em que forem desrespeitados tais direitos, vedando-se que alguém possa ser condenado sem ser ouvido, ou que possa ser imposta alguma sanção sem que se oportunize ao imputado a possibilidade de exercer sua defesa.

---

[102] BASTOS, Celso Ribeiro; MARTINS, Ives Gandra. *Comentários à Constituição do Brasil*, cit., v. 2, p. 187.

[103] Observa Xavier de Albuquerque: "No modelo norte-americano, do qual geralmente se diz haver derivado o congênere brasileiro, já lembramos que a própria Constituição impõe que o Senado, quando reunido para julgar o *impeachment*, "shall be on oath or affirmation" (*Textos de direito público*. Brasília: Brasília Jurídica, 1999, p. 327).

[104] MORAES, Alexandre de. *Direito constitucional*, cit., p. 418.

E o Supremo Tribunal Federal, em certa oportunidade, corroborou esse posicionamento ao conceder liminar em mandado de segurança[105] impetrado ao Presidente da República, assegurando-lhe o prazo de dez sessões para oferecimento da defesa, com base na aplicação analógica do art. 217 do Regimento Interno da Câmara dos Deputados, que lhe confere o referido prazo no caso de autorização da Câmara para o Supremo processar o Presidente por crime comum[106].

Com o mesmo raciocínio, acrescenta Zaiden Geraige Neto que, igualmente, não se poderia falar em afronta ao princípio da inafastabilidade do controle jurisdicional porque no mesmo plano constitucional se situa a previsão de atribuição exclusiva ao Senado para processar e julgar o Presidente da República sobre o mérito de crimes de responsabilidade, podendo as questões que denotem irregularidades de ordem formal no procedimento ser submetidas ao crivo do Judiciário[107].

---

[105] STF, MS 21.564/DF, rel. Min. Octavio Gallotti.

[106] Em outra ocasião o STF, mesmo fazendo o controle da legalidade, fez a distinção entre os princípios atinentes aos juízes do *Judiciário* e aos juízes *políticos*. Assim, denegou mandado de segurança impetrado pelo Presidente da República, sob o argumento de violação do devido processo legal, com base nesses fundamentos: "O 'impeachment' e o 'due process of law': a aplicabilidade deste no processo de 'impeachment', observadas as disposições específicas inscritas na Constituição e na lei e a natureza do processo, ou o cunho político do Juízo. CF, art. 85, parag. único. Lei n. 1.079, de 1950, recepcionada, em grande parte, pela CF/88 (MS n. 21.564-DF). Alegação de cerceamento de defesa em razão de não ter sido inquirida testemunha arrolada. Inocorrência, dado que a testemunha acabou sendo ouvida e o seu depoimento pode ser utilizado por ocasião da contrariedade ao libelo. Lei n. 1.079/50, art. 58. Alegação no sentido de que foram postas nos autos milhares de contas telefônicas, às vésperas do prazo final da defesa, o que exigiria grande esforço para a sua análise. Os fatos, no particular, não se apresentam incontroversos, na medida em que não seria possível a verificação do grau de dificuldade para exame de documentos por parte da defesa no tempo que dispôs. Impedimento e suspeição de Senadores: inocorrência. O Senado, posto investido da função de julgar o Presidente da República, não se transforma, às inteiras, num tribunal judiciário submetido às rígidas regras a que estão sujeitos os órgãos do Poder Judiciário, já que o Senado é um órgão político. Quando a Câmara Legislativa — o Senado Federal — se investe de 'função judicialiforme', a fim de processar e julgar a acusação, ela se submete, e certo, a regras jurídicas, regras, entretanto, próprias, que o legislador previamente fixou e que compõem o processo político-penal. Regras de impedimento: artigo 36 da Lei n. 1.079, de 1950. Impossibilidade de aplicação subsidiária, no ponto, dos motivos de impedimento e suspeição do CPP, art. 252. Interpretação do artigo 36 em consonância com o artigo 63, ambos da Lei 1.079/50. Impossibilidade de emprestar-se interpretação extensiva ou compreensiva ao art. 36, para fazer compreendido, nas suas alíneas 'a' e 'b', o alegado impedimento dos Senadores" (MS 21623/DF, Min. Carlos Velloso, *DJ*, 28-5-1993, p. 10383).

[107] *O princípio da inafastabilidade do controle jurisdicional*: art. 5º, inciso XXXV, da Constituição Federal, cit., p. 50-51.

Nessa mesma linha, decidiu o Supremo Tribunal Federal sobre a impossibilidade de o Poder Judiciário alterar a decisão do Senado Federal no que tange ao mérito do processo de *impeachment*, pelo fato de lhe haver a própria Constituição Federal reservado toda a jurisdição a respeito da matéria, excluindo, assim, a interferência do Judiciário.

Transcreve-se importante trecho do respectivo voto proferido pelo então Ministro, daquela Corte Maior, Paulo Brossard:

> "(...) O meu entendimento se funda no fato de a Constituição haver reservado ao Senado toda a jurisdição a respeito da matéria, e excluído, por conseguinte, a interferência do Poder Judiciário. Não fora assim e a última palavra, direta ou indiretamente, seria dada pelo STF e não pelo Senado (...) Em outras palavras, não posso reformar a decisão do Senado prolatada em matéria de sua exclusiva competência e no exercício de sua original e conclusiva jurisdição (...) É que o Senado, quando julga o Presidente da República, não procede como órgão legislativo, mas como órgão judicial, exercendo jurisdição recebida da Constituição, e de cujas decisões não há recurso para nenhum tribunal (...)"[108].

Outrossim, mais um exemplo do estabelecimento pela Carta Constitucional de exceções aos princípios ali consagrados refere-se à prisão do responsável pelo inadimplemento de prestação alimentícia (art. 5º, LXVII), inobstante a regra de que ninguém será privado da liberdade ou de seus bens sem o devido processo legal (art. 5º, LIV). Essas previsões, insertas na mesma Constituição, são reciprocamente compatíveis, tal como ocorre com o art. 86 e o inciso XXXV do art. 5º, ambos do Diploma Constitucional.

Por fim, resta concluir que, no âmbito de processo por crime de responsabilidade, não há qualquer infringência aos princípios da inafastabilidade do controle jurisdicional e da separação de poderes, sendo certo que cabe ao Senado, privativamente, processar e julgar os processos-crimes imputados ao Presidente da República, assim como não há vedação à apreciação pelo Judiciário do aspecto legal, quando o desfecho do caso depender de questão de direito, meramente formal, que independa de análise aprofundada de provas.

---

[108] STF, MS 21.689-1, rel. Min. Paulo Brossard, *DJ*, 7-4-1995, p. 71.

3.5. A exigência de exaustão da instância da justiça desportiva

Outro tema que impõe discussão diz respeito à necessidade de prévia exaustão da instância da justiça desportiva. Aqui, a relativização do princípio da inafastabilidade da tutela jurisdicional surge no texto da própria Constituição da República, exigência contida no § 1º do art. 217: "O Poder Judiciário só admitirá ações relativas à disciplina e às competições desportivas após esgotarem-se as instâncias da justiça desportiva, reguladas em lei".

Há, no dispositivo acima citado, clara limitação ao direito de acesso ao Judiciário, porquanto o interessado somente pode exercer o direito de ação, perante órgãos judiciais, após o esgotamento prévio da instância administrativo-desportiva (arbitragem obrigatória), sendo que a justiça desportiva terá o prazo máximo de sessenta dias, contados da instauração do processo, para proferir decisão final (§ 2º).

Em face da referida limitação constitucional ao direito de ação, após serem percorridas todas as instâncias da justiça desportiva (princípio da exaustão), ou expirado o prazo de sessenta dias[109], só então a matéria poderá ser conhecida pelo Poder Judiciário de maneira plena, o que significa que a decisão da instância administrativa pode ser revista sob todo e qualquer ângulo, legalidade e legitimidade, ou seja, tanto em seus aspectos formais — extrínsecos — quanto em seus contornos materiais — intrínsecos —, aí se incluindo, obviamente, o mérito da decisão administrativa.

Nessa linha de entendimento, Alexandre de Moraes diz o seguinte:

> "A própria Constituição Federal exige, excepcionalmente, o prévio acesso à instância da justiça desportiva, nos casos de ações relativas à disciplina e às competições desportivas, reguladas em lei (CF, art. 217, § 1º), sem porém condicionar o acesso ao Judiciário ao término do processo administrativo, pois a justiça desportiva terá o prazo máximo de sessenta dias, contados da instauração do processo, para proferir decisão final (CF, art. 217, § 2º)"[110].

---

[109] Ementa: Ação judicial relativa à disciplina e competições desportivas. Admissibilidade, após esgotadas as instâncias da Justiça Desportiva (art. 217, § 1º, da CF). Em face do disposto no § 2º do mesmo art. 217 da CF, tendo a Justiça Desportiva o prazo máximo de sessenta dias, contados da instauração do processo para proferir decisão final, o exaurimento desse prazo não impede o acesso ao Judiciário (TJSC, Ag 97.000651-9, 4ª Câm. Cív. de Balneário Camboriú, rel. Des. João José Schaefer, 6-3-1997).

[110] *Direito constitucional*, cit., p. 98.

Destarte, caso venha a ser proposta antes do esgotamento prévio da instância administrativa uma ação relativa à disciplina e às competições desportivas perante a Justiça Comum ou antes de findo o prazo de sessenta dias, esta ação será extinta sem julgamento do mérito, em decorrência da ausência do pressuposto processual de constituição e de desenvolvimento regular do processo, qual seja, a arbitragem obrigatória pela instância desportivo-administrativa.

Por outro lado, há quem possa entender que a referida ação deve ser extinta por carência da ação, ante a falta de interesse de agir ou mesmo impossibilidade jurídica do pedido.

Nesse sentido, o Tribunal de Justiça de São Paulo decidiu:

> "COMPETÊNCIA. Futebol. Questão relativa à participação em campeonato. Necessidade do esgotamento da instância desportiva. Artigo 217, § 1º, da Constituição da República. Incompetência da Justiça Comum. Carência da ação. Recurso provido"[111].

A despeito da discussão acima mencionada, o que interessa saber é se estaria a regra constitucional do § 1º do art. 217 em conflito com aquela garantia prevista no inciso XXXV do art. 5º da CF/88, na medida em que impede que o jurisdicionado busque a tutela jurisdicional imediatamente após a ocorrência de lesão ao seu eventual direito. E mais, seria, portanto, tal regra materialmente inconstitucional?

Para Nelson Nery Junior e Rosa Maria de Andrade Nery, a previsão do § 1º do art. 217 da Constituição não fere o princípio da inafastabilidade do controle jurisdicional, porque a restrição que impõe o texto do inciso XXXV do art. 5º da CF/88 se refere apenas à *lei infraconstitucional*, de onde se depreenderia que a Constituição poderia criar exceções às suas próprias disposições:

> "A CF exige o esgotamento prévio da via administrativa da justiça desportiva para que se possa ingressar com ação judicial em matéria de desporto. A norma é compatível com o princípio cons-

---

[111] TJSP, AC 212.895-2, 11ª Câm. Cív. de Franca, 1993. Em outra oportunidade, o STJ — REsp 210.892/RJ — entendeu que não existe necessidade mais de recurso para o Tribunal Superior de Justiça Desportiva, extinto pela Lei n. 8.672/93. Assim: "Depois da Lei n. 8.672/93 (Lei Zico), desapareceu da hierarquia da justiça desportiva o Tribunal Superior de Justiça Desportiva. Nesse caso, a falta de recurso a tal instância não impede o acesso ao Judiciário" (rel. Min. Ruy Rosado de Aguiar, 4ª Turma, *DJ*, 20-3-2000, p. 77).

titucional do direito de ação, já que a imposição que o texto constitucional faz (CF XXXV) é à lei e não à CF mesma. A justiça desportiva foi regulamentada pela Lei 9.615, de 24.3.1998 (DOU 25.3.1998, p.1), arts. 49 a 55"[112].

Outra justificativa colocada pelos autores acima corresponde ao fato de que apenas quanto às ações relativas à disciplina e às competições desportivas é que o texto constitucional exige o esgotamento das instâncias da justiça desportiva. Ao contrário, nos casos de matéria civil ou penal correlatas à desportiva, a exigência de esgotamento prévio da instância desportiva acarretaria inconstitucionalidade:

> "O esgotamento prévio da via administrativa somente é exigível quando se tratar de matéria estritamente desportiva, vale dizer, de direito administrativo desportivo (licença clube, transferência de jogador, punição de jogador etc.). Quando se tratar de matéria civil ou penal, ainda que correlata à desportiva, o ajuizamento da ação diretamente junto ao Poder Judiciário é incondicionado, como ocorre no caso de crime cometido em estádio de futebol (agressão ocasionada em torcidas etc.), ou de ação visando extinguir associação civil com fins ilícitos (v.g. torcidas uniformizadas)"[113].

Isso tudo porque, conforme afirma Alexandre de Moraes, "o poder disciplinar da Justiça Desportiva tem seu exercício limitado à prática dos desportos e às relações dela decorrentes"[114].

Agora, necessário se faz esclarecer que os argumentos apontados se alicerçam no sistema de Constituição rígida, adotado em nosso ordenamento jurídico, em que não há de falar em normas inconstitucionais insertas na própria Constituição, pois, de acordo com esse entendimento, tendo sido a Carta Constitucional criada em um mesmo momento, todas as normas nela inseridas devem estabelecer um sistema de harmonia, mesmo com aparentes colisões de direitos. Nessas hipóteses, portanto,

---

[112] *Código de Processo Civil comentado e legislação extravagante*. 7. ed. São Paulo: Revista dos Tribunais, 2003, p. 272.

[113] NERY JUNIOR, Nelson; NERY, Rosa Maria de Andrade. *Código de Processo Civil comentado e legislação extravagante*, cit., p. 272.

[114] *Direito constitucional*, cit., p. 644.

devem ser sopesados os valores em discussão, sem, contudo, atribuir carga de inconstitucionalidade a esta ou àquela norma constitucional.

Partindo do pressuposto de inexistir conflito entre princípios constitucionais, que devem ser entre si harmonizados, verificada a incompatibilidade, um deverá prevalecer sobre o outro, de acordo com o caso concreto. Essa forma de interpretação do texto constitucional deve ter em vista, é claro, a idéia inserta no princípio da proporcionalidade, significando dizer que a aplicação de um princípio constitucional em detrimento de outro não implica a invalidação daquele que deixou de ser aplicado, até porque a priorização pode inverter-se em uma outra circunstância.

Robert Alexy explicita a maneira como devem ser encarados os conflitos aparentes entre princípios constitucionais, que deverão ser sopesados conforme as circunstâncias do caso concreto, diferenciando-os dos conflitos de regras, hipótese em que uma delas prevalecerá, implicando a exclusão da outra. Nesse sentido, deve o julgador ponderar caso a caso qual princípio prevalecerá sobre outro, sem que se invalide como norma geral o princípio preterido[115].

A despeito de tais esclarecimentos, torna-se indispensável, é claro, separar aquelas normas que se traduzem em um verdadeiro princípio constitucional daquelas que são uma simples disposição contida na Constituição da República. Somente assim será possível examinar a constitucionalidade do § 1º do art. 217 da Carta Maior. Resta, então, questionar se um dispositivo inserto na Constituição Federal, que estabelece o esgotamento das instâncias da justiça desportiva para o jurisdicionado poder buscar a tutela jurisdicional (§ 1º do art. 217), está no mesmo patamar hierárquico de bens coletivos, como saúde pública, integridade territorial, família, patrimônio cultural, segurança pública e outros.

Parece que não. Evidentemente, a Constituição pode sem dúvida estabelecer exceções e/ou restrições às suas próprias disposições, inclusive em relação ao princípio do acesso à justiça (inciso XXXV do art. 5º da CF), como de fato faz quando, por exemplo, atribui poder judicante ao Senado Federal nos crimes de responsabilidade cometidos pelo Presidente da República.

Contudo, a prevalência de alguns valores constitucionais sobre outros direitos deve ser feita de maneira criteriosa, sempre visando a atender e/ou garantir outros direitos fundamentais. Há de haver sempre motiva-

---

[115] Apud GERAIGE NETO, Zaiden. *O princípio da inafastabilidade do controle jurisdicional*: art. 5º, inciso XXXV, da Constituição Federal, cit., p. 70.

ção lógica e razoável, justificada pela garantia de princípios igualmente importantes aos preteridos, tudo em conformidade com o princípio da proporcionalidade. A restrição ou a exceção não pode simplesmente existir por existir.

No que toca à disposição constitucional do § 1º do art. 217, poderia a mesma ser elevada à categoria de constitucional, mesmo restringindo o acesso amplo e imediato à justiça, unicamente pelo fato de pertencer ao texto da Carta Magna, a qual está inserida no regime sistêmico rígido, não admitindo hierarquia entre suas normas?

Ora, o dispositivo do inciso XXXV do art. 5º da Constituição é um princípio constitucional, uma garantia para o jurisdicionado, um verdadeiro sustentáculo do Estado Social e Democrático de Direito, que veio para afastar os procedimentos despóticos dos períodos de exceção, ao passo que o § 1º do art. 217 é mera disposição secundária, que cuida de matéria absurdamente distante da importância dos princípios constitucionais e dos bens coletivos.

Ademais, a inserção do § 1º do art. 217 na Constituição da República é decorrência da prática pouco recomendável de *lobby* político, levado a efeito pelos clubes de futebol brasileiros. Esse é mais um indício da desproporção de equivalência entre um princípio constitucional e uma mera disposição, que não encontra amparo em qualquer fonte axiomática.

Infelizmente, a regra constitucional em comento é apenas uma demonstração da lamentável prática legislativa no Brasil, muitas vezes voltada para atender a casuísmos.

De outro turno, porém, parece correto e salutar estimular a prévia solução controvertida no âmbito doméstico da *justiça* desportiva, antes de se buscar a solução jurisdicional que, inegavelmente, é muito desgastante para todas as partes. É certo, no entanto, que tal estímulo — que se traduz saudável — não pode ser efetuado de maneira a obstacularizar o acesso à tutela jurisdicional imediatamente após o surgimento de lesão ou ameaça a direito, por meio da criação de uma norma constitucional que não encontra fundamentação plausível para sua existência. A norma poderia sim ter deixado ao arbítrio das partes socorrerem-se dessa ou daquela via.

Portanto, como forma de buscar a compatibilização entre ambas as disposições constitucionais, haja vista a impropriedade já posta e imposta constitucionalmente, Zaiden Geraige Neto sugere que, dada a harmonização necessária entre princípios, as normas constitucionais limitadoras do acesso à justiça, como é o caso do mencionado § 1º do art. 217, devem ser consideradas exceções e não simplesmente inconstitucionais, razão pela qual, em caso de choque, deverá prevalecer a regra geral[116].

É interessante observar que a Jurisprudência já vem atenuando essa exceção ao princípio do acesso ao Judiciário, permitindo que, em situações de manifesta probabilidade de dano irreparável ou de difícil reparação, possa a Justiça Comum, independentemente do esgotamento prévio da instância administrativa ou do fim do transcurso do prazo de sessenta dias, prestar a tutela jurisdicional, sobretudo se for manifesta a *má-fé* da justiça desportiva no sentido de protelar a decisão.

Nesses termos decidiu o Tribunal de Justiça de Santa Catarina:

> "Agravo de Instrumento. Art. 217, § 1º, da CF. Havendo a possibilidade de ocorrência de prejuízo de difícil e incerta reparação, com fundamento no art. 5º, inciso XXXV da Constituição Federal, possível e previsível é a intervenção do Judiciário, desde que adequadamente provocado"[117].

Em semelhante decisão, o Tribunal de Justiça do Rio de Janeiro entendeu que, se o atleta renuncia à via desportiva, deixando passar *in albis* o prazo bimestral para ingresso na via administrativa de desporto, poderá procurar a via do Judiciário, sem que ocorra afronta à regra constitucional, conforme se pode notar do acórdão abaixo:

> "Está presente o interesse de agir quando o autor ingressa perante o Poder Judiciário, após ocorrer a preclusão da instância da justiça desportiva — A Constituição Federal, no artigo 217, parágrafo 1º, não vincula o ingresso, perante o Poder Judiciário, à integral utilização de todos os recursos administrativos, mas ao esgotamento da referida via, e que ocorre quando o desportista deixa de interpor algum recurso administrativo"[118].

Parece óbvio que, se o próprio direito fundamental de ação é relativo, também será relativa qualquer exceção a esse direito. Assim, em casos

---

[116] *O princípio da inafastabilidade do controle jurisdicional*: art. 5º, inciso XXXV, da Constituição Federal, cit., p. 74.

[117] TJSC, AgI 5.377, 3ª Câm. Civ. de Tijucas, data do julgamento: 16-10-1990, rel. Des. Cid Pedroso, *DJESC*, 8.134, 21-11-1990, p. 3.

[118] AC 2006.001.04804, rel. Des. Camilo Ribeiro Ruliere, 17ª Câm. Cív., julgamento: 14-6-2006.

extremos, em que, por exemplo, a probabilidade de dano irreparável ou de difícil reparação seja patente, exigindo uma pronta atuação do Poder Judiciário, é possível que, com base numa interpretação fundada na proporcionalidade, a Justiça Comum resolva a questão antes mesmo do esgotamento da instância administrativa ou do prazo constitucionalmente previsto. Nesse ponto, o princípio da proporcionalidade há de ser observado com bastante cautela, levando-se em conta os inúmeros interesses em jogo.

Dessa forma, aliás, o aplicador do direito deve proceder, não podendo o magistrado negar a prestação jurisdicional quando presente qualquer lesão a direito, ou mesmo a sua ameaça.

Portanto, o § 1º do art. 217 — disposição constitucional secundária —, apesar de decorrer de uma impropriedade legislativa, não fere, em tese, o princípio do inciso XXXV do art. 5º da CF/88 — garantia fundamental da Lei Superior. Entretanto, no caso de colisão entre os referidos dispositivos, de que possa resultar prejuízo ao jurisdicionado, deverá o princípio prevalecer sobre o simples dispositivo, harmonizando-se, assim, as regras constitucionais, permitindo sua coexistência, sem causar qualquer invalidação.

3.6. Tutela antecipada em ação rescisória

Sob o argumento da efetividade da tutela jurisdicional, polêmica recente envolve a possibilidade ou não da aplicação do instituto da tutela antecipada, previsto no art. 273 do CPC, na ação rescisória, regulada pelos arts. 485 e seguintes do mesmo Diploma Processual.

Como se sabe, a ação rescisória tem por finalidade a desconstituição da coisa julgada material, a qual compreende a imutabilidade da sentença judicial, que impede a rediscussão do que já foi decidido em outro (futuro) processo envolvendo as mesmas partes, as mesmas pretensões ou o mesmo objeto. Quanto ao seu cabimento, a ação rescisória poderá ser manejada em casos estritos, somente podendo a sentença de mérito, transitada em julgado, ser rescindida quando presente um dos vícios taxativamente elencados no art. 485 do CPC.

Vale esclarecer, desde logo, que a ação rescisória não tem forma recursal, tratando-se de verdadeira ação de conhecimento de rito especial, devendo obedecer, inclusive, aos requisitos previstos no art. 282 do CPC quando de sua propositura. Partindo dessa premissa, uma vez que o art. 273 do CPC dispõe que o juiz poderá, a requerimento da parte, antecipar, total ou parcialmente os efeitos da tutela pretendida no pedido inicial, desde que, existindo prova inequívoca, se convença da verossimilhança da alegação, surge o questionamento sobre a possibilidade de utilização do instituto em ação rescisória.

Casos há em que a decisão sobre a qual pesa a autoridade da coisa julgada, por vezes, poderá significar a inversão da verdadeira justiça, porque eivada de um dos vícios constantes do art. 485 do CPC, protegendo situação não correspondente ao verdadeiro sentido da prestação jurisdicional[119].

É certo que o Poder Judiciário não pode emitir decisões contrárias à justiça, à realidade dos fatos e à lei. Ora, o próprio sistema parte da idéia de que o juiz não pode decidir desse modo, mas não ignora — nem poderia — que isso possa acontecer, tanto é que prevê a ação rescisória para casos tipificados em lei[120].

E mais, como já se disse, o princípio do amplo acesso à justiça não se restringe apenas à obrigatoriedade de prestação da tutela jurisdicional, mas também impõe que essa tutela seja prestada de forma adequada e eficaz. Ora, de nada adiantaria se fosse garantido ao jurisdicionado instrumento para desconstituir a coisa julgada eivada de flagrantes vícios se, na prática, quando o autor obtivesse êxito na decisão final, essa prestação jurisdicional fosse inócua e inoperante, visto que o bem pretendido já se perdeu ou se tornou inacessível pelo transcurso do tempo.

Dessa forma, admite-se que a coisa julgada é uma garantia constitucional intangível. Por outro lado, não se pode negar que também a tutela antecipatória, como aduz Teresa Arruda Alvim Wambier, "consiste em um fenômeno processual de raízes nitidamente constitucionais, já que, para que seja plenamente aplicado o princípio da inafastabilidade do controle jurisdicional, é necessário que a tutela prestada seja *efetiva* e *eficaz*"[121]. Isso porque, como observa a mesma autora, "é intuitivo que garantir às pessoas

---

[119] GERAIGE NETO, Zaiden. *O princípio da inafastabilidade do controle jurisdicional*: art. 5º, inciso XXXV, da Constituição Federal, cit., p. 91.

[120] MARINONI, Luiz Guilherme; ARENHART, Sérgio Cruz. *Manual do processo de conhecimento*. 3. ed. São Paulo: Revista dos Tribunais, 2004, p. 717.

[121] WAMBIER, Teresa Arruda Alvim. *Nulidades do processo e da sentença*. 5. ed. São Paulo: Revista dos Tribunais, 2004, p. 387 (Coleção Estudos de Direito de Processo Enrico Tulio Liebman, v. 16).

a tutela jurisdicional, e prestar-lhes tutela *inefetiva* e *ineficaz*, é quase o mesmo que não prestar a tutela"[122].

Como é possível observar, a relativização da coisa julgada não implica menosprezo, mas sim busca eficaz da saudável justiça. Tanto é que a própria coisa julgada configura uma das hipóteses de cabimento de ação rescisória, pois o inciso IV do art. 485 do CPC relaciona a possibilidade de se rescindir decisão que tenha ofendido a própria coisa julgada.

A propósito, vale mencionar a hipótese dada por Zaiden Geraige Neto:

> "(...) Pode ocorrer que a sentença rescindenda esteja em fase de execução, já surtindo efeitos no mundo empírico, mesmo tendo sido desrespeitada a coisa julgada, e a demora no julgamento da ação rescisória poderá resultar em lesão grave e de difícil — senão impossível — reparação. *In casu*, não admitir mecanismo eficaz para suspender imediatamente a execução da sentença rescindenda é o mesmo que privilegiar a forma exacerbada, em detrimento da boa justiça"[123].

Ademais, vale ressaltar que a concessão da antecipação dos efeitos da tutela final restringe-se apenas à suspensão da execução da sentença rescindenda, medida que, em princípio, não se caracterizaria como irreversível. O contrário sim. Como foi explicitado, a negativa da tutela antecipada poderá, dependendo do caso concreto, ocasionar dano irreparável ou de difícil reparação.

Diante disso, na ótica de Teresa Arruda Alvim Wambier, ao comentar as alterações trazidas pela reforma processual desde 1992, que deu ao Código de Processo Civil uma configuração diferente daquele que vigeu em 1973:

> "A preocupação que teve o legislador da Reforma, no sentido de agilizar e encurtar o caminho da possibilidade de fruição dos resultados da prestação jurisdicional não pode ser desconsiderada na leitura e na compreensão de nenhum dos dispositivos cuja

---

[122] *Nulidades do processo e da sentença*, cit., p. 388.

[123] *O princípio da inafastabilidade do controle jurisdicional*: art. 5º, inciso XXXV, da Constituição Federal, cit., p. 91-92.

redação é anterior à reforma, sob pena de esta ser, ainda que parcialmente, transformada em letra morta"[124].

Ademais, não se pode esquecer que a antecipação da tutela, em razão da reforma do Código de Processo Civil, em 1994 (Lei n. 8.952) e ainda em 2002 (Lei n. 10.444), tornou-se genérica para qualquer espécie de processo ou procedimento, com a possibilidade inclusive da ampla fungibilidade com a tutela cautelar.

Evidentemente, a antecipação dos efeitos da tutela deverá ser feita de maneira criteriosa, somente podendo o relator conceder a respectiva liminar se o pedido for fundado, vislumbrando-se amplas chances de o pedido rescisório ser procedente, bem como a real presença dos requisitos ensejadores da medida. É o que lecionam Nelson Nery Junior e Rosa Maria de Andrade Nery:

> "Vislumbrando o relator que o pedido contido na rescisória é fundado (CPC 273, *caput*), e que o atraso na entrega da prestação jurisdicional poderá tornar ineficaz o direito do autor (CPC 273 I), pode conceder o adiantamento, em nome da efetividade do processo, que deve ser buscada e implementada pelo magistrado. Rescisória fundada no impedimento do juiz (CPC 485 II), se provada essa circunstância com a petição inicial, é possível a concessão de tutela antecipada no sentido de evitar-se a execução do julgado rescindendo, já que a procedência do pedido na rescisória seria praticamente certa"[125].

O Superior Tribunal de Justiça, que já assinalava a possibilidade de utilização de medidas cautelares em ação rescisória[126], passou a entender possível a aplicação do instituto da antecipação da tutela para fazer cessar a execução imediata da decisão rescindenda. E já decidiu que, a partir da Lei n. 8.952/94, a atribuição de efeito suspensivo à ação rescisória deve ser requerida nos respectivos autos, como antecipação da tutela, e não mais como ação cautelar, uma vez que a regra do art. 489 do CPC, antes da reforma vinda com a Lei n. 11.280, de 16 de fevereiro de 2006, devia ceder sempre que, sem a atribuição de efeito suspensivo à ação rescisória,

---

[124] *Nulidades do processo e da sentença*, cit., p. 396-397.
[125] NERY JUNIOR, Nelson; NERY, Rosa Maria de Andrade. *Op. cit*, p. 649.
[126] STJ, REsp 139.850/RJ, 4ª Turma, rel. Min. César Rocha, *DJ*, 9-3-1998; STJ, REsp 181.895, 4ª Turma, rel. Min. Vicente Leal, data do julgamento: 15-10-1998.

se pudesse prever que o acórdão, mesmo se o pedido fosse julgado procedente, não teria utilidade[127].

Destarte, como explicita Zaiden Geraige Neto, se a jurisprudência já era pacífica no concernente à possibilidade de ajuizamento de ação cautelar com o fito de obter liminar para suspender a execução da decisão rescindenda, com maior razão é de admitir a antecipação dos efeitos da tutela em rescisória, visto que seus pressupostos são ainda mais rígidos do que os pertinentes à liminar cautelar, por exigir a verossimilhança, pressuposto bem mais acentuado do que o simples *fumus boni juris*[128].

Com idêntico pensamento, Nelson Nery Junior e Rosa Maria de Andrade Nery:

> "Em casos excepcionais admite-se o ajuizamento de medida cautelar objetivando a suspensão da execução do julgado rescindendo, pois a presunção decorrente da coisa julgada é relativa (*juris tantum*), até que seja ultrapassado o prazo do CPC 495. Tal pedido pode ser feito como cautelar antecedente ou mesmo na petição inicial da ação rescisória (...) Como se trata de medida excepcional, não se pode conceder cautelar para obstar a execução da sentença ou acórdão rescindendo, com ofensa frontal ao CPC 489, senão quando a hipótese concreta demonstrar uma *quase liquidez e certeza* da procedência do pedido rescisório. Exige-se mais do que o mero *fumus boni juris* ordinário, da ação cautelar convencional (...)"[129].

O Supremo Tribunal Federal, contudo, no início mostrou-se resistente em aceitar a tese da antecipação da tutela em ação rescisória. O Ministro Marco Aurélio de Melo já ponderou, na qualidade de relator, que o instituto da tutela antecipada é incompatível com a rescisória, pois, de acordo com o art. 273 do CPC, a tutela se mostraria adequada às ações em geral, às lides em que se pleiteia o reconhecimento de cer-

---

[127] STJ, REsp 81.529/PI, 2ª Turma, rel. Min. Ari Pargendler, data do julgamento: 16-10-1997, *DJ*, 10-11-1997. E também: "A despeito da norma inserta no artigo 489 do Código de Processo Civil, a jurisprudência desta Corte tem admitido, excepcionalmente, a antecipação dos efeitos da tutela em sede de ação rescisória, para suspender a execução da decisão rescindenda, quando presentes as hipóteses previstas no artigo 273 do Código de Processo Civil" (STJ, AgRg na AR 2130/SP, 3ª Seção, rel. p/ acórdão Min. Hamilton Carvalhido, *DJ*, 24-10-2005, p. 168).

[128] *O princípio da inafastabilidade do controle jurisdicional*: art. 5º, inciso XXXV, da Constituição Federal, cit., p. 96-97.

[129] *Código de Processo Civil comentado e legislação extravagante*, cit., p. 840.

to direito e, portanto, o processo de conhecimento *stricto sensu*[130]. Foi assim que o referido Ministro se pronunciou em julgado posterior, ao decidir sobre medida cautelar em ação rescisória:

> "Atente-se para a estatura maior da coisa julgada. O fenômeno diz respeito ao direito declarado pelo Estado-Juiz e a isso não se pode contrapor sinal de bom direito com o qual se contenta a ordem jurídica quando em jogo cautelar. O Direito é uma ciência e, enquanto o for, o meio justificará o fim, mas não este aquele. Há de aguardar-se, para a retirada do mundo jurídico de ato processual transitado em julgado, o desfecho da ação autônoma de impugnação que é a rescisória. Liminar cautelar indeferida"[131].

Mas, posteriormente, o Superior Tribunal Federal começou a admitir a possibilidade de liminar na ação rescisória, ficando vencido o Min. Marco Aurélio, relator originário, como se pode ver do julgado abaixo, entre outros:

> "Ação rescisória fundada no art. 485, V e IX, do Código de Processo Civil, contra acórdão no RMS 25.538 (Concurso para Fiscal do Trabalho, no ano de 1994 — cadastro de reserva). Possibilidade de concessão de liminar em ação rescisória para "assegurar o resultado útil" da ação. Precedente do Supremo Tribunal Federal (AR 1.685-MC). Referendo, por maioria, de decisão monocrática que deferiu o pedido de liminar para sustar os efeitos da decisão rescindenda"[132].

De fato, a ação rescisória é demanda de natureza cognitiva de rito especial, sendo cediço que o processo de conhecimento serve-se tanto do procedimento comum quanto dos procedimentos especiais[133]. Não é demais, ainda, lembrar o que dispõe o parágrafo único do art. 272 do CPC: "O procedimento especial e o procedimento sumário regem-se pelas dis-

---

[130] STF, 1461-4/PE, rel. Min. Marco Aurélio, data do julgamento: 9-3-1999, *DJ*, 15-4-1999.

[131] STF, Pet.-MC 1797-8/SP, rel. Min. Marco Aurélio, data do julgamento: 21-9-1999, *DJ*, 28-9-1999, p. 20.

[132] AR 1699 MC/DF, rel. para o acórdão o Min. Joaquim Barbosa, *DJ*, 25-6-2004.

[133] MARINONI, Luiz Guilherme; ARENHART, Sérgio Cruz. *Manual do processo de conhecimento*, cit., p. 88.

posições que lhes são próprias, aplicando-se-lhes, subsidiariamente, as disposições gerais do procedimento ordinário".

Depreende-se daí a perfeita compatibilidade entre os institutos da ação rescisória e da antecipação de tutela, dado que esta última foi prevista no art. 273 de maneira genérica — e não *stricto sensu* —, estendendo-se a todas as ações de conhecimento, tendo elas procedimento ordinário ou especial.

Ademais, faz-se mister lembrar aqui a lição de Nelson Nery Junior ao se referir à concessão de liminares em mandados de segurança. O jurista informa que sequer seria necessário que uma lei infraconstitucional permitisse expressamente a concessão de liminares no *writ*, pois, "na ausência dessa norma sobre liminares, poderia o juiz fazer uso de seu *poder geral de cautela* e conceder a liminar quando fosse o caso"[134]. Isso tudo porque, conforme prossegue o processualista citado,

> "o direito de ação significa o direito de obtenção, pelo jurisdicionado, da tutela jurisdicional *adequada*, de sorte que, se necessitar de liminar, haja ou não previsão para essa concessão, o juiz deve concedê-la, evidentemente se estiverem presentes os requisitos legais para tanto; assim como deve conceder a liminar, mesmo que haja proibição expressa na lei, se a liminar for necessária como tutela jurisdicional adequada".

Por fim, a tendência da ciência jurídica atual caminha no sentido de proporcionar ao cidadão uma prestação jurisdicional célere, adequada, eficaz, aliada, claro, ao binômio segurança-justiça, buscando maior efetividade na aplicação do Direito.

Bem por isso, afirmam Luiz Guilherme Marinoni e Sérgio Cruz Arenhart,

> "(...) se todos sabem que o maior mal do processo é sua duração, e que esta sempre prejudica o autor que tem razão e beneficia, na mesma proporção, o réu que não a tem, não é mais possível que a tutela antecipatória continue a ser pensada de forma indevida, a menos que se pretenda que o autor continue a ser castigado e o réu beneficiado, ou, o que é pior, que se pretenda a fuga dos cidadãos da 'justiça estatal'. Nessa fuga, alguns privilegiados

---

[134] *Princípios do processo civil na Constituição Federal*, cit., p. 110-111.

procurariam vias alternativas, enquanto outros acabariam por ter de aceitar a lesão de seus direitos, sem nada poder fazer — o que é extremamente perigoso para a estabilidade social"[135].

Foi dentro desse contexto de harmonizar o instituto da antecipação da tutela com a coisa julgada que o art. 289 do CPC passou a ter nova redação, com a Lei n. 11.280, de 16 de fevereiro de 2006, que agora admite expressamente a antecipação de tutela[136]. Desse modo, estando presentes os pressupostos da verossimilhança das alegações e a prova inequívoca da ocorrência de uma das hipóteses do art. 485 do CPC, o iminente dano irreparável ou de difícil reparação, a coisa julgada há de ceder com o ônus do tempo do processo rescisório a ser custeado pelo réu, com a suspensão da eficácia da sentença rescindenda.

3.7. O prequestionamento nos recursos especial e extraordinário

Seja pela excepcionalidade da medida, seja pela necessidade cada vez mais premente de se conferir eficácia aos provimentos jurisdicionais, os recursos especial e extraordinário possuem requisitos específicos de admissibilidade, dentre eles, o prequestionamento.

O objetivo dos requisitos específicos de admissibilidade, seja no Supremo Tribunal Federal, seja no Superior Tribunal de Justiça, é evitar que um sem-número de recursos assoberbe ainda mais o serviço dos tribunais, muitas vezes com questões que não mais comportam qualquer discussão ou, ainda, que fogem completamente do âmbito de competência que lhes é atribuído pela Constituição da República.

Como se sabe, o Supremo Tribunal Federal e o Superior Tribunal de Justiça somente revêem julgamentos de questões já decididas pelos tribunais inferiores quando julgam os recursos extraordinário e especial, respectivamente, consoante já chancelado nas Súmulas 282[137] e 356[138] do STF, as quais se aplicam também ao STJ, no que concerne à questão federal.

---

[135] *Manual do processo de conhecimento*, cit., p. 63.

[136] "O ajuizamento da ação rescisória não impede o cumprimento da sentença ou do acórdão rescindendo, ressalvada a concessão, caso imprescindíveis e sob os pressupostos previstos em lei, de medidas de natureza cautelar ou antecipatória de tutela" (art. 489 do CPC).

[137] Súmula 282: É inadmissível o recurso extraordinário, quando não ventilada, na decisão recorrida, a questão federal suscitada.

[138] Súmula 356: O ponto omisso da decisão, sobre o qual não foram opostos embargos declaratórios, não pode ser objeto de recurso extraordinário, por faltar o requisito do prequestionamento.

Daí surge a figura do prequestionamento e a necessidade de que a questão devolvida pelos recursos em comento tenha sido devidamente argüida perante o juízo *a quo*. Nesse assunto existem diversas posições. Uma delas é a de que o prequestionamento significa a discussão sobre determinada matéria posta à apreciação do Judiciário desde o início do processo; outra posição é a de que o prequestionamento pode surgir de forma implícita no corpo do processo, não havendo necessidade de menção expressa a dispositivos legais; por fim, outra posição considerável é a de que bastaria a provocação ao tribunal inferior sobre a matéria objeto do recurso, o que poderia ser feito, inclusive, por meio de embargos declaratórios.

O Supremo Tribunal Federal, por seu turno, já há algum tempo definiu a questão: "Diz-se prequestionada determinada matéria quando o órgão julgador haja adotado entendimento explícito a respeito, incumbindo à parte sequiosa de ver a controvérsia guindada à sede extraordinária instá-lo a tanto"[139].

Daí se depreende que o prequestionamento não necessariamente deva ser explícito. Deve sim ser explícita a manifestação do juízo *a quo*, para que permita o reexame da matéria em duplo grau de jurisdição. Contudo, no caso de a decisão recorrida não se manifestar expressamente sobre a matéria objeto do recurso especial ou extraordinário, cabe à parte provocar o órgão julgador anterior para que o faça, o que rotineiramente é feito por meio de embargos declaratórios.

O fato é que, como as hipóteses de cabimento dos recursos extraordinário e especial estão submetidas a requisitos rígidos, devidamente delimitados pela Constituição da República, cumpre analisar seu texto para verificar se há exigência ou autorização expressa de prequestionamento para fins de acesso ao Supremo Tribunal Federal ou ao Superior Tribunal de Justiça. E mais: caso a Constituição estabeleça que só o que estiver *prequestionado* pode ser reexaminado em recurso especial ou extraordinário, é dela própria que deve ser extraído o *conteúdo*, os *limites* e a *forma* do prequestionamento.

O art. 102, III, da Constituição da República diz que compete ao Supremo Tribunal Federal, precipuamente, a guarda da Constituição, cabendo-lhe julgar, mediante recurso extraordinário, as causas decididas em única ou última instância. Outrossim, dispõe o art. 105, III, da CF que

---

[139] STF, Ag. 210.769-SP, rel. Min. Marco Aurélio, *DJ*, 25-6-1999.

compete ao Superior Tribunal de Justiça julgar, em recurso especial, as causas decididas em única ou última instância, pelos Tribunais Regionais Federais ou pelos Tribunais dos Estados, do Distrito Federal e Territórios.

A simples leitura desses dispositivos é suficiente para demonstrar que a Constituição não faz referência a prequestionamento como requisito de cabimento de recurso extraordinário ou de recurso especial. Entretanto, é bastante clara a imposição de que a questão constitucional ou legal deva ter sido *decidida* pelas instâncias locais ou regionais, sendo expressa norma constitucional no sentido de que somente *causas decididas* em única ou última instância podem ser desafiadas pelos recursos extraordinário e especial, devendo estar presente ao menos uma das hipóteses das alíneas dos arts. 102, III, e 105, III, respectivamente.

Nesse sentido, decidiu o Supremo Tribunal Federal:

> "Se a Corte de origem não adotou entendimento explícito sobre a matéria veiculada no recurso extraordinário, impossível é proceder-se ao cotejo indispensável à conclusão sobre o enquadramento do recurso no permissivo constitucional. A conclusão sobre a ausência de atendimento a pressuposto de recorribilidade previsto na legislação não implica óbice ao acesso ao Judiciário. Revela, isto sim, que a defesa apresentada discrepa das normas pertinentes"[140].

Ora, não poderia ser diferente. Uma das características inerentes a toda espécie de recurso é a devolução da matéria recorrida — manifestação do princípio dispositivo — ao passo que ao tribunal *ad quem* cumpre reexaminar a matéria devolvida em duplo grau de jurisdição. Nessa ordem, se a matéria objeto dos recursos em comento não foi sequer examinada pelo tribunal inferior, não poderia o STF ou o STJ conhecer da questão, sob pena de se estar suprimindo uma instância, conhecendo originariamente de matéria da qual somente poderia conhecer em grau de recurso.

Corroborando esse entendimento, Nelson Nery Junior e Rosa Maria de Andrade Nery[141] explicam que, por meio do recurso extraordinário, o STF tão-somente revê julgamentos de tribunais inferiores, somente cabendo recurso especial, em tese, quando tiver sido *decidida* a causa e se o

---

[140] STF, AgRg 138.554, rel. Min. Marco Aurélio, data do julgamento: 13-4-1992, *DJ*, 15-5-1992.

[141] *Código de Processo Civil comentado e legislação extravagante*, cit., p. 205.

recorrente alegar que o tribunal *a quo* proferiu julgamento com infringência ao texto constitucional federal. Isso porque, segundo esses autores,

> "questão não decidida na instância inferior não enseja revisão por meio do RE: o que não foi decidido não pode ser revisto. Daí porque tem razão o STF quando exige o *prequestionamento* da questão constitucional, para que possa conhecer do RE (STF 282 e 356). Prequestionar significa provocar o tribunal inferior a pronunciar-se sobre a questão constitucional, previamente à interposição do RE. Não havendo sido decidida a questão, se efetivamente alegada anteriormente, a parte terá de opor embargos de declaração (STF 356), para provocar o julgamento do tribunal inferior sobre a questão por ele argüida. Mesmo com a oposição dos EDcl, caso o tribunal permaneça sem julgar a questão, entende-se que houve decisão negativa por omissão e, portanto, admite-se o RE"[142].

Pode-se dizer, portanto, que as decisões emanadas de tribunal inferior, que veiculam o não-conhecimento de recurso por ausência de seus pressupostos de admissibilidade, desde que suficientemente motivadas, não importam, por si só, em recusa de prestação jurisdicional nem traduzem, por isso mesmo, violação ao postulado da inafastabilidade do controle jurisdicional.

Assim sendo, não há que falar em violação ao princípio do art. 5º, XXXV, da CF/88. O acesso à justiça não está sendo limitado com a exigência do prequestionamento, uma vez que a previsão de que os recursos especial e extraordinário somente terão cabimento na hipótese de se analisarem causas já decididas por outros tribunais, de instância inferior, encontra-se no próprio texto constitucional.

3.8. O regime de retenção dos recursos especial e extraordinário

Atualmente, o Direito brasileiro prevê duas modalidades de recursos extraordinário e especial: a de devolução imediata e a forma retida. A última, objeto desse tópico, constitui inovação trazida pela Lei n. 9.756/98, que acrescentou o § 3º ao art. 542 do CPC, objetivando minimizar o acúmulo de recursos nos tribunais superiores, com a seguinte disposição: "O recurso extraordinário, ou o recurso especial, quando interpostos con-

---

[142] *Código de Processo Civil comentado e legislação extravagante*, cit., p. 205.

tra decisão interlocutória em processo de conhecimento, cautelar, ou embargos à execução ficará retido nos autos e somente será processado se o reiterar a parte, no prazo para interposição do recurso contra a decisão final, ou para as contra-razões".

Assim, a exemplo do que ocorre nas hipóteses previstas no art. 523, § 4º, do CPC (agravo retido obrigatório)[143], a nova regra determinou a retenção do recurso extraordinário ou especial quando interposto contra acórdão que tiver resolvido questão incidente (CPC, art. 162, § 2º), ou seja, quando impugnar julgamento de agravo de instrumento interposto contra decisão interlocutória proferida em processo de conhecimento, cautelar ou de embargos à execução.

É preciso que se ressalte, contudo, que os casos de retenção se referem aos recursos interpostos contra acórdãos que realmente configuram decisão interlocutória e não contra qualquer acórdão que julga agravo de instrumento, conforme aduzem Marinoni e Arenhart:

> "Se o acórdão, dando provimento a agravo de instrumento, extingue o processo, o caso não será de recurso retido, mas de recurso de subida imediata. Aliás, no caso inverso, se a sentença de extinção for reformada em razão do recurso de apelação, o acórdão conterá decisão interlocutória, que decidiu que o processo

---

[143] A Lei n. 11.187, de 19 de outubro de 2005, deu novo regime legal ao recurso de agravo de instrumento, com as seguintes modificações ao CPC: Art. 522: "Das decisões interlocutórias caberá agravo, no prazo de 10 (dez) dias, na forma retida, salvo quando se tratar de decisão suscetível de causar à parte lesão grave e de difícil reparação, bem como nos casos de inadmissão da apelação e nos relativos aos efeitos em que a apelação é recebida, quando será admitida a sua interposição por instrumento"; Art. 523, § 3º: "Das decisões interlocutórias proferidas na audiência de instrução e julgamento caberá agravo na forma retida, devendo ser interposto oral e imediatamente, bem como constar do respectivo termo (art. 457), nele expostas sucintamente as razões do agravante"; Art. 527, II, V e VI, e parágrafo único: *(O relator)* "converterá o agravo de instrumento em agravo retido, salvo quando se tratar de decisão suscetível de causar à parte lesão grave e de difícil reparação, bem como nos casos de inadmissão da apelação e nos relativos aos efeitos em que a apelação é recebida, mandando remeter os autos ao juiz da causa"; "mandará intimar o agravado, na mesma oportunidade, por ofício dirigido ao seu advogado, sob registro e com aviso de recebimento, para que responda no prazo de 10 (dez) dias (art. 525, § 2º), facultando-lhe juntar a documentação que entender conveniente, sendo que, nas comarcas sede de tribunal e naquelas em que o expediente forense for divulgado no diário oficial, a intimação far-se-á mediante publicação no órgão oficial"; "ultimadas as providências referidas nos incisos III a V do *caput* deste artigo, mandará ouvir o Ministério Público, se for o caso, para que se pronuncie no prazo de 10 (dez) dias"; "A decisão liminar, proferida nos casos dos incisos II e III do *caput* deste artigo, somente é passível de reforma no momento do julgamento do agravo, salvo se o próprio relator a reconsiderar".

deve prosseguir, e assim o recurso contra ele interposto deverá ficar retido"[144].

Dessa feita, a regra somente não se aplica, em princípio, aos recursos (extraordinário e especial) interpostos contra decisões interlocutórias proferidas em execução (tanto execução de sentença, do art. 475 do CPC, como processo de execução do Livro II do CPC), cuja subida será imediata. Isso porque, não havendo sentença final de mérito na fase de cumprimento de sentença ou no processo executivo, inexistirá oportunidade de interposição de outro recurso, tornando-se inviável a reiteração dos recursos extraordinário e especial retidos.

Nelson Nery Junior e Rosa Maria de Andrade Nery explicam de forma detalhada de que maneira se dá o procedimento de retenção dos recursos extraordinário ou especial:

> "Proferido o acórdão em agravo de instrumento, a decisão interlocutória restou decidida pelo tribunal *a quo*. Em tese é cabível o REsp (STJ 86) ou o RE, conforme o caso, desde que presentes os requisitos constitucionais (CF 102 III e 105 III). O recurso é interponível no próprio tribunal *a quo*, que deverá remetê-lo ao primeiro grau, onde se encontram os autos principais. Ainda não é o momento de o tribunal *a quo* proferir juízo de admissibilidade do RE ou do REsp. Cabe-lhe, tão-somente, enviar o RE ou REsp retido ao primeiro grau para que, juntado aos autos do processo, nele fique retido até que sobrevenha decisão final, da qual caberá outro RE ou REsp. Nas razões ou contra-razões desse outro RE ou REsp deverá o recorrente requerer a apreciação do RE ou REsp que ficara retido. Caso não haja a reiteração, aquele RE ou REsp retido não poderá ser processado e, conseqüentemente, não será conhecido, a exemplo do que ocorre no sistema do agravo retido do CPC 523"[145].

É necessário ainda consignar que a edição da Lei n. 9.756/98 ocorreu em um momento em que se buscava racionalizar os trabalhos dos Tribunais Superiores, em face da enorme quantidade de processos que chegavam ao Superior Tribunal de Justiça e ao Supremo Tribunal Federal. Dessa feita, às vésperas do recesso do Congresso Nacional, momento sempre utilizado para a aprovação de leis visando a profundas modificações na estrutura

---

[144] MARINONI, Luiz Guilherme; ARENHART, Sérgio Cruz. *Manual do processo de conhecimento*, cit., p. 606.

[145] *Código de Processo Civil comentado e legislação extravagante*, cit., p. 936.

normativa, a Lei n. 9.756/98 foi aprovada e, em vez da habitual *vacatio legis* de sessenta dias, entrou em vigor na data de sua publicação.

A lei, de iniciativa do Superior Tribunal de Justiça, teve como um de seus principais objetivos tornar mais ágil o sistema recursal, ao adotar a modalidade retida dos recursos, simplificando e coibindo excessos de índole procrastinatória.

No ponto, é de corroborar a posição de Zaiden Geraige Neto:

> "[...] não se pode comprometer um bem maior, pertencente a todos os jurisdicionados, ou seja, o seu amplo e efetivo acesso à justiça, criando-se dispositivos ou mecanismos processuais que, talvez, possam diminuir o número de julgamentos e, assim, desafogar o Tribunal, sem se observar, contudo, os princípios constitucionais que devem nortear a condução da boa justiça, sob pena de seu perecimento"[146].

Ora, sabe-se que a intenção do legislador foi a de simplificar o procedimento dos recursos nos tribunais, a fim também de desafogar os tribunais superiores, concentrando o momento de sua remessa, em homenagem ao princípio da economia processual. Entretanto, está muito claro o *espírito* da lei no sentido de limitar ainda mais a admissibilidade e conhecimento dos recursos pelos tribunais superiores, colocando em risco princípios constitucionais básicos e a própria efetividade da tutela jurisdicional, na medida em que poderá ocasionar a consumação de danos irreversíveis.

Isso porque, evidentemente, haverá casos em que a retenção do recurso fará perecer o direito da parte, pois a matéria tratada em agravo de instrumento interposto poderá ser questão imprescindível à solução eficaz do próprio *meritum causae*.

Por essa razão, pensamos que, em todos os casos em que o acórdão que decide questão incidente determinar a prática de ato que possa causar dano grave, ou mesmo negar a concessão de providência capaz de impedir que dano de igual natureza seja gerado, o respectivo recurso não pode restar retido, sob pena de desnaturação da própria função recursal. É o que manifestam, também, Marinoni e Arenhart:

> "(...) a regra do art. 542, § 3º, relativa à retenção dos recursos, não se aplica aos casos em que a decisão interlocutória puder cau-

---

[146] *O princípio da inafastabilidade do controle jurisdicional*: art. 5º, inciso XXXV, da Constituição Federal, cit., p. 77.

sar dano grave. Nesse caso, o interesse recursal está ligado à possibilidade de se afastar o dano; a parte tem interesse em recurso que tenha a capacidade de afastar o dano, e não em recurso que, ficando retido, nada pode fazer contra o dano temido"[147].

Portanto, considerando-se o inciso XXXV do art. 5º, CF/88, conclui-se que todos têm a garantia constitucional do acesso à justiça, para buscar a tutela jurisdicional de seus direitos, de forma preventiva ou reparatória[148]. Ainda, a não-exclusão da apreciação do Poder Judiciário de lesão ou ameaça a direito e a conseqüente garantia de acesso à justiça devem ocorrer em toda a sua inteireza, possibilitando não só o acesso puro e simples — ingresso em juízo — mas também a garantia e o respeito ao princípio do duplo grau de jurisdição, por meio dos recursos disponíveis, de sua admissibilidade e efetiva apreciação.

Diante dessa situação, existem algumas soluções legais para que a parte faça imperar o princípio da inafastabilidade, sob pena de se tornar inócua sua pretensão dentro do processo, buscando-se, assim, excepcionar a regra do § 3º do art. 542 do CPC. Seriam elas: o mandado de segurança, a medida cautelar incidental, a tutela antecipatória e o agravo de instrumento.

No que concerne à primeira alternativa, embora se admita alguma viabilidade, não seria o mandado de segurança o meio mais adequado e eficaz para atingir a finalidade ora proposta, por dois motivos essenciais.

Primeiro, pela dificuldade e até impossibilidade, em alguns casos, de se comprovar a existência de direito líquido e certo[149]. Segundo, porque haverá sempre a possibilidade de rejeição do mandado de segurança com fundamento no equivocado entendimento de que não é cabível o *writ* quando ainda remanescerem recursos pertinentes à espécie.

De fato, apesar de ser também uma das formas de violação da garantia constitucional do acesso à justiça, esse fundamento ainda permeia o entendimento de muitos, tornando-se arriscada a adoção do *remédio*

---

[147] *Manual do processo de conhecimento*, cit., p. 659.

[148] NERY JUNIOR, Nelson. *Princípios do processo civil na Constituição Federal*, cit., p. 100.

[149] É a interpretação reiterada do STJ, como se demonstra na seguinte ementa: O mandado de segurança — remédio de natureza constitucional — visa à proteção de direito líquido e certo, exigindo a constatação de plano do direito alegado, e por ter rito processual célere não comporta dilação probatória. Dessarte, o direito invocado, para ser amparável por mandado de segurança, há de ser contemplado em norma legal e ser induvidoso (certo e incontestável)" (RMS 19.738/PR. rel. Min. Luiz Fux, 1ª Turma, *DJ*, 1º-8-2006, p. 366).

jurídico para buscar excepcionar o § 3º do art. 542 do CPC, dada a necessidade de urgente subida dos recursos especial ou extraordinário.

A segunda alternativa (medida cautelar incidental) decorre, inicialmente, da analogia feita em relação à freqüente utilização de ação cautelar incidental para a atribuição de efeito suspensivo aos recursos extraordinário e especial, medida essa pacificamente aceita pelos tribunais superiores[150]. Nesse caso, a parte pleiteia o deferimento de liminar cautelar para que se excepcione a regra do § 3º do art. 542, a fim de cessar a retenção prevista, desde que presentes os requisitos pertinentes: *fumus boni iuris* e *periculum in mora*, a serem analisados no caso concreto.

Aliás, esse é o remédio mais comumente utilizado com vistas a desobstaculizar o recurso extraordinário e o recurso especial. Deve ficar claro, contudo, que o manejo da medida cautelar somente será possível,

---

[150] Exemplifica-se um caso de eficiente uso da medida cautelar: "Cuida-se de medida cautelar ajuizada com o intuito de conferir trânsito e efeito suspensivo a recurso especial retido por força do estabelecido no art. 542, § 3º, do Código de Processo Civil. A ação intentada no juízo de primeiro grau busca obter do Estado pensão (R$ 750,00 reais mensais), uma cadeira de rodas e um colchão d'água para menor que, atingido por projétil de arma de fogo de policial militar, ficou com graves seqüelas físicas em razão do ocorrido — paralisia dos membros inferiores, incontinência fecal e urinária. Caracterizada a especificidade da situação trazida à deslinde, bem como presentes os elementos de direito necessários, em 26/10/2005 foi deferido o pedido liminar, apenas para o efeito de ser efetivado o juízo de admissão do recurso especial, sem a retenção aludida no art. 542, § 3º, do Código de Processo Civil. Mesmo assim, noticiou o requerente (em 13/02/2006) o não-atendimento da referida tutela liminar, no que resultou na reiteração da determinação, em 15/02/2006. Caracterizada a excepcionalidade da situação controversa, admite-se, excepcionalmente, que seja realizado juízo admissório de recurso especial sem a retenção imposta pelo art. 542, § 3º, do Código de Processo Civil, bem assim, seja-lhe atribuído efeito suspensivo ativo ao recurso especial. Na espécie, o conjunto dos elementos de fato e de direito descritos conduzem ao inarredável juízo da inteira procedência do pedido formulado pelo requerente. Com efeito, efetivar-se o juízo de admissão do recurso especial em referência, bem como emprestar-lhe efeito suspensivo, é conduta processual que, ao amparo do contexto legal, busca reparar estado de vicissitude e de sofrimento humano experimentado por menor de parcos recursos econômicos e sociais, medida essa que encontra respaldo não apenas na literalidade do regramento legal, mas aperfeiçoa verdadeiro postulado de justiça e de finalidade da aplicação da jurisdição. Medida Cautelar procedente, para o efeito de que, como já determinado em decisões de 26/10/2005 e de 15/02/2006, bem como na liminar expedida em 11/04/2006, seja realizado pelo Tribunal de Justiça do Estado de São Paulo o juízo de admissão do recurso especial vinculado aos autos do agravo nº 425.7125/9-01, sem a restrição estabelecida no art. 542, § 3º, do Código de Processo Civil, bem como seja-lhe atribuído, de imediato, efeito suspensivo ativo, a fim de que, afastando a conseqüência das decisões que denegaram a tutela antecipada requerida, disponibilize o Estado de São Paulo ao requerente, de imediato, um colchão de água, uma cadeira de rodas (própria às necessidades do menor suplicante) e o pensionamento no valor de R$ 750,00 (setecentos e cinqüenta reais), tal como pleiteado" (MC 10.750/SP, rel. Min. José Delgado, 1ª Turma, *DJ*, 1º-6-2006, p. 145).

conforme já dito, se preenchidos todos os requisitos atinentes à espécie. Caso contrário, se utilizado o meio processual apenas com o intuito de tumultuar o processo ou gerar sobrestamento, deve o autor ser condenado como litigante de má-fé.

Note-se, destarte, que a possibilidade de utilização da ação cautelar no presente tema decorre de sua própria natureza jurídica, quando o caso trazido à colação se ajustar aos pressupostos de sumariedade da cognição, iminência de dano irreparável, temporariedade, situação *cautelanda* e sentença mandamental.

A jurisprudência do Superior Tribunal de Justiça vem apontando nessa direção, aceitando a medida para o fim de excepcionar a regra processual quando o caso concreto reclamar a imediata subida dos referidos recursos. É o que se depreende do seguinte julgado:

> "Esta Corte, em situações excepcionalíssimas, vem flexibilizando a norma em comento, quando os requisitos da cautelar se fizerem presentes. Na hipótese dos autos, o trancamento do especial na origem poderá resultar o indeferimento da petição inicial da ação originariamente proposta, ocasião em que a prestação jurisdicional restará de todo esvaziada. Precedentes. Medida Cautelar julgada procedente para afastar o sobrestamento de recurso especial imposto na origem"[151].

Na realidade, o Superior Tribunal de Justiça tem entendido que o recurso especial, quando indevidamente retido, pode ser destrancado por meio de qualquer remédio processual, inclusive por cautelar. Aliás, esse Superior Tribunal vem salientando, em tais casos, a necessidade de imediata correção da decisão de retenção, sem dar muita importância à forma por meio da qual ela é requerida.

E, de fato, não importam tanto os *remédios*:

> "Pouco importa o instrumento de que se vale o interessado para pleitear o destrancamento de recurso especial. Tal pleito não se sujeita a prazo, porque se ampara exclusivamente na demonstração de urgência pela parte interessada. Trata-se, na verdade, de mero incidente, que dispensa citação e condenação em honorários.

---

[151] STJ, MC 6.720-RJ, 5ª Turma, rel. Min. Gilson Dipp, *DJ*, 17-5-2004.

Deve ser destrancado o recurso especial que ataca acórdão que manteve ou revogou medida liminar"[152].

Por outro lado, Marinoni e Arenhart ponderam que, caso o acórdão recorrido tenha negado providência fundamental para evitar dano grave ao recorrente, ela poderá ser buscada nos tribunais superiores por meio de pedido de tutela antecipada, situação essa semelhante à da medida cautelar[153].

Prosseguem os autores afirmando que, diante da ausência de previsão específica, tal pedido pode ser feito por meio de simples petição dirigida aos tribunais superiores, uma vez que o direito à tutela antecipatória está garantido no art. 5º, XXXV, da CF/88.

Há, ainda, na doutrina e jurisprudência, quem entenda ser o agravo de instrumento o meio hábil para se obter a ineficácia do efeito retido dos recursos especial e extraordinário. O Superior Tribunal de Justiça, em decisão em que foi relator o Min. Nilson Naves, embora admitindo o uso de cautelar, registrou que

> "(...) contra despacho de retenção de recurso especial cabe agravo de instrumento, e não outro expediente processual. Se só cabe do despacho de não-admissão (Cód. de Pr. Civil, art. 544), por que há de se negar o seu cabimento, em hipótese tal? Em alguns casos, não existe diversidade ontológica entre não-admitir e reter. Aqui no Superior, no entanto, já se admitiu o emprego de medida cautelar [...] Em caso em que é lícito ao juiz a concessão de liminar (medida provisória, antecipação de tutela, expedição de mandado, etc.), a retenção do recurso implica a sua ineficácia, pois que, retido, acabará por perder seu objeto.
>
> Daí, liminarmente, concedo a medida cautelar, determinando se processe o recurso interposto (Cód. de Pr. Civil, art. 542, § 1º)"[154].

---

[152] AgRg na Pet. 4.518/RJ, rel. Min. Humberto Gomes de Barros, 3ª Turma, *DJ*, 19-6-2006, p. 131. Além desse e de outros não mencionados, salientem-se ainda outros precedentes: 1) STJ, MC 1.933/SP, *DJ*, 7-2-2000; 2) MC 1.963/RS, *DJ*, 8-10-1999; 3) MC 1.728/SP. *DJU*, 25-5-1999; 4) MC 1.659/PR, *DJ*, 8-11-l999; 5) AgRg-MC 3.396/DF, *DJ*, 6-5-2002; 6) MC 3.396/DF, *DJ*, 23-9-2002; 7) REsp 292.670/RJ, *DJ*, 22-4-2002; 8) MC 2.198/RS, *DJ*, 24-6-2002; 9) MC 3.229/PR, *DJ*, 13-5-2002.

[153] *Manual do processo de conhecimento*, cit., p. 659-660.

[154] STJ, MC 2.361-SP, 3ª Turma, rel. Min. Nilson Naves, *DJ*, 13-3-2000.

O interessante é frisar que, como já dito, o princípio do amplo acesso à justiça impõe a flexibilização da norma processual contida no § 3º do art. 542, em alguns casos específicos, para que não se configure a denegação da justiça, sendo de somenos importância o remédio jurídico adotado para tanto, conforme posição do próprio STJ.

O Supremo Tribunal Federal, no entanto, que vinha resistindo à possibilidade de tangenciar a regra do § 3º do art. 542 do CPC[155], em atenção ao conteúdo político da regra em comento, já está dando um tratamento *cum grano salis* à referida norma:

> "Recurso extraordinário: temperamentos impostos à incidência do art. 542, § 3º, CPC, entre outras hipóteses, na de deferimento de liminar que possa tornar ineficaz o eventual provimento dos recursos extraordinário ou especial. Medida cautelar: deferimento: caso que — dados os termos da liminar de reintegração de posse em propriedades rurais ocupadas por indígenas, que irá alterar substancialmente a situação de fato, de modo a modificar também a situação jurídica processual e a debilitar — no plano da eficácia — a eventual decisão favorável à tese da recorrente — é daqueles que efetivamente não admitem a retenção do recurso extraordinário"[156].

A forma instrumental do direito deve modernizar-se e acompanhar a evolução natural da sociedade, em busca de uma justiça mais célere e

---

[155] "1. Havendo o acórdão resolvido questão interlocutória sobre inversão do ônus da prova, com base no art. 6º, VIII, do Código do Consumidor, o Recurso Extraordinário contra ele interposto, deve mesmo, ficar retido, na instância de origem, para oportuna reiteração, se for o caso, nos termos do parágrafos 3º do art. 542 do Código de Processo Civil, introduzido pela Lei n 9.756, de 17.12.1998. 2. Os riscos ou inconveniências dessa retenção, antevistos pela recorrente, não são insanáveis e decorrem da própria natureza da espécie recursal, como se dá, também, nos casos de Agravo retido (artigos 280, III, 522 e 523, parágrafos 1º, 2º, 3º e 4º, do Código de Processo Civil). 3. E não se pode negar validade a essa opção política da lei processual, que, então, deve ser seguida por seus aplicadores. 4. Agravo improvido" (STF, AgI 232.159-AgR-SP, 1ª Turma, rel. Min. Sydney Sanches, *DJ*, 14-9-2001).

[156] STF, Pet.QO 3.515/MS, 1ª Turma, rel. Min. Sepúlveda Pertence, *DJ*, 27-9-2005. p. 27. E, ainda, do mesmo relator: "Medida cautelar em recurso extraordinário: deferimento: a questão objeto do RE — acerca da competência da Justiça Federal ou da Justiça Estadual para a causa — é daquelas em que se deve afastar a regra de retenção do recurso contra decisões interlocutórias (C.Pr.Civil, art. 542, § 3º). Ademais, densa a plausibilidade do RE, à vista da Súmula 650 — *Os incisos I e XI do art. 20 da Constituição Federal não alcançam terras de aldeamentos extintos, ainda que ocupadas por indígenas em passado remoto*" (STF, AC-QO 1.005/SP, 1ª Turma, rel. Min. Sepúlveda Pertence, *DJ*, 17-11-2005, p. 6).

efetiva. Todavia, se a lei em comento, por um lado, evita o acúmulo de questões infundadas no Poder Judiciário, por outro lado, se interpretada de maneira absoluta, cria óbices à aplicação séria e efetiva do Direito.

Ademais, é fato que a iniciativa do Superior Tribunal de Justiça, na medida em que concentrou os atos processuais, deu azo à aplicação de outras medidas judiciais para assegurar a inafastabilidade do controle jurisdicional, o que, de qualquer modo, ocasionará o acúmulo de tais medidas nos tribunais superiores, com o fim de fazer cessar a retenção dos recursos especial e extraordinário. Isto se deve, na visão de Zaiden Geraige Neto, "à falta de debate amplo e prévio junto à comunidade jurídica, o que — caso tivesse havido — poderia, *data venia*, contribuir para a criação de alternativas mais racionais para a tentativa de solução dos fatores adversos à efetividade da justiça"[157].

3.9. A repercussão geral da questão constitucional

A argüição de relevância era instituto tratado pelo art. 119, § 1º, da Constituição de 1969 — com redação dada pela EC n. 7, de 1977: "As causas a que se refere o item III, alíneas *a* e *d*, deste artigo serão indicadas pelo Supremo Tribunal Federal no regimento interno, que atenderá à sua natureza, espécie, valor pecuniário e relevância da questão federal".

Com efeito, o instrumento da antiga ordem constitucional tinha o condão de defender o Supremo Tribunal do assédio das questões locais que não tinham relevância para a Federação. O ponto mais questionado na ocasião referia-se ao fato de que o definidor do grau de relevância era o próprio tribunal, contra o qual descabia e ainda descabe revisão superior.

Como sucedâneo tardio da argüição de relevância, porque não fazia parte do texto constitucional de 1988, a repercussão geral veio a ser criada por meio da EC n. 45/2004, que promoveu a recente Reforma do Judiciário, acrescentando o § 3º ao art. 102 da Constituição, com a seguinte redação: "No recurso extraordinário o recorrente deverá demonstrar a repercussão geral das questões constitucionais discutidas no caso, nos termos da lei, a fim de que o Tribunal examine a admissão do recurso, somente podendo recusá-lo pela manifestação de dois terços de seus membros".

---

[157] *O princípio da inafastabilidade do controle jurisdicional*: art. 5º, inciso XXXV, da Constituição Federal, cit., p. 87.

O Projeto de Lei n. 12/2006, após ser aprovado no Senado, também foi aprovado na Câmara dos Deputados, sob o n. 6.648/2006[158], dando origem à Lei n. 11.418, de 19 de dezembro de 2006, que regulamentou finalmente o art. 102, § 3º, da Constituição Federal.

A nova lei acrescentou ao Código de Processo Civil o art. 543-A, com o que deu poderes ao Supremo Tribunal Federal para deixar de conhecer de recurso extraordinário, quando a questão constitucional ventilada não demonstrar repercussão geral, nos termos do que estava previsto na Constituição, particularizando assim o novel instituto.

A necessidade de aplicação da repercussão geral é mais um requisito de admissibilidade para o recurso extraordinário, filtrando-se os recursos dirigidos ao Supremo Tribunal Federal, com o fim de afastar do âmbito de seus trabalhos as causas que não têm, efetivamente, maior importância, tornando injustificável o pronunciamento do órgão colegiado.

Isso se explica pelo próprio papel conferido pela Constituição da República ao Supremo Tribunal Federal[159], bem como pelo caráter extraordinário dos recursos a ele veiculados[160], que não se destinam a corrigir

---

[158] "Nesse particular, a proposição permitirá que as causas submetidas ao STF sejam efetivamente selecionadas, de modo a se impedir o julgamento de recursos cuja irrelevância constitucional, sob os aspectos econômico, político, social ou jurídico, seja manifesta. Afastaremos, pois, os recursos extraordinários que apenas refletirem o espírito de emulação e de inconformismo das partes. Faremos, pois, que o STF deixe de ser um Tribunal de terceira ou quarta instância para apreciação de questões já decididas por outros tribunais. Alteraremos o seu perfil, alçando-o à condição de corte constitucional, cuja jurisdição será desvinculada do caso concreto, ainda que continue a ser um órgão do Poder Judiciário" (Palavras integrantes do voto do Relator do PL n. 6.648/2006, Deputado Odair Cunha, da Comissão de Constituição e Justiça da Câmara dos Deputados).

[159] O Supremo Tribunal Federal e o Superior Tribunal de Justiça são órgãos de jurisdição extraordinária, que se colocam no ápice da estrutura do Poder Judiciário, não se vinculando a qualquer das esferas desse, mas estendendo, ao revés, seu poder jurisdicional tanto à Justiça federal, quanto à Justiça estadual (...) No que diz respeito aos recursos extraordinário e especial, respectivamente interpostos para o STF e o STJ, atuam esses Tribunais de cúpula não como super Tribunais, a que se atribuísse a missão de rever decisões proferidas pelos tribunais inferiores, mas, sim, como órgãos incumbidos de manter a unidade na aplicação da Constituição e do direito federal (MEDINA, Paulo Roberto de Gouvêa. *Direito processual constitucional*. Rio de Janeiro: Forense, 2003, p. 214).

[160] MEDINA, Paulo Roberto de Gouvêa. *Direito processual constitucional*, p. 214: (...) São os recursos extraordinário e especial remédios da mesma natureza: pertencem ambos ao gênero recurso extraordinário. Por uma questão de método, no entanto, a Constituição os distingue, dando-lhes denominações específicas.

eventual injustiça da decisão, mas a assegurar a correta aplicação, no caso em julgamento, da Constituição.

Nessa seara, sempre vale perguntar o que efetivamente vem a ser *repercussão geral* das questões constitucionais para efeito e aplicação do instituto, para que não se incorra na violação de direitos fundamentais dos jurisdicionados.

A Lei n. 11.418, de 2006, dá os norteamentos gerais, mas não suficientes, do conceito de repercussão geral, o que não impedirá, naturalmente, o risco do subjetivismo judicial na escolha das causas de impacto e importância no âmbito da Corte Suprema.

A maioria dos doutrinadores, na busca de delimitar o sentido de "repercussão geral da matéria", parte da definição de interesse público, entendendo que a questão trazida à apreciação do tribunal superior deve ser analisada sob esse aspecto.

Em princípio, qualquer problema na aplicação da lei é de interesse público. Mas a prática mostra que muitas das questões levadas ao Supremo Tribunal Federal têm repercussão limitada às partes, ou a pequeno número de casos, cujas conseqüências são muito reduzidas, até mesmo para os litigantes. Muitas dessas controvérsias importam, na realidade, medidas protelatórias ou que visam a subtrair o mérito do litígio ao direito aplicável.

Dessa forma, argüir a repercussão geral de uma questão perante o Supremo significa submeter a um juízo prévio de admissibilidade de seu valor e sua importância. Assim, o Tribunal, para decidir sobre a repercussão de determinada questão, deve, obrigatoriamente, levar em consideração toda uma problemática de valores, ou seja, a indagação dos pressupostos axiológicos e teleológicos do complexo socioeconômico-jurídico-político vigente.

O jurista Arruda Alvim se posiciona quanto a que se deve entender por interpretação extensiva à norma:

> "O que o texto prescreve é que passa ser necessária, para que possa vir a ser admitido e julgado um recurso extraordinário, que a repercussão da matéria discutida seja geral, i. e., que diga respeito a um grande espectro de pessoas ou a um largo segmento social, uma decisão sobre assunto constitucional impactante, sobre tema constitucional muito controvertido, em relação à decisão que contrarie orientação do STF; que diga respeito à vida, à liberdade, à federação, à invocação do princípio da proporcionalidade (em re-

lação à aplicação do Texto Constitucional) que se alberguem debaixo da expressão *repercussão social*"[161].

Finalmente, acabando com parte da controvérsia doutrinária, o novo § 1º do art. 543-A do CPC diz que "para efeito da repercussão geral, será considerada a existência, ou não, de questões relevantes do ponto de vista econômico, político, social ou jurídico, que ultrapassem os interesses subjetivos da causa".

O próprio § 3º do mesmo artigo do CPC, com a redação dada pela Lei n. 11.418/2006, expressamente já relaciona uma espécie de repercussão geral jurídico-processual, ao considerar que haverá "repercussão geral sempre que o recurso impugnar decisão contrária à súmula ou jurisprudência dominante do tribunal".

Seja como for, interesse público discutido na doutrina passa a ser traduzido como relevância econômica, política, social ou jurídica, o que infelizmente já constitui um grande norte, mas não resolve objetiva e satisfatoriamente a questão relacionada com o que seja repercussão geral.

Como bem expressa o legislador no final do dispositivo acima mencionado, a repercussão geral de uma questão não pode ser entendida sob a ótica apenas do conteúdo do acórdão recorrido; deve considerar também se a solução adotada irá além dos limites do processo, projetando-se na vida social, impondo-se aqui uma visão ampla do problema.

Aliás, o Regimento Interno do Supremo Tribunal Federal, no § 1º do art. 327 — extinto pela Carta de 1988 —, definia a relevância da questão federal — diga-se, hoje, repercussão geral — do seguinte modo: "Entende-se relevante a questão federal que, pelos reflexos na ordem jurídica, e considerados os aspectos morais, econômicos, políticos ou sociais da causa, exigir a apreciação do recurso extraordinário pelo Tribunal", o que não muda quase nada com a Lei n. 11.418/2006, que utilizou basicamente os mesmos critérios para dizer aquilo que pode ter repercussão geral.

Feitas tais considerações, necessário se torna esclarecer que as decisões emanadas do Supremo Tribunal Federal, acerca da repercussão ou não da questão inserta no respectivo recurso, deverão ser fundamentadas por fatores objetivos, nos termos do inciso IX do art. 93 da CF/88, mes-

---

[161] A EC n. 45 e o instituto da repercussão geral. In: WAMBIER, Teresa Arruda Alvim et al. (coords.). *Reforma do Judiciário*: primeiras reflexões sobre a Emenda Constitucional n. 45/2004. São Paulo: Revista dos Tribunais, 2005, p. 63.

mo porque, segundo a própria Lei n. 11.418, de 2006, são, em princípio, irrecorríveis, de modo que o ato judicial, definidor do que seja questão relevante (sob a ótica do econômico, do político, do social e do jurídico), precisa ficar bem esclarecido pelo Tribunal Maior.

Resta, então, saber se a adoção do sistema de repercussão geral da matéria ofende o princípio constitucional da inafastabilidade do controle jurisdicional, visto que limita pretensões do jurisdicionado na busca da defesa de seu eventual direito.

O certo é que o instituto constitucional, agora regulado em lei, e o princípio da inafastabilidade do controle jurisdicional deverão ser harmonizados e compatibilizados. Havendo colisão, no plano concreto, entre a repercussão geral e o princípio do amplo acesso à justiça, com o risco de causar dano grave ao jurisdicionado, ora a primeira poderá sucumbir perante o princípio, ora o acesso à Justiça poderá ser obstado, tudo dependendo da importância e as conseqüências do ponto de vista objetivo do fato que está sob apreciação da Corte Maior.

Não é demais repetir que, como em outros casos assinalados, muitas serão as medidas judiciais de urgência veiculadas ao Supremo Tribunal Federal com o fim de atribuir a importância ao tema ou, ainda, de retirá-la. Daí que essa tentativa de diminuir o número de processos ou de aventuras jurídicas infundadas por meio da repercussão geral da matéria constitucional discutida pode desencadear, por outro lado, uma série de medidas, tanto para fazer valer o princípio da inafastabilidade do controle jurisdicional quanto para, sob sua justificativa, buscar-se postergar a solução dos litígios.

Assim, será o bom senso jurídico, político, econômico e social dos Ministros do Supremo Tribunal Federal que dará a exata medida da aplicabilidade do princípio da inafastabilidade da jurisdição, que também tem fundamento na Constituição da República.

4. Conclusão

O princípio da inafastabilidade do controle jurisdicional consiste em uma das maiores consagrações ao Estado Democrático de Direito, pois significa, antes de tudo, o direito de acesso à justiça, assegurado a todos, a fim de disponibilizar o direito a uma proteção jurídica eficaz, temporalmente adequada e exeqüível, somente proporcionável pelo Poder Judiciário.

É, portanto, garantia que precede todos os outros princípios, atribuindo-lhes segurança e efetividade, dando ao jurisdicionado a consciência de que vive em um verdadeiro Estado de Direito, no qual, em juízo, poderá até não atingir o resultado esperado, porém terá a garantia de um processo justo.

O atual texto constitucional, com razão, suprimiu o termo *individual*, trazido pela Constituição da República de 1946, deixando claro que a lesão a qualquer direito deverá passar pelo crivo do Poder Judiciário, protegendo, assim, os direitos subjetivos, tanto individuais como coletivos, os difusos e até os de entes despersonalizados.

O legislador tem o dever de instituir as técnicas processuais idôneas à proteção das diversas situações de direito substancial. Mas esse direito constitucional não incide apenas sobre o legislador, uma vez que exige do Poder Judiciário a prestação da adequada tutela jurisdicional. Isso significa que o juiz deve compreender as regras processuais à luz desse princípio constitucional, pois tem obrigação de tornar efetivas as tutelas prometidas pelo direito material. Aliás, se a lei processual estiver distante de tudo isso, o juiz deverá encontrar a técnica processual capaz de outorgar a tutela do direito com efetividade.

É claro, em certas situações em que a discussão se instala no plano da doutrina e da jurisprudência, o desrespeito ao princípio da inafastabilidade do controle jurisdicional é apenas aparente, não havendo infringência à Constituição. Não se pode confundir verdadeiras violações ao princípio estampado no inciso XXXV do art. 5º da CF/88, algumas delas citadas neste capítulo, com normas procedimentais legítimas, que apenas norteiam como deve ser praticado o acesso à Justiça, para que o processo não se torne uma enorme confusão, o que, ao invés de instrumentalizar e facilitar a vida dos jurisdicionados, dificultará ainda mais a operacionalização adequada da Justiça.

Capítulo III

O *AMICUS CURIAE* E A PLURALIZAÇÃO DAS AÇÕES CONSTITUCIONAIS

Joana Cristina Brasil Barbosa Ferreira

Advogada. Pós-graduada em Direito Processual Civil na Universidade Presbiteriana Mackenzie/SP. Graduada em Direito pela Universidade Federal do Amazonas.

1. Introdução

Em perfeita consonância com a hermenêutica moderna, a comunidade jurídica conscientiza-se de que ao juiz não basta apenas pacificar os conflitos, mas, sobretudo, pacificar com justiça. O conceito de processo justo passa pela noção de justiça dentro do processo — em obediência a princípios constitucionais e processuais específicos — bem como a uma noção ligada à capacidade de propiciar a efetivação das decisões.

Para tanto, o magistrado deve proferir mandamentos normativos concretos, legitimados no contexto fático em que o exercício da jurisdição está inserido e ao qual se destina.

Com vistas ao pleno exercício da jurisdição surgem, na sistemática processual moderna, sobretudo nas ações constitucionais, novos institutos aptos a conceder ao magistrado ampla visão do litígio e de suas implicações. Nesse contexto, mostra-se de importante contribuição a aceitação e a participação do *amicus curiae*, criação democrática norte-americana, cujo objetivo é auxiliar o juiz na interpretação do direito, como se procurará mostrar adiante.

No sistema jurídico brasileiro, a despeito de se permitir, em determinados casos, sua utilização, não se atingiu o mesmo grau de regulamentação do sistema norte-americano.

Note-se que a relação processual brasileira, segundo os parâmetros trazidos pela legislação pátria, apresenta-se ainda extremamente *fechada*, no sentido de encontrar-se restrita à participação das partes e do órgão jurisdicional. Participações como a do *amicus curiae* pluralizam o processo de aplicação da lei. Com isso, finda por concorrer para maior segurança nas decisões, coadunando-se com a perspectiva constitucional de democracia participativa, já que consegue "popularizar" não só o processo de formalização das leis, mas também o de sua aplicação.

As construções normativas retratam a situação fática existente antes das elaborações. Alterações surgidas posteriormente podem dificultar a resolução dos novos conflitos, tornando necessário que o juiz, por vezes, se valha de conhecimentos técnicos de que não dispõe (e nem se pode exigir que os tenha) ou de informações fáticas que não se encontram nos autos.

Nada mais consentâneo do que, em questões de relevância social, econômica ou política, cidadãos e entidades com representatividade apresentem documentos ou informações que possam ajudar o órgão julgador na difícil tarefa hermenêutica. Essas manifestações não têm o condão de vincular o juiz, razão pela qual não atrapalham a função indelegável de julgar.

Ao discorrer sobre a participação do *amicus curiae*, especialmente nas ações constitucionais — por acreditar que essas simbolizam, no Brasil, o terreno mais fértil ao estudo acerca de sua aplicação — busca-se levar à reflexão sobre a aplicabilidade da dita figura democrática e os benefícios legais de sua adoção no Direito brasileiro.

2. Da relação processual

O direito material atribui aos indivíduos determinados bens da vida. Ao surgirem conflitos envolvendo tais bens, quebra-se a paz social, surgindo um interesse maior do que o das partes — um interesse público (a pacificação), demandando resolução de tal querela por meio da observância às normas legais existentes.

Para conciliar as pessoas em litígio, o Estado utiliza o processo, assim entendido como o instrumento destinado à prestação da tutela jurisdicional, a dar o *bem da vida* àquele que tiver direito.

O entendimento hoje predominante é de que o processo consiste numa relação jurídica de direito público, dinamizada pela atuação dos sujeitos que dela participam (juiz e partes), com vistas à composição do conflito instaurado, por meio da aplicação da vontade concreta da lei.

Cândido Rangel Dinamarco, ao ressaltar a importância das partes para a compreensão do instituto, define-o como uma entidade complexa "atrás da qual estão as posições jurídicas ativas e passivas integrantes da relação jurídica processual; *processo é, assim, o procedimento animado pela relação jurídica processual*" [grifos nossos][162].

Pela prática de atos jurídicos, os sujeitos atuantes se relacionam com o juiz, e este, com a ajuda de auxiliares, direciona o processo com o objetivo precípuo de fazer a *composição da lide*.

Para os defensores da teoria triangular do processo, há um sujeito imparcial, o juiz (que julga), e os sujeitos parciais, quais sejam, o autor (aquele que demanda algo em juízo) e o réu (aquele em face de quem se pede), que interagem na prática dos atos processuais — *processus est actum trium personarum: judicis, actoris, rei* (*vide* Figura I).

Incumbe enfatizar, todavia, que estes são os sujeitos *principais*, mas *não* os únicos. Com efeito, o juiz representa a fração principal do órgão responsável pelo exercício da função jurisdicional (já que, como dito, a atividade de julgar é indelegável), não sendo a única figura do pólo judicante, por contar com a colaboração dos auxiliares do juízo (*vide* Figura II).

Há, dessa maneira, os auxiliares permanentes e os eventuais. Dentre esses últimos, incluem-se aqueles que auxiliam trazendo elementos técnicos para a elucidação da verdade (prova), como o perito e o intérprete, sendo fundamental também enfatizar aquele que auxilia na interpretação da norma — o *amicus curiae* (*vide* Figura II).

Melhor visualizando a presente idéia:

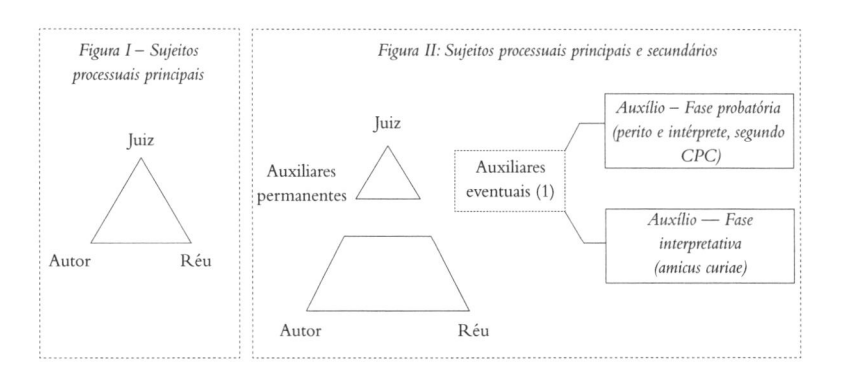

Figura I – Sujeitos processuais principais

Juiz
Autor — Réu

Figura II: Sujeitos processuais principais e secundários

Juiz
Auxiliares permanentes — Auxiliares eventuais (1)
Autor — Réu

Auxílio – Fase probatória (perito e intérprete, segundo CPC)

Auxílio — Fase interpretativa (amicus curiae)

Há benefício em se enxergar na relação processual mais do que o trinômio autor-juiz-réu. Torna-se cada vez mais evidente a necessidade

---
[162] *A instrumentalidade do processo*. 10. ed. São Paulo: Malheiros, 2002, p. 153.

de que sejam ampliados os participantes do processo, em busca de soluções mais adequadas ao conflito, concretamente.

Como consectário desse panorama, surge a seguinte indagação: por que não admitir que uma pessoa física ou jurídica pluralize tal relação, contribuindo para a interpretação da norma em casos de grande relevância política, social ou econômica, tal como, usualmente, acontece nas discussões acerca da constitucionalidade de normas?

Por certo, a expendida noção de processo alude à relação processual nos moldes da legislação processual civil, que não se confunde com a noção de processo objetivo, este típico das ações constitucionais, em que não há partes ou lide, mas na qual se aplicam certos princípios dos processos subjetivos, dentre os quais a admissão de um terceiro prestando informações que possam auxiliar o convencimento do órgão julgador.

3. Do "amicus curiae"

3.1. Da natureza jurídica

O *amicus curiae* pode ser entendido como sujeito do processo, tal como o juiz, as partes e os auxiliares de justiça. Na falta de terminologia pátria para determinar seu significado, pode-se utilizar simplesmente a definição de *amigo do juízo*.

É de ser considerado como auxiliar eventual que colabora em questões de alta relevância social ou política, ajudando o magistrado na tarefa de interpretar o direito para aplicação ao caso concreto.

Segundo Fredie Didier Júnior, "o próprio étimo da expressão — amigo da cúria, ao pé-da-letra; *friend of court*, para os americanos — já revela que estamos diante muito mais de um auxiliar do juízo do que de um postulante (...)"[163].

Por se tratar de tema novo, ainda não previsto em lei (em sentido formal) no Brasil, vale mencionar as diferentes maneiras de conceituá-lo. Para Milton Luiz Pereira, Ministro (aposentado) do Superior Tribunal de Justiça, o *amicus curiae* é um *terceiro especial ou de natureza especial*[164], já que dispensa a demonstração do interesse jurídico. Cassio Scarpinella Bueno,

---

[163] *Direito processual civil*. 3. ed. rev. ampl. Salvador: JusPodivm, 2003, v. 2, p. 284.

[164] *Amicus curiae*: intervenção de terceiros. *Revista Jurídica Consulex*. São Paulo: Consulex, ano VI, n. 142, 2002, p. 33.

como se vê do próprio nome de sua monografia, denomina-o de *um terceiro enigmático*[165].

Da mesma forma, Nelson Nery Junior e Rosa Maria Nery consideram-no como forma de intervenção *ad adjuvandum*[166]. Em sentido diverso, manifestou-se o eminente Ministro Celso de Mello por ocasião de recurso junto ao Supremo Tribunal Federal, ao qualificá-lo como *colaborador informal da Corte*[167].

Atente-se ainda para conceituação no sistema norte-americano, no qual repousam as origens desse instituto:

> "É uma parte interessada a quem se permite prestar informações (geralmente em forma de memoriais) ao juízo, ainda que não esteja diretamente envolvido na demanda. Alguém que, à disposição do juízo, quando o juiz incorre em dúvida ou erro ao se deparar com uma questão jurídica, pode prestar informações. (...) Um argumento legal inserido no processo por uma pessoa ou organização que não é parte no caso, mas que tem interesse em seu desfecho [tradução livre]"[168].

A despeito da diversidade quanto à natureza jurídica, unânime é a crença de que sua atuação, por destinar-se a auxiliar o magistrado, e não as partes, dispensa a demonstração de interesse jurídico, razão pela qual se considera mais adequada sua qualificação como auxiliar do juízo e não como terceiro, ainda que especial.

Até mesmo na conceituação norte-americana em que se reporta, inicialmente, a um interessado, em trecho posterior, diz-se que não se trata de "parte no caso" (entenda-se na demanda). Desta feita, não será parte com interesse jurídico no litígio, podendo haver outras espécies de

---

[165] *"Amicus curiae" no processo civil brasileiro*: um terceiro enigmático. São Paulo: Saraiva, 2006, *passim*.

[166] *Código de Processo Civil comentado e legislação extravagante*, cit., p. 1385.

[167] Pleno do STF, AgADIN 748-4-RS, data do julgamento: 1º-8-1994. *DJ*, 18-11-1994, p. 31392.

[168] Definição contida em The Lectric Law Library´s Lexicon On: "AMICUS CURIAE — Lat. 'friend of the court'. Refers to a party that is allowed to provide information (usually in the form of a legal brief) to a court even though the party is not directly involved in the case at hand. One, who as a stander-by, when a jugde is doubtful or mistaken in a matter of law, may inform the court. And any one, as amicus curiae, may make an application to the court in favor of an infant, though he be no relation. A legal argument filed in a lawsuit by a person or organization not a party to the case, but who has an interest in the outcome...". Disponível em: <http://www.lectlaw.com/def/a048.htm>. Acesso em 29-1-2004.

interesse no desfecho que lhe permitam figurar como sujeito processual em benefício de uma das partes.

No Brasil, a única hipótese legal de delineamento dos aspectos procedimentais da participação dessa figura processual se deu no controle de constitucionalidade. Em tal contexto, como ainda é incipiente a legislação brasileira, a doutrina e a jurisprudência nacional inclinam-se por entender que, antes de ajudar uma das partes, o *amicus* ajuda o magistrado, que poderá ser influenciado ou não pelos documentos e argumentações trazidas por aquele.

No que concerne ao interesse em questão, enfatize-se que não poderá existir envolvimento jurídico desse *amigo do juízo*, por não se tratar de titular da relação de direito material discutida. Poderá, certamente, ter interesse econômico, político ou moral no deslinde do caso.

Por trás da existência de motivo pessoal, desprovido de repercussão jurídica, haverá um interesse público, este sim indispensável à participação do *amicus curiae*.

O interesse jurídico das partes, relevante no modelo processual em voga no Brasil, qual seja, a relação fechada e restrita à participação dos envolvidos, permite, em prol da efetividade das decisões, concessões à participação de quem não é parte, mas que pode contribuir para a obtenção de soluções consentâneas à aplicação concreta da vontade da lei ao litígio.

Nesse sentido, Milton Luiz Pereira defende a participação do amigo do juízo, ao justificar:

> "A rigor, dir-se-á que lhe falta o interesse subjetivo individualizado para a ação. No entanto, em casos tais, o litígio prende-se à solução apropriada, permitindo fluir o "interesse subjetivo público", legitimador da sua participação processual, desde que a pretensão deduzida seja juridicamente defensável.
>
> (...)
>
> Essa participação ganhará mais relevo quando, nos litígios entre pessoas diversas (privadas ou públicas), o *thema decidendum* da ação, insista-se, tenha típicas razões de interesse público, ou seja, quando transcenda a motivação dos litigantes, algemando-se à sociedade como um todo, ou ao próprio Estado"[169].

---

[169] *Amicus curiae*: intervenção de terceiros, cit., p. 31.

Ademais, modificações nas relações sociais trazem de maneira ínsita a necessidade de buscar mecanismos aptos à defesa de interesses comuns, já que o desfecho de processos que os envolvam passa a atingir progressivamente a sociedade ou grupos dela.

Neste aspecto de auxílio na tutela de interesses difusos, é interessante lembrar as colocações de Antônio Augusto Camargo Ferraz, Édis Milaré e Nelson Nery Junior sobre o fato de o *amicus curiae* da *common law* ser semelhante ao *ombudsman*, órgão surgido na Suécia, no século XVI, que, inicialmente, tinha a atribuição de controlar a administração pública[170], sem exercer, portanto, jurisdição[171]. Com o tempo e com a adoção, *mutatis mutandis*, em outros países, suas funções foram sendo ampliadas de modo a abarcar a garantia a direitos e liberdades dos cidadãos, à defesa dos interesses difusos, além da função originária de controle da administração.

O *ombudsman* e suas inúmeras variações, por exemplo, as figuras do *Defensor del Pueblo* (Espanha), do Provedor de Justiça (Portugal), do *Médiateur* (França), não tinham autoridade para pleitear junto ao Judiciário a tutela dos interesses difusos, mas apenas pela via administrativa[172].

Para Antônio Augusto Camargo Ferraz, Édis Milaré e Nelson Nery Junior, *ombudsman* seria a origem mais remota do atual *amicus curiae*, este definido como aquele que "funciona como uma espécie de colaborador da Corte, informando-a e assistindo-a na resolução de qualquer problema que tenha relevância para a decisão da lide colocada em juízo"[173].

Do mesmo modo, também aproximando o *amicus* de raízes ligadas apenas à seara administrativa, Antonio do Passo Cabral fundamenta tal fa-

---

[170] O autor italiano Paolo Bianchi, ao traçar as linhas evolutivas do instituto, também defende que suas origens estariam na abertura do procedimento administrativo à participação dos cidadãos (Un'amicizia interessata: "l'amicus curiae" davanti alla Corte Suprema degli Stati Uniti. *Giurisprudenza Costituzionale*. Milano: Giuffrè, v. 40, n. 6, nov./dez. 1995, *passim*).

[171] *A ação civil pública e a tutela jurisdicional dos interesses difusos*. São Paulo: Saraiva, 1984, p. 49-53.

[172] Quanto à aplicação do instituto do *ombudsman* no Brasil, Caio Tácito, em 1967, defendia que sua aplicação seria mais adequada a países de populações reduzidas, com apreciável nível educacional e de estrutura administrativa altamente concentrada, razão pela qual afirmou encarar com ceticismo a transposição para um regime com traços mais persuasivos do que coercitivos ao nosso país, em face da diversidade territorial e administrativa, bem como dos nossos hábitos políticos e administrativos (O controle da administração e a nova Constituição do Brasil. *Revista de Direito Administrativo*, Rio de Janeiro: FGV, n. 90, p. 28, 1967). Entende-se, todavia, que este posicionamento deve ser visto com parcimônia e de modo dissociado do *amicus curiae*, em razão da época em que foi escrito e da visualização pelo autor da aplicação restrita do instituto ao âmbito administrativo.

[173] *A ação civil pública e a tutela jurisdicional dos interesses difusos*. São Paulo: Saraiva, 1984, p. 53.

miliaridade na legislação que rege o processo administrativo alemão, em que o Procurador Federal (atua no Tribunal Administrativo Federal) e o representante do interesse público (terceiro que intervém nos Tribunais Administrativos Estaduais) empenham-se em esclarecer os efeitos e conseqüências que o litígio possa trazer para a coletividade[174]. A despeito de o mencionado autor aludir à similitude do modelo tedesco com o sistema adotado no Brasil (Lei n 9.784/99), que prevê, segundo ele, participação do *amicus*, em processos administrativos, quando houver "interesse geral"[175], deve-se esclarecer que a motivação do Procurador Federal será vinculada às diretrizes governamentais, fato que descaracteriza a eventual proximidade com a figura em questão.

Parece então que o instituto adotado no Brasil guarda mais semelhança com a matriz norte-americana, embora também dela se diferencie em certos aspectos.

Como no Brasil a aplicação do *amicus* atualmente ganha força, sem que haja, contudo, uma regulamentação suficiente, a melhor compreensão é obtida com noções evolutivas do instituto na sua origem, bem como a partir da análise das regras de sua aplicação.

Assim, examinar-se-á o procedimento de acordo com os mandamentos trazidos pelas Regras daquele ordenamento, sobretudo, a de número 37 do Regimento Interno da Suprema Corte (*US Rule 37*), que dispõe sobre o exato papel a ser desempenhado pelo *amicus*.

3.2. Da matriz norte-americana

O *amicus curiae*, tal como hoje se conhece, surgiu no sistema norte-americano, originariamente, não como um perito, uma testemunha ou interventor (até porque o sistema americano era hostil às intervenções), mas como um espectador que se diz apenas *amigo* da Corte. Ele não possuía outro interesse na lide, além do geral e objetivo de colaborar com a Corte em busca de um fim superior de justiça, qual fosse o de evitar erros na prolação das decisões judiciais. Atuava assim, por exemplo, chamando a

---

[174] *Pelas asas de Hermes*: a intervenção do amicus curiae, um terceiro especial. Uma análise dos institutos interventivos similares — O "amicus" e o "Vertreter des öffentlichen" Interesses. *Revista de Processo*. São Paulo: Revista dos Tribunais, n. 117, p. 34-35, set./out. 2004.

[175] Pelas asas de Hermes: a intervenção do amicus curiae, um terceiro especial. Uma análise dos institutos interventivos similares — O "amicus" e o "Vertreter des öffentlichen" Interesses, cit., p. 34-35.

atenção para alguma matéria que poderia ser esquecida ou para assinalar possível colusão entre as partes[176].

Posteriormente, desponta como sujeito que, por conta própria, representa outra pessoa ou grupo de pessoas que tem interesse (não jurídico) no deslinde da causa. Age, portanto, em razão de interesse distinto das partes, mas consciente de que somente por meio de uma sentença correta alcançará seu objetivo.

Nesse sentido foi a participação do Governo Federal norte-americano no caso *United States v. Barnett* (decidido em 6-4-1964)[177], em que um jovem negro teve sua matrícula recusada pela Universidade de Mississipi. Ao ingressar em juízo, contra a Universidade, para ver garantido seu direito constitucional de ser tratado como qualquer outro cidadão, obteve sentença favorável.

Com o apoio do Governador do Estado, a Universidade conseguiu esquivar-se da condenação. O estudante apelou e o Governo Federal solicitou permissão como *amicus curiae* para participar de todos os procedimentos que envolvessem essa ação perante a Corte Suprema, alegando que o seu objetivo era obter, por meio da satisfação do interesse do querelante, "que o princípio constitucional da paridade de tratamento dos cidadãos sem qualquer discriminação racial fosse afirmado do ponto de vista geral e objetivo"[178].

Conforme previsão contida na Regra 42 (*US Rule 42*), passou-se a exigir não só a existência de interesse, mas, sobretudo, sua demonstração concisa. Importante crítica a fazer é que, com base em algumas aparições na jurisprudência norte-americana, aponta a doutrina que este instituto teria evoluído da neutralidade à parcialidade, com a intervenção em busca de interesses privados e próprios, desvirtuando-se a finalidade do instituto[179].

---

[176] CRISCUOLI, Giovanni. "Amicus curiae". *Rivista Trimestrale di Diritto e Procedura Civile*, Milano: Giuffrè, 1973, p. 190.

[177] CRISCUOLI, Giovanni. "Amicus curiae", cit., p. 191.

[178] "...che il principio costituzionale della pretesa particolare di trattamento dei cittadini senza alcuna discriminazione razziale venisse affermato da un punto di vista obietivo ed in senso generale" (CRISCUOLI, Giovanni. "Amicus curiae", cit., p. 193).

[179] CRISCUOLI, Giovanni. "Amicus curiae", cit., p. 192; BIANCHI, Paolo. Un'amicizia interessata. "L'amicus curiae" davanti alla Corte Suprema degli Stati Uniti. *Giurisprudenza Costituzionale*. Milano: Giuffrè, v. 40, n. 6, nov./dez. 1995, p. 4756.

A fim de compreender melhor o panorama norte-americano, conhecendo-se, em minúcias, o instituto cuja adoção começa a acontecer no Brasil, mister se faz o estudo de alguns aspectos relevantes sobre a forma de colaboração.

3.2.1. Legitimados a intervir

Esclareça-se que, pelos padrões norte-americanos, qualquer sujeito — advogado ou leigo, este pessoalmente ou por meio de representante legal — ou grupo de sujeitos, com ou sem personalidade jurídica, podem ser chamados a colaborar com a Corte ou oferecer espontaneamente sua colaboração.

Ao pedir para ser admitido, o auxiliar em tela juntará a autorização das partes ou, em caso de contrariedade, juntará as razões da impugnação para que o magistrado aprecie e decida a questão[180].

Há várias formas de classificar as espécies de *amicus curiae*, privilegiando-se, no presente estudo, a classificação e as terminologias adotadas por Giovanni Criscuoli em trabalho especializado[181].

Segundo o mencionado autor, na primeira categoria estariam os *amici* governamentais, como o procurador-geral (*Solicitor-General*) e os procuradores de cada Estado (*Attorney-General*), como órgãos públicos incumbidos institucionalmente da defesa dos interesses coletivos.

Numa segunda classe, estariam os *amici* de espírito público, assim entendidos como sujeitos de interesse privado, mas que perseguem fim público, como a tutela das minorias, a defesa da liberdade religiosa ou salvaguarda dos direitos civis. Atuam em prol de interesses públicos não institucionalizados.

Ainda na esteira da classificação em comento, haveria os *amigos* de interesse especial, que seriam sujeitos que atuam ao lado da Corte na defesa de interesses de um grupo de pessoas, compreendendo organizações profissionais, associações e corporações ligadas a determinadas categorias[182].

---

[180] ESTADOS UNIDOS DA AMÉRICA. Rules of the Supreme Court of the United States. Rule 37, 2.b. Disponível em: <http://www.supremecourtus.gov/ctrules/rulesofthecourt.pdf>. Acesso em 10-4-2005.

[181] Cf. CRISCUOLI, Giovanni. "Amicus curiae", cit., *passim*.

[182] CRISCUOLI, Giovanni. "Amicus curiae", cit., p. 214.

3.2.2. Causas e matérias em que se admite a participação

Nos Estados Unidos, é permitida a participação do *amicus curiae* em qualquer processo judiciário, seja na área civil, penal, administrativa, constitucional etc. Desta feita, conclui-se que, nesse sistema alienígena, não se limitam as causas em cuja discussão possa esse amigo do juízo participar, sendo clássico o caso de intervenção no processo penal *Gideon v. Waiwright*[183].

Em 1963, Clarence Earl Gideon foi acusado e processado por violação de domicílio. Como o crime teria ocorrido na Flórida — um dos cinco Estados-membros que, à época, admitiam defesa técnica apenas nos crimes capitais — aquele réu foi condenado, sem direito à representação por advogado, mas, inconformado com a decisão, interpôs recurso junto à Suprema Corte.

No feito, intervieram 22 *amici curiae* dentre entidades favoráveis ou não à admissão do advogado para defendê-lo. Atente-se que o processo durou apenas três meses (15-1 a 18-3-1963), embora tenha envolvido diversos segmentos sociais em defesa de causa tão relevante[184].

No tocante ao aspecto substancial das causas em que intervém, enfatize-se que a colaboração do *amicus* pode envolver matéria fática ou de direito[185].

No primeiro plano, o *amigo* pode: ajudar a Corte com fornecimento de material ou documentos; aduzir, se desejar e se conveniente, sua cultura e experiência pessoal; contribuir com dados políticos, econômicos ou sociais que auxiliem a Corte a decidir com pleno conhecimento da causa, uma vez que o juízo não é onisciente.

Já quanto à matéria de direito, pode opinar sobre direito público ou privado, substancial ou processual[186].

---

[183] MACIEL, Adhemar Ferreira. "Amicus curiae": um instituto democrático, cit., *Revista de Informação Legislativa*. Brasília: Senado Federal, v. 39, n. 153, 2002, p. 7-10.

[184] Maciel, Adhemar Ferreira. "Amicus curiae": um instituto democrático, cit., p. 7-10. A observação quanto ao número de participantes é trazida a lume para contra-arrazoar o argumento daqueles que defendem a não-aplicação do *amicus* em virtude da crença de que tal participação ofenderia a celeridade processual, hoje alçada à condição de garantia constitucional, consoante o art. 5º, LXXVIII, da Constituição Federal brasileira.

[185] MACIEL, Adhemar Ferreira. "Amicus curiae": um instituto democrático, cit., p. 214.

[186] MACIEL, Adhemar Ferreira. "Amicus curiae": um instituto democrático, cit., p. 215.

Naquele país, o brocardo *jura novit curia* é minimizado em razão do sistema jurídico adotado. Esclareça-se que os Estados Unidos não adotam simplesmente o sistema da *common law* (em que se desconhece a primazia de uma Constituição Escrita, mas sim a hierarquia dos julgados). Adotam um sistema misto que combina a *common law* e a *civil law*[187], com notável prevalência das decisões judiciais.

Desse modo, no mencionado país, recorre-se primeiro aos precedentes judiciários (*case laws*), mas, em caso de lacuna, o juiz deverá socorrer-se da lei, encontrando grande dificuldade ao se deparar com tratados internacionais, Constituição Federal, constituições estatais (que podem divergir em vários aspectos), leis ordinárias federais e estaduais, regulamentos administrativos federais, estaduais e locais, além dos precedentes judiciários (que também têm força vinculativa). Portanto, é compreensível, culturalmente, que o mencionado brocardo seja suavizado em prol da busca pela melhor decisão[188].

Outrossim, mencione-se que o *amicus* é bem-vindo tanto no Tribunal do Júri quanto nas Cortes Comuns; tanto no 1º grau de jurisdição quanto em grau de recurso[189].

3.2.3. Atribuições que lhe são conferidas

O *amicus curiae* não pode exercer função jurisdicional própria da Corte, já que apenas auxilia com subsídios à melhor interpretação da lei.

Como não é parte, alcança o processo no estado em que ele se encontra, sendo-lhe defeso praticar atos de iniciativa exclusiva das partes, tais como interposição de recurso ou atos de disposição sobre o direito em questão[190]. Certamente, pela sua própria natureza, não pode praticar atos em defesa de uma das partes.

Além do mais, o sistema estrangeiro exige que a matéria trazida seja relevante ao deslinde da questão e que não haja sido suscitada anteriormente pelas partes, em arrazoado de até 5 (cinco) páginas[191].

---

[187] SOARES, Guido Fernandes Silva. *Common law*: introdução ao direito dos EUA. São Paulo: Revista dos Tribunais, 1999, p. 58.

[188] SOARES, Guido Fernandes Silva. *Common law*: introdução ao direito dos EUA, cit., p. 39.

[189] CRISCUOLI, Giovanni. "Amicus curiae", cit., p. 214.

[190] BIANCHI, Paolo. Un'amicizia interessata. "L'amicus curiae" davanti alla Corte Suprema degli Stati Uniti, cit., p. 4757.

[191] ESTADOS UNIDOS DA AMÉRICA. Rules of the Supreme Court of the United States. Rule 37.5. Disponível em: <http://www.supremecourtus.gov/ctrules/rulesofthecourt.pdf>. Acesso em 30-6-2004.

Preocupou-se a sistemática norte-americana em evitar a sustentação oral do *amicus*, com o objetivo de não desvirtuar o objeto da discussão e de não incentivar discussões entre sujeitos estranhos à demanda, proibindo-se expressamente que aquele pudesse oferecer réplica à sustentação de outro auxiliar de mesma natureza jurídica[192].

O regramento daquele país exige ainda autorização da entidade que o *amigo* representa e a elaboração de uma espécie de preparo, salvo se dispensado por lei, como nos casos dos órgãos públicos[193].

3.3. Do modelo adotado no Brasil

Na legislação pátria, existem apenas previsões legais em que se permite a participação do *amicus curiae*, sem, contudo, delinearem-se os contornos procedimentais de sua atuação.

Admite-se que o *amicus* participe em determinadas hipóteses, legalmente previstas, quando o magistrado se deparar com situações que demandem a defesa de interesses públicos, seja quando envolvidos aspectos econômicos que exijam conhecimentos específicos (Lei da Comissão de Valores Mobiliários — CVM — e do Conselho Administrativo de Defesa Econômica — CADE), seja quando se discuta a constitucionalidade de leis (Lei da ADIn), seja quando utilizado, em outros casos, para a melhor consecução da dita pacificação social com justiça (como na Lei dos Juizados Especiais Federais — JEF).

A falta de regulamentação suficiente, no entanto, conduz à tentativa errônea de compreender este auxiliar do juízo a partir dos referenciais existentes.

Certamente, considerações apenas superficiais sobre o tema têm levado a confusões com institutos como a intervenção de terceiros, o perito ou o Ministério Público quando atua como *custos legis*. Incorre em grande equívoco quem assim procede porque nem todos os institutos alienígenas possuem correspondência pátria, da mesma forma que alguns institutos são criados para atender exigências especificamente brasileiras.

Vejam-se algumas relevantes distinções.

---

[192] ESTADOS UNIDOS DA AMÉRICA. Rules of the Supreme Court of the United States. Rule 37.5. Disponível em: <http://www.supremecourtus.gov/ctrules/rulesofthecourt.pdf>. Acesso em 30-6-2004.

[193] Rules 37.1 — 37.5.

Alerte-se, inicialmente, que a finalidade da intervenção de terceiros impede qualquer aproximação com o *amicus curiae*. Ao terceiro, que possui um interesse jurídico na *res in judicium deducta*, é permitido participar da relação dialética que conduzirá à prolação de decisão apta a atingir, direta ou reflexamente, sua esfera jurídica. Pela intervenção, o terceiro transforma-se em parte, em razão do interesse jurídico de que é possuidor.

O *amicus*, a despeito de atuar no processo, não se torna parte, exatamente pela razão inversa — por não possuir interesse jurídico a ser defendido — sendo-lhe vedada, a exemplo do que ocorre na sistemática norte-americana, a prática de atos processuais das partes, tais como atos de disposição de direito ou interposição de recurso.

Além disso, em geral, as leis que aceitam a participação deste *amigo do juízo* vedam a intervenção de terceiros juridicamente interessados no feito, com vistas à celeridade processual (como na Lei dos Juizados Especiais Federais) ou por se tratar de processo objetivo, como nas ações relativas ao controle de constitucionalidade.

Maiores dificuldades não podem causar sua diferença com o assistente, este entendido, segundo interpretação jurisprudencial e doutrinária, como forma de intervenção, mas que, como bem observa Athos Gusmão Carneiro, não transforma o terceiro em parte, porém em coadjuvante da parte[194].

Assim, o assistente intervém *ad coadjuvandum* e sente os reflexos na sua relação com o assistido (assistência simples) ou titulariza a mesma relação jurídica em questão (assistência litisconsorcial), situações que em nada se assemelham ao interesse que o *amicus* pode ostentar.

Do mesmo modo, também não se confunde com outro auxiliar eventual do juízo, já mencionado no presente trabalho, qual seja, o perito.

O perito auxilia o juiz a formar seu convencimento por meio da busca da prova, para esclarecimento do fato *probando*. O *amicus curiae*, entretanto, não auxilia na fase instrutória, mas na tarefa hermenêutica, ajudando o juiz a interpretar o direito a ser aplicado ao caso concreto, à luz dos acontecimentos sociais.

O perito torna-se auxiliar eventual com regramento bem delineado no Código de Processo Civil. Já o *amicus* ainda padece de regulamentação e não se fala em remuneração ao serviço prestado.

---

[194] *Intervenção de terceiros*. 14. ed. São Paulo: Saraiva, 2003, p. 51.

Mais longínqua é a proximidade com o órgão do Ministério Público quando este atua como *custos legis*. Ressalte-se apenas, antes de confrontá-lo com o instituto em tela, que o *Parquet* não foi incluído na análise relativa à relação processual acima delineada (ver item 1), a despeito de atuar no processo e ser, por essa razão, também um sujeito processual, por considerar que se ajusta melhor ao conceito de instituição permanente, essencial à função jurisdicional do Estado, incumbindo-lhe a defesa da ordem jurídica, do regime democrático e dos interesses sociais e individuais indisponíveis, conforme previsão constitucional insculpida no art. 127, *caput*.

Ao atuar como fiscal da lei, deverá o Ministério Público intervir, obrigatoriamente, dentre outras hipóteses, naquelas elencadas no art. 82 do CPC, sempre que o interesse predominante for público.

Importante sobrelevar que, na busca da defesa da legalidade, pode o Ministério Público produzir provas e requisitar diligências, não se limitando a oferecer pareceres como mero órgão consultivo, tendo sempre em vista a regularização do procedimento e a proteção ao interesse público[195]. O *amicus curiae*, embora possa também atuar em causas de grande relevância social, deverá apenas acrescentar informações que possam auxiliar o juiz, por meio de memoriais ou de forma oral, não possuindo a mesma participação militante do órgão ministerial.

Ademais, o *amigo* contribui para a solução de questões que envolvam conhecimentos técnicos, mas não fiscaliza a legalidade do feito. Assim, não há casos em que sua atuação seja tão necessária, a ponto de a ausência de intimação eivar de nulidade o procedimento. A aceitação da atuação desse sujeito processual é faculdade do juiz, desde que sinta necessidade de maiores esclarecimentos sobre determinado aspecto discutido em juízo.

Parece mais adequada a comparação do *amicus* com o instituto que existiu no direito português inserido pelos usos e costumes, mas que foi retirado, daquele ordenamento jurídico, quando da promulgação de sua Constituição e da elaboração de leis de organização judiciária.

Trata-se da figura do assessor, colocado por Barão de Ramalho como sujeito secundário do processo ao lado do escrivão, dos advogados, dos procuradores, dos defensores, dos excusadores, dos assistentes e dos

---

[195] MARQUES, José Frederico. *Instituições de direito processual civil*. Campinas: Millennium, 2000, v. 2, p. 202-203.

opoentes[196], conceituado como "jurisconsulto que assiste ao juiz leigo para aconselhar de direito e o instruir sobre o modo de decidir a causa"[197].

Segundo o mesmo autor, a existência do assessor tornou-se inadequada, em virtude da crença de que

> "os juizes julgam debaixo de sua responsabilidade, sem que se possam exemptar della ainda que alleguem que foram dirigidos por conselho de homem letrado, si por ventura seus despachos e sentenças forem illegaes. Essa responsabilidade indeclinável do juiz faz desnecessária e inutil (sic) a guarda de assessor"[198].

Acredita-se que se esteja diante de figura mais semelhante ao instituto em comento do que as anteriormente enunciadas. Alerte-se que o *amicus* não afetaria, de maneira alguma, o dever indeclinável do juiz de julgar, uma vez que o parecer ofertado não vincula o convencimento do magistrado, que poderá sentir-se influenciado ou não pelas razões aduzidas.

Outrossim, o cotejo com o assessor também não atende plenamente às expectativas de encontrar figura semelhante no Direito pátrio porque, a despeito de as Ordenações do Reino terem vigorado no Brasil, não se trata de produção do legislador brasileiro.

A origem norte-americana, sem equivalente no ordenamento jurídico pátrio, não pode ser suficiente para afastar a utilização do *amicus curiae* no Brasil.

Tem-se evidenciado uma tendência nos sistemas da *civil law* em importar contribuições do sistema da *common law*. Flávio Cheim Jorge, Fredie Didier Júnior e Marcelo Abelha Rodrigues alertam que a influência contrária também é verdadeira, consoante se constata pela edição do Código de Processo Civil inglês [editado em 2000][199].

---

[196] Hoje os advogados e o Ministério Público são considerados sujeitos essenciais à justiça, aqueles em virtude da necessidade do *jus postulandi*. Já os assistentes e opoentes são considerados partes por intermédio da intervenção de terceiros. O direito português antigo admitia figuras interessantes e distintas das que hoje se admite; havia assim: o excusador — sujeito que vinha a juízo defender o réu que não comparecesse, sendo necessária procuração outorgando-lhe poderes especiais; o procurador — pessoa que administrava negócios alheios; o defensor — aquele que atuava em defesa do ausente, sem mandato.

[197] *Praxe brasileira*. São Paulo: Typographia do Ypiranga, 1869, p. 58.

[198] *Praxe brasileira*, cit., p. 58-59.

[199] *A nova reforma processual*. 2. ed. São Paulo: Saraiva, 2003, p. 3.

O sistema brasileiro já acolheu outras bem-sucedidas contribuições norte-americanas, tais como: o informalismo nas causas de pequeno valor (refletido na Lei dos Juizados Especiais); modificações no tratamento da tutela coletiva com repercussões nos limites subjetivos da coisa julgada (conforme Lei da Ação Civil Pública); além da alteração ao art. 14 do CPC, passando-se a albergar o instituto das *injunctions* (ordens proibitivas como a contida no inciso V do referido artigo) e a repressão ao *contempt of court* (entendido como embaraço à Administração da Justiça).

Ademais, o *amicus curiae* coaduna-se perfeitamente com as tendências constitucionais e processuais do sistema jurídico brasileiro, demandando assim plena aplicação.

4. Da abordagem processual

A despeito da transposição para um Estado Democrático de Direito, a sistemática processual brasileira vigente, instituída que foi sob a égide do regime autoritário, ainda espelha muito do rigorismo que era característico à época.

As normas são, sobremaneira, apegadas às suas raízes romanas, já incompatíveis com a tendência instrumental do processo civil, por meio da qual se reconhece a importância da sociedade em que está inserta e à qual se destina.

Defende Cândido Rangel Dinamarco que a instrumentalidade deve ser observada sob dois prismas distintos: o positivo e o negativo[200]. Sob o aspecto negativo, a instrumentalidade nega valor ao processo como fim em si mesmo, entendendo-o como mero instrumento a serviço do direito material. Prega-se, portanto, a observância moderada das formas, de modo a permitir afastá-las, se disso resultar uma possibilidade de se chegar mais próximo da atuação do direito material ao caso concreto. Pela abordagem positiva, preocupa-se com a busca da efetividade das decisões. O processo é visto como instrumento apto a propiciar o atendimento dos escopos da jurisdição, não só jurídicos, mas também sociais (educação social e pacificação de conflitos) e políticos.

Quanto a esses últimos, lembre-se o destaque que deve ser conferido à participação do indivíduo na vida política do país, evidenciado na

---

[200] *A instrumentalidade do processo*, cit., *passim*.

possibilidade de contribuir para os procedimentos que levam aos atos estatais decisórios[201].

Ao abrigo dessa fase instrumentalista, alguns avanços legislativos já foram realizados, por exemplo, a legislação dos Juizados Especiais, no que tange à simplificação das formas e à ampla acessibilidade popular, a tutela de interesses supra-individuais (ação civil pública) ou individuais homogêneos (mandado de segurança coletivo), além da ação direta de inconstitucionalidade aberta a diversas entidades representativas.

Neste último caso, alude-se à contribuição trazida pela participação do *amicus curiae* que, certamente, coaduna-se com esta nova perspectiva processual e com tendências modernas da hermenêutica constitucional a possibilitar a interpretação de suas normas por sujeitos diversos do juiz, das partes e de seus procuradores.

4.1. Da abordagem processual constitucional

Nesse contexto, deve-se registrar que o Projeto de Lei n. 2.960, de 1997, tratou do processo e do julgamento das ações diretas de inconstitucionalidade e das ações declaratórias de constitucionalidade perante o Supremo Tribunal Federal. Esse documento legislativo foi sensivelmente influenciado pelas idéias de Peter Häberle, hermeneuta alemão, cuja obra sobre a sociedade aberta dos intérpretes da Constituição foi traduzida, no mesmo ano, pelo agora Ministro do Supremo Tribunal Federal, Gilmar Ferreira Mendes, encarregado da confecção da versão inicial do mencionado Projeto, à época em que era Assessor Técnico do Ministério da Justiça, na gestão do Ministro Nelson Jobim.

Com efeito, a previsão contida no § 2º do art. 7º do mencionado Projeto, ao permitir a manifestação de outros órgãos e entidades além dos titulares da ação, denotava o intento de atingir a abertura hermenêutica propugnada por Häberle.

O dispositivo apresentado deixava cristalina a intenção de permitir a participação na interpretação constitucional, além dos órgãos oficiais, de todos aqueles que vivem a norma, já que estes findariam por interpretá-la ou *co-interpretá-la*, como destaca Peter Häberle, pois, "como não são apenas

---

[201] CABRAL, Antonio do Passo. Pelas asas de Hermes: a intervenção do *amicus curiae*, um terceiro especial. Uma análise dos institutos interventivos similares — O "amicus" e o "Vertreter des öffentlichen" Interesses, cit., p. 10.

os intérpretes jurídicos da Constituição que vivem a norma, não detêm eles o monopólio da interpretação"[202].

Defende o exegeta alemão a necessidade de integração da realidade às normas constitucionais[203]. Como a lei reflete o contexto em que foi feita, bem como as situações anteriores à sua elaboração, a ampliação do rol de intérpretes com a participação das *forças sociais ou fatores reais de poder*[204] assenta-se como conseqüência inevitável da busca pela dita integração ao panorama fático atual.

> "Até pouco tempo imperava a idéia de que o processo de interpretação constitucional estava reduzido aos órgãos estatais ou aos participantes diretos do processo. Tinha-se, pois, uma fixação da interpretação constitucional nos *órgãos oficiais*, naqueles órgãos que desempenham o complexo jogo jurídico-institucional das funções estatais. (...) A interpretação constitucional é, todavia, uma *atividade* que, potencialmente, diz respeito a todos. Os grupos mencionados e o próprio indivíduo podem ser considerados intérpretes constitucionais indiretos ou a longo prazo. A conformação da realidade da Constituição torna-se também parte da interpretação das normas constitucionais pertinentes a essa realidade" [grifos originais][205].

Buscou-se, com o mencionado Projeto de Lei (n. 2.960/97), possibilitar a participação tanto dos legitimados para a propositura da ação — quando não a tivessem proposto, mas pudessem colaborar para a solução da controvérsia — quanto de outras entidades com representatividade, conforme disposição contida no § 1º do art. 7º, *in litteris*:

> "§1º Os demais titulares referidos no art. 2º poderão manifestar-se, por escrito, sobre o objeto da ação e pedir a juntada de

---

[202] *Hermenêutica constitucional. A sociedade aberta dos intérpretes da Constituição*: contribuição para a interpretação pluralista e "procedimental" da Constituição. Trad. de Gilmar Ferreira Mendes. Porto Alegre: Fabris Editor, 1997, p. 13-15.

[203] HÄBERLE, Peter. *Hermenêutica constitucional. A sociedade aberta dos intérpretes da Constituição*: contribuição para a interpretação pluralista e "procedimental" da Constituição, cit., *passim*.

[204] HÄBERLE, Peter. *Hermenêutica constitucional. A sociedade aberta dos intérpretes da Constituição*: contribuição para a interpretação pluralista e "procedimental" da Constituição, cit., *passim*.

[205] HÄBERLE, Peter. *Hermenêutica constitucional. A sociedade aberta dos intérpretes da Constituição*: contribuição para a interpretação pluralista e "procedimental" da Constituição, cit., p. 24.

documentos reputados úteis para o exame da matéria, no prazo das informações, bem como apresentar memoriais".

Enfatize-se que esse parágrafo foi vetado, quando da edição da Lei n. 9.868/99 (que se originou do referido Projeto de Lei), por acreditar-se que poderia comprometer a celeridade processual e que a abertura pretendida já havia sido alcançada com a previsão do parágrafo 2º.

Segundo Gilmar Ferreira Mendes, a Corte Constitucional, órgão responsável pelo controle da constitucionalidade, passaria a possuir uma *ambivalência democrática*[206]: se, por um lado, contribuiria para a própria manutenção da segurança no Estado Democrático, por outro haveria um certo risco, à medida que suas decisões não estão sujeitas a nenhuma espécie de controle e podem anular atos elaborados por órgãos direta e democraticamente legitimados.

Como se sabe, uma das razões para a existência do sistema recursal é a possibilidade de o magistrado enganar-se. Considerando a insegurança que a dita falibilidade poderia trazer à aplicação da Constituição, nada melhor, segundo o autor do Projeto de Lei em discussão, do que se municiar o Tribunal de todos os elementos técnicos disponíveis para aferir a legitimidade do ato.

Neste contexto, Peter Häberle defende a ampliação e o aperfeiçoamento dos instrumentos de informação dos juízes constitucionais, com aumento das formas de participação, especialmente nas audiências públicas e nas intervenções[207].

No tocante às audiências públicas, ressalte-se sua relevância nos processos subjetivos no que tange ao exercício do contraditório, não maculando de parcialidade a decisão do juiz, e contribuindo para o compromisso de fazer justiça.

A despeito dos brocardos jurídicos *da mihi factum, dabo tibi ius* e *iura novit curia*, há, certamente, o risco de que o juiz sozinho não descubra a norma mais adequada ou não a interprete corretamente até mesmo nos sistemas jurídicos da *civil law*[208]. Assim, deve o contraditório ser entendido numa perspectiva mais ampla, não se limitando ao diálogo entre as partes

---

[206] *Direitos fundamentais e controle de constitucionalidade*. São Paulo: Celso Bastos Editor, 1999, p. 503.

[207] *Hermenêutica constitucional. A sociedade aberta dos intérpretes da Constituição*: contribuição para a interpretação pluralista e "procedimental" da Constituição, cit., p. 47-48.

[208] OLIVEIRA, Carlos Alberto Álvaro de. O juiz e o princípio do contraditório, cit., p. 9.

(no tocante aos processos subjetivos), em que o juiz é mero espectador. Melhor compreendê-lo sob o argumento de que algumas decisões judiciais devem ser submetidas ao contraditório das partes, em audiências públicas (juiz apresenta questão processual encontrada para que as partes sobre ela se manifestem em audiência) ou ao suscitar, nos autos, o exame de determinada questão.

Nesse sentido, tem-se a previsão do art. 16 do *Nouveau Code de Procédure Civile*, expressa nos seguintes termos:

> "Art. 16. O juiz deve, em todas as circunstâncias, fazer observar e também ele observar o princípio do contraditório.
>
> Ele não pode apoiar sua decisão, em nada além dos meios [de convencimento em geral], das explicações e dos documentos invocados e produzidos pelas partes em contraditório.
>
> Ele não pode fundamentar sua decisão sobre pontos de direito que haja suscitado de ofício, sem ter, previamente, chamado as partes para apresentar alegações" [tradução livre][209].

Desta maneira, sob nova perspectiva processual mundial, o juiz não se restringe a dirigir o processo e a ter iniciativas probatórias, mas, sobretudo, passa a *dialogar* com as partes, com vistas à efetiva tutela jurisdicional.

Porém, por vezes o diálogo interno (já imensurável contribuição democrática) não é suficiente à pacificação social com justiça, por isso se apresenta a alternativa da abertura do processo a sujeitos não interessados juridicamente.

Assim, conseguir-se-ia que não somente o processo de formação da lei fosse pluralista e democrático, fruto da produção do sistema representativo, mas também a sua aplicação, por permitir-se a participação conjunta do Estado e da sociedade.

Interpretar a norma não é simplesmente aplicá-la, não é simples ato de submissão, de aceitação de uma ordem. Isso porque a norma não é uma

---

[209] "Article 16 — Le juge doit, en toutes circonstances, faire observer et observer lui-même le principe de la contradiction. Il ne peut retenir, dans sa décision, les moyens, les explications et les documents invoqués ou produits par les parties que si celles-ci ont été à même d'en débattre contradictoirement. Il ne peut fonder sa décision sur les moyens de droit qu'il a relevés d'office sans avoir au préalable invité les parties à présenter leurs observations" (NORMAND, Jacques; WIEDERKEHER, Georges; DESDEVISES, Yvon. *Nouveau Code de Procédure Civile*: Code de Procédure Civile/ Code de l'Organisation Judiciaire. 89. ed. Paris: Dalloz, 1997, p. 28).

decisão prévia e acabada. Como dito alhures, reflete contexto social anterior e deve ser interpretada a cada aplicação. Deve-se questionar, como defende Häberle, "sobre os participantes no seu desenvolvimento funcional, sobre as forças ativas da *law in public action*"[210].

Nesta esteira de pensamento, no tocante, especificamente, aos processos objetivos, o segundo mecanismo idealizado por Häberle, qual seja, a participação de terceiros, parece mais adequada, apresentando-se o *amicus curiae* como capaz de enfatizar a feição objetiva do controle de constitucionalidade, no sentido de confirmar o interesse público e social envolvido, a ensejar a participação de representantes da sociedade.

O resultado desse controle abstrato e objetivo finda por vincular os demais órgãos jurisdicionais e a Administração Pública direta e indireta[211], mais um motivo a demonstrar que não se trata de ação comum nem de Corte comum.

Nessa esteira de pensamento, Alexandre de Moraes afirma:

"... toda Corte que exerce função constitucional não é somente um órgão judiciário comum, mas sim órgão político diretivo das condutas estatais, na medida em que interpreta o significado dos preceitos constitucionais, vinculando todas as condutas dos demais órgãos estatais e como tal deve priorizar os casos de relevante interesse público"[212].

Daí a afirmação de Inocêncio Mártires Coelho, nesse sentido:

"Admitida, pela forma indicada, a presença do *amicus curiae* no processo de controle de constitucionalidade, não apenas reitera a impessoalidade da questão constitucional, como também evidencia que o deslinde desse tipo de controvérsia interessa objetivamente a todos os indivíduos e grupos sociais, até porque ao es-

---

[210] *Hermenêutica constitucional. A sociedade aberta dos intérpretes da Constituição*: contribuição para a interpretação pluralista e "procedimental" da Constituição, cit., p. 31.

[211] Entendimento anteriormente consagrado pela jurisprudência do STF e, hoje, cristalizado na Constituição pela recente introdução, por meio da EC n. 45/2004, do § 2º ao art. 102 da CF, com a seguinte redação:

"§ 2º As decisões definitivas de mérito, proferidas pelo Supremo Tribunal Federal, nas ações diretas de inconstitucionalidade e nas ações declaratórias de constitucionalidade produzirão eficácia contra todos e efeito vinculante, relativamente aos demais órgãos do Poder Judiciário e à administração pública direta e indireta, nas esferas federal, estadual e municipal".

[212] *Direito constitucional*, cit., p. 615.

clarecer o sentido da carta política, as cortes constitucionais, de certa maneira, acabam reescrevendo as constituições"[213].

Com efeito, nas ações constitucionais, não há apenas dois pólos interessados; toda a coletividade tem interesse na declaração abstrata da supremacia dos direitos e garantias fundamentais, destinados a limitar o poder do Estado, razão pela qual é expressamente vedada a participação de terceiros a defender interesse jurídico subjetivo.

Obtempere-se que a função exercida pelo *amicus* nas ações constitucionais coaduna-se ainda com o intuito de obter elementos para o julgamento de questões com repercussão *erga omnes*, em que a participação da sociedade conjugada ao Estado se mostra cada vez mais relevante[214].

Com efeito, discutem-se hoje questões que ressaltam a importância das alterações sociais na mutação constitucional, evidenciando a necessidade de conhecer a realidade subjacente (como, no caso da *norma constitucional em trânsito para a inconstitucionalidade,* a evidenciar que a inconstitucionalidade, nesses casos, não nasce com a norma, mas é fruto de modificações sociais) e, conseqüentemente, a conclusão de que a participação do *amicus* pode ser imprescindível para a identificação de tais fenômenos.

Por certo as questões constitucionais não envolvem apenas a discussão de matéria de direito, sendo perfeitamente admitida a dilação probatória, permitindo-se, por exemplo, a juntada de documentos na inicial (art. 3º, parágrafo único, da Lei n. 9.868/99) e a designação de peritos, bem como a tomada de depoimentos pessoais (art. 9º, § 1º, da mesma Lei), com o que se evidencia, uma vez mais, a preocupação com a busca do substrato fático no julgamento de tais questões.

Ressalte-se ainda que o conhecimento das circunstâncias da realidade que circunda o processo é também de suma importância para que

---

[213] *As idéias de Peter Häberle e a abertura da interpretação constitucional no direito brasileiro*. Disponível em: <http://www.geocities.yahoo.com.br/profpito/asideiasdepeter.html>. Acesso em 7-11-2006.

[214] Ademais, Passo Cabral nos lembra que a previsão do *amicus* abarcava também casos de controle difuso, em razão do escopo político da jurisdição, ou seja, "no interesse público de participar da jurisdição constitucional". Ressalta também que, em todos os casos previstos no ordenamento brasileiro, basta que haja interesse público em questão para que o *amicus* esteja autorizado a participar (Pelas asas de Hermes: a intervenção do *amicus curiae*, um terceiro especial. Uma análise dos institutos interventivos similares — O "amicus" e o "Vertreter des öffentlichen" Interesses, cit., *passim*).

o Supremo Tribunal Federal defina a eficácia subjetiva (se será *erga omnes* ou mais restrita) e temporal (*ex tunc* ou *ex nunc*) de suas decisões.

De maneira pontual, a legislação e o direcionamento conferido pela jurisprudência deste Tribunal apontam no sentido da importância de uma figura que permita ao juiz uma maior proximidade com o contexto social que fundamenta sua decisão e ao qual ela se destina.

Passa-se agora ao aspecto legal e jurisprudencial da participação do *amicus*.

4.1.1. *Dos aspectos procedimentais*

Dada a escassez de normas regulamentadoras, tem-se adotado, de um lado, a *normatização* trazida pela Lei n. 9.868/99 e, de outro, a jurisprudência correspondente.

Essa lei, relativa às ações de inconstitucionalidade, estabelece no art. 7º, *caput* e § 2º, alguns parâmetros à adoção do instituto:

> "Art. 7º Não se admitirá intervenção de terceiros no processo de ação direta de inconstitucionalidade.
>
> § 1º (*Vetado*.)
>
> § 2º O relator, considerando a relevância da matéria e a representatividade dos postulantes, poderá, por despacho irrecorrível, admitir, observado o prazo fixado no parágrafo anterior, a manifestação de outros órgãos ou entidades".

Deve-se alertar que a Lei n. 9.868/99, a despeito de disciplinar o processo de ação direta de inconstitucionalidade e de ação declaratória de constitucionalidade, trouxe a previsão de participação de *amicus* apenas para o primeiro modelo de demanda.

De fato, o mencionado art. 7º disciplina apenas a intervenção de terceiros em processo de ADIn.

Quanto à ADC, o regramento encontra-se no art. 18, *caput*, que traz preceito idêntico ao citado art. 7º. Contudo, como foi vetado o § 2º do mesmo art. 18 (também com redação igual ao vigente § 2º do art. 7º relativo à ADIN), que tratava da possibilidade de participação de órgãos e entidades, a rigor a atuação do *amicus* só estaria permitida para as ações diretas de inconstitucionalidade.

Esse entendimento, porém, não pode prosperar em face do caráter dúplice ou ambivalente das mencionadas ações (já que a procedência de uma consistirá na improcedência da outra), de maneira que a tendência atual é a de cada vez mais se aproximar o regramento das duas, inclusive por força da equiparação do rol de legitimados e da previsão constitucional de extensão à ADIN de efeitos vinculantes, a partir da EC 45/04.

Defender a aplicação do *amicus* apenas na ADIn seria ir de encontro ao entendimento atual, de modo que, neste trabalho, defende-se a aplicação à ADC do instituto em estudo[215], a despeito de inexistir regramento legal permissivo, entendendo-se que os aspectos procedimentais, a seguir analisados, para a participação do *amicus curiae* em ações de inconstitucionalidade deveriam ser estendidos para ações declaratórias de constitucionalidade.

4.1.1.1. Legitimados

Quanto ao modo de admissão, percebe-se que o sistema pátrio adotou apenas a decisão judicial, sem menção à autorização das partes[216].

Infere-se também pela análise do dispositivo supracitado que, no sistema brasileiro de controle de constitucionalidade, não se determina exatamente quais entidades ou pessoas podem intervir.

Nelson Nery Junior e Rosa Maria Nery indicam elementos norteadores à escolha pelo juiz:

> "A lei fala nessa intervenção *ad adjuvandum*, de acordo com a 'relevância da matéria' e a 'representatividade dos postulantes' (LADIn 7º, § 2º). Esses conceitos jurídicos indeterminados devem ser preenchidos e interpretados pelo relator da ação direta. Os parâmetros que damos acima — respeitabilidade, reconhecimento científico ou representatividade — bem como quem pode cumprir com dignidade a função de *amicus curiae*: pessoa física, jurídica, professor de direito, cientista, associação civil, órgão ou entidade —, são ponto de partida de que pode servir-se o relator para preencher aqueles conceitos jurídicos indeterminados"[217].

---

[215] No mesmo sentido, LENZA, Pedro. *Direito constitucional esquematizado*. 9. ed. São Paulo: Método, 2005, p. 138.

[216] Destaque-se mais um ponto a diferenciar o *amicus* da intervenção de terceiros, já que nesta não há determinação de ofício pelo juiz.

[217] *Código de Processo Civil comentado e legislação extravagante*, cit., p. 1385.

4.1.1.2. Pressupostos para a admissão

No que tange à relevância da matéria, trata-se de conceito jurídico vago, cuja constatação é feita de maneira casuística.

Mas no tocante à representatividade, note-se que os legitimados para propor a ADIn, a despeito do veto ao § 1º do art. 7º, poderiam atuar como *amici curiae*, uma vez que, sendo-lhes permitido "o mais" — que seria a proposição da própria ação —, em não o fazendo, poderiam contribuir com "o menos", qual seja, a juntada de documentos ou memoriais (nesta fase inicial ou na de diligências complementares, também a pedido do relator, conforme o art. 9º, § 1º, da mesma lei).

Como já enfatizado, tem-se conceito vago a ser preenchido caso a caso. Importante que o colaborador informal do juízo, seja ele pessoa física ou jurídica, tenha respeitabilidade, reconhecimento científico ou representatividade para opinar sobre a matéria objeto da ADIn. Como representatividade, tem-se entendido a pertinência entre o ato questionado e a atividade desenvolvida pelos *amici*.

Já Antonio do Passo Cabral, ao analisar a questão da representatividade, defende tratar-se de exigência desnecessária, uma vez que, por não configurar hipótese de substituição processual (o *amicus* não postula direito alheio), seria dispensável a exigência de representatividade[218].

Todavia, esse não tem sido o entendimento adotado nos pretórios, exigindo-se o preenchimento de tal requisito, sem rigorismos absolutos, de modo que não se reclama representatividade nacional. Nesse diapasão, na jurisprudência se reconhece a participação, por exemplo, de profissionais liberais, de associação de magistrados ou de advogados, conforme se infere da ementa do julgado do Supremo Tribunal Federal transcrito a seguir:

> "Apamagis. *Amicus Curiae*. Lei de Responsabilidade Fiscal.
> A Associação Paulista dos Magistrados — APAMAGIS — requer, com base no art. 7º, § 2º, da L. 9.868/99 (LADIn), seja admitida sua manifestação na qualidade de *amicus curiae*, nesta ADIn 2.238-5, que tem como objeto a LC 101/2000. A representatividade da associação postulante é incontestável, sendo entidade voltada aos interesses dos magistrados paulistas e que, conforme

---

[218] Pelas asas de Hermes: a intervenção do *amicus curiae*, um terceiro especial. Uma análise dos institutos interventivos similares — O "amicus" e o "Vertreter des öffentlichen" Interesses, cit., p. 21.

estabelecido em seus estatutos, colabora com a direção do Poder Judiciário do Estado de São Paulo"[219].

4.1.1.3. Participação: atos e eventuais sanções

O *auxiliar* poderá apresentar memoriais com informações e/ou documentos novos pertinentes à matéria discutida, sem que haja limitação de laudas.

Não se legislou também sobre eventuais sanções ao *amicus curiae* que agisse com má-fé. Todavia, pela modificação operada no art. 14 do Código de Processo Civil, ampliando-se o rol dos destinatários a *todos aqueles que, de qualquer forma, participam do processo*, entende-se perfeitamente aplicável ao *auxiliar*, em exame, as penalidades cabíveis, sempre que este criar embaraços à efetivação dos provimentos jurisdicionais.

Considerando que aqui se insere o *amicus* dentre os auxiliares eventuais de justiça, convém, então, indagar se o disposto no art. 138 do CPC, relativo a impedimento e suspeição de órgão do Ministério Público, de serventuário de justiça, de intérprete e de perito, poderia ser-lhe aplicado.

Cândido Rangel Dinamarco entende que, no conceito de serventuário de justiça, estariam incluídos todos os auxiliares permanentes que agissem com imparcialidade. Já quanto aos auxiliares eventuais, a lei teria falado apenas no intérprete e no perito[220].

Entende-se que os motivos trazidos nos art. 134 e 135 do CPC podem ser aplicados ao *amicus curiae*, a despeito da inexistência de previsão expressa, por se tratar de figura há pouco tempo inserida na legislação processual pátria. Quanto ao inciso V do mencionado art. 135, ao considerar suspeito quem tenha interesse no julgamento da causa em favor de uma das partes, apresenta-se como o único inciso cuja aplicação fica prejudicada, já que, inevitavelmente, o *amicus* terá interesse, ainda que não-jurídico, seja ele direto ou indireto, no resultado da demanda.

Outros aspectos relevantes quanto à participação do *amicus curiae* devem ser analisados juntamente com a jurisprudência que vem assentando regras para sua admissão, como neste acórdão do Supremo Tribunal Federal, publicado em 2005, com a seguinte ementa:

---

[219] STF, ADIn 2.238-5/DF, rel. Min. Ilmar Galvão, data do julgamento: 27-8-2001, *DJ*, 31-8-2001, p. 68. NERY JUNIOR, Nelson; NERY, Rosa Maria de Andrade. *Código de Processo Civil comentado e legislação extravagante*, cit., p. 1385.

[220] *Instituições de direito processual civil*. 2. ed. São Paulo: Malheiros, 2002, v. 1, p. 652.

"Ação direta de inconstitucionalidade. Processo objetivo de controle normativo abstrato — Possibilidade de intervenção do 'amicus curiae': um fator de pluralização e de legitimação do debate constitucional. O ordenamento positivo brasileiro processualizou, na regra inscrita no art. 7º, § 2º, da Lei n. 9.868/99, a figura do 'amicus curiae', permitindo, em conseqüência, que terceiros, desde que investidos de representatividade adequada, sejam admitidos na relação processual, para efeito de manifestação sobre a questão de direito subjacente à própria controvérsia constitucional. A intervenção do 'amicus curiae', para legitimar-se, deve apoiar-se em razões que tornem desejável e útil a sua atuação processual na causa, em ordem a proporcionar meios que viabilizem uma adequada resolução do litígio constitucional. A idéia nuclear que anima os propósitos teleológicos que motivaram a formulação da norma legal em causa, viabilizadora da intervenção do 'amicus curiae' no processo de fiscalização normativa abstrata, tem por objetivo essencial pluralizar o debate constitucional, permitindo, desse modo, que o Supremo Tribunal Federal venha a dispor de todos os elementos informativos possíveis e necessários à resolução da controvérsia, visando-se, ainda, com tal abertura procedimental, superar a grave questão pertinente à legitimidade democrática das decisões emanadas desta Suprema Corte, quando no desempenho de seu extraordinário poder de efetuar, em abstrato, o controle concentrado de constitucionalidade"[221].

4.1.2. *Dos aspectos jurisprudenciais controvertidos*

A despeito da existência de diplomas legais a permitir a participação do *amicus* em determinados feitos judiciais, não há ainda o disciplinamento adequado da matéria, aplicando-se-lhe regras atinentes a outros institutos que, todavia, podem não lhe ser apropriadas.

Desta feita, questões quanto à forma de ingresso ou extensão dos poderes vêm sendo objeto de construção pretoriana.

4.1.2.1. *Modos de participar no processo*

Discute-se, no âmbito do Supremo Tribunal Federal, a possibilidade de o *amicus curiae* fazer sustentação oral ou de apenas lhe ser permitido juntar documentos e memoriais.

---

[221] STF, ADIn-MC 2321/DF, rel.: Min. Celso de Mello, data do julgamento: 25-10-2000, *DJ*, 10-6-2005.

Os Ministros Ellen Gracie e Carlos Velloso, daquela Corte, têm-se posicionado contra a sustentação oral. Pautam-se, sobretudo, no argumento de decorrer prejuízo à celeridade. De acordo com aquela eminente Ministra, "os *amici curiae*, a essa altura já são *inimicus curiae* porque atrapalham o funcionamento do tribunal"[222].

Dentre aqueles que sustentam a possibilidade da sustentação oral, merece destaque o posicionamento do Ministro Celso de Mello, também do Supremo Tribunal Federal, conforme voto proferido na ADIn 2.130-SC, cujo trecho se transcreve a seguir:

> "Presente este contexto, entendo que a atuação processual do *amicus curiae* não deve limitar-se à mera apresentação de memoriais ou à prestação eventual de informações que lhe venham a ser solicitadas.
>
> Cumpre permitir-lhe, em extensão maior, o exercício de determinados poderes processuais, como aquele consistente no direito de proceder à sustentação oral das razões que justificaram a sua admissão formal na causa.
>
> (...)
>
> Tenho para mim, contudo, na linha das razões que venho de expor, que o Supremo Tribunal Federal, em assim agindo, não só garantirá maior efetividade e atribuirá maior legitimidade às suas decisões, mas, sobretudo, valorizará, sob uma perspectiva eminentemente pluralística, o sentido essencialmente democrático dessa participação processual, enriquecida pelos elementos de informação e pelo acervo de experiências que o *amicus curiae* poderá transmitir à Corte Constitucional, notadamente em um processo — como o controle abstrato de constitucionalidade — cujas implicações políticas, sociais, econômicas, jurídicas e culturais são de irrecusável importância e de inquestionável significação"[223].

Ressalte-se que a Lei n. 9.868/99 não previu forma especial de participação do *amicus*, devendo prevalecer o princípio da instrumentali-

---

[222] PINTO, Débora. Substituição vocal. *Revista Consultor Jurídico*. São Paulo. Disponível em: <http://conjur.uol.com.br/textos/23083>. Acesso em 18-1-2006.
[223] STF, ADIn 2130-SC. *Informativo* 215. Brasília. 18-19-12-2000/1º-2 fev. 2001. Disponível em: <http://www.stf.gov.br/noticias/informativos>. Acesso em 5-2-2006.

dade das formas, aproveitando-se o ato desde que cumprida a finalidade a que se destina, conforme o art. 154 do CPC.

No sentido de admitir a sustentação oral pautam-se Nelson Nery Junior e Rosa Maria Nery[224] e ainda Fredie Didier Júnior[225], sendo desse último a argumentação de que é da própria natureza dos julgamentos colegiados o debate oral.

Ademais, não se vislumbra que a permissão à participação do auxiliar em comento, cuja função é aprimorar a tutela jurisdicional, possa atrapalhar o funcionamento dos tribunais.

Dessa discussão, percebe-se a carência de regulamentação acerca da participação deste colaborador, sendo válidos os argumentos do Ministro Sepúlveda Pertence, da nossa Suprema Corte, que, inicialmente contrário à sustentação oral em razão de interpretação literal da Lei n. 9.868/99, recentemente passou a aceitá-la, convocando os demais ministros do Supremo Tribunal Federal a refletirem sobre a importância de se dispor acerca do tema no Regimento Interno do STF, consoante se infere da leitura de trecho de voto recentemente prolatado:

> "Hoje me convenço que a questão, a rigor, não é legal; é menor, é regimental. Basta ler a Lei 9.868. Ela, impondo uma virada na orientação regimental anterior, previu, como direito do requerente e do requerido, a sustentação oral no julgamento cautelar, mas não se previu no julgamento de mérito. Então, se reduzíssemos o problema da sustentação oral ao plano da interpretação literal, chegaríamos à solução paradoxal de que, mesmo as partes formais, nesse processo *sui generis* de controle abstrato, só poderiam falar no julgamento liminar, não no definitivo. O que mostra, rigorosamente, que a lei pode impor sustentações orais em determinados momentos que considere essenciais. Mas, deixa sempre em aberto o que não regulou, para que o Tribunal a admita, ou não, em outras fases.
>
> (...)
>
> Com as manifestações havidas, vou admitir, hoje, a sustentação requerida para provocar o Tribunal. Mas entendo urgente, que, mediante norma regimental, venhamos a encontrar uma fórmula

---

[224] *Código de Processo Civil comentado e legislação extravagante*, cit., p. 1384.

[225] *Direito processual civil*, cit., v. 2, p. 289.

que, sem comprometer a viabilidade do funcionamento do Tribunal — nesta, que é a sua função mais nobre: o julgamento dos processos objetivos do controle de constitucionalidade —, possamos ouvir, o que me parece extremamente relevante, o *amicus curiae* admitido.

Admito, hoje, a sustentação oral e insto o Tribunal a que imaginemos uma fórmula regimental que a discipline, em especial, para as hipóteses em que sejam muitos os admitidos à discussão da causa"[226].

Aparentemente, os reclamos proferidos em 26 de novembro de 2003, no mencionado voto, foram atendidos por meio da Emenda Regimental n. 15, de 30-3-2004, publicada no *Diário da Justiça da União*, de 1º-4-2004, que acrescentou ao art. 131 do mencionado Regimento Interno o seguinte parágrafo:

"§ 3º Admitida a intervenção de terceiros no processo de controle concentrado de constitucionalidade, fica-lhes facultado produzir sustentação oral, aplicando-se, quando for o caso, a regra do § 2º do artigo 132 deste Regimento".

Segundo entendimento já consolidado, a intervenção de terceiros é incompatível com a ADIn, conforme *caput* do art. 7º da Lei n. 9.868/99. Tal proibição, todavia, não se aplica aos legitimados pelo art. 103 da CF que não tenham interposto a ação[227]. Entende-se que, ao admitir a participação do *amicus curiae*, estaria implicitamente prevista no alcance do citado § 3º, uma vez que, conforme interpretações vigentes, a expressão "intervenção de terceiros" não corresponde ao fenômeno que transforma terceiro juridicamente interessado em parte, dado não haver interesse subjetivo no processo objetivo que se analisa. Assim, participando do feito, ao *amicus* também poderia ser permitida sustentação oral.

Não se pode olvidar que alguns juristas entendem o *amicus curiae* como uma forma *especial* de intervenção de terceiros. Esse fato corrobora a tese de que a tal preceito se pode subsumir o caso do *amigo do juízo*, desprezada a imprecisão terminológica a que se alude no parágrafo anterior.

---

[226] STF, *Informativo* 349, Brasília. 24-28 de maio de 2004. Disponível em: <http://www.stf.gov.br/noticias/informativos>. Acesso em 18-1-2006.

[227] MORAES, Alexandre de. *Direito constitucional*, cit., p. 593.

Com efeito, Gustavo Santana Nogueira, em estudo sobre o assunto, defende:

> "Nós entendemos que o *amicus curiae* é uma modalidade de intervenção de terceiros, mesmo que as ações ora analisadas sejam consideradas de natureza objetiva. (...) A própria disposição do texto legal, apesar de não ser determinante para a interpretação do seu sentido, nos mostra que o *amicus* é considerado uma exceção à regra de que não é admitida a intervenção de terceiros nessas ações. É que a lei, no *caput* do art. 7º, afirma que não se admite a intervenção de terceiros e, no § 2º do mesmo artigo, permite o ingresso do amigo da cúria, ou seja, o mesmo artigo nos dá a regra, e logo após a exceção, sendo certo que o próprio STF, no julgamento da ADIn 2.130/SC, afirma o que agora se expõe"[228].

Por certo, bem que o Regimento Interno do STF poderia conter disposições específicas sobre a participação do *amicus*, inclusive sobre aspectos procedimentais de sua atuação, afastando dúvidas, tal como aquela relativa à possibilidade de limitação do número de participantes, com vistas a não prejudicar a tão almejada celeridade processual[229].

4.1.2.2. Viabilidade recursal

Pacífico na doutrina que este colaborador judicial não poderá interpor recurso, conclusão que se coaduna com o raciocínio aqui expendido, uma vez que, como auxiliar do juízo, não lhe cabe interferir nas pretensões das partes.

Lembre-se apenas que, no tópico relativo à natureza jurídica do instituto em estudo, cogitou-se da situação de responsabilidade pelo art. 14 do CPC. Acredita-se que, a exemplo do raciocínio que deve ser admitido em relação aos auxiliares, e porque, neste caso, esses se tornam parte na questão relativa à sanção, o *amicus* poderia recorrer para defender-se, caso contrário, macular-se-iam princípios constitucionais, como a ampla defesa e o contraditório[230].

---

[228] Do "amicus curiae". *Revista do TRF da 1ª Região*, Brasília, n. 7, 31 de julho 2004. Disponível em: <http://www.trf1.gov.br>, p. 21. Acesso em 18-1-2006.

[229] Do "amicus curiae", cit., p. 20.

[230] Também pelo cabimento da interposição de recurso pelos auxiliares do juízo, criticando a antiga idéia de ação de impugnação, posicionam-se Flávio Cheim Jorge, Fredie Didier Júnior e Marcelo Abelha Rodrigues. *A nova reforma processual*, cit., p. 20-32.

Ainda na seara dos recursos, deve-se analisar a questão sobre outro prisma. Poderiam as partes recorrer da decisão que admite a participação do *amicus curiae*?

De acordo com a Lei n. 9.868/99, trata-se de despacho irrecorrível. Neste aspecto, concorda-se com o posicionamento de Nelson Nery Junior e Rosa Maria Nery, que apontam ali imperfeição terminológica, dada a existência de juízo de valor a dotar a manifestação de cunho decisório[231]. Ao aceitar que tal manifestação seja mero despacho ordinatório não haveria dificuldades quanto à aceitação da irrecorribilidade. Situação oposta evidencia-se quando se considera o conteúdo decisório de sua admissão em juízo.

A princípio, toda decisão é recorrível[232]. No entanto, a própria Lei guardou o caso em tela com o manto da irrecorribilidade.

Ademais, tem-se, como é cediço, no interesse em recorrer requisito de admissibilidade aplicável a todos os recursos. Este elemento se corporifica no binômio *necessidade-adequação*. Assim, é preciso que o recurso seja o meio necessário para trazer situação jurídica mais favorável e o único adequado à consecução desse fim. Imprescindível, portanto, que a parte tenha experimentado algum grau de prejuízo, uma vez que almeja alcançar situação melhor.

A admissão do *amicus curiae*, entretanto, pode nem chegar a alterar a situação jurídica do *litigante*, uma vez que os documentos apresentados poderão influenciar ou não o convencimento do magistrado, que deverá apoiar-se em todo o conjunto probatório presente nos autos.

Enfatize-se ainda que no processo objetivo de controle de constitucionalidade não se aplica o princípio do contraditório. Na visão de Luiz Carlos dos Santos Gonçalves e Walter de Almeida Guilherme:

> "O controle abstrato não envolve perda de bens ou da liberdade, posições subjetivas de vantagem ou resistência a pretensões. Quando no exercício da jurisdição constitucional o Estado não está substituindo partes na solução de suas controvérsias.

---

[231] *Código de Processo Civil comentado e legislação extravagante*, cit., p. 1384-1385.
[232] Concorda-se com Cassio Scarpinella Bueno, no sentido de que cabe recurso, caso o relator indeferir o requerimento de ingresso do *amicus*, porque não se pode admitir como incontrastável ou inadmissível qualquer decisão proferida em tribunais (Amicus curiae *no processo civil brasileiro*: um terceiro enigmático. São Paulo: Saraiva, 2006, p. 199).

(...)
Não há falar em lide, contraditório, ampla defesa, recursos (apenas se admitem os embargos de declaração e o agravo contra rejeição da inicial) ou ação rescisória"[233].

Por se tratar de auxiliar de juízo, a participação do *amicus* diz respeito apenas ao magistrado, não podendo as partes opor-se à sua atuação se o próprio juiz entende que o processo poderia ser melhor instruído (salvo a hipotética situação de impedimento ou de suspeição comentada anteriormente neste trabalho).

4.1.2.3. *Prazo de admissibilidade*

Questão também de grande relevância é o prazo para sua admissão em juízo. No tocante à Lei da ADIn, o prazo para manifestação do *amicus curiae* vinha previsto no § 1º do art. 7º, que, no entanto, foi objeto de veto presidencial. A redação do § 2º, que se referia ao prazo previsto no parágrafo anterior, foi mantida.

Assim, o § 2º estipula a permissão à participação de entidades que não são partes no processo, mas não dispõe sobre o prazo para sua admissão. Desde a promulgação da lei, a jurisprudência corrigia a falha, entendendo que o prazo a ser obedecido deveria ser o do art. 6º da mesma Lei, o qual aludia às informações a serem prestadas pelos órgãos ou entidades dos quais emanou a lei ou ato normativo impugnado, no prazo de trinta dias do recebimento do pedido.

Considera-se interessante a transcrição do seguinte despacho proferido pelo Ministro Cezar Peluso, do Egrégio Supremo Tribunal Federal, nos autos da ADIn 2.777, em 7 de outubro de 2003:

> "O veto aposto ao § 1º do art. 7º da Lei Federal de n. 9.868, de 10 de novembro de 1999, não excluiu a necessidade de observância de prazo prevista no § 2º, para a admissão dos chamados 'amici curiae'. A inteligência sistemática do disposto no § 2º, não podendo levar ao absurdo da admissibilidade ilimitada de intervenções, com graves transtornos ao procedimento, exige seja observado, quando mesmo por aplicação analógica, o prazo constante no § único do art. 6º, de modo que, tendo-se exaurido tal prazo,

---
[233] *Controle de constitucionalidade*, cit., p.76.

na espécie, aliás pela só apresentação das informações, a qual acarretou preclusão consumativa, já não é lícito admitir a intervenção requerida por Federação Nacional das Empresas Distribuidoras vinculadas aos fabricantes de cerveja, refrigerante e água mineral — FENADIBE. Indefiro, pois, o pedido, sem prejuízo de oportuna juntada 'por linha' da respectiva petição. Int. Publique-se [sic]"[234].

O referido prazo de trinta dias é considerado como suficiente à instrução do feito, com a obtenção das informações necessárias. Ultrapassado esse prazo, o Supremo Tribunal Federal tem admitido a juntada dos documentos "por linha" (em autos apartados, vinculados aos autos principais) por meio de mero despacho ordinatório, que não enseja a interposição de qualquer recurso, nem mesmo agravo regimental, conforme decisões proferidas no AgRg na MC. 5328/RJ e no AgRg na ADIn 2.130/SC.

4.1.3. Da declaração incidental de inconstitucionalidade

Atente-se que a Lei n. 9.868/99 acrescentou dispositivos ao Código de Processo Civil, no trecho que versa sobre a declaração incidental de constitucionalidade.

Assim, parte do regramento relativo ao controle concentrado de constitucionalidade é perfeitamente aplicável ao controle *incidenter tantum*, nos tribunais, consoante regramento previsto no art. 482 do CPC.

O juízo monocrático poderá deixar de aplicar uma lei por julgá-la inconstitucional sem procedimento específico para tanto. Quando o incidente ocorrer no tribunal, todavia, o órgão jurisdicional fracionário, ao examinar causa relativa à constitucionalidade de ato normativo aplicável à espécie, deverá, de ofício, por provocação das partes ou do Ministério Público, submeter a questão à análise do Tribunal Pleno, único competente para declarar a inconstitucionalidade, conforme previsão constitucional contida no art. 97.

Para auxiliar no julgamento, poderão ser ouvidos os legitimados para a propositura da ação de inconstitucionalidade, previstos no art. 103 da CF.

Para melhor fundamentar decisão de tamanha repercussão social, o relator, ao considerar a relevância da matéria e a representatividade dos

---

[234] STF, ADIn 2.777-SP, rel. Min. Cezar Peluso, 13-10-2003, disponível em: <http://www.stf.gov.br/processos>. Acesso em 5-2-2006.

postulantes, poderá admitir a manifestação de outros órgãos ou entidades como *amici curiae* (art. 482 do CPC, acrescentado pela Lei da ADIn — n. 9.868/99).

Ao dispor sobre ação de inconstitucionalidade ou declaratória de constitucionalidade e acrescentar artigos ao Código de Processo Civil, a Lei n. 9.868/99 não foi a primeira manifestação do *amicus* no ordenamento pátrio. Pode-se dizer que foi a sua consagração, uma vez que, em momento anterior, sua participação estava vinculada a determinadas matérias e a certas entidades. Com a chamada Lei da ADIn, ampliou-se o objeto da discussão (qualquer matéria constitucional) e os legitimados.

Por certo, o maior destaque conferido à utilização do *amicus curiae* repousa no trato das ações diretas de inconstitucionalidade, bem como nas declarações incidentais sobre a mesma matéria. Seria correto, portanto, que se acreditasse serem estes os únicos exemplos de *amicus* no ordenamento jurídico pátrio, já que as únicas normas (ainda que escassas) acerca de sua aplicabilidade provêm da Lei n. 9.868/99?

É preciso que se mostrem outras aplicações do instituto, sejam elas legais ou apenas jurisprudenciais, sejam ações formal ou materialmente constitucionais, ou, ainda, ações que versem sobre matéria distinta, mas que se utilizam do *amicus*.

Nelas também a sensibilidade do legislador foi direcionada para melhor atender aos interesses públicos em questão, ao reconhecer a importância de se "ampliar" a relação processual a outros sujeitos, com vistas a pluralizar o debate e, com isso, atingir decisões mais próximas da realidade que as legitima, e a uma decisão mais justa e mais conforme a interpretação constitucional que, em última *ratio*, é fonte de validade de todo o ordenamento jurídico pátrio, em face da verticalidade hierárquica.

4.1.4. Da argüição de descumprimento de preceito fundamental

A Lei n. 9.882, de 3-12-1999, regulamenta o § 1º do art. 102 da Constituição Federal ao dispor sobre o processo e o julgamento da argüição de descumprimento de preceito fundamental.

Trata-se de ação autônoma com caráter subsidiário, uma vez que só será utilizada quando não couberem outros instrumentos aptos a sanar a lesividade ao preceito fundamental, o qual deve ser entendido como aquele que informa a interpretação constitucional, tais como os fundamentos da República e as cláusulas pétreas. Poderá ser proposta para evitar ou reparar a lesão a princípios ocasionada por ato do Poder Público, por lei ou por ato normativo federal, estadual ou municipal (art 1º, *caput* e parágrafo único, da Lei n. 9.882/99).

A disciplina relativa à ação mencionada em muito se assemelha ao procedimento previsto para as ações de inconstitucionalidade ou declaratórias de constitucionalidade, a exemplo dos legitimados para sua proposição que, conforme dispõe o inciso I do art. 2º, são os mesmos sujeitos autorizados pelo art. 103 da CF.

Ao passo que a Lei n. 9.868/99 prevê a possibilidade de o relator pedir informações a pessoas ou entidades de representatividade, considerada a relevância da matéria, a Lei n. 9.882/99 trouxe previsão semelhante ao instituto do *amicus curiae* no § 1º do art. 6º, *litteris*:

> "Art. 6º Apreciado o pedido de liminar, o relator solicitará as informações às autoridades responsáveis pela prática do ato questionado no prazo de dez dias.
>
> § 1º Se entender necessário, poderá o relator ouvir as partes nos processos que ensejaram a argüição, requisitar informações adicionais, designar perito ou comissão de peritos para que emita parecer sobre a questão, ou, ainda, fixar data para declarações, em audiência pública, de pessoas com experiência e autoridade na matéria".

Assim, como também se verifica em parcela da doutrina, Nelson Nery Junior e Rosa Maria Nery afirmam que, "a critério do relator, poderão ser ouvidas as partes do processo onde ocorrer a divergência constitucional de fundamento relevante que ensejou a argüição, bem como colher manifestações de quem entender necessárias, inclusive do *amicus curiae*"[235].

O Supremo Tribunal Federal, todavia, em 24 de junho de 2004, indeferiu pedido de participação como *amigo do juízo*, justamente em ação de descumprimento de preceito fundamental.

A Confederação dos Trabalhadores na Saúde havia ingressado com argüição de descumprimento de preceito fundamental objetivando que aquela Corte fixasse o entendimento de que a antecipação terapêutica de parto de feto anencéfalo (desprovido de cérebro) não configuraria aborto.

---

[235] *Código de Processo Civil comentado e legislação extravagante*, cit., p. 1452.

A Confederação Nacional dos Bispos do Brasil solicitou a participação no feito com fulcro no § 1º do art. 6º da Lei n. 9.882/99. O Ministro Marco Aurélio, do Supremo Tribunal Federal, indeferiu o pleito, entendendo que tal dispositivo não se refere ao *amicus curiae*:

> "2. O pedido não se enquadra no texto legal evocado pela requerente. Seria dado versar sobre a aplicação, por analogia, da Lei n. 9.868/99, que disciplina também o processo objetivo — Ação direta de inconstitucionalidade e ação declaratória de constitucionalidade. Todavia, a admissão de terceiros não implica o reconhecimento de direito subjetivo a tanto. Fica a critério do relator, caso entenda oportuno. Eis a inteligência do artigo 7º, § 2º, da Lei n. 9.868/99, sob pena de tumulto processual. Tanto é assim que o ato do relator, situado no campo da prática de ofício, não é suscetível de impugnação na via recursal. 3. Indefiro o pedido"[236].

De acordo com o posicionamento explicitado, acaso permitida a participação de *amicus curiae* em tal ação, essa ocorreria por meio da aplicação analógica da previsão contida no regramento da ação direta de inconstitucionalidade e da ação declaratória de constitucionalidade e não pela interpretação do citado art. 6º, § 1º.

Felizmente, após provocação do Procurador-Geral da República, este posicionamento foi modificado pelo eminente Ministro, em decisão proferida em 28 de setembro de 2004, ao entender pela admissão de todas as entidades que solicitaram participar nesta condição e, ainda, outras que, por ele, foram convocadas para serem ouvidas[237].

---

[236] Supremo Tribunal Federal. Confederação dos Trabalhadores na Saúde. ADPF 54/DF, rel. Min. Marco Aurélio, 24-6-2004. Disponível em: <http://www.stf.gov.br>. Acesso em 5-2-2006.

[237] Trecho da referida decisão: "Então, tenho como oportuno ouvir, em audiência pública, não só as entidades que requereram a admissão no processo como *amicus curiae*, a saber: Conferência Nacional dos Bispos do Brasil, Católicas pelo Direito de Decidir, Associação Nacional Pró-vida e Pró-família e Associação de Desenvolvimento da Família, como também as seguintes entidades: Federação Brasileira de Ginecologia e Obstetrícia, Sociedade Brasileira de Genética Clínica, Sociedade Brasileira de Medicina Fetal, Conselho Federal de Medicina, Rede Nacional Feminista de Saúde, Direitos Sociais e Direitos Representativos, Escola de Gente, Igreja Universal, Instituto de Biotécnica, Direitos Humanos e Gênero bem como o hoje deputado federal José Aristodemo Pinotti, este último em razão da especialização em pediatria, ginecologia, cirurgia e obstetrícia e na qualidade de ex-Reitor da Unicamp, onde fundou e presidiu o Centro de Pesquisas Materno-Infantis de Campinas — CEMICAMP. Cumpre, antes dessa providência, elucidar a pertinência da medida intentada, em face da provocação do Procurador-Geral da República. O princípio da economia e celeridade processuais direciona ao máximo de eficácia

Certa e lamentavelmente, reside na *discricionariedade* do relator aceitar ou não a participação do *amicus* em atenção aos conceitos de relevância da matéria e representatividade dos postulantes. Mas não há dúvida de que o art. 6º da Lei n. 9.882/99 aludiu à figura do *amicus curiae*.

Tal restrição não teria sentido, uma vez que, em atenção ao parágrafo único do art. 1º da mencionada lei, a argüição de descumprimento de preceito fundamental evidencia-se como uma espécie de controle abstrato de constitucionalidade, em casos não-autorizados pela Lei n. 9.868/99, tal como ocorre com o controle abstrato de lei municipal.

4.2. Da previsão em outros diplomas legais

4.2.1. Da Comissão de Valores Mobiliários (CVM)

Em dezembro de 1976, a Lei n. 6.385 instituiu a Comissão de Valores Mobiliários, nos moldes da americana *Securities and Exchange Commission* (SEC), que, no direito alienígena, funciona como amigo do juízo[238].

Nos processos judiciais que envolvam matéria de competência da CVM, essa é intimada para, querendo, oferecer pareceres ou prestar esclarecimentos, sendo-lhe proibido indicar a lei a ser aplicada. É-lhe permitido versar sobre aquilo que diga respeito ao mercado financeiro, possibilitando ao juiz proferir decisão consentânea ao caso concreto.

> "O juiz, pela própria natureza de sua formação profissional, não está em condições de resolver todos os problemas que se apresentam à sua apreciação. Depende, portanto, dos esclarecimentos que lhe são fornecidos pelos técnicos da CVM. Assim, a Comissão deverá traduzir para o juiz aquelas impressões e conclusões que colheram no exame dos fatos do processo, tornando acessível ao conhecimento do magistrado aquilo que normalmente ele não poderia conseguir sozinho, ou somente o conseguiria após um ingente esforço.
> (...)
> A intervenção da CVM só pode ocorrer por provocação de uma das partes ou do juiz e, assim, só temos a intervenção provo-

---

da lei com o mínimo de atuação judicante" (STF, ADPF 54/DF, rel. Min. Marco Aurélio, 28-9-2004, *DJ*, 5-10-2004, disponível em: <http://www.stf.gov.br>, acesso em 5-2-2006).

[238] Tavares, Osvaldo Hamilton. A CVM como "amicus curiae". *Revista dos Tribunais,* São Paulo: Revista dos Tribunais, v. 82, n. 690, p. 286-287, abr. 1993.

cada, ou coacta, da entidade autárquica Federal, que fiscaliza os serviços do mercado de valores mobiliários"[239].

Cuida-se de intervenção inegavelmente de caráter técnico e com a finalidade de levar aspectos de verdade à decisão. Daí a afirmativa de Cassio Scarpinella Bueno de que

> "o auxílio que a CVM tem condições de oferecer ao magistrado para uma 'prestação jurisdicional tecnicamente informada' impõe que essa modalidade interventiva fundamente-se em total neutralidade, assim entendida como necessário distanciamento dos fatos levados para apreciação do juiz ou, mais ainda, de uma intervenção despreocupada com o resultado do processo. A intenção da CVM — como, de resto, a intervenção de quaisquer das figuras aqui descritas como *amicus curiae* — é, no entanto, *interessada*. O que ocorre é que o *interesse* que motiva sua intervenção não diz respeito às posições subjetivas e individuais expostas no processo em que contendem autor e réu"[240].

Vale lembrar que o juiz não fica adstrito às orientações da CVM, sendo livre para decidir conforme seu convencimento. Alerte-se para a importância das informações técnicas prestadas por tal órgão alheias à seara de conhecimento habitual dos magistrados, mas imprescindíveis ao deslinde de questões que envolvam mercado de capitais.

4.2.2. Do Conselho Administrativo de Defesa Econômica (CADE)

A partir de 1990 o Brasil passou a adotar práticas de economia de mercado (afastando-se do vigente dirigismo estatal), que propiciaram a implantação de política concorrencial, com adoção de providências como as privatizações, medidas de atração de capital estrangeiro, aquisições e fusões.

Este quadro tornou imperiosa a instalação de um eficaz sistema de concorrência no Brasil. A Lei Antitruste de 1994 transformou o já existente Conselho Administrativo de Defesa Econômica (criado pela Lei n. 4.137/62) em autarquia vinculada ao Ministério de Justiça, passando a integrar o Sistema Brasileiro de Defesa da Concorrência, cujas principais

---

[239] A CVM como "amicus curiae", cit., p. 286-287.

[240] "*Amicus curiae*" *no processo civil brasileiro*: um terceiro enigmático, cit., p. 271-272.

atribuições são controlar concentrações econômicas, reprimir condutas anticoncorrenciais e promover a concorrência.

Este instrumento normativo dispôs no art. 89 que, nos processos judiciais em que a Lei n. 8.884/94 fosse discutida, o CADE deveria ser intimado para, querendo, atuar como assistente.

Atente-se que o CADE não atuará em defesa de qualquer das partes. Assim, em virtude de diferenciações já traçadas no presente trabalho, como a intenção desta autarquia não é proteger interesse que lhe pertença por meio da atuação ao lado de uma das partes, mas visar à correta aplicação da lei e conseqüente manutenção de interesses econômicos socialmente relevantes, entende-se que esta colaboração guarda mais semelhanças com o *amicus curiae* do que com a assistência.

A intervenção obrigatória do CADE, com a incumbência de zelar pela saúde econômica do país em face de políticas concorrenciais desleais, vai ao encontro do papel desempenhado pelo amigo do juízo, auxiliando o magistrado na tarefa hermenêutica.

Conclui-se, com Cassio Scarpinella Bueno, quanto a ser esta intervenção inegavelmente de amigo do juízo:

> "Trata-se, assim, inegavelmente, de mais uma hipótese em que a intervenção do ente estatal justifica-se em função de sua atividade fiscalizatória, no sentido de verificar, ainda que em juízo e diante de um litígio concreto, de que forma os bens jurídicos que cabem a ele, CADE, tutelar estão sendo interpretados e aplicados. A lei brasileira, a bem da verdade, foi tímida quando optou por usar o nome 'assistente'. A hipótese por ela regulada difere da figura tradicional do nosso direito"[241].

4.2.3. Da previsão na Lei n. 10.259/2001

Nas duas primeiras aparições em diplomas legais brasileiros (tópicos 3.2.1 e 3.2.2), o *amicus curiae* era admitido apenas em causas que demandassem conhecimentos técnicos sobre questões afetas a matérias específicas, como transações monetárias e concorrência.

Ao pretender traçar as linhas evolutivas do instituto, deve-se alertar para o fato de que, a partir dos comandos normativos citados, as demais

---

[241] "*Amicus curiae*" *no processo civil brasileiro*: um terceiro enigmático, cit., p. 326.

previsões não delimitaram exaustivamente os sujeitos ou objetos de intervenção.

Desse modo, a já citada Lei n. 9.868/99 passou a admitir o *amicus* em causas de controle de constitucionalidade, sem, contudo, limitar os participantes, apenas aludindo a entes com representatividade e a depender da relevância da matéria. O mencionado instrumento normativo alterou dispositivos no Código de Processo Civil, trazendo previsão semelhante para situações em que a constitucionalidade de leis possa ser questionada por meio de incidente processual de declaração de inconstitucionalidade.

A colaboração ao juízo poderia ocorrer no Supremo Tribunal Federal (no caso de controle concentrado ou em grau recursal pelo sistema difuso) ou perante os Tribunais Estaduais (em se tratando de contrariedade à norma constitucional estadual).

Restringia-se ainda, sobremaneira, a matéria em cuja discussão aquele auxiliar poderia intervir. Com a Lei n. 10.259/2001, sua participação foi ampliada a julgados especiais cíveis e criminais no âmbito da Justiça Federal, permitindo-se o ingresso deste auxiliar quando da discussão de matéria infraconstitucional.

Essa lei criou o Pedido de Uniformização, assim entendido como o recurso dirigido às Turmas Recursais Reunidas (quando Turmas da mesma região divergirem sobre aplicação de direito material na interpretação da legislação federal) ou à Turma de Uniformização das Decisões das Turmas Recursais dos Juizados Especiais Federais (quando a divergência se der entre Turmas de regiões diferentes e sobre Súmulas do STJ) ou ainda em contrariedade à jurisprudência dominante naquele Tribunal Superior.

Estes órgãos recursais, ao julgar procedente o pedido de uniformização, substituem a decisão da Turma Recursal em que se deu a divergência.

Para auxiliar na decisão, permitiu-se ao relator poder pedir informações ao Presidente da Turma Recursal ou ao Coordenador da Turma de Uniformização, no prazo de cinco dias, conforme previsão do § 7º, *in fine*, do art. 14 da Lei em comento. Ressalte-se que, consoante disposição expressa, os eventuais interessados poderão manifestar-se no prazo de trinta dias, ainda que não sejam partes no processo.

Desses interessados não se exige o interesse jurídico, senão estar-se-ia diante de terceiro interessado e, portanto, do instituto da intervenção de terceiros em todas as suas modalidades (visto que a lei não restringiu).

A Resolução n. 330, de 5-9-2003, que dispõe sobre o Regimento Interno da Turma Nacional de Uniformização de Jurisprudência dos Juizados Especiais Federais, em seu art. 23, § 1º, denomina, expressamente, os mencionados interessados *amicus curiae*.

> "Art. 23. As partes poderão apresentar memoriais e fazer sustentação oral por dez minutos, prorrogáveis por até mais dez, a critério do Presidente.
>
> §1º O mesmo se permite a eventuais interessados, a entidades de classe, associações, organizações não-governamentais, etc., na função de 'amicus curiae', cabendo ao Presidente decidir sobre o tempo de sustentação oral".

A normatização da atuação desse sujeito processual, no âmbito dos Juizados Especiais Federais, por certo, é um grande passo na evolução de sua admissão no Brasil, uma vez que não se restringe a matéria a ser examinada (desde que abrangida pela competência do Juizado), mas se permite a participação oral e se preocupa em conferir-lhe expressamente a nomenclatura originária — *amicus curiae*. Todavia, ressalte-se que — por enquanto — a participação fica restrita ao grau recursal.

4.2.4. Da súmula vinculante e do amigo do juízo

A morosidade da Justiça tem sido objeto de grande preocupação para os estudiosos do direito, ensejando o surgimento de inúmeras reformas em âmbito constitucional e processual aptas a assegurar a *razoável duração do processo e os meios que garantam a celeridade de sua tramitação* (art. 5º, LXXVIII, da Constituição da República, com a redação dada pela EC n. 45/2004[242]). Nesse contexto, inúmeras inovações têm surgido, dentre elas o efeito vinculante das decisões, sobretudo em matéria constitucional, que busca inspiração no paradoxo que há entre a demora na prestação jurisdicional e a existência de teses repetitivas.

O sistema de guarda da Constituição experimentou no século XX, em escala mundial, uma amplitude dos efeitos do controle de constitucionalidade extensivo a todos os Poderes do Estado. No Brasil, o aludido fenômeno foi sentido por intermédio da EC n. 3/93 e das Leis n. 9.868/99 e 9.882/99, vivenciando-se a criação da eficácia *erga omnes* e do

---

[242] A esse respeito, consultar o Capítulo 1 desta obra, "O Direito à razoável duração do processo após a Emenda Constitucional n. 45/2004", escrito por Vallisney de Souza Oliveira.

efeito vinculante das decisões do STF[243], em se tratando de controle concentrado e abstrato de constitucionalidade.

Igualmente em função do fator "tempo", no âmbito do processo civil, inúmeras modificações foram operadas no CPC de 1973, tendentes a otimizar a prestação jurisdicional, mormente com mecanismos que ampliem os poderes do relator e evitem a análise reiterada de teses já consolidadas.

Nesse aspecto, alterações significativas foram operadas no sistema processual civil, no sentido de conceder força obrigatória às decisões de tribunais, como, e.g., verificou-se na modificação operada no art. 557, pela Lei n. 8.038/90, e no art. 481, pela Lei n. 9.756/98.

Pelo primeiro artigo, outorga-se ao relator poder para negar *seguimento a recurso manifestamente inadmissível, improcedente, prejudicado ou em confronto com súmula ou com jurisprudência dominante do respectivo tribunal, do Supremo Tribunal Federal ou de Tribunal Superior* (art. 557, *caput*). De modo inverso, *se a decisão recorrida estiver em manifesto confronto com súmula ou com jurisprudência dominante do Supremo Tribunal Federal, ou de Tribunal Superior, o relator poderá dar provimento ao recurso* (§1º).

O segundo dispositivo legal citado insere-se nas disposições do Código de Processo Civil atinentes ao procedimento de declaração de inconstitucionalidade *incidenter tantum*. Segundo o art. 97 da Constituição da República, essa declaração somente poderia ser feita pelo voto da maioria absoluta de seus membros ou de órgão especial, a Lei n. 9.756/98; contudo, ao introduzir o art. 481 no ordenamento processual, excepcionou tal regra para situações em que já exista pronunciamento do plenário, de órgão especial ou do Supremo Tribunal Federal, em que o precedente deverá ser seguido sem nova submissão aos mencionados órgãos.

Esse panorama existente fez com que a previsão pela EC n. 45/2004 de súmulas vinculantes (art. 103-A do texto constitucional) não provocasse uma verdadeira inovação no sistema jurídico brasileiro. Entretanto, não se pode ignorar a importância de se positivar e de se regulamentar a

---

[243] Pedro Lenza remonta às origens do direito sumular no Brasil, citando que a primeira previsão aplicável ao nosso país estaria prevista nas Ordenações Manuelinas, em que surgiram os "assentos". As Ordenações Filipinas, ao aperfeiçoarem o instituto, criaram os "Assentos da Casa de Suplicação" com força vinculativa. O Príncipe Regente D. João instituiu, em 1808, a Casa de Suplicação do Brasil (Alvará Régio de 10-5-1808) e manteve em vigor as Ordenações Filipinas (Lei de 20-10-1823). Os assentos são extintos pela Constituição da República de 1891, mas, por intermédio da Emenda Regimental de 28-3-1963 surge o instituto da *súmula da jurisprudência predominante do STF*, nos moldes atuais (*Direito constitucional esquematizado*, cit., p. 427).

edição de decisões jurisprudenciais reiteradas e obrigatórias aos demais órgãos do Judiciário e da Administração Pública, no tocante à tentativa de atender ao princípio constitucional da igualdade, como alertam Marcelo Lamy e Luiz Guilherme Arcaro Conci, em estudo especializado[244].

Com efeito, quando diversos juízes interpretam de maneira diferente uma mesma norma, fere-se a isonomia esperada. A súmula vinculante vem ao encontro do anseio de se conseguir a tão almejada justiça, tratando de modo equânime os que se encontrem na mesma situação jurídica.

Deve-se ressaltar que, consciente de que os precedentes fixados em súmulas — por serem uma interpretação predominante em determinada época — não são permanentes, dada a constante mutação social, a demandar adaptações nos entendimentos consolidados, o legislador constituinte previu, no art. 103-A, § 2º, a possibilidade de revisão e cancelamento das súmulas vinculantes, tendo estabelecido um rol mínimo de legitimados (idêntico àquele previsto para o controle concentrado de constitucionalidade).

Essa previsão, todavia, analisada de modo isolado, não legitima democraticamente o instituto. É preciso conjugar sua análise com a lei que regulamentou o processo de modificação e extinção de uma súmula vinculante.

De fato a súmula é a consolidação de um entendimento uniformizado, de uma interpretação reiterada de determinado tribunal, acerca de um tema jurídico e — como idealizado por Peter Häberle e já comentado no presente estudo — o processo de interpretação das normas constitucionais (mormente quando estas terão força obrigatória para os órgãos julgadores) deveria ser orientado pela teoria da "sociedade aberta dos intérpretes da Constituição", permitindo-se a *co-interpretação* também por aqueles que vivenciam a norma.

A Lei n. 11.417, de 19-12-2006[245], vem ao encontro desse ideal, ampliando o mencionado rol, ao acrescentar, no § 2º do art. 3º, previsão

---

[244] LAMY, Marcelo; CONCI, Luiz Guilherme Arcaro. Reflexões sobre as súmulas vinculantes. In: TAVARES, André Ramos; LENZA, Pedro; ALARCÓN, Pietro de Jesús Lora (coords.). *Reforma do Judiciário*. São Paulo: Método, 2005, p. 295-318.

[245] Essa lei acrescentou, ainda, em seu art. 3º, o Defensor Público-Geral da União (inciso VI) e os Tribunais Superiores, os Tribunais de Justiça de Estados ou do Distrito Federal e Territórios, os Tribunais Regionais Federais, os Tribunais Regionais do Trabalho, os Tribunais Regionais Eleitorais e os Tribunais Militares (inciso XI).

que atende à exigência de pluralizar o processo de formação dessas normas concretas, por permitir que o relator admita, *por decisão irrecorrível, a manifestação de terceiros na questão, nos termos do Regimento Interno do Supremo Tribunal Federal.*

Por considerar que a súmula vinculante também auxiliará no controle de constitucionalidade, configurando, por essa razão, igualmente uma espécie de processo objetivo, a mencionada previsão adapta-se ao modelo conhecido de *amicus curiae,* como um terceiro que vem, em causa de relevante interesse público, auxiliar no convencimento dos magistrados. Com efeito, o modo como se previu a participação de terceiros (similar ao regime da Lei n. 9.868/99) faz crer tratar-se de nova forma de atuação do *amicus.*

O novo instrumento, ao pluralizar o debate de revisão e cancelamento das súmulas vinculantes, permite que terceiros, mais próximos da realidade social em constante mutação, possam oferecer maior legitimidade ao processo de formação de um preceito jurisprudencial de eficácia *erga omnes* e com força obrigatória.

4.2.5. Da previsão, controvertida, na Lei n. 9.469/97

A Lei n. 9.469, de 1997, estabeleceu a intervenção da União e demais pessoas jurídicas de direito público nas causas em que as autarquias, fundações públicas, sociedades de economia mista e empresas públicas federais fossem autoras ou rés, independentemente da demonstração de interesse jurídico, desde que pudessem vir a experimentar reflexo econômico.

Leis anteriores já previam a intervenção obrigatória da União em causas que envolvessem tais entes, mas prevalecia o entendimento de que o interesse jurídico deveria restar comprovado.

A Constituição Federal de 1988, ao estabelecer a competência da Justiça Federal, abarcou as causas cíveis em que a União, entidades autárquicas ou empresas figurassem como autoras, rés, assistentes ou oponentes.

Mencione-se ainda a Lei n. 8.197/91, que, em seu art. 2º, ampliou os casos previstos pela Magna Carta, ao estipular a intervenção da União nas causas em que autarquias, fundações, sociedades de economia mista e empresas públicas federais fossem autoras ou rés.

Quanto à necessidade ou não de interesse jurídico, editou-se em 7 de fevereiro de 1996, a Súmula 150 do STJ, na mesma linha da antiga Súmula 61 do TFR, a exigir a demonstração do interesse jurídico, *litteris*:

"Súmula 150, STJ: Compete à Justiça Federal decidir sobre a existência de interesse jurídico, que justifique a presença, no processo, da União, suas autarquias ou empresas públicas".

Alheia ao entendimento jurisprudencial vigente, a Medida Provisória n. 1.561-6/1997, posteriormente convertida na Lei Federal n. 9.469/97, estabeleceu caso de intervenção da União, dispensado o interesse jurídico nos seguintes termos:

"Art. 5º ....

Parágrafo único. As pessoas jurídicas de direito público poderão, nas causas *cuja decisão possa ter reflexos, ainda que indiretos, de natureza econômica, intervir, independentemente da demonstração de interesse jurídico,* para esclarecer questões de fato e de direito, podendo juntar documentos, memoriais reputados úteis ao exame da matéria e, *se for o caso, recorrer, hipótese em que, para fins de deslocamento de competência, serão considerados partes*" (grifos não originais).

Essa lei trouxe forma teratológica de intervenção da União com dispensa de interesse jurídico. Entende-se, contudo, que este fato, por si só, não a aproxima da figura do *amicus curiae*.

Com efeito, a União, no caso em foco, intervém para auxiliar as mencionadas pessoas jurídicas de direito público, na proteção do patrimônio federal e não para melhorar aplicação de ditames legais, como ocorre com o CADE.

Ademais, a Constituição Federal, ao permitir a intervenção da União, nessas situações, aludiu a situações em que fosse autora, ré, *assistente* ou opoente.

De acordo com uma interpretação conforme a Carta Constitucional, torna-se necessária a demonstração de interesse. Por certo, como já estudado neste trabalho, somente a existência de interesse jurídico permite a intervenção de terceiros (incluída a assistência), cuja finalidade é permitir que aqueles que possam ser atingidos pela coisa julgada possam atuar no processo em que ela se formará.

Dispensado o interesse jurídico, não se justifica a intervenção da União, mormente como a do *assistente* e do *opoente*, figuras a que alude a Constituição Federal.

Lembre-se ainda que o assistente, simples ou litisconsorcial, não se torna parte, apenas atuando ao lado desta. O instrumento normativo em tela, todavia, disciplinou que a União, como assistente, na fase recursal deslocaria a competência para a Justiça Federal, ao tornar-se parte[246].

Por certo, a Constituição aludiu ao instituto da assistência consagrado no ordenamento brasileiro, tal como previsto nos arts. 50 a 55 do CPC. Lei federal não poderia dispensar requisitos intrínsecos à assistência, criar forma de intervenção semelhante e conferir-lhe a denominação que lhe conviesse.

Afastada da presente análise a discutida constitucionalidade da lei em comento, a despeito de parcela da comunidade jurídica, como Athos Gusmão Carneiro, considerar que esta intervenção seria caso de *amicus curiae*[247], entende-se que, deste instituto, também não se aproxima, dado que o interesse predominante está em ajudar uma das partes.

Não se pode desvirtuar o modelo adotado no Brasil, tal como fizeram os norte-americanos, ao transformarem esse instituto originariamente neutro em sujeito parcial.

4.3. Dos novos horizontes

Além dos já citados dispositivos normativos, novas aplicações do instituto vêm sendo permitidas pela prática forense e conjecturas doutrinárias, tendo-se optado por trazer à discussão a participação do *amicus curiae* em duas ações constitucionais, uma de natureza civil e a outra penal.

Assim é que, a despeito de a Lei que instituiu o mandado de segurança não disciplinar a respeito da possibilidade de se admitir ou não o *amicus curiae*, Athos Gusmão Carneiro manifestou-se, em Parecer, acerca da possibilidade de participação de sindicato, como assistente ou *amicus*, em mandado de segurança impetrado por empresa de distribuição de produtos petrolíferos contra possível ato do Delegado da Receita Federal do Rio de Janeiro[248].

---

[246] Com acerto, o STJ tem forte posicionamento pela impossibilidade de deslocar-se a competência para a Justiça Federal nas causas em que a União intervier com fulcro no art. 5º da mencionada lei. *Vide* STJ. Sociedade de economia mista (CESP). 1ª Turma, REsp 313.336-SP, rel. Min. Milton Luiz Pereira, data do julgamento: 28-5-2001, *DJ*, 4-3-2002. Disponível em: <http://www.stj.gov.br>. Acesso em 5-2-2006.

[247] *Intervenção de terceiros*, cit., p. 165.

[248] Mandado de segurança — Assistência e "amicus curiae". *Revista Síntese de Direito Civil e Processual Civil*. Pareceres. Porto Alegre: Síntese, v. 4, n. 24, p. 35-41, jul./ago. 2003, *passim*.

A Lei n. 1.533/51, como é cediço, permite apenas a formação de litisconsórcio, sendo omissa quanto à intervenção de terceiros, consoante art. 19, caso em que será aplicado, subsidiariamente, o direito comum.

Assim, não haveria óbice às diversas formas de intervenção de terceiros, conforme conclui o ilustre parecerista, embora se deva advertir sobre a existência de corrente jurisprudencial contrária a este pensamento.

Na consulta antes mencionada, colocou-se também a questão relativa à participação do sindicato como *amicus curiae*. Seria esta participação possível? Considerando razões jurídicas e pragmáticas, na oportunidade Athos Gusmão Carneiro defende-a:

> "A intervenção do SINDICOM como *amicus curiae*, inclusive ponderando que os Sindicatos exercem funções de relevante interesse público (CF, art. 8º, art. 74, § 2º), virá ao encontro da tendência legal e doutrinária conducente à proteção dos interesses coletivos e dos socialmente relevantes através de instrumentos processuais adequados e abertos a uma ampla participação das pessoas e entidades, vinculadas de alguma forma à solução da lide. Não há por que excluí-la nas ações de base constitucional"[249].

Ainda que não se trate de uma decisão sobre o assunto, mas de mera manifestação doutrinária, entende-se de grande valia a citação desse parecer, já que conduz à discussão acerca da admissibilidade do *amicus* em outras ações que não as legalmente previstas. Esta discussão deve ser direcionada também à possível participação do dito *amigo* em ações submetidas ao procedimento comum previsto no Código de Processo Civil, já que a figura que ora se estuda — *importada* do direito norte-americano — não encontra similar na sistemática processual brasileira.

Deve-se, todavia, evitar sua aplicação, qualquer que seja a ação, sem a regulamentação adequada, sob pena de ver-se figura de cunho democrático ter sua finalidade desvirtuada a serviço do interesse de qualquer das partes.

Como ilustração das novas tendências forenses em questões acerca do tema, não se poderia olvidar importante contribuição do *amicus curiae* em ação constitucional de caráter penal: o HC 82.424/RS, impetrado em defesa do editor Siegfried Ellwanger, condenado por crime de racis-

---
[249] Mandado de segurança — Assistência e "amicus curiae", cit., p. 41.

mo, em virtude da edição e distribuição de obras de conteúdo anti-semita de sua autoria e de terceiros.

No julgamento perante o Supremo Tribunal Federal, alegava o impetrante que o paciente não havia praticado crime de racismo porque o judaísmo não seria raça, argumento acolhido pelo Ministro Relator Moreira Alves, em dezembro de 2002.

Após o voto do Relator, o então Presidente do Tribunal, Ministro Maurício Corrêa, acreditando que a Constituição buscara dar um conceito mais amplo ao termo *raça*, pediu vistas do processo e solicitou a colaboração de certos *amici curiae*.

O convencimento do mencionado Ministro foi, então, mais bem subsidiado pelos pareceres dos juristas Celso Lafer (constitucionalista) e Miguel Reale Junior (penalista), da antropóloga Sônia Ramagem e do especialista em semiologia Izidoro Blikstein.

Em abril de 2003, o Ministro Maurício Corrêa, ao proferir seu voto pela denegação da ordem, baseou-se, sobretudo, no Parecer do ex-Ministro das Relações Exteriores Celso Lafer e em conceitos antropológicos de raça, assim como também o fizeram os Ministros Celso de Mello, Gilmar Mendes, Carlos Velloso, Nelson Jobim, Ellen Gracie, Cezar Peluso e Sepúlveda Pertence — todos contrários à concessão do *habeas corpus* — que, seguindo as linhas trazidas nos Pareceres, fundamentaram seus votos com argumentos próprios.

Por certo, a participação da sociedade, neste caso, mostrou que tal concepção não poderia ser aceita por afronta ao instrumento normativo maior em que se pauta nossa sociedade, que propugna, em seu preâmbulo, uma sociedade fraterna, pluralista e sem preconceitos.

O art. 1º de nossa Carta Constitucional apresenta um Estado Democrático de Direito, em que um dos principais fundamentos é a dignidade da pessoa humana (inciso III), que, certamente, passa pela proteção aos seus direitos fundamentais, dentre eles a igualdade, sem distinção de qualquer natureza, conforme previsão no art. 5º, *caput*, do mesmo diploma legal.

Como objetivo da República Federativa do Brasil, nossa Constituição aponta, dentre outros, a promoção do bem de todos sem preconceitos de origem, raça, sexo, cor, idade e quaisquer outras formas de discriminação (art. 3º, IV), prevendo, no título relativo aos direitos e garantias fundamentais, que a lei punirá qualquer discriminação atentatória dos direitos e liberdades individuais. Atribui, ainda, ao crime de racismo as características da inafiançabilidade e da imprescritibilidade (art. 5º, XLI e XLII).

Não se discutia, nesse importante julgado, apenas a condenação de um escritor por crime de racismo. Examinavam-se, sobretudo, as repercussões de se considerar que práticas anti-semitas não seriam práticas de racismo, e que, portanto, o delito estaria prescrito. Ademais, a descriminalização da conduta traria, além da prescrição, outra conseqüência, qual seja, a permissão à fiança.

Quando a Constituição assentou o delito de racismo como imprescritível e inafiançável, por certo não se referia apenas às diferenças de cor, como sustentou o Ministro Marco Aurélio, para quem:

> "Por tudo isso, a interpretação do inciso XLII do art. 5º da Constituição deve ser a mais limitada possível, no sentido de que a imprescritibilidade só pode incidir no caso de prática da discriminação racista contra o negro, sob pena de se criar um tipo constitucional penal aberto imprescritível, algo, portanto, impensável em um sistema democrático de direito"[250].

Para que o posicionamento extensivo do conceito de raça predominasse na interpretação de preceitos constitucionais, foi imprescindível a contribuição de Celso Lafer, ao julgamento em tela, afirmando:

> "O conteúdo jurídico do preceito constitucional consagrado pelo art. 5º, XLII, do crime da prática do racismo, tipificado pela legislação infraconstitucional, reside nas teorias e preconceitos que estabelecem diferenças entre grupos e pessoas, a eles atribuindo as características de uma raça para discriminá-las. (...) Só existe uma raça (...). Com efeito, os judeus não são uma raça, mas também não são raça os negros, os mulatos, os índios e quaisquer outros integrantes da espécie humana que, no entanto, podem ser vítimas da prática do racismo. (...) Com efeito, levadas às últimas conseqüências, ela converteria a prática do racismo, por maior que fosse o esmero na descrição da conduta, em crime impossível pela inexistência do objeto: as raças..."[251].

---

[250] STF. Crime de racismo e anti-semitismo: um julgamento histórico no STF: habeas corpus n. 82.424/RS. Brasília: Brasília Jurídica, 2004, p. 194.

[251] STF. Crime de racismo e anti-semitismo: um julgamento histórico no STF: habeas corpus n. 82.424/RS. Brasília: Brasília Jurídica, 2004, p. 57-58.

A preservação de tais direitos e garantias é interesse de cada um dos cidadãos brasileiros, uma vez que nosso povo é heterogêneo, formado por pessoas com características étnicas e religiosas extremamente distintas. Permitir que se denegrisse a imagem dos judeus, seria destruir os direitos outorgados pela Constituição Federal, permitindo que todas as minorias, dentre elas os índios, os negros, os mulatos, os ciganos, os árabes, os orientais etc., pudessem vir a sofrer a mesma discriminação.

Certamente, a colaboração dos *amici curiae* não se destinou apenas à condenação de determinado editor por práticas anti-semitas, mas, sobretudo, para demonstrar que racismo não é conceito ligado somente à cor, preservando-se a garantia constitucional de igualdade de tratamento, sem discriminação de qualquer natureza: origem, raça, sexo, cor ou idade.

Mais uma vez, mostrou-se salutar a colaboração dos *amici*, com império da democracia, possibilitando-se que cidadãos participem de julgamentos de grande repercussão social, ainda que inexista permissivo legal específico.

O fundamento dessa controvérsia não se adapta a nenhuma das previsões legislativas apresentadas, mas não se pode olvidar que a participação do colaborador foi indispensável à decisão proferida em 17 de setembro de 2003, por meio da qual o Tribunal, por maioria de votos, indeferiu o mencionado *habeas corpus*, conseguindo a almejada solução do conflito com justiça, já que a decisão foi legitimamente apoiada no contexto fático e nos preceitos normativos, possibilitando-se que intérpretes *não-oficiais* da Carta Constitucional contribuíssem para a melhor integração da norma em questão, em consonância aos ideais de interpretação *aberta* da Constituição.

5. Conclusão

A análise dialética sobre o tema fez emergir os pontos positivos e negativos envolvendo a utilização do *amicus curiae*, que, embora já introduzido em algumas leis brasileiras, ainda é instituto pouco conhecido e pouco utilizado na prática forense.

Origens norte-americanas foram lembradas com o fito de facilitar a compreensão da figura em comento. Por meio desta abordagem histórica, atingiu-se também uma outra finalidade: evidenciou-se que, na matriz, o regime jurídico desse sujeito processual já atingiu níveis de desenvolvimento superiores que, todavia, não são, em todos os aspectos, os mais adequados. O exemplo norte-americano destinou-se a apontar os acertos realizados (como a vasta regulamentação) e, ao mesmo tempo, os erros cometidos (como o desvio de finalidade).

Por meio de exemplos nacionais e alienígenas mostrou-se, de um lado, a viabilidade de sua aplicação e, de outro, os empecilhos culturais e procedimentais que a prejudicam.

Como que repleto de paradoxos, o estudo realizado confronta os "prós" e os "contras" que ainda circundam a matéria. Acredita-se, entretanto, que este conflito possa propiciar valiosa discussão jurídica que, se atingida, já se encarregará, a princípio, de desmistificar o tema, podendo, em um segundo momento, facilitar sua aplicação e plena regulamentação, o que será salutar para a democracia no Judiciário e no processo.

Mesmo diante das benesses apontadas, inclusive com a transcrição de casos concretos, teme-se possa a cultura brasileira impedir que os juízes, monocraticamente ou em decisões colegiadas, valham-se da ajuda desse amigo especial, em virtude de fortes raízes culturais, como o brocardo *jura novit curia*, de aplicação corrente em nosso ordenamento pátrio, mas extremamente mitigado no sistema norte-americano, em que o instituto repousa suas origens.

Todavia, a impossibilidade de que o magistrado domine toda a realidade fática subjacente ao processo permite que, ao buscar o fim maior a que o processo se destina — pacificação social por meio de decisões justas —, o juiz admita a participação de sujeito que o ajude a conhecer plenamente a causa e todas as suas implicações, sejam elas fáticas ou jurídicas.

Tem-se receio de que o legislador também não lhe conceda a importância necessária, já que ainda não se preocupou com a edição de normas que regulamentem o processo de sua intervenção, encarregando-se a jurisprudência de fixar os balizamentos necessários em total discrepância ao sistema da *civil law* adotado.

A exemplo do que o *amicus curiae* propõe-se a fazer no campo da hermenêutica, incitando que as leis devem ser interpretadas à luz das modificações da realidade social, política, econômica ou religiosa (que o magistrado não é obrigado a conhecer em minúcias), espera-se que a comunidade jurídica se conscientize de que a utilização desse amigo — de maneira cada vez mais freqüente, a indicar modificação real na sistemática de sujeitos processuais até então conhecidos —, forceje o surgimento de leis que regulamentem sua aplicação, sob pena de desvirtuarem-se os fins a que se destina.

Por fim, dois desejos permearam a realização deste estudo: o de procurar caracterizar um instituto novo (já dotado de importância no processo civil constitucional), bem como o de despertar para a reflexão sobre a sua utilização. Tem-se uma figura, ainda sem identidade jurídica definida, mas impulsionada pelas modificações sociais, que se apresenta apenas como um *amigo* (mesmo que, algumas vezes, tenha interesse mediato na controvérsia), rogando-se que sua aceitação generalizada no direito brasileiro seja um elemento a mais para a *pulverização* democrática nos nossos Tribunais, não-somente Superiores, como o Supremo Tribunal Federal, guardião maior da Constituição, mas nos juízos de todos os procedimentos e graus de jurisdição.

Capítulo IV

A RELATIVIZAÇÃO DA COISA JULGADA INCONSTITUCIONAL SEGUNDO CRITÉRIOS OBJETIVOS

Márcio André Lopes Cavalcante

Defensor Público no Estado do Amazonas. Ex-Professor da Faculdade de Direito da Universidade Federal do Amazonas. Pós-graduado em Direito Civil e Direito Processual Civil pelo Centro Universitário CIESA/AM. Graduado em Direito pela Faculdade de Direito da Universidade Federal do Amazonas.

1. Introdução

O Brasil é um Estado Democrático de Direito (art. 1º da CF/88). Como tal, possui uma Constituição, produto da vontade de seu povo, único legítimo titular do poder constituinte (art. 1º, parágrafo único, da CF/88).

Com o propósito de preservar o desejo constituinte do povo, o constitucionalismo moderno fixou como consectário lógico do conceito de *Lex Legum* a idéia da supremacia. Não há Estado de Direito Democrático sem Constituição, e esta não existe despida de supremacia.

A Constituição Federal encontra-se, assim, no vértice do sistema que engendra o Estado de Direito. É a Carta Magna que legitima (justifica) ou ilegitima (invalida) todo e qualquer ato estatal ou particular. Na ordem interna, nada nem ninguém escapam à Constituição.

Por outro lado, por mais que exista todo um complexo sistema recursal, há indiscutivelmente sentenças transitadas em julgado com mais de dois anos que são patentemente inconstitucionais e até absurdas.

Assim, pergunta-se: se todo ato estatal deve guardar obediência à Lei Fundamental, nesse gênero estariam as decisões judiciais, inclusive aquelas transitadas em julgado?

Sendo a coisa julgada inspirada pela segurança jurídica, princípio também consagrado pela *Lex Mater*, deve a decisão prevalecer ainda que viole norma constitucional?

Existe proteção específica ao instituto da coisa julgada na Constituição Federal de 1988?

Como se indaga na doutrina brasileira, verificando-se que uma decisão judicial transitada em julgado maltrata a Constituição, seja porque resolveu a lide aplicando lei posteriormente declarada inconstitucional, seja porque deixou de aplicar determinada lei, legítima, por entendê-la inconstitucional ou, ainda, porque deliberou contrariamente à regra ou princípio contemplado na Carta Magna, poderá essa decisão ser objeto de controle?

Por fim, importante perguntar: em confronto os postulados da supremacia constitucional, da segurança jurídica e da justiça, qual deverá prevalecer?

Esses e outros questionamentos constituem o móvel deste estudo. Visa-se com isso provocar a reflexão para um desafio que se impõe aos operadores do Direito, que é a existência da coisa julgada inconstitucional.

2. A teoria da relativização da coisa julgada inconstitucional

2.1. Evolução histórica no Brasil

Determinado indivíduo foi declarado pai de uma criança, em época que não havia exame de ácido desoxirribonucléico — DNA, com base em provas testemunhais, indícios e presunções. A sentença transitou em julgado. Transcorreu o biênio decadencial da ação rescisória.

Anos mais tarde, o "declarado pai", por meio de exame de DNA, conseguiu provar, com 99,99% de certeza, que não era o ascendente do agora adolescente garoto.

Ajuizada ação declaratória de inexistência de paternidade, o caso chegou ao Superior Tribunal de Justiça.

Em maio de 1998, a 3ª Turma do Superior Tribunal de Justiça proferiu o seguinte acórdão:

> "1. Seria terrificante para o exercício da jurisdição que fosse abandonada a regra absoluta da coisa julgada... Se, fora dos casos nos quais a própria lei retira a força da coisa julgada, pudesse o magistrado abrir as comportas dos feitos já julgados para rever as decisões, não haveria como vencer o caos social que se instalaria. A regra do art. 468 do Código de Processo Civil é libertadora. Ela assegura que o exercício da jurisdição completa-se com o último

julgado, que se torna intangível, insuscetível de modificação. E a sabedoria do código é revelada pelas amplas possibilidades recursais e, até mesmo, pela abertura da via rescisória naqueles casos precisos que estão elencados no art. 485.

2. Assim, a existência de um exame pelo DNA posterior ao feito já julgado, com decisão transitada em julgado, reconhecendo a paternidade, não tem o condão de reabrir a questão com uma declaratória para negar a paternidade, sendo certo que o julgado está coberto pela certeza jurídica conferida pela coisa julgada"[252].

A segurança jurídica da coisa julgada prevaleceu sobre a verdade dos fatos, sobre a Constituição Federal e sobre a justiça. Mas era o início, no Brasil, do movimento de relativização da coisa julgada inconstitucional.

A improcedência da pretensão e a opção do Superior Tribunal de Justiça pela intangibilidade absoluta da coisa julgada apenas serviram para descortinar uma verdade sempre relegada pelos dogmas do formalismo: era preciso aperfeiçoar o sistema, redimensionar o instituto, repensar os valores, promover a justiça.

Diversos artigos, ensaios e obras passaram a criticar a decisão do Tribunal Superior e o entendimento tradicional sobre o tema, inspirando uma reflexão e exigindo dos processualistas uma resposta para corrigir essa distorção do sistema. O formalismo havia ultrapassado seu caráter instrumental.

Outros casos confrontando a coisa julgada e a Constituição foram surgindo e acirrando o debate, que provou não ser apenas uma situação restrita à investigação de paternidade e o exame de DNA, mas sim inerente a todo e qualquer ramo do Direito, como foi o caso de questões envolvendo matéria tributária e, com incômoda freqüência, a multiplicidade e superposição de sentenças transitadas em julgado condenando o Poder Público a indenizar a mesma área expropriada, mais de uma vez, ao mesmo proprietário.

Em um desses casos envolvendo desapropriação, o Desembargador aposentado e Professor Humberto Theodoro Júnior foi chamado a exarar parecer para a Procuradoria-Geral do Estado de São Paulo. Já não cabia mais ação rescisória. Nada obstante, o ilustre Doutor mineiro defendeu o cabimento de impugnação ordinária para afastar a manifesta e intolerável

---
[252] STJ, 3ª Turma, REsp 107.248/GO, rel. Min. Carlos Alberto Menezes Direito, Ac. 7-5-1998, *RSTJ*, 113/217.

erronia praticada pela Justiça e imortalizada pela coisa julgada flagrantemente inconstitucional.

Em julgamento de recurso especial, o parecer foi acolhido pelo Superior Tribunal de Justiça[253].

O Relator do caso, Ministro José Delgado, desenvolveu em trabalho doutrinário o tema debatido no acórdão[254].

Nas ações de investigação de paternidade, as decisões judiciais também passaram a reconhecer, com até certa unanimidade, o direito de se relativizar a coisa julgada constituída sem a prova do exame de DNA, quando com esta se mostrasse contraditória.

Ao mesmo passo que os Tribunais reconheciam a teoria da coisa julgada inconstitucional, a doutrina brasileira intensificava os debates acerca do tema, definindo o significado, imprimindo seus limites, estabelecendo sugestões *de lege ferenda* e até inspirando a produção normativa. Assim, o Poder Executivo, em 28 de julho de 2000, editou a Medida Provisória n. 1.984-20, que acrescentou o parágrafo único ao art. 741 do CPC[255], transportando, pelo menos em parte, a relativização da coisa julgada material inconstitucional do mero plano teórico do Direito para o sistema normativo positivado do diploma processual.

A teoria da relativização da coisa julgada inconstitucional havia conquistado o direito brasileiro.

2.2. *A segurança jurídica da coisa julgada e a supremacia da constituição: ponderação de interesses para a promoção da justiça*

2.2.1. *Os princípios e o ordenamento jurídico*

A importância dos princípios em um ordenamento jurídico pode ser dividida em três fases distintas.

Em um primeiro momento, acreditava-se que os princípios gerais de direito derivavam da razão, do ideal de justiça e do senso comum.

---

[253] STJ, 1ª Turma, REsp 240.712/SP, rel. Min. José Delgado, Ac. 15-2-2000, *DJ*, 24-4-2000, p. 38.

[254] DELGADO, José Augusto. Pontos polêmicos das ações de indenização de áreas naturais protegidas — Efeitos da coisa julgada e os princípios constitucionais. *Revista de Processo,* São Paulo: Revista dos Tribunais, n. 103, p. 31, jul./set. 2001.

[255] Mais tarde, a Lei n. 11.232/2006 praticamente manteve a mesma redação do art. 741, parágrafo único, fazendo, contudo, que o mesmo incidisse agora nos embargos à execução contra a Fazenda Pública.

Em um segundo estágio, os princípios passaram a ser previstos nos códigos e leis como de aplicação subsidiária, isto é, somente quando houvesse lacuna na lei. Esse pensamento inspirou, inclusive, a previsão do art. 4º da LICCl[256].

O terceiro evoluir dá-se com o movimento do pós-positivismo, pelo qual os princípios finalmente foram alçados à posição que sempre mereceram: a de norma fundamental do sistema jurídico, a inspirar e reger todo o ordenamento, não mais sendo considerada mera divagação filosófica[257].

A análise e a valoração dos princípios reputam-se indispensáveis ao estudo da teoria contemporânea do Direito, notadamente do sistema constitucional, pois *estamos em pleno período pós-positivista*, caracterizado pelo reconhecimento da *plena eficácia jurídica dos princípios constitucionais*[258], que são responsáveis por dar suporte de validade ou não às demais normas positivadas.

Hodiernamente, mais do que nunca, é preciso entender os princípios e se valer deles para interpretar as normas jurídicas e até mesmo afastá-las, quando contrariarem postulados de órbita constitucional, tendo em vista que, nessa hipótese, a regra positivada não terá substrato de validade.

2.2.2. O inevitável e indispensável diálogo entre os princípios constitucionais em função da ponderação de interesses

Quando duas regras jurídicas positivadas são conflitantes, Ronald Dworkin ensina que se deve aplicar para a solução do conflito aparente de normas o critério do tudo ou nada (*all or nothing fashioned*)[259]. Assim, não sendo possível aplicar duas regras distintas para o mesmo caso concreto, por serem incompatíveis entre si, para uma delas haverá incidência e a outra será rechaçada do ordenamento.

---

[256] "Art. 4º Quando a lei for omissa, o juiz decidirá o caso de acordo com a analogia, os costumes e os princípios gerais de direito" (Dec.-Lei n. 4.657, de 4-9-1942). Regra semelhante pode ser encontrada no art. 16 do Código Civil argentino, no art. 19 do Código Civil mexicano e no art. 12 do Código Civil italiano.

[257] No mesmo sentido, BERALDO, Leonardo de Faria. A relativização da coisa julgada que viola a Constituição. In: NASCIMENTO, Carlos Valder do (coord). *Coisa julgada inconstitucional*. 3. ed. Rio de Janeiro: América Jurídica, 2004, p. 139.

[258] BONAVIDES, Paulo. *Curso de direito constitucional*. 16. ed. São Paulo: Malheiros, 1999, p. 95.

[259] *Apud* PORTO, Sérgio Gilberto. Cidadania processual e relativização da coisa julgada. *Revista Síntese de Direito Civil e Processual Civil*, Porto Alegre: Síntese, n. 22, p. 8, mar./abr. 2003.

Em se tratando de princípios, o critério do tudo ou nada não é aplicado[260]. Diante de um caso concreto que comporte a incidência de dois princípios constitucionais e estes indiquem soluções diferentes para a resolução da questão, a incidência de um deles se fará com mais presença enquanto a do outro permanecerá atuando, porém apenas na função de garantia, de limitação ou de contrapeso.

Na verdade, os princípios influenciam-se reciprocamente, definindo seus limites, sua abrangência e garantindo uma convivência harmônica dentro de um sistema constitucional contemporâneo que não mais tolera qualquer forma de absolutismo das regras ou dos princípios, sendo marcado caracteristicamente pela relatividade[261], não sendo nem mesmo os direitos e garantias fundamentais absolutos[262].

A essa interdependência ou "simbiose principiológica" propõe-se a denominação *diálogo*[263] *entre os princípios constitucionais*. Esse diálogo, por sua vez, deve ser pautado por quatro regras fundamentais: a) a unidade da Constituição, ou seja, a interpretação sistemática da Carta Magna; b) a máxima efetividade da Constituição (quando houver mais de uma forma de interpretar a norma, deve o exegeta adotar aquela que garanta máxima efetividade); c) a concordância prática ou harmonização (estando em jogo dois ou mais valores constitucionais, deve-se buscar o caminho que garanta a sobrevivência de ambos); e, por fim, d) a ponderação dos interesses, pela qual são solucionadas as falsas antinomias entre princípios constitucionais aplicáveis em um caso concreto.

2.2.3. O princípio da segurança jurídica

A segurança, em sentido amplo, é uma necessidade antropológica do homem que, para conduzir e planejar sua vida, busca, com o mínimo

---

[260] BERALDO, Leonardo de Faria. A relativização da coisa julgada que viola a Constituição, cit., p. 142.

[261] Nesse sentido, por todos, FERREIRA FILHO, Manoel Gonçalves. *Direitos humanos fundamentais*. 2. ed. São Paulo: Saraiva, 1998, p. 27.

[262] Nem mesmo o direito à vida é absoluto. *Vide* a legítima defesa (art. 23 do CP) e a pena constitucional de morte, em caso de guerra declarada (art. 5º, XLVII, da CF/88).

[263] "Diálogo: 1 fala em que há a interação entre dois ou mais indivíduos. 2 contato e discussão entre duas partes em busca de um acordo. (...) 8 troca de idéias, discussão de pontos de vista (...)" (HOUAISS, Antônio; VILLAR, Mauro de Salles; FRANCO, Francisco Manoel de Mello. *Dicionário Houaiss da língua portuguesa*. Rio de Janeiro: Objetiva, 2001, p. 1031).

de previsibilidade, saber no que confiar e no que se ater, amenizando, dessa forma, suas inquietudes e medos, oriundos da incerteza nas relações sociais[264].

Inegável, desse modo, que a segurança das relações jurídicas, principalmente do indivíduo em relação ao Estado, é uma das maiores conquistas do Estado Democrático de Direito.

Nem sempre, contudo, foi assim. A luta pela segurança foi um dos principais motores da história jurídica. O fenômeno da institucionalização do Direito revelou-se, desde a Antigüidade, como conquista dos povos na busca pela limitação dos poderes e das conseqüentes arbitrariedades no seu exercício.

Dos muitos marcos históricos que representaram importantes avanços, destacamos a *Magna Charta Libertatum*, documento conquistado pelos barões feudais saxônicos junto ao rei João Sem Terra, no limiar do século XII.

O reconhecimento, entretanto, do *status* jurídico do princípio da segurança jurídica e, mais especificamente, de sua hierarquia constitucional, somente se deu após percorrer longo caminho, tendo sido sua eficácia reconhecida primeiramente no âmbito do direito privado, onde sua manifestação era, e ainda o é, adotada na seara contratual pela observância do princípio da confiança, e, principalmente, nos institutos da prescrição e da decadência.

Após, no direito administrativo, o postulado da segurança passou a ser inspirador da busca de maior estabilidade dos atos administrativos que conferem direitos, mediante, principalmente, a formulação do instituto da autotutela dos atos administrativos viciados, da teoria do agente de fato e do respeito à boa-fé dos administrados. É, inclusive, justamente no âmbito do direito administrativo que a segurança passa a ser reconhecida como verdadeiro princípio constitucional, pela jurisprudência das Cortes Constitucionais da Alemanha e da Espanha.

Atualmente, não há dúvida de que a segurança jurídica é um princípio constitucional, inclusive com previsão expressa no *caput* do art. 5º e no preâmbulo da CF/88.

---

[264] MOREIRA NETO, Diogo de Figueiredo. *Curso de direito administrativo.* 12. ed. Rio de Janeiro: Forense, 2001, p. 81.

Mas qual viria a ser o conceito de segurança jurídica? Para o constitucionalista argentino Jorge Reinaldo Vanossi, a segurança jurídica consiste no "conjunto de condições que tornam possível às pessoas o conhecimento antecipado e reflexivo das conseqüências diretas de seus atos e de seus fatos à luz da liberdade reconhecida"[265].

A segurança jurídica representa a inexistência de surpresas nas relações jurídicas consolidadas. Traduz-se na despreocupação com o que passou e representa a paz de espírito do indivíduo após ter sido definida a situação em que finalmente se encontra.

Um dos maiores instrumentos jurídico-processuais de garantia da segurança jurídica é o instituto da coisa julgada. Aliás, é indissociável a existência da última, senão em função da primeira. Não é válida a assertiva extrema de que a coisa julgada não teria qualquer preocupação com a justiça e que seu único objetivo seria a segurança jurídica. Prefere-se ilustrar a coisa julgada como o *soldado* de uma causa: a não-eternização dos conflitos.

Reimprimindo o atrás escrito, reconhece-se na segurança jurídica uma das mais bem derramadas gotas de suor do movimento constitucionalista. Deveras, não há Estado de Direito sem a segurança do Direito. Indiscutível esse ponto. É preciso, no entanto, debater os valores que nos são caros sem a lente do dogmatismo, que acaba por tornar frágeis os princípios, tendo em vista que estes, se tornados absolutos, funcionam mal.

2.2.4. *O princípio da constitucionalidade ou da supremacia constitucional*

O princípio da supremacia constitucional significa encontrar-se a Constituição no vértice do sistema jurídico do Estado. Ela representa o fundamento de validade de todas as demais normas e atos públicos ou privados. É a Carta Magna que legitima (justifica) ou ilegitima (invalida) todo e qualquer ato estatal ou particular.

A importância do princípio da constitucionalidade é extensa. Em verdade, não há Estado Democrático de Direito sem uma Constituição que seja soberana em relação ao restante do ordenamento.

A idéia de supremacia da Constituição vem desde o início do constitucionalismo moderno, no final do século XVIII, representando inclusive um dos valores defendidos na Revolução Francesa.

---

[265] *El Estado de Derecho en el constitucionalismo social*. Buenos Aires: Universitária, 1982, p. 30. Apud SILVA, José Afonso da. *Curso de direito constitucional positivo*. 23. ed. São Paulo: Malheiros, 2003, p. 37.

O princípio da constitucionalidade era visto — e efetivamente mostrou-se que com razão — como único meio de assegurar aos indivíduos os direitos e liberdades arduamente conquistados e que haviam sido finalmente insculpidos em um documento a que chamaram de Constituição.

A *Lex Fundamentalis* ou Magna Carta não seria fundamental nem magna se não houvesse o princípio da constitucionalidade.

Por tal razão e, a fim de assegurar a supremacia da Constituição, todos os Estados Democráticos de Direito contemplam mecanismos de controle da constitucionalidade dos atos emanados do Poder Público, por meio de um sistema de justiça constitucional[266].

Tradicionalmente, contudo, conceitua-se o princípio da constitucionalidade como sendo a supremacia da Constituição em relação às demais espécies *normativas*. Trata-se de definição correta, porém indiscutivelmente incompleta. Em verdade, *todo e qualquer ato estatal e particular deve ser compatível com a Lei Maior*. Como já dito, na ordem interna, nada nem ninguém escapam à Constituição.

O respeito a esse princípio da supremacia tem, a cada dia, ganhado mais força, ampliando, via de conseqüência, o âmbito do controle de constitucionalidade dos atos estatais. Nesse sentido, destaca-se a pacificação no entendimento do Supremo Tribunal Federal de que cabe o exame, pelo Poder Judiciário, da constitucionalidade ou não de proposições ainda em tramitação legislativa, por meio de Mandado de Segurança interposto por Parlamentar[267]. Com efeito, não se trata ainda de ato normativo, mas de mero projeto.

É importante, ademais, recordar o posicionamento doutrinário de que a Argüição de Descumprimento de Preceito Fundamental (ADPF) pode ter por objeto atos concretos[268], sem caráter normativo, que haverão de ser impugnados caso estejam em desconformidade com a Constituição.

---

[266] MORAES, Alexandre de. *Jurisdição constitucional e tribunais constitucionais*. São Paulo: Atlas, 2000, p. 31.

[267] Por todos, confira-se o seguinte acórdão do STF sobre o tema: MS 22183, Pleno, data do julgamento: 5-4-1995.

[268] "Qual é esse objeto? Em primeiro lugar, atos concretos, sem caráter normativo, pois, como já se observou, descumprimento é ato que ocorre no mundo dos fatos. Ocorre não propriamente quando se legisla, mas quando se aplica regra inconstitucional" (TESHEINER, José Maria. Notas sobre a argüição de descumprimento de preceito fundamental. *Revista Jurídica*, Porto Alegre: PUC, p. 18, maio 2001).

Nesse talante, ao tratar do objeto da então recentemente regulamentada ADPF, já tivemos oportunidade de anotar:

> "Como a Lei não especificou sua natureza, o ato lesivo do Poder Público pode ser tanto atos normativos como atos concretos (...) Com a argüição fica criado o controle de constitucionalidade de atos não normativos[269]".

Não se pode mais conceber, portanto, que os atos estatais jurisdicionais estejam imunes a um amplo controle de sua constitucionalidade, sujeitando-se ao princípio da supremacia da Carta Magna. Afinal, do mesmo modo como acontece com as demais funções do Estado[270], os tribunais podem desenvolver uma atividade geradora de situações patológicas, proferindo decisões que desrespeitem os direitos fundamentais ou cujo conteúdo viole outros dispositivos da Constituição Federal[271].

Nesse caso, constatando-se que uma decisão judicial transitada em julgado ofende a Constituição, não poderá essa decisão ser objeto de controle? O princípio da supremacia constitucional deverá prevalecer ou será afastado? Se for afastado, qual o fundamento que legitima tal ressalva? Qual a razão para o caráter supremo da Constituição possuir uma exceção relacionada a uma manifestação do Poder Judiciário?

2.2.5. *A coisa julgada e o ideal da Justiça*

Por fim, cumpre tecermos algumas observações acerca da relação entre o princípio da segurança jurídica e o chamado ideal da Justiça. Freqüentemente faz-se referência a uma dita confrontação entre a segurança e a justiça, tomando-os como valores que se contrapõem na ordem jurídica, de forma que, em determinadas ocasiões, diz-se que prevalece um em detrimento do outro e vice-versa.

Não é possível comungar desse entendimento. Embora possa ser registrada, em determinadas situações, eventual tensão entre a rigidez da segurança jurídica e o ideal de justiça, não parece correto conceber um total antagonismo entre os dois postulados, como se a segurança buscasse

---

[269] BESSA, Indra Mara; CAVALCANTE, Márcio André Lopes. Estudo sobre a argüição de descumprimento de preceito fundamental. *Revista Jurídica Amazonense*, Manaus: PGE/IPAAM, n. 7, p. 116, 1998.

[270] Tradicionalmente chamados de "Poderes do Estado".

[271] OTERO, Paulo. *Ensaio sobre o caso julgado inconstitucional*. Lisboa: Lex, 1993, p. 32.

atingir objetivos totalmente distintos e opostos à eqüidade. Ademais, afigura-se contraditório tentar conceber uma justiça efetiva sem o mínimo de segurança, da mesma forma que esta não pode realizar-se plenamente se não atende aos valores de eqüidade e justiça. Ilustram bem esse entendimento as sábias palavras de Paulo Nader, *verbis*:

> "A justiça é o valor supremo do Direito e corresponde também à maior virtude do homem. Para que ela não seja apenas uma idéia e um ideal, necessita de certas condições básicas, como a da organização social mediante normas e do respeito a certos princípios fundamentais; em síntese, a justiça pressupõe o valor segurança. Apesar de hierarquicamente superior, a justiça depende da segurança para produzir os seus efeitos na vida social. Por este motivo se diz que a segurança é um valor fundante e a justiça um valor fundado. Daí Wilhelm Sauer ter afirmado, em relação ao Direito, que 'a segurança jurídica é a finalidade próxima; a finalidade distante é a justiça'"[272].

Tal constatação também não escapou à percepção do saudoso Doutor Celso Bastos:

> "A própria segurança jurídica busca a realização da justiça. Na medida em que não há nenhuma segurança, é praticamente certa a ausência também da justiça. O que ocorre é que nem todo Direito seguro será inexoravelmente um Direito justo. Reconhece-se, pois, que o princípio da segurança jurídica exerce um papel mínimo, posto que sem ele não será possível realizar os demais elementos, tais como a justiça, a liberdade, a igualdade, etc."[273].

Dessa forma, parece evidente que, em vez de uma contraposição entre o princípio da segurança jurídica e a justiça, estes postulados dialogam entre si, ditando uma relação de verdadeira complementaridade e interdependência, já que, em essência, "a plenitude do cumprimento do objetivo de cada um não prescinde de um respeito mínimo ao do outro"[274].

---

[272] *Introdução ao estudo do direito*. Rio de Janeiro: Forense, 1997, p. 139.

[273] *Hermenêutica e interpretação constitucional*. 2. ed. São Paulo: Celso Bastos Editor: Instituto Brasileiro de Direito Constitucional, 1999, p. 32.

[274] SILVA, Bruno Boquimpani. O princípio da segurança jurídica e a coisa julgada inconstitucional. *Mundo Jurídico*. São Paulo, 2002. Disponível em: <www.mundojuridico.adv.br>, p. 9. Acesso em 14-5-2006.

A busca da justiça não precisa prescindir da segurança jurídica; mas esta não tem razão de existir, senão em função da justiça!

2.2.6. *A intangibilidade do instituto da coisa julgada é um princípio constitucional?*

Não. A *intangibilidade* do instituto da coisa julgada não é um princípio constitucional. Resulta apenas de norma prevista no Código de Processo Civil (art. 474).

A coisa julgada, de fato, recebe proteção tanto constitucional como infraconstitucional.

No âmbito constitucional, a Carta Magna consagra a seguinte garantia fundamental: "a lei não prejudicará o direito adquirido, o ato jurídico perfeito e a coisa julgada" (art. 5º, XXXVI).

O Juiz Federal Paulo Roberto de Oliveira Lima ensina que a simples leitura do referido inciso poderia conduzir a duas interpretações distintas, quais sejam:

> "A) 'A lei não pode prejudicar a coisa julgada', ou seja, a lei não pode atribuir ao instituto da coisa julgada estrutura e limites que lhe emprestem menor amplitude. (...) Assim, seria inconstitucional toda disposição infraconstitucional que de qualquer forma diminuísse a importância do instituto, reduzisse sua incidência ou dificultasse sua formação. Por muito maior razão seria inconstitucional o dispositivo que admitisse o ataque à coisa julgada, criando remédio jurídico-processual hábil a desconstituí-la. *Enfim, por esta interpretação, a Constituição protegeria o instituto da coisa julgada.*
>
> B) 'A lei não pode prejudicar a coisa julgada', ou seja, a lei não pode alterar o conteúdo do julgado, após a formação da coisa julgada. Editada a sentença sobre determinado caso concreto, é irrelevante que a lei disciplinadora do tema seja alterada, dado que a solução prescrita pela sentença, ainda que tenha de produzir seus efeitos no futuro, é intocável, não se lhe podendo opor comando diferente, ainda que editado por lei. O bem jurídico da 'quietude', da 'segurança' e da 'paz' foi valorizado de tal forma pelo legislador constituinte, que este interditou ao legislador ordinário editar normas agressoras a casos já decididos pelo Judiciário. Nova disciplina jurídica do fato somente incidirá para os casos não julgados. Assim,

seria marcadamente inconstitucional o dispositivo que desobrigasse os devedores de pagar aos credores (moratória), na parte em que eventualmente estabelecesse sua aplicação aos casos julgados. *Enfim, por esta interpretação, a Constituição protegeria o teor do julgado*" (destacou-se)[275].

Das duas exegeses gramaticais possíveis, aquela que melhor representa o espírito da Constituição é a segunda (item "B"). As razões que levam a tal conclusão são conferidas pela interpretação sistemática.

A proteção da coisa julgada foi estabelecida pela Lei Fundamental em um único dispositivo que trata também do direito adquirido e do ato jurídico perfeito, prescrevendo-lhes idêntico regime jurídico. Ora, indiscutível que o constituinte não tinha como objetivo resguardar o "instituto" do direito adquirido ou o "instituto" do ato jurídico perfeito. Em qualquer dos casos, o móvel foi o de impedir que lei nova pudesse alterar o direito consolidado, o ato jurídico celebrado ou a lide já definitivamente decidida.

O inciso XXXVI do art. 5º da CF/88 representa, assim, mais uma expressão das muitas facetas do princípio da irretroatividade da lei[276].

Conforme se observa, é possível concluir que a proteção constitucional da coisa julgada é menos ampla do que algumas vezes alardeia-se na doutrina. Dessa forma, a Constituição não veda a existência de restrições e de instrumentos de revisão e controle dos julgados. Tanto se mostra verdade essa afirmativa que a própria Magna Carta prevê os institutos da ação rescisória e da revisão criminal de maneira genérica, sem especificar, por exemplo, prazos, condições ou hipóteses para sua propositura.

Entendimento em esteira diversa levaria à inconstitucionalidade, por exemplo, do art. 741, I, do CPC, tendo em vista que a falta ou nulidade de citação no processo de conhecimento poderá ser alegada mesmo após o trânsito em julgado e o transcurso bienal da ação rescisória.

Concluindo que a intangibilidade da coisa julgada, no sistema jurídico pátrio, não encontra previsão na Constituição, mas tão-somente na lei (art. 474, CPC), forçoso assentar o seguinte: a imutabilidade da coisa julgada está abaixo das normas constitucionais. E não há de sacri-

---

[275] LIMA, Paulo Roberto de Oliveira. *Teoria da coisa julgada*. São Paulo: Revista dos Tribunais, 1999, p. 84-85.

[276] Podem ser citados outros panoramas do referido postulado presentes no Texto Constitucional: irretroatividade penal (art. 5º, XL); irretroatividade tributária (art. 150, III, *a*).

ficar qualquer dispositivo da Carta Magna para se manter intacto um comando de uma lei ordinária (Lei n. 5.869/73 — Código de Processo Civil).

2.3. O diálogo da supremacia constitucional e da segurança jurídica por meio da ponderação de interesses

Verificados os conceitos, a amplitude e, principalmente, a relevância dos princípios da supremacia constitucional e da segurança jurídica, indispensável examinar, nesse momento, a aparente concorrência que haveria entre eles no desenvolvimento da teoria da coisa julgada inconstitucional.

Ambos são princípios constitucionais e indispensáveis ao Estado Democrático de Direito. O que fazer se parecem não transigir na solução de um caso concreto? A coisa julgada, que existe em função da segurança jurídica, há de ser afastada se contraria a supremacia da Constituição?

Como já exaustivamente discorrido, os princípios constitucionais não se excluem, não se flagelam. Em verdade, harmonizam-se, aperfeiçoam-se, equilibram-se, por meio do diálogo.

E a esse diálogo é imprescindível a atuação do princípio da proporcionalidade ou razoabilidade (*verhältnismässigkeitsprinzip*)[277].

A razoabilidade/proporcionalidade é entendida como princípio implícito da Constituição Federal de 1988, podendo ser extraída do devido processo legal (art. 5º, LIV) e da condição de Estado Democrático de Direito (art. 1º).

A doutrina norte-americana reconhece o princípio da proporcionalidade como sendo um dos aspectos do *substantive due process of law* (devido processo legal substancial). O direito alemão, contudo, também deu sua contribuição ao tema decompondo a proporcionalidade em três subprincípios: a) adequação; b) necessidade (ou exigibilidade); e c) proporcionalidade em sentido estrito[278].

---

[277] Alguns autores esforçam-se em buscar distinções entre os princípios da proporcionalidade e da razoabilidade, aqui expostos como sinônimos. Com a devida vênia pela opção acadêmica diversa, trata-se de minudência que apenas serve para esvaziar a força e amplitude do princípio em questão.

[278] SARMENTO, Daniel. *A ponderação de interesses na Constituição Federal*. Rio de Janeiro: Lumen Juris, 2002, p. 87-90.

Na adequação, verifica-se a idoneidade da medida ou interpretação escolhida para a consecução da finalidade perseguida pelo Estado.

Em um segundo momento, constatada a adequação, urge questionar se a medida ou interpretação é a menos severa para a promoção do mesmo resultado (necessidade ou exigibilidade). Assim, a opção do aplicador/exegeta deve ser feita pelos meios menos prejudiciais aos direitos e garantias dos cidadãos e da coletividade como um todo.

Por fim, a medida ou interpretação, constatada adequada e necessária, haverá de ser submetida à ponderação entre os interesses protegidos com a escolha feita e os eventuais prejudicados com a opção. Trata-se da proporcionalidade em sentido estrito. Dessa forma, o ônus imposto pela medida ou interpretação deve ser inferior ao benefício por ela engendrado, sob pena de inconstitucionalidade.

Essa é a *teoria da ponderação de interesses*, adaptada para a sua aplicação no diálogo entre os princípios constitucionais[279].

A técnica da ponderação de interesses logo ganhou ressonância na Corte Suprema brasileira, possibilitando ao julgador ampliar o campo de ação para a resolução de conflitos e permitindo a harmonização dos bens constitucionalmente protegidos, de forma a resguardar a Constituição, fazendo a justiça no caso concreto.

Em famoso julgamento, a ponderação de interesses foi utilizada pelo Supremo Tribunal Federal[280]. Tratou-se de questão envolvendo a cantora mexicana Glória Trevi, que, presa preventivamente para posterior extradição, teria sido, supostamente, vítima de crime sexual nas dependências da Polícia Federal, acusando agentes federais pelo ato.

Na oportunidade, o STF entendeu por conhecer, como reclamação (a custodiada estava sob sua jurisdição em razão da extradição), o pedido formulado contra decisão de juiz federal de primeira instância:

"(...) que autorizava a coleta da placenta de extraditanda grá-

---

[279] A teoria da ponderação de interesses foi desenvolvida com maestria, no Brasil, pelo Doutor da Universidade Estadual do Rio de Janeiro Daniel Sarmento. Em sua obra (-prima, diga-se), o Professor fluminense teoriza a ponderação de interesses para o exercício do controle legítimo sobre o mérito dos atos administrativos e legislativos.

[280] O exemplo é analisado em excelente artigo do brilhante Procurador da República Edmilson da Costa Barreiros Júnior (O Ministério Público e a ponderação de interesses: um alerta para uma postura institucional da efetivação de um Estado Democrático de Direito. *Revista do Ministério Público do Estado do Amazonas*, Manaus: Ministério Público do Estado do Amazonas, v. 2. *passim*, jan./dez. 2002).

vida, após o parto, para a realização de exame de DNA com a finalidade de instruir inquérito policial instaurado para a gravidez da mesma, que teve início quando a extraditanda já se encontrava recolhida à carceragem da Polícia Federal (...)".

No mérito, o Pretório Excelso concluiu que:

> "*Fazendo a ponderação dos valores constitucionais contrapostos, quais sejam, o direito à intimidade e à vida privada da extraditanda, e o direito à honra e à imagem dos servidores e da Polícia Federal como instituição* — atingidos pela declaração de a extraditanda haver sido vítima de estupro carcerário, divulgada pelos meios de comunicação —, o Tribunal afirmou a prevalência do esclarecimento da verdade quanto à participação dos policiais federais na alegada violência sexual, levando em conta, ainda, que o exame de DNA acontecerá sem invasão da integridade física da extraditanda ou de seu filho" (destacou-se)[281].

Para o tema em discussão, diante do aparente conflito entre dois princípios do Estado Democrático de Direito, quais sejam, o princípio da constitucionalidade e da segurança jurídica, a solução da questão passa, necessariamente, pela atuação da proporcionalidade, especialmente no aspecto referente à ponderação dos interesses envolvidos.

Assim, que tal enfim enfrentar a problemática central: *a coisa julgada inconstitucional há de ser relativizada?*

Quanto à adequação, entende-se que o afastamento de decisões flagrantemente ilegítimas, em respeito à supremacia da Constituição e em resguardo a toda carga de valores de justiça nela contidos, representa medida idônea para a consecução dos fins buscados pelo Estado brasileiro. A relativização da coisa julgada para fazer erigir, por exemplo, a dignidade da pessoa humana traduz com fidelidade o espírito do constituinte, devendo, portanto, ser perseguido por todos, operadores *do Direito*, que tanto lutam para acrescentar essa designação ao lado do Estado.

Verificada a adequação da teoria, a etapa exegética e axiológica seguinte consiste em perquirir se a relativização é a medida menos severa para a promoção do resultado (necessidade ou exigibilidade).

---

[281] STF, Informativo 257, Rcl 2.040-DF, rel. Min. Néri da Silveira, 21-2-2002.

O fim buscado pela teoria revisionista é a preservação da supremacia constitucional, notadamente dos direitos e garantias nela esculpidos e que correspondem a melhor e mais objetiva noção de justiça que se pode imprimir em um ordenamento positivado. E o meio de obtê-lo — qual seja, a desconstituição da coisa julgada — é plenamente necessário e até impositivo diante do princípio da constitucionalidade. É a relativização que vai promover a subsistência, *in casu*, dos direitos e garantias dos cidadãos e da coletividade, previstos na Carta Magna.

Por fim, resta o grande exercício: ponderar os interesses envolvidos, quais sejam o princípio da constitucionalidade e o da segurança jurídica.

A coisa julgada existe para que os conflitos não se perpetuem no tempo. Dessa forma, em algum momento, o jurisdicionado terá certeza de que a solução para o caso será aquela e nenhuma outra mais. Esse é o aspecto que a segurança jurídica revela. E é indispensável, imprescindível, de relevância inquestionável.

Sobreleva ressaltar, contudo, que esse apego à intangibilidade da coisa julgada, levada ao extremo, ao tentar preservar a segurança jurídica, termina por gerar efeito inverso, produzindo ainda mais insegurança ao permitir que decisões absurdas ou patentemente injustas subsistam. Será possível persistir no reconhecimento de força absoluta à coisa julgada mesmo quando esta atenta contra a moralidade, contra a legalidade, contra os princípios maiores da Constituição Federal e contra a realidade imposta pela natureza? Não, e é em respeito também à própria segurança jurídica que assim se conclui.

Como visto à saciedade, a Constituição fundamenta todo o ordenamento de um Estado Democrático de Direito, trazendo a previsão dos direitos e garantias individuais. É nela que se assenta a paz dos cidadãos por saberem que nada e nem ninguém pode ir de choque ao que nela está consagrado.

O povo pode repousar tranqüilo por saber que sua casa é inviolável; que só poderá ser preso em flagrante ou por ordem judicial ou ainda por estar certo de que não terá que pagar amanhã um imposto criado hoje. Isso é segurança! Em verdade, não há dúvidas de que *o maior instrumento de segurança jurídica de um Estado é sua Constituição, rígida e suprema.*

Permitir que uma decisão transitada em julgado eternize uma ofensa à Carta do Povo, por certo há de gerar mais insegurança que a reabertura, segundo critérios objetivos e em hipóteses excepcionais, de um caso julgado.

Em homenagem ao princípio da constitucionalidade, ao fundamento da dignidade da pessoa humana, aos direitos e garantias fundamentais, à Carta Magna como um todo, e em garantia da própria segurança jurídica, é que se defende a relativização da coisa julgada que ofenda a Constituição Federal.

2.4. Hipóteses de coisa julgada inconstitucional

Podem ser apontadas três espécies de coisa julgada inconstitucional:

a) decisão proferida com base em norma posteriormente declarada inconstitucional, em controle concentrado;

b) decisão baseada na não-incidência de determinada norma, porque considerada inconstitucional *incidenter tantum*, e posteriormente reconhecida constitucional, em controle concentrado;

c) decisão que deliberou contrariamente à regra ou princípio diretamente contemplado na Constituição Federal.

2.4.1. Decisão proferida com base em norma posteriormente declarada inconstitucional, em controle concentrado

Trata-se, no caso, de determinada decisão judicial fundamentada em lei ou ato normativo que vem a ser, posteriormente, reconhecido inconstitucional, em controle concentrado de constitucionalidade.

A decisão baseou-se em comando normativo que contraria a Constituição. Conseqüentemente, a solução apontada na sentença (a norma jurídica concreta) revela-se igualmente inconstitucional. Em *ultima ratio*, a coisa julgada — situação jurídica do conteúdo da sentença — é ilegítima[282].

A relativização da coisa julgada, nessa hipótese, ocorre sempre que o Supremo Tribunal Federal, ao julgar inconstitucional a norma, em controle abstrato, conferir a decisão com efeitos retroativos (*ex tunc*), alcançando, portanto, também a *res judicata* ilegítima que não pode deixar de sucumbir diante da ofensa à Carta Constitucional reconhecida, ainda que indiretamente, pelo guardião da Constituição Federal.

Ressalte-se que o efeito *ex tunc* da declaração final de inconstitucionalidade em controle concentrado é a regra em nosso sistema norma-

---

[282] Essa espécie de coisa julgada inconstitucional é bastante comum em matéria tributária, como lembra FISCHER, Octavio de Campos. Problemas de processo judicial tributário. In: ROCHA, Valdir de Oliveira (coord.). *Coisa julgada inconstitucional em matéria tributária*. São Paulo: Dialética, 2002, p. 259.

tivo. O art. 27 da Lei n. 9.868/99 prevê, no entanto, uma exceção, nos seguintes termos:

> "Art. 27. Ao declarar a inconstitucionalidade de lei ou ato normativo, e tendo em vista razões de segurança jurídica ou de excepcional interesse social, poderá o Supremo Tribunal Federal, por maioria de dois terços de seus membros, restringir os efeitos daquela declaração ou decidir que ela só tenha eficácia a partir de seu trânsito em julgado ou de outro momento que venha a ser fixado".

O artigo previsto confirma a eficácia *ex tunc*, prevendo a modulação dos efeitos em situações excepcionais.

Ressalte-se que, caso o Pretório Excelso entenda que a decisão de declaração de inconstitucionalidade da norma não deva operar efeitos retroativos, nesse caso reputa-se impossível cogitar de relativização da coisa julgada inconstitucional por essa hipótese, tendo em vista que terá havido a expressa manutenção de alguns efeitos do ato normativo reconhecido ilegítimo.

2.4.2. Decisão baseada na não-incidência de determinada norma, porque considerada inconstitucional incidenter tantum, e posteriormente reconhecida constitucional, em controle concentrado

Ao declarar uma lei ilegítima, o magistrado, em exercício exegético, cotejou a norma infraconstitucional com a Constituição, chegando ao entendimento de que havia uma incompatibilidade entre os dois textos, devendo, por tal razão, o primeiro — inferior — ser expurgado do ordenamento jurídico. Portanto, trata-se de, na prática, afirmar: *interpretando a lei e a Carta Magna, concluo que a primeira ofende a segunda.*

Se o Supremo Tribunal Federal, em julgamento de Ação Direta de Inconstitucionalidade ou de Ação Declaratória de Constitucionalidade, delibera que a referida norma é legítima, o que passa a se revelar inconstitucional é a decisão mencionada. É de sustentar tal posição por duas razões:

a) ou o julgador interpretou mal a Constituição e, por esse motivo, não respeitou a vontade soberana do povo-constituinte;

b) ou o julgador interpretou mal a lei em face da Constituição e, com essa hermenêutica, feriu transversalmente a Carta Magna e todo o sistema constitucional, ao declarar ausente de validade norma legítimamente elaborada, maltratando os princípios da legalidade, do devido processo legal legislativo, da presunção de legitimidade dos atos normativos e da própria separação dos poderes, que só encontra seus freios nas normas constitucionais.

Quanto à primeira hipótese (letra *a*) de violação da Constituição Federal, tem-se construída plena convicção de que se trata de razão a ensejar a relativização da coisa julgada, considerando que a violação se mostra direta. Acerca, contudo, da segunda, é de entender que essa mera transgressão indireta não é motivo suficiente para afastar tão caro princípio como o da segurança jurídica. Far-se-á considerações detalhadas com a devida conclusão sobre esse dilema mais à frente, ao se tratar da concepção objetiva da teoria da relativização da coisa julgada inconstitucional.

Conforme mencionado, o controle concentrado de constitucionalidade, realizado pelo Supremo Tribunal Federal, como regra apresenta eficácia retroativa. Destaca-se que tal realidade vale tanto para a ADIn, como para a ADC e ADPF. Tal regra pode ser excepcionalmente afastada no julgamento pelo voto de dois terços dos ministros. Caso ocorra essa mitigação da retroatividade, será inviável cogitar de relativização da coisa julgada inconstitucional por essa hipótese, tendo em vista que o STF terá manifestamente optado por manter as situações jurídicas já consolidadas.

2.4.3. *Decisão que deliberou contrariamente à regra ou princípio diretamente contemplado na Constituição Federal*

Trata-se aqui do caso em que o magistrado, ao aplicar as leis de constitucionalidade incontestada, atribui-lhe significado flagrantemente incompatível com os termos da Constituição, ou, então, simplesmente ignora a existência de norma da Carta Magna cuja aplicação se impunha nas circunstâncias do caso, "criando" uma situação jurídica (coisa julgada) írrita aos preceitos constitucionais vigentes.

O Ministro José Augusto Delgado[283], a fim de explicitar a relevância da questão, oferece muitos exemplos dessa hipótese. Destacam-se as seguintes sentenças que, segundo o eminente julgador do Superior Tribunal de Justiça, seriam inconstitucionais, ainda que transitadas em julgado: a expedida sem que o demandado tenha sido citado com as devidas ga-

---

[283] DELGADO, José Augusto. Efeitos da coisa julgada e os princípios constitucionais. In: NASCIMENTO, Carlos Valder do (coord.). *Coisa julgada inconstitucional*. 3. ed. Rio de Janeiro: América Jurídica, 2004, p. 56-59.

rantias; a ofensiva à soberania estatal; a violadora dos princípios guardadores da dignidade humana; a provocadora de anulação dos valores sociais e da livre-iniciativa; a que estabeleça, em qualquer tipo de relação jurídica, preconceito de origem, raça, sexo, cor, idade e quaisquer outras formas de discriminação; a que autorize a prática de tortura, tratamento desumano ou degradante de alguém; a que consagra a possibilidade de violação ao direito da intimidade, da vida, da honra e da imagem da pessoa; a que abra espaço para a quebra do sigilo da correspondência, sem observância dos requisitos constitucionais; a que estabeleça distinção entre brasileiros natos e naturalizados, além dos casos previstos na Constituição da República; a que ofenda, nas relações jurídicas de direito administrativo, os princípios da legalidade, da moralidade, da eficiência, da impessoalidade e da publicidade.

2.5. Natureza da decisão inconstitucional transitada em julgado

Cuida-se, neste tópico, de refletirmos acerca da natureza jurídica da decisão transitada em julgado e que viola a Constituição Federal. A indagação fulcral, que inspira o debate, reside em um ponto: *referida decisão é nula ou inexistente?*

No plano de existência examina-se o *ser*, isto é, a estrutura do ato, de acordo com a presença de elementos básicos, fundamentais, para que possa ser admitido. Verifica-se, em suma, se há o preenchimento das condições mínimas para que o ato possa ser considerado no mundo jurídico[284].

A decisão inexistente seria, portanto, aquela que não possui os elementos fáticos que a sua natureza supõe e exige como condição existencial, conduzindo a sua falta à impossibilidade de formação. Assim, frustrados tais elementos, a sentença simplesmente não existe na órbita jurídica, não podendo produzir, por conseguinte, qualquer efeito. *É a não-sentença*.

Como exemplos de sentenças inexistentes (ou para ser mais exato, "não-sentenças"), poderiam ser citadas as proferidas por quem não é juiz, as exaradas sem o pressuposto de um processo que pudesse sustentá-la e ainda aquelas a que faltassem a conclusão ou dispositivo[285].

---

[284] FARIAS, Cristiano Chaves de. *Direito civil:* parte geral. Salvador: JusPodivm, 2003, p. 367.

[285] Os exemplos são de: THEODORO JÚNIOR, Humberto; FARIA, Juliana Cordeiro de. A coisa julgada inconstitucional e os instrumentos processuais para seu controle. In: NASCIMENTO, Carlos Valder do (coord.). *Coisa julgada inconstitucional.* 3. ed. Rio de Janeiro: América Jurídica, 2004, p. 101.

A mera contrariedade do ato com a norma, seja qual for sua categoria, conduz à invalidade (nulidade ou anulabilidade), não tendo o condão de, apenas por isso, ensejar sua inexistência.

Dessa forma, presentes os elementos essenciais para a configuração de uma sentença, o ato decisório ofensivo a algum mandamento constitucional não deixará de existir como sentença.

Não se pode ter como não-ato uma sentença prolatada em processo regular e que tenha transitado em julgado, ainda que maculada por inconstitucionalidade. Nesse caso, a despeito do vício, os elementos materiais de existência, no plano do ser, podem estar todos presentes[286]. O que faz a sentença inconstitucional não produzir seus efeitos jurídicos é o fato de esta não encontrar substrato de *validade* na Constituição Federal, estando despida do que se propõe denominar "justificação jurídico-constitucional".

É de entender, de tal sorte, que a decisão inconstitucional transitada em julgado é nula e não inexistente.

Defendendo o vício de validade da coisa julgada inconstitucional, encontra-se um dos idealizadores da teoria da relativização no direito luso, Professor Doutor Paulo Otero, para quem:

> "(...) os actos jurisdicionais, isto é, que sejam praticados por um juiz no exercício das suas funções, obedecendo aos requisitos formais e processuais mínimos, que violem direitos absolutos ou os demais direitos fundamentais e a essência dos princípios integrantes da Constituição material não são actos inexistentes, meras aparências, antes se assumem como verdadeiras decisões judiciais inconstitucionais[287]".

Sustentando tese em sentido oposto e aduzindo que a sentença contrária à Constituição é inexistente, destaca-se a opinião de Teresa Arruda Alvim Wambier e José Miguel Garcia Medina[288].

2.6. A eficácia da decisão que relativiza a coisa julgada inconstitucional

Tema de enorme relevância, não apenas teórica, mas, sobretudo,

---

[286] THEODORO JÚNIOR, Humberto; FARIA, Juliana Cordeiro de. A coisa julgada inconstitucional e os instrumentos processuais para seu controle, cit., p. 101.

[287] OTERO, Paulo Manuel Cunha da Costa. *Ensaio sobre o caso julgado inconstitucional*, cit., p. 64.

[288] WAMBIER, Teresa Arruda Alvim; MEDINA, José Miguel Garcia. *O dogma da coisa julgada*: hipóteses de relativização. São Paulo: Revista dos Tribunais, 2003, p. 47.

prática, e que exige reflexão prudente e metajurídica, diz respeito à eficácia da decisão que relativiza a coisa julgada inconstitucional: produzirá ela efeitos retroativos, alcançando e, por conseguinte, invalidando todos os atos praticados sob o império da *res iudicata*?

Em matéria de inconstitucionalidade, o Direito brasileiro tem, tradicionalmente, sustentado o dogma da nulidade *ipso iure* do ato ilegítimo, sob a influência da doutrina constitucional norte-americana. Sendo mais claro e direto: durante anos defendeu-se no país que ato inconstitucional é ato nulo (concepção do *null and void*[289]), razão pela qual o magistrado, ao exercer o controle, não anula o referido ato, mas apenas declara (reconhece) uma preexistente nulidade. Não havia espaço, portanto, para outro efeito da decisão que não fosse o retroativo (*ex tunc*). Inconstitucionalidade e nulidade seriam praticamente sinônimas.

Esse entendimento, contudo, começou a sofrer mitigações inspiradas no sistema de controle austríaco[290], em que a publicação de uma decisão de inconstitucionalidade proferida pelo Tribunal Constitucional tem o condão de anular a lei a que se refere (*ex nunc*), a qual, até esse momento, é considerada válida e eficaz. Aliás, a Corte Austríaca (*Verfassungsgerichtshof*) pode até mesmo dispor que a anulação da lei opere efeitos somente a partir de determinada data posterior à publicação (*Kundmachung*) de seu pronunciamento[291], contanto que esse diferimento da eficácia constitutiva do pronunciamento não seja superior a dezoito meses[292].

Conforme salientado pelo criador do controle concentrado, Hans Kelsen:

> (...) uma norma jurídica em regra somente é anulada com efeitos para o futuro, de forma que os efeitos já produzidos que deixar para trás permaneçam intocados. Mas também pode ser anulada com efeito retroativo, de forma tal que os efeitos jurídicos que ela deixou para trás de si sejam destruídos. (...) Porém a lei foi válida até a sua anulação. Ela não era nula desde o início[293].

---

[289] *The inconstitutional statute is not law at all.*

[290] Destaca-se, nesse esforço de aperfeiçoamento do sistema de controle de constitucionalidade no Brasil, a figura do Ministro Gilmar Ferreira Mendes, que, com suas obras doutrinárias e anteprojetos de lei, muito contribuiu para o Direito Constitucional pátrio.

[291] CAPPELLETTI, Mauro. *O controle judicial de constitucionalidade das leis no direito comparado*. 2. ed. Trad. Aroldo Plínio Gonçalves. Porto Alegre: Sergio Antonio Fabris Editor, 1994, p. 116.

[292] MORAES, Alexandre de. *Jurisdição constitucional e tribunais constitucionais*, cit., p. 133.

[293] KELSEN, Hans. *Teoria pura do direito*. 2. ed. São Paulo: Martins Fontes, 1987, p. 293.

Entre um extremo (concepção norte-americana) e outro (doutrina austríaca), encontra-se o atual sistema de controle de constitucionalidade brasileiro. Conforme já analisamos, a regra no país é a de que a declaração de inconstitucionalidade de uma lei produz efeitos retroativos. Contudo, tendo em vista razões de segurança jurídica ou de excepcional interesse social, poderá o Supremo Tribunal Federal, por maioria de dois terços de seus membros, restringir os efeitos daquela declaração ou decidir que ela só tenha eficácia a partir de seu trânsito em julgado ou de outro momento que venha a ser fixado (art. 27 da Lei n. 9.868/99).

Todas as linhas discorridas sobre os efeitos da declaração de inconstitucionalidade dos atos públicos têm como objetivo lançar as bases da solução que se reputa mais adequada à questão posta no início deste tópico: *entende-se que o julgador, ao declarar inconstitucional a coisa julgada, relativizando sua autoridade, deverá emprestar a tal decisão a eficácia que, no caso concreto, revelar-se a mais adequada, a partir da ponderação entre a justiça e a segurança jurídica.*

Dessa forma, em algumas hipóteses não haveria outra medida a não ser a declaração retroativa da nulidade. Em outras situações, entretanto, a incolumidade da segurança jurídica haveria de prevalecer e a eficácia da decisão relativizadora não poderia ser outra senão "desde agora" (*ex nunc*).

Críticos poderiam se lançar contra essa solução apresentada, alegando um demasiado poder na caneta do magistrado. A estes, poder-se-ia responder no sentido de que, de fato, a ausência de fronteiras bem delineadas e o excesso de subjetivismo são ingredientes perigosos no ofício (ou, para outros, arte) de julgar. Entrementes, importante relembrar que julgar é ponderar, não é somar. Direito é juízo de valor, não é matemática.

Relembre-se que, ao se tratar do "diálogo entre princípios constitucionais", defendeu-se que, diante de um caso concreto em que dois princípios indiquem soluções diversas para a resolução da questão, a incidência de um deles se fará com mais presença enquanto a do outro *permanecerá atuando*, porém apenas na função de garantia, de limitação ou de contrapeso. Nesse caso, tem-se a supremacia da Constituição a exigir a nulidade *ex tunc* da coisa julgada inconstitucional, mas há também a inesquecível segurança jurídica que foi afastada para a relativização da *res iudicata*, mas funciona como contrapeso para impedir que essa decisão relativizadora saia desconstituindo situações de boa-fé consolidadas ao longo dos anos.

Em se tratando de Direito Administrativo, essa solução já vem sendo, *mutatis mutantis*, adotada, no que tange ao regime das nulidades. Conforme ensina o Professor Bandeira de Mello, no Direito Público,

> "(...) atos nulos e anuláveis sujeitam-se a regime igual quanto: a) à persistência de efeitos em relação a terceiros de boa-fé, bem como de efeitos patrimoniais pretéritos concernentes ao administrado que foi parte na relação jurídica, quando forem necessários para evitar enriquecimento sem causa da Administração e dano injusto ao administrado"[294].

Lastreando a tese defendida, citam-se as lições de Paulo Otero, que, com argumentos diversos, chega, no entanto, à mesma conclusão, reconhecendo

> "(...) que razões decorrentes do próprio decurso do tempo possam limitar os efeitos da futura decisão judicial, isto em termos de salvaguardar certos efeitos ao caso julgado inconstitucional, tal como sucede perante os actos administrativos feridos de nulidade"[295].

Em arremate, entende-se que a decisão que relativiza a coisa julgada inconstitucional pode, a depender da exigência do caso concreto, ter eficácia *ex tunc* ou *ex nunc*, em homenagem à segurança jurídica[296].

2.7. *A coisa julgada inconstitucional e a ação de investigação de paternidade*

Decidiu-se destacar uma seção específica para tratar do tema proposto em face de duas razões. Primeiro porque, ao examinar alguns absurdos que a intangibilidade absoluta pode provocar, convence ainda mais da necessidade de relativizá-la. Segundo, para enfrentar a tese sustentada por alguns de que a coisa julgada formada em antagonismo com exame de DNA posteriormente realizado não seria inconstitucional.

---

[294] MELLO, Celso Antônio Bandeira de. *Curso de direito administrativo*. 10. ed. São Paulo: Malheiros, 1998, p. 305.

[295] OTERO, Paulo Manuel Cunha da Costa. *Ensaio sobre o caso julgado inconstitucional*, cit., p. 126-127.

[296] Considerando a relevância do processualista, registra-se que o Professor Humberto Theodoro Júnior entende que a referida decisão deverá sempre apresentar efeitos não-retroativos (*ex nunc*). THEODORO JÚNIOR, Humberto; FARIA, Juliana Cordeiro de. A coisa julgada inconstitucional e os instrumentos processuais para seu controle, cit., p. 121.

Nas coisas julgadas que imortalizaram injustiças quanto à paternidade, fica ainda mais evidente que as regras ordinárias e formais sobre o instituto, previstas no Código de Processo Civil, não podem esvaziar os princípios, direitos e garantias constitucionais, dentre os quais o de saber a verdade sobre seu pai ou, de outro pólo, sobre seu filho. Como já teve oportunidade de ensinar o Professor Cristiano Chaves de Farias:

> "Pensar diferente é trafegar na contramão da história e colidir frontalmente com a evolução das pesquisas genéticas. Se assim não o fosse, qual a vantagem do avanço científico, do estudo da genética, por exemplo? A ciência, nesta área, está a serviço da verdade e se nos impõe a usá-la. Veja-se, inclusive, que se a verdade é conceito de índole filosófica, sendo possível encontrá-la, em tais casos, com o amparo científico, sobreleva sua utilização racional, a serviço do bem-estar do homem digno"[297].

Qualquer indivíduo, jurista ou leigo, há de concordar que é injusto vedar-se para sempre ao cidadão o direito de pleitear o reconhecimento de sua filiação, que constitui direito fundamental, indisponível e inerente à pessoa humana. Absurdo maior ainda se verifica quando há 99,99% de certeza de que a decisão anterior estava errada. Desse modo, por que ainda se agarrar ao art. 474 do CPC e não perceber a necessidade de se aperfeiçoar e "desabsolutizar" o sistema da coisa julgada, respeitando as demais garantias constitucionais, inclusive os direitos e garantias fundamentais?

Mais uma vez se recorre às atentas percepções de Cristiano de Farias, que, em outra obra, anota o risco de o sistema comum da coisa julgada acabar por implicar a negação do próprio direito material correspondente, frustrando o caráter *instrumental* do direito processual, que serviria como óbice à concretização *efetiva* do direito à filiação, garantido constitucionalmente. É a norma constitucional protetiva do cidadão que prevalece em nosso sistema jurídico. Por isso, negar o direito do filho em investigar a paternidade de seu pai, invocando barreiras ou formalismos processuais, é inaceitável e colide frontalmente com o princípio da dignidade da pessoa humana, fazendo *tabula rasa* dos direitos fundamentais[298].

---

[297] FARIAS, Cristiano de Chaves. Um alento ao futuro: novo tratamento da coisa julgada nas ações relativas à filiação. *Revista Brasileira de Direito de Família*, Porto Alegre: n. 13, p. 97, Síntese, abr./jun. 2002.

[298] FARIAS, Cristiano de Chaves. Investigação de paternidade. In: FARIAS, Cristiano de Chaves; DIDIER JÚNIOR, Fredie (coords.). *Procedimentos especiais cíveis*. São Paulo: Saraiva, 2003, p. 929-930.

Defender idéia conservacionista acaba por fazer com que o processo prevaleça sobre o próprio direito material. É preciso que o pensar sobre o processo siga o mesmo sentido etimológico da palavra e represente uma "marcha para frente", irrequieto, e em constante ebulição, rumo ao seu aperfeiçoamento, que só pode ser alcançado se entendido como inalcançável. Daí reconhecer o fato de que a concepção tradicional da coisa julgada pode sim não mais estar atendendo aos anseios da sociedade. O único dogma que deve existir no Direito é o de que este serve à sociedade e os institutos são instrumentos da busca pela Justiça.

Nesse sentido, destaca-se excerto do voto do então Ministro Waldemar Zveiter, que, já em 1990, alertava:

> "Mudou a época, mudaram os costumes, transformou-se o tempo, redefinindo valores e conceituando o contexto familiar de forma mais ampla que, com clarividência, pôs o constituinte de modo mais abrangente, no texto da nova Carta. E nesse novo tempo não deve o Poder Judiciário, ao qual incumbe a composição dos litígios com olhos na realização da justiça, limitar-se à aceitação de conceitos pretéritos que não se ajustem à modernidade"[299].

Dessa forma, não se vislumbram dúvidas no sentido de que a coisa julgada formada em antagonismo com exame de DNA posteriormente realizado há de ser afastada. Contudo, quanto ao fundamento que autoriza a relativização, tem-se a árdua missão de dissentir do juízo do Professor Cristiano Farias e da maioria da moderna doutrina familiarista[300].

Não se concorda com a afirmação de que a coisa julgada na ação investigatória se dará sob a técnica *secundum eventum probationes*. Esse regime diferenciado da coisa julgada é estabelecido por lei, isto é, representa opção legislativa, decisão política e o legislador pátrio — infelizmente, diga-se — não a fez. Não é dado, assim, ao intérprete supor lei onde ela não exista (atuar como legislador *positivo*).

A coisa julgada, em qualquer ramo, e, principalmente, nas ações de estado, há de ser relativizada quando inconstitucional por uma simples razão: o sistema jurídico impõe o respeito à Carta Magna, permitindo, no Brasil, que qualquer exegeta judicial (controle difuso) negue validade a todo ato reputado como ilegítimo (atuar como legislador *negativo*). Não

---

[299] STJ, 3ª Turma, data do julgamento: 3-4-1990, *RSTJ*, 40/236.

[300] Por todos, *vide*: WERTER, Belmiro Pedro. *Coisa julgada na investigação de paternidade*. Porto Alegre: Síntese, 2000, p. 113.

é preciso assim, adotarmos, por analogia, a técnica de coisa julgada *secundum eventum probationes*. Basta que seja respeitada a Constituição.

2.8. O parágrafo único do art. 741 e o recém-editado art. 475-L, § 1º, do CPC

A empresa revisionista da coisa julgada ganhou ressonância, transpondo os debates acadêmicos e ganhando disciplina normativa por meio da Medida Provisória n. 2.180-35, que acrescentou o parágrafo único ao art. 741 do CPC, consagrando a coisa julgada inconstitucional como hipótese de inexigibilidade do título judicial. Confira-se o texto original inserido pela Medida Provisória:

> "Art. 741. ....
> Parágrafo único. Para efeito do disposto no inciso II deste artigo, considera-se também inexigível o título judicial fundado em lei ou ato normativo declarados inconstitucionais pelo Supremo Tribunal Federal ou em aplicação ou interpretação tidas por incompatíveis com a Constituição Federal"[301].

A despeito de sempre se rechaçar com veemência qualquer normatização de direito processual operada por medida provisória[302], quando ainda era possível[303], destaque-se que tal previsão inovou o sistema para, a partir de então, expressamente admitir, ao lado da ação rescisória, os embargos à execução[304] como instrumento processual idôneo a desconsiderar a coisa julgada baseada em lei posteriormente reconhecida como inconstitucional pelo Supremo Tribunal Federal, por meio de controle direto.

Com a disposição citada, tornou-se norma expressa o que a doutrina revisionista vinha sustentando: a coisa julgada inconstitucional não se convalida, sendo nula e, portanto, o seu reconhecimento independe de

---

[301] Redação atual do § 1º do art. 475-L: "Para efeito do disposto no inciso II do *caput* deste artigo, considera-se também inexigível o título judicial fundado em lei ou ato normativo declarados inconstitucionais pelo Supremo Tribunal Federal, ou fundado em aplicação ou interpretação da lei ou ato normativo tidas pelo Supremo Tribunal Federal como incompatíveis com a Constituição Federal".

[302] CAVALCANTE, Márcio André Lopes. As medidas provisórias e o presidencialismo. *Jus Navigandi*, 2000. Disponível em: <www.jus.com.br>, p. 4. Acesso em 14-5-2006.

[303] Desde a EC n. 32/2001 há vedação expressa no art. 62, § 1º, I, *b*, da CF/88.

[304] Transformados em "impugnação" pela Lei n. 11.232/2005.

ação rescisória e pode verificar-se a qualquer tempo, inclusive na ação incidental de embargos à execução (atualmente, impugnação).

Quanto aos benefícios da medida, embora ainda se mantenha uma certa desconfiança acerca de quais seriam as verdadeiras intenções do preceito, prefere-se analisar positivamente os resultados da inovação. É que, mesmo com receio de que este instrumento poderia se tornar via de negação de direitos aos particulares pelo Estado, uma análise da jurisprudência revela que, na grande maioria das vezes, o particular, em especial o contribuinte, é que se vê prejudicado por demandas judiciais executórias embasadas em leis que, pouco tempo depois, têm sua nulidade reconhecida pelo Supremo Tribunal Federal, sendo que, não raro, o prazo para a propositura da ação rescisória já se esvaiu.

Dessa forma, a referida inovação não representou mais um instrumento criado por medida provisória com o intuito certo de conferir vantagens processuais irrazoáveis à Fazenda Pública. Denotou sim relevante alteração atendendo aos anseios de destacada parcela da doutrina.

Registre-se, ao cabo, que essa opção legislativa consolidou-se em definitivo com a Lei n. 11.232, de 22-12-2005, que repetiu os dizeres da inovação pela Medida Provisória n. 2.185-35, ao acrescentar redação similar tanto no § 1º do art. 475-L, que trata da impugnação ao cumprimento da sentença, quanto no parágrafo único do novo art. 741, que versa sobre os embargos à execução contra a Fazenda Pública.

A novel redação conferida pela Lei n. 11.232/2005 resolveu uma polêmica quanto à amplitude do parágrafo único do art. 741 do CPC.

O referido dispositivo, em sua redação original estabelecida pela medida provisória, previa que era inexigível o "título judicial fundado em lei ou ato normativo declarados inconstitucionais pelo Supremo Tribunal Federal *ou em aplicação ou interpretação tidas por incompatíveis com a Constituição Federal*".

Em virtude dessa parte final do dispositivo, em destaque, surgiram duas correntes quanto à amplitude da regra.

Para o primeiro entendimento, capitaneado por Araken de Assis, a sentença transitada em julgado (título executivo judicial) não teria sua inconstitucionalidade livremente pesquisada pelo juiz dos embargos. A fim de que estes fossem acolhidos e assim acarretassem sua inexeqüibilidade, seria indispensável a existência de pronunciamento definitivo por meio de juízo difuso ou concentrado do Supremo Tribunal Federal[305].

De outro lado, Humberto Theodoro Júnior sustentava interpretação mais ampla do dispositivo, afirmando que o parágrafo único do art. 741 do CPC não se referia apenas aos casos em que houvesse manifestação do Pretório Excelso. Para ele, o que o texto legal estabelecia é que não cabe ao juiz dos embargos recusar a interpretação conferida pela Suprema Corte. Se não houvesse ainda, contudo, decisão do Supremo Tribunal Federal, continuaria o juiz dos embargos com o poder natural de reconhecer a inconstitucionalidade da sentença, se esta evidentemente possuía contradição com a ordem constitucional[306].

O professor mineiro assim sedimentava sua posição:

> "Imagine-se o caso da lei flagrantemente inconstitucional que vem a ser revogada antes de o STF julgar a ação de inconstitucionalidade. Jamais se obterá o pronunciamento da Suprema Corte a seu respeito, porque segundo jurisprudência assentada, a revogação da lei prejudica a apreciação da argüição de afronta à Constituição. No entanto, em caso concreto, a lei inconstitucional foi aplicada e a sentença nela fundada se acha sob a força da coisa julgada. Seria absurdo recusar-se à parte o direito de excepcionar a nulidade do decisório, nos moldes do parágrafo único do art. 741 do CPC, somente porque o STF não chegou a pronunciar-se sobre a inconstitucionalidade gritante na espécie.
>
> (...)
>
> Não é, ressalte-se, o pronunciamento do STF que constitui a nulidade da norma ou ato inconstitucional. A invalidade decorre *ipso iure* do próprio ato perpetrado ao arrepio de mandamento da Lei Maior"[307].

A nova redação do parágrafo único do art. 741 e a inserção do art. 475-L, § 1º, acabaram por arrefecer o debate. Isso porque o legislador

---

[305] ASSIS, Araken de. *Manual do processo de execução*. 7. ed. São Paulo: Revista dos Tribunais, 2001, p. 1106.

[306] THEODORO JÚNIOR, Humberto; FARIA, Juliana Cordeiro de. A coisa julgada inconstitucional e os instrumentos processuais para seu controle, cit., p. 112.

[307] THEODORO JÚNIOR, Humberto; FARIA, Juliana Cordeiro de. A coisa julgada inconstitucional e os instrumentos processuais para seu controle, cit., p. 112-113.

reformista, pelo menos aparentemente, optou pela primeira corrente, mais restritiva, ao mencionar agora expressamente que a aplicação ou a interpretação tidas por incompatíveis com a Constituição Federal devem ter sido conferidas pelo Supremo Tribunal Federal. Confira-se o texto atual:

> "Art. 475-L — (...)
>
> § 1º Para efeito do disposto no inciso II do *caput* deste artigo, considera-se também inexigível o título judicial fundado em lei ou ato normativo declarados inconstitucionais pelo Supremo Tribunal Federal, ou fundado em aplicação ou interpretação da lei ou ato normativo tidas pelo Supremo Tribunal Federal como incompatíveis com a Constituição Federal".
>
> "Art. 741 — (...)
>
> Parágrafo único. Para efeito do disposto no inciso II do *caput* deste artigo, considera-se também inexigível o título judicial fundado em lei ou ato normativo declarados inconstitucionais pelo Supremo Tribunal Federal, ou fundado em aplicação ou interpretação da lei ou ato normativo tidas pelo Supremo Tribunal Federal como incompatíveis com a Constituição Federal."

3. Os instrumentos processuais adequados à relativização das decisões inconstitucionais transitadas em julgado

Trata-se, nesse momento, de discutir qual o mecanismo processual adequado, no direito brasileiro, para promover a relativização da coisa julgada inconstitucional.

Preliminarmente, importante registrar que se pressupõe, para os fins desse estudo, que a coisa julgada inconstitucional é nula e não inexistente.

3.1. A disciplina do tema no sistema jurídico-constitucional brasileiro

Pelo ineditismo da discussão do tópico no país, bem como pelo fato de que o sistema processual ordinário veda a relativização, não se encontra no Brasil nenhuma previsão expressa de mecanismo específico para a medida. Não se pretende, no entanto, "descobrir a roda" e muito menos propor uma "aventura jurídica", sem conseqüências já experimentadas. Em sistemas jurídico-constitucionais solidificados, como o germânico, há instrumentos idôneos para a declaração de inconstitucionalidade de atos judiciais transitados em julgado.

A Constituição Federal estabelece, em seu art. 102, I, *a*:

> "Art. 102. Compete ao Supremo Tribunal Federal, precipuamente, a guarda da Constituição, cabendo-lhe:
> I — processar e julgar, originariamente:
> *a*) a ação direta de inconstitucionalidade de *lei ou ato normativo* federal ou estadual e a ação declaratória de constitucionalidade de *lei ou ato normativo* federal" (grifou-se).

O mesmo art. 102 da Carta Magna preconiza, em seu inciso III, a seguinte competência do *Pretório Excelso*:

> "Art. 102. ....
> III — julgar, mediante recurso extraordinário, as causas decididas em única ou última instância, quando a decisão recorrida:
> *a*) contrariar dispositivo desta Constituição;
> *b*) declarar a inconstitucionalidade de tratado ou lei federal;
> *c*) julgar válida lei ou ato de governo local contestado em face desta Constituição".

A ausência de previsão expressa de revisão da coisa julgada inconstitucional poderia ser argumentada como uma omissão voluntária do constituinte, no sentido de que, contra ela, não se poderia manejar qualquer forma de impugnação.

Sustenta-se interpretação diversa, com base, para tanto, em três razões.

A primeira. De fato, a omissão do constituinte, em alguns casos, revela-se "qualificada", ou seja, uma omissão voluntária no sentido de que há vedação implícita. Esse fenômeno ou técnica legislativa ocorre, entrementes, nos casos em que a Carta anterior expressamente previa a regra e a Lei Fundamental nova silenciou. Diferentemente se dá quando determinado instituto ou instrumento nunca foi idealizado expressamente, e o novo sistema jurídico positivado também não o imaginou. Afinal, todos sabem ser uma lição preliminar da Teoria do Direito que este não pode prever taxativamente a completude das ações e desafios humanos que se colocarão sob a análise do Judiciário.

Com maior razão esse entender deve ser defendido em se tratando da Constituição Federal. A despeito de ser dirigente, analítica e prolixa, a

Carta Cidadã de 1988 não é sede adequada para tratar de todos os instrumentos de índole processual a serem manejados.

A segunda. Importante relembrar que se está tratando de violação da supremacia da Constituição Federal. E durante séculos os pensadores do movimento constitucionalista estudaram, escreveram, lutaram e morreram na defesa de um ideal, hoje consagrado, e até óbvio de ser reafirmado: a Constituição é suprema. E tal verdade é despicienda de regra expressa. Não se indaga qual artigo fundamenta a soberania da Carta Política em um Estado. Na verdade, todo e qualquer artigo só tem validade se respeitá-la.

A terceira. Em mais algumas linhas passar-se-á a examinar propriamente os instrumentos processuais em espécie, mas um deles, para fins de argumentação da tese, há de ser apresentado prematuramente: a ação de argüição de descumprimento de preceito fundamental.

Com efeito, gloriosa e enigmaticamente prevê a Constituição Federal, em seu art. 102, § 1º:

> "Art. 102. ....
> § 1º A argüição de descumprimento de preceito fundamental decorrente desta Constituição será apreciada pelo Supremo Tribunal Federal, na forma da lei".

Gloriosa, porque toda proteção à Carta do Povo é regra libertadora. Enigmática, porque o constituinte não explicou o sentido de *preceito fundamental decorrente da Constituição*.

Mais à frente se verá que a ADPF pode ser considerada como meio idôneo de proteção de preceitos fundamentais da Constituição, inclusive contra atos judiciais transitados em julgado.

3.2. *Instrumentos processuais em espécie*

Mas, afinal de contas, quais seriam os instrumentos processuais cabíveis para a relativização da coisa julgada inconstitucional tendo se esvaído o prazo bienal da ação rescisória?

Pontes de Miranda, ao discorrer sobre hipóteses em que a sentença transitada em julgado é nula de pleno direito, elenca remédios processuais próprios à sua desconstituição. Destacam-se três, diferentes entre si e manejados à escolha do interessado, segundo as conveniências de cada caso.

Confira-se: a) a propositura de nova ação, com o mesmo objeto da primeira e com pedido de solução conforme a ordem jurídica, sem os óbices da coisa julgada; b) a resistência à execução, por meio de embargos a ela ou mediante alegações incidentes ao próprio processo executivo; c) a alegação *incidenter tantum* em algum outro processo, inclusive em peças defensivas[308].

Cândido Rangel Dinamarco menciona esse mesmo rol e acrescenta outros instrumentos processuais que poderiam ser utilizados: a) ação declaratória de nulidade absoluta e insanável da sentença; b) ação rescisória, redimensionada em seus limites de admissibilidade; c) mandado de segurança; d) ação declaratória de ineficácia; e) ação declaratória de negativa de certeza[309].

Humberto Theodoro Júnior anota, em registros esparsos de seu estudo sobre o tema, as ações que entende possível para o enfrentamento da questão: a) ação declaratória ordinária, no desempenho da função de *querela nullitatis*; b) ação rescisória, sem a necessidade de reformular legislativamente as hipóteses atualmente previstas; c) embargos à execução (art. 741, parágrafo único, do CPC)[310].

Alexandre de Freitas Câmara, por fim, reflete serem cabíveis os seguintes mecanismos processuais para rediscutir a coisa julgada inconstitucional após o prazo bienal: a) *querela nullitatis* (ação declaratória de ineficácia da sentença transitada em julgado); b) alegação em questão prévia, resolvida *incidenter tantum*; c) embargos à execução (art. 741, parágrafo único, do CPC); d) exceção de pré-executividade; e) qualquer outro meio idôneo capaz de permitir que seja suscitada em outro processo, como questão principal ou prévia[311].

Tem-se convicção firme no sentido de que a relativização da coisa julgada não é medida corriqueira, mas sim "remédio" excepcional, que acarreta sérios "efeitos colaterais", produzindo "dor" no sistema proces-

---

[308] MIRANDA, Francisco Cavalcanti Pontes de. *Tratado da ação rescisória das sentenças e de outras decisões*. 5. ed. Rio de Janeiro: Forense, 1976, p. 173.

[309] DINAMARCO, Cândido Rangel. Relativizar a coisa julgada. *Revista Síntese de Direito Civil e Processual Civil*, Porto Alegre: Síntese, n. 19, p. 27, set./out. 2002.

[310] THEODORO JÚNIOR, Humberto; FARIA, Juliana Cordeiro de. A coisa julgada inconstitucional e os instrumentos processuais para seu controle, cit., p. 159.

[311] CÂMARA, Alexandre de Freitas. Relativização da coisa julgada material. In: DIDIER JÚNIOR, Fredie (coord.). *Relativização da coisa julgada*: enfoque crítico. Salvador: JusPodivm, 2004, p. 22.

sual, somente podendo ser ministrado, portanto, para "curar" o sistema jurídico de um mal maior: a inconstitucionalidade.

Em consonância com esse retrato que se tem do tema, conclama-se prudência e proporcionalidade no manejo de instrumentos para o afastamento da *res iudicata* ilegítima. Segundo se pensa, são idôneas as seguintes ações para tal finalidade:

a) *querela nullitatis insanabilis* como ação autônoma declaratória de nulidade; b) ação rescisória, redimensionada legislativamente em seus limites de admissibilidade e de prazo; c) *querela nullitatis insanabilis* como impugnação, nos termos do art. 475-L, § 1º, do CPC; d) *querela nullitatis insanabilis* como embargos à execução, nos termos do art. 741, parágrafo único, do CPC; e) ação de argüição de descumprimento de preceito fundamental.

Pensa-se que a mera propositura de nova ação não é adequada para afastar a coisa julgada. De igual modo, a resistência à execução, mediante alegações incidentes ao próprio processo executivo, também não se revela apropriada. Com muito menos razão, a mera alegação *incidenter tantum* em algum outro processo não tem tal condão relativizador.

O motivo para essa vedação é principiológico e encontra-se debruçado em três aspectos: *um*, ao prejudicado pela coisa julgada deve caber o ônus de robusta prova, que demonstre com clarividência a incompatibilidade entre o julgado e a Constituição; *dois*, à outra parte, é indispensável assegurar o contraditório e a ampla defesa, corolários do devido processo legal; *três*, é igualmente imprescindível conferir ao magistrado tranqüilidade e maturação para julgar a eventual incompatibilidade com a Carta Magna e principalmente para ponderar os valores e interesses em litígio.

Pensa-se que o atendimento dessas três garantias da ordem jurídica apenas será efetivado com um processo de cognição plena, sendo imprudente imaginar a desconstituição da coisa julgada às pressas.

3.3. "Querela nullitatis insanabilis"

Querela nullitatis é expressão latina que significa nulidade do litígio.

Doutrina abalizada aponta sua origem no direito canônico, remontando à *exceptio nullitatis* das Decretais e à *actio nullitatis* do direito processual medieval[312].

---

[312] WAMBIER, Teresa Arruda Alvim; MEDINA, José Miguel Garcia. *O dogma da coisa julgada*: hipóteses de relativização, cit., p. 210.

Historicamente, a *querela nullitatis* comportava duas modalidades: a *querela nullitatis sanabilis*, adequada à impugnação dos vícios sanáveis, e a *querela nullitatis insanabilis*, a ser proposta para impugnar defeitos insanáveis. Aquela acabou transformando-se em recurso, com a classificação das nulidades menos graves como motivos de apelação[313]; a outra será apreciada nesse momento.

A *querela nullitatis insanabilis* é o remédio processual extremo voltado à impugnação de vícios graves no âmbito da jurisdição, considerados insanáveis e que, por isso, permanecia cabível mesmo com o decurso dos prazos e com a formação da *res iudicata*.

Subsiste, mitigada, a *querela nullitatis insanabilis* em nosso direito, como ação declaratória de nulidade, quer mediante impugnação ou embargos à execução, quer por procedimento autônomo, de competência funcional do juízo do processo original.

Até o início dos estudos sobre a teoria da coisa julgada inconstitucional, acreditava-se que todas as máculas processuais da sentença, uma vez transitada esta em julgado, somente poderiam ser impugnadas pela via da ação rescisória, não cabendo a ação declaratória de nulidade. Ademais, imaginava-se também que, passado o prazo da rescisória, as nulidades, mesmo as absolutas, estariam convalidadas.

Na verdade, havia uma única exceção a essa regra: tratava-se da falta de citação inicial, que permaneceu como nulidade *ipso iure*, com todo o vigor de sua conceituação absoluta de tornar insubsistente a própria sentença transitada em julgado. Assim, se não pudesse ser alegada em embargos à execução, subsistiria, ainda, a ação autônoma direta da *querela nullitatis insanabilis*, de caráter perpétuo, não prejudicada pelo prazo da rescisória, porque o que nunca existiu não poderia passar, com o tempo, a existir[314].

Nesse talante, em julgamento da única hipótese até então cabível de *querela nullitatis insanabilis*, o Superior Tribunal de Justiça deliberou nos seguintes termos:

> "I. A tese da *querela nullitatis* persiste no direito positivo brasileiro, o que implica dizer que a nulidade da sentença pode ser

---

[313] MACEDO, Alexander dos Santos. *Da querela nulitattis*: sua subsistência no direito brasileiro. 2. ed. Rio de Janeiro: Lumen Juris, 2000, p. 74.

[314] NEVES, Celso. *Comentários ao Código de Processo Civil*. 7. ed. Rio de Janeiro: Forense, 1999, v. 7, p. 196.

declarada em ação declaratória de nulidade, eis que, sem a citação, o processo, vale falar, a relação jurídica processual, não se constitui, nem validamente se desenvolve. Nem, por outro lado, a sentença transita em julgado, podendo, a qualquer tempo, ser declarada nula, em ação com esse objetivo, ou em embargos à execução, se for o caso"[315].

Vale a propósito invocar também acórdão do Supremo Tribunal Federal, vazado em firmes e irretocáveis argumentos, reconhecendo o caráter sobrevivente da *querela nullitatis* no direito pátrio:

> "Ação declaratória de nulidade de sentença por ser nula a citação do réu na ação em que ela for proferida.
> 1. Para a hipótese prevista no artigo 741, I, do atual CPC, que é a falta ou nulidade de citação, havendo revelia persiste, no direito positivo brasileiro — a *querela nullitatis*, o que implica dizer que a nulidade da sentença, nesse caso, pode ser declarada em ação declaratória de nulidade, independentemente do prazo para a propositura da ação rescisória, que, em rigor, não é cabível para essa hipótese"[316].

A *querela nullitatis insanabilis* foi concebida, dessa forma, para corrigir vícios insanáveis da sentença, sem querer tomar conhecimento se já há trânsito em julgado, ou ainda, se já transcorrido o prazo da rescisória. Vício insanável, como o próprio nome indica, não convalida. E pensar diferente não é apenas impor a contradição do termo, é ir contra a realidade e perpetuar absurdos. Por essas razões, a *actio querela nullitatis insanabilis* é meio plenamente adequado para a relativização da coisa julgada inconstitucional.

3.4. Argüição de descumprimento de preceito fundamental

A Carta Magna, em seu art. 102, § 1º, determina que a argüição de descumprimento de preceito fundamental, decorrente desta Constituição, será apreciada pelo Supremo Tribunal Federal, na forma da lei.

---
[315] STJ, REsp 12.586-SP, rel. Min. Waldemar Zveiter, *DJ*, 4-11-1991.
[316] STF, *Revista Trimestral de Jurisprudência*, v. 107, p. 778.

O Congresso Nacional editou então a Lei n. 9.882/99, regulamentando a ADPF. A referida lei, contudo, não definiu o sentido de *preceito fundamental decorrente da Constituição*.

Alexandre de Moraes entende que o conceito de preceito fundamental deve ser abrangente, englobando direitos e garantias fundamentais da Carta Magna, não apenas os previstos no art. 5º, como também os objetivos e fundamentos da República, em especial a dignidade da pessoa humana[317].

Segundo disposição da lei (art. 1º, *caput* e parágrafo único), três são as hipóteses de cabimento da ADPF: a) evitar lesão a preceito fundamental, resultante de ato do Poder Público; b) reparar lesão a preceito fundamental, resultante de ato do Poder Público; c) quando for relevante o fundamento da controvérsia constitucional sobre lei ou ato normativo federal, estadual ou municipal, incluídos os anteriores à Constituição.

A segunda hipótese mencionada subsume-se perfeitamente à situação de uma sentença transitada em julgado (ato do Poder Público), que contraria direito fundamental previsto na Constituição Federal (provoca lesão a preceito fundamental).

Com efeito, o ato do Poder Público que pode lesar preceito fundamental da Constituição e ser objeto de ADPF corresponde a atos de quaisquer dos Poderes (*rectius*: funções) do Estado, inclusive do Judiciário[318].

O caráter subsidiário da argüição reforça o seu cabimento, inclusive, na hipótese de coisa julgada inconstitucional após o prazo da rescisória. Trata-se da previsão do art. 4º, § 1º, da Lei n. 9.882/99:

> "Art. 4º ....
> § 1º Não será admitida argüição de descumprimento de preceito fundamental quando houver qualquer outro meio eficaz de sanar a lesividade".

A ADPF materializa o intuito, tanto do constituinte como do legislador ordinário, de fazer com que a Constituição Federal possua um último e residual meio de defesa de seus preceitos. Fosse xadrez, a argüição seria o peão restante a se interpor entre o rei e o xeque-mate. Atua, por-

---

[317] MORAES, Alexandre de. *Constituição Federal interpretada*. São Paulo: Atlas, 2002, p. 2404.

[318] BESSA, Indra Mara; CAVALCANTE, Márcio André Lopes. Estudo sobre a argüição de descumprimento de preceito fundamental, cit., p. 117.

tanto, contra quaisquer atos não impugnáveis pelos instrumentos constitucionalmente previstos. E como a Carta de 1988 não previu ação específica para relativizar a coisa julgada inconstitucional, há a ADPF.

Entre os próprios defensores da teoria da relativização poderá surgir dissenso quanto ao cabimento da argüição, sob o argumento de que cabem outros instrumentos como a *querela nullitatis* e, dessa forma, incidiria o óbice do mencionado art. 4º, § 1º, da Lei n. 9.882/99.

Valho-me da prestigiosa lição do Ministro Gilmar Ferreira Mendes para refutar essa eventual contraposição. Anota o professor, que foi, inclusive, um dos autores do Projeto que resultou na lei da ADPF:

> "(...) uma leitura excessivamente literal dessa disposição, que tenta introduzir entre nós o princípio da subsidiariedade (...), acabaria por retirar desse instituto qualquer significado prático.
>
> (...) o princípio da subsidiariedade — inexistência de outro meio eficaz de sanar a lesão — contido no art. 4º, § 1º, da Lei n. 9.882, de 1999, há de ser compreendido no contexto da ordem constitucional global.
>
> Nesse sentido, se se considera o caráter enfaticamente objetivo do instituto, meio eficaz de sanar a lesão parece aquele apto a solver a controvérsia constitucional relevante de forma ampla, geral e imediata"[319].

Dessa forma, o caráter subsidiário da argüição somente deve ser observado quando houver outro *processo objetivo* capaz de sanar a lesividade. Assim, é cabível a ADPF mesmo quando existam outras ações ou recursos processuais ordinários, desde que estes se caracterizem como processos subjetivos e, portanto, de efeito apenas entre as partes[320].

Ressalte-se, inclusive, que não existe lapso temporal para ajuizamento da ADPF. Com efeito, a Lei n. 9.882/99 não previu prazo fatal para a impetração da ADPF, afastando-se, como lembrado por Alexandre

---

[319] MENDES, Gilmar Ferreira. Argüição de descumprimento de preceito fundamental: demonstração de inexistência de outro meio eficaz. *Revista Jurídica Virtual*. Brasília: Subchefia para assuntos jurídicos da Presidência da República, v. 7, dez. 1999. Disponível em: <www.planalto.gov.br>, p. 1. Acesso em 14-5-2006.

[320] BESSA, Indra Mara; CAVALCANTE, Márcio André Lopes. Reflexões sobre a argüição de descumprimento de preceito fundamental. *Revista Via Legis* n. 23, Manaus: Via Legis, ano 4, 2001, p. 8.

de Moraes, dos modelos austríaco e alemão. Na Áustria, por exemplo, o prazo é de seis meses a contar da prática do ato inconstitucional do Poder Público, enquanto na Alemanha o recurso constitucional deve ser interposto, em regra, no prazo de um mês da violação dos direitos fundamentais, salvo na hipótese de dirigir-se contra uma lei ou ato especial do Poder Público contra o qual não se admita o controle judicial, caso em que o prazo será de um ano da entrada em vigor da lei ou da emissão do ato[321].

Dessa forma, a despeito de não se ter encontrado nenhum autor defendendo idéia semelhante, entende-se que a ADPF é remédio processual idôneo para relativizar a coisa julgada há mais de dois anos e que contraria preceito fundamental decorrente da Constituição.

A ação seria adequada, por exemplo, à casuísta na qual Humberto Theodoro Júnior interveio como parecerista e que versou sobre duas sentenças transitadas em julgado condenando a Fazenda Pública do Estado de São Paulo a indenizar a mesma área expropriada, mais de uma vez, ao mesmo proprietário[322]. Na espécie, o Governador do Estado poderia valer-se da ADPF, na forma do art. 1º, *caput* c/c o art. 2º, I, Lei n. 9.882/99.

4. A contra-ofensiva à teoria da relativização da coisa julgada

A teoria da relativização da coisa julgada busca estimular o intérprete judicial, e, de modo mediato, inspirar o legislador, para a reflexão sobre o modelo clássico adotado pelo Brasil acerca da *res iudicata*. Na verdade, o que se conclama é que os operadores do Direito realizem, sem idéias preconcebidas e dogmatismos, uma ponderação de interesses: segurança jurídica, supremacia constitucional e justiça.

Para tanto, expõem-se aqui as bases da construção sobre o tema, bem como a opinião dos juristas favoráveis à corrente, dentre os quais grandes processualistas nacionais, portugueses e alemães.

Ressalte-se que a tese encontrou reverberação nas salas de sessões dos tribunais e que inúmeros julgados, inclusive do Superior Tribunal de Justiça, passaram a reconhecer expressamente a razoabilidade de seus fun-

---

[321] MORAES, Alexandre de. *Constituição Federal interpretada*, cit., p. 2407.
[322] THEODORO JÚNIOR, Humberto. Embargos à execução contra a Fazenda Pública. *Regularização Imobiliária de Áreas Protegidas*. São Paulo: Governo do Estado, 1999, v. 2, *passim*.

damentos e o quanto o advento da teoria serviu de "alívio" para muitos julgadores que buscavam fazer justiça, mas encontravam-se emaranhados pelas teias do formalismo, que é indispensável, porém não mais real que a realidade.

No entanto, a dialética do Direito — positiva, dignificadora e móvel da evolução do pensar — faz com que surjam na doutrina autorizadas vozes em sentido contrário à construção exposta, contrastando a teoria da coisa julgada inconstitucional.

A esse movimento de oposição à tese em estudo deve-se denominar contra-ofensiva à teoria da relativização da coisa julgada.

Nessa senda, destaca-se o entendimento do Professor da PUC/SP Doutor Nelson Nery Junior, que, em conjunto com Rosa Maria de Andrade Nery, sustenta, em duras linhas, seu inconformismo com a tese apresentada:

> "Os exemplos trazidos por essa tendência para justificar a desconsideração da intangibilidade constitucional da coisa julgada são casos de exceção que não justificam a criação de regra para quebrar-se o estado democrático de direito, fundamento constitucional da própria República Brasileira (CF 1º, *caput*).
>
> ....
>
> Com a devida vênia, trata-se de teses velhas que não contêm nenhuma novidade. O sistema jurídico convive com a sentença injusta (quem será o juiz posterior da justiça da sentença que fora impugnável por recurso e, depois de transitada em julgado, fora impugnável por ação rescisória?), bem como com a sentença proferida aparentemente contra a Constituição ou a lei (a norma, que é abstrata, deve ceder sempre à sentença, que regula e dirige uma situação concreta, cf. Boehmer, *Grundlangen*, v. II, t. II, cit., 28, p. 140). O risco político de haver sentença injusta ou inconstitucional no caso concreto parece ser menos grave do que o risco político de instaurar-se a insegurança geral com a relativização (*rectius*: desconsideração) da coisa julgada.
>
> ....
>
> Desconsiderar a coisa julgada é eufemismo para esconder-se a instalação da ditadura, de esquerda ou de direita, que faria desaparecer a democracia que deve ser respeitada, buscada e praticada pelo processo.

Desconsiderar a coisa julgada é ofender-se a Carta Magna (...)"[323].

Igualmente contrário à tese da relativização da coisa julgada inconstitucional, faz-se referência à doutrina do gaúcho Araken de Assis. Confira-se a conclusão de seu entendimento:

> "Tornou-se corriqueiro afirmar que a eficácia de coisa julgada cederá passo, independentemente do emprego da ação rescisória ou da observância do prazo previsto no art. 485, em algumas hipóteses. (...) Aberta a janela, sob o pretexto de observar equivalentes princípios da Carta Política, comprometidos pela indiscutibilidade do provimento judicial, não se revela difícil prever que todas as portas se escancararão às iniciativas do vencido. O vírus do relativismo contaminará, fatalmente, todo o sistema judiciário. Nenhum veto, *a priori*, barrará o vencido de desafiar e afrontar o resultado precedente de qualquer processo, invocando hipotética ofensa deste ou daquele valor da CF. A simples possibilidade de êxito do intento revisionista, sem as peias da rescisória, multiplicará os litígios, nos quais o órgão judiciário de 1º grau decidirá, preliminarmente, se obedece, ou não, ao pronunciamento transitado em julgado do seu Tribunal e até, conforme o caso, do STF. Tudo, naturalmente, justificado pelo respeito obsequioso à CF e baseado na volúvel livre convicção do magistrado inferior (...) parece pouco provável que as vantagens da justiça do caso concreto se sobreponham às desvantagens da insegurança geral"[324].

Igualmente concorrendo com suas lições para a doutrina da contraofensiva à coisa julgada, menciona-se o Professor José Maria Tesheiner, que assim escreve:

> "O que absolutamente não pode prevalecer é a idéia de que possa qualquer juiz ou tribunal desrespeitar a coisa julgada decor-

---

[323] NERY JUNIOR, Nelson; NERY, Rosa Maria de Andrade. *Código de Processo Civil e legislação extravagante,* cit., p. 790-792.

[324] ASSIS, Araken de. Eficácia da coisa julgada inconstitucional. *Revista Jurídica*, Porto Alegre: Síntese, n. 31, p. 19, nov. 2002.

rente de decisão proferida por outro órgão judiciário, de igual ou superior hierarquia, a pretexto de sua nulidade ou erronia"[325].

O sempre prudente Professor da PUC/RS Sérgio Gilberto Porto faz ponderações importantes que devem servir de reflexão. Confira-se a integralidade de suas letras:

> "Assim, *maxima venia* do entendimento adotado que passou a admitir a relativização da autoridade da coisa julgada por nova decisão jurisdicional, sem que prévia e necessariamente tenha sido invalidada a sentença anterior trânsita em julgado, deste ousamos divergir, não no que diz respeito ao conteúdo substancial de tais pronunciamentos, mas na forma por eles propostas, eis que, no sistema brasileiro, longe de dúvida, é possível — sim! — rever a decisão trânsita em julgado, ou seja, superá-la. Todavia, em face de seus naturais efeitos negativos, não pode e não deve o novo juízo tentar mitigá-la simplesmente desconhecendo o *accertamento* (julgamento) anterior, vez que, sob o ponto de vista jurídico, indispensável a prévia e necessária invalidação deste e tão-somente após poderá haver rejulgamento da relação jurídica anteriormente normada.
>
> ....
>
> Na realidade, a única forma válida e eficaz de redecidir diferentemente daquilo que já foi normado por decisão anterior que adquiriu o selo da imutabilidade é, como se disse, a busca prévia da invalidade da decisão que se quer superar e tão-somente após sua invalidação é que poderá ser cogitado novo acertamento em torno da relação jurídica de direito material, vez que, nesta hipótese, resulta desconstituída a proteção jurídica que lhe atribuía a qualidade de imutável.
>
> (...) a ação rescisória, ordinariamente, deve ser usada para invalidação das sentenças de mérito e a ação anulatória, excepcionalmente, em hipóteses restritas, para a superação de decisões com vícios insanáveis, tal qual, p. ex., a ausência de citação do réu revel, circunstância que enseja a tese da sobrevivência da *querela nullitatis*. Imaginar diferentemente, no atual estado jurídico, seria — no mínimo — violar a garantia do devido processo legal (5º, LIV, CF), a qual é da essência do Estado Democrático de Direito. (...)

---

[325] TESHEINER, José Maria. Relativização da coisa julgada. *Revista Nacional de Direito e Jurisprudência*, Ribeirão Preto: RNDJ, n. 23, p. 11, nov., 2001.

Portanto, *maxima venia*, o desafio não é — simplesmente — relativizar de qualquer modo, a qualquer tempo e por qualquer juízo a coisa julgada, em verdadeiro desprestígio aos óbvios motivos que ensejaram sua criação, mas sim prestigiá-la, com um sistema, dentro da ordem jurídica, compatível com a realidade deste início de século"[326].

5. A concepção objetiva da teoria da relativização da coisa julgada inconstitucional

As críticas autorizadas dos grandes processualistas mencionados, ao revés de desestimularem a profusão da teoria da coisa julgada inconstitucional, serviram como importante meio de reflexão, inflexão e aperfeiçoamento do movimento que, deveras, lançou suas pioneiras bases com uma amplitude muito grande.

Revisionistas ou não, parece que todos devem concordar com uma verdade inafastável: há sentenças injustas, com vícios insanáveis, que transitam em julgado e perenizam-se com o decurso de um biênio. Eis um fato. Diante dele, o que fazer? Nada fazer?

O ser humano tende à bipolarização. Talvez até por razões naturais ou sociológicas. O inquestionável é que há, de algum modo, uma cultura maniqueísta que impede que se conheça a beleza da mistura das cores. Parece que só existe o branco ou o preto; o bem ou o mal; o dia ou a noite; o certo ou o errado.

Não se percebe, contudo, que é da soma que se atinge o resultado; do diálogo que se faz o entendimento; do contraditório que se faz a justiça; da dialética que surge o Direito. Já se defendia, desde a Era pré-cristã, que a virtude é o meio. Não necessariamente bem no meio, acrescenta-se; mas com certeza surge pela confluência dos opostos.

Seguindo essa trilha, procura-se desenvolver neste estudo uma *concepção objetiva da relativização da coisa julgada inconstitucional*. Para tanto, propusemos ao longo do texto algumas bases sobre as quais entendemos deva assentar-se o pensamento e as quais vamos apenas sublinhar neste momento.

---

[326] PORTO, Sérgio Gilberto. Cidadania processual e relativização da coisa julgada. *Revista Síntese de Direito Civil e Processual Civil,* Porto Alegre: Síntese, n. 22, p. 11, mar./abr. 2003.

5.1. O vício da sentença que autoriza a relativização

Somente a coisa julgada *objetiva e diretamente inconstitucional* deve ser passível de relativização.

A empresa revisionista não pode navegar sem fim, rumo ao jusnaturalismo ou ao direito alternativo. Não é esse o objetivo da teoria. Por isso que se pretende, apenas, defender a validade da Constituição e contribuir para aperfeiçoar um instituto (por meio da interpretação e do apelo ao legislador), em benefício da sociedade e do próprio ordenamento jurídico.

Dessa forma, não se deve cair na tentação de apregoar uma relativização da coisa julgada baseada unicamente no critério subjetivo da justiça da decisão. Esse é um caminho que possui a fachada bela — inerente a todo idealismo —, mas que esconde uma trilha arriscada e, por vezes, não factível.

Assim, a coisa julgada com mais de dois anos, para ser desconsiderada, deve ter violado *diretamente* a Constituição, não se cogitando falar em relativização por mera injustiça da decisão ou ofensa reflexa. Registre-se, por fim, que pode haver perfeitamente ofensa direta e objetiva a princípio da Carta Magna.

5.2. Os efeitos da declaração

Como já ressaltado, em tópico próprio, a concepção objetiva da teoria reputa que, mesmo sendo nula a decisão, pode ser a ela emprestados efeitos *ex nunc*, caso a ponderação de interesses do caso concreto revele que a preservação da segurança jurídica das relações seja mais benéfica.

5.3. Os instrumentos de controle

Aspecto também imprescindível à utilização razoável da relativização da coisa julgada inconstitucional diz respeito aos instrumentos processuais próprios para tal fim. Sintetizando o já exposto, pensamos que, para a escolha das ações cabíveis, deve haver prudência, não sendo autorizada qualquer ação ou incidente no processo, sem que seja respeitado o máximo de garantias, próprias de um pedido excepcional e de graves repercussões, como ocorre no caso.

5.4. Novos rumos

Mesmo em se tratando de controle de constitucionalidade, cujas noções empregadas decorrem do próprio sistema jurídico-constitucional, a concepção objetiva da coisa julgada entende que é indispensável estimular a regulamentação legislativa do tema, sem prejuízo de seminários, obras doutrinárias, anteprojetos de lei, enfim, fazendo brotar a fonte material do Direito, com o intuito de ver surgir sua fonte formal: a lei. Conforta saber que isso já vem acontecendo como se observa da recente mudança no Código de Processo Civil, no qual foi inserido o novo parágrafo único do art. 741, não mais por Medida Provisória, como ocorreu com a de n. 2.180-35, agora pela Lei n. 11.232, de 22 de dezembro de 2005, que, além de repetir a Medida Provisória supramencionada, restringindo os embargos apenas à hipótese de execução contra a Fazenda Pública, também acrescentou ao CPC o art. 475-L e seu § 1º. Permitiu-se, assim, mais uma possibilidade de relativização da coisa julgada inconstitucional.

6. Conclusão

A sociedade reclama coerência. A opção política pela intangibilidade absoluta da coisa julgada não mais atende, em sua integralidade, aos anseios do mundo contemporâneo. Não há segurança jurídica se decisões que contrariam a realidade não puderem ser declaradas irreais. Não há segurança jurídica se o Estatuto Maior, que inclusive garante esse princípio, for o primeiro a ser desprestigiado.

A coisa julgada é indispensável. Mas a sua intangibilidade absoluta não. A relativização há de ser possível, com as cautelas e a excepcionalidade que a segurança jurídica merece. Nem tudo é extremo. É viável estabelecer exceções sem que se altere a regra. É admitido relativizar sem que acabe com a segurança jurídica. É possível buscar a justiça mesmo com a necessidade de pôr fim ao processo.

Faça-se o registro das principais conclusões submetidas:

a) O movimento de relativização da coisa julgada não teve início como mera divagação teórica. Surgiu da necessidade de se oferecer resposta diante de casos concretos submetidos à apreciação do Judiciário. Paralelamente ao julgamento dessas lides começaram a surgir os primeiros trabalhos doutrinários nacionais sobre o tema, tendo como inspiração, principalmente, a Academia portuguesa.

b) É preciso valer-se dos princípios para interpretar as normas jurídicas e, até mesmo, afastá-las, quando contrárias a postulados de órbita constitucional, tendo em vista que, nessa hipótese, a regra positivada não terá substrato de validade.

c) Em se tratando de princípios, o critério do tudo ou nada não é aplicado. Diante de um caso concreto que comporte a incidência de dois postulados constitucionais e estes indiquem soluções diferentes para a resolução da questão, a incidência de um deles se fará com mais presença enquanto a do outro permanecerá atuando, porém apenas na função de contrapeso. A esse fenômeno interpretativo denomina-se "diálogo entre os princípios constitucionais".

d) A segurança jurídica representa a inexistência de surpresas nas relações jurídicas consolidadas. Traduz-se pela despreocupação com as situações que foram definitivamente resolvidas e representa enorme conquista do Estado de Direito.

e) Um dos maiores instrumentos de garantia da segurança jurídica é o instituto da coisa julgada. Aliás, é indissociável a existência do último, senão em função do primeiro.

f) O princípio da supremacia constitucional significa encontrar-se a Constituição no vértice do sistema jurídico do Estado. É a Carta Magna que legitima (justifica) ou ilegitima (invalida) todo e qualquer ato estatal ou particular.

g) Não há contraposição entre o princípio da segurança jurídica e a justiça. Estes postulados dialogam entre si, ditando uma relação de verdadeira complementaridade e interdependência.

h) A proteção constitucional da coisa julgada é menos ampla do que comumente defende parcela da doutrina. A Constituição não veda a existência de restrições e de instrumentos de revisão e controle dos julgados.

i) O apego à intangibilidade da coisa julgada, levada ao extremo, ao tentar preservar a segurança jurídica, termina por gerar efeito inverso, produzindo ainda mais insegurança ao permitir que decisões absurdas ou patentemente injustas subsistam.

j) O maior instrumento de segurança jurídica de um Estado é sua Constituição, rígida, suprema e respeitada. Permitir que uma decisão transitada em julgado eternize uma ofensa à Carta do Povo, por certo, há de gerar mais insegurança que a reabertura, segundo critérios objetivos, de um caso julgado.

k) Em homenagem ao princípio da constitucionalidade, ao fundamento da dignidade da pessoa humana, aos direitos e garantias fundamentais, à Carta Magna como um todo, e em resguardo da própria segurança jurídica, é que se defende a relativização da coisa julgada que ofenda a Constituição Federal.

l) Apontam-se três espécies de coisa julgada inconstitucional: 1) decisão proferida com base em norma posteriormente declarada inconstitucional, em controle concentrado; 2) decisão baseada na não-incidência de determinada norma, porque considerada inconstitucional e posteriormente reconhecida constitucional pelo Supremo Tribunal Federal; 3) decisão que deliberou contrariamente a regra ou princípio diretamente contemplado na Constituição.

m) A decisão inconstitucional transitada em julgado é nula e não inexistente.

n) A decisão que relativiza a coisa julgada inconstitucional pode, a depender da exigência do caso concreto, ter eficácia *ex tunc* ou *ex nunc*, em homenagem à segurança jurídica.

o) A coisa julgada na ação de investigação de paternidade não se forma sob a técnica *secundum eventum probationes* por ausência de previsão em lei. Caso a *res iudicata* seja contrária ao que dispõe o exame de DNA, será contrária também à dignidade da pessoa humana, devendo, por essa razão, ser relativizada.

p) A empresa revisionista da coisa julgada ganha a cada dia ressonância, transpondo os debates acadêmicos e ganhou também disciplina normativa inicialmente por meio da Medida Provisória n. 2.180-35, que acrescentou o parágrafo único ao art. 741 do CPC, consagrando a coisa julgada inconstitucional como hipótese de inexigibilidade do título judicial, texto que foi repetido com novo parágrafo único do mesmo art. 741 e com o § 1º do art. 475-L, ambos do CPC, com a nova redação dada pela Lei n. 11.232, de 22 de dezembro de 2005.

q) Cabíveis são os seguintes instrumentos processuais para a relativização da coisa julgada inconstitucional: *querela nullitatis insanabilis* como ação autônoma declaratória de nulidade; ação rescisória, redimensionada, legislativamente, em seus limites de admissibilidade e de prazo, principalmente; *querela nullitatis insanabilis* como impugnação e como embargos à execução; argüição de descumprimento de preceito fundamental.

r) Não pode prosperar o movimento de contra-ofensiva à teoria da relativização da coisa julgada, capitaneada por notáveis do direito processual, segundo o qual a *res iudicata* acaba com a garantia da segurança jurídica e atenta contra o Estado Democrático de Direito.

s) Formada a partir da reflexão sobre o que a doutrina havia discorrido, a concepção objetiva da relativização da coisa julgada inconstitucional visa a propor o aperfeiçoamento da teoria, assentando quatro premissas indispensáveis à legítima possibilidade de relativização.

t) A coisa julgada com mais de dois anos, para ser desconsiderada, deve ter violado diretamente a Constituição, não se cogitando falar em relativização por mera injustiça da decisão ou ofensa reflexa à Carta Magna.

u) A concepção objetiva da teoria reputa que, mesmo sendo nula a decisão, a ela podem ser emprestados os efeitos *ex nunc*, caso a ponderação de interesses do caso concreto revele que a preservação da segurança jurídica das relações consolidadas seja mais benéfica.

v) Deve haver prudência na escolha dos instrumentos processuais cabíveis para a relativização, não sendo autorizada a desconsideração da *res iudicata* por meio de qualquer ação ou incidente no processo, sem que seja respeitado o máximo de garantias, próprias de um pedido excepcional, e de repercussões graves.

w) A possibilidade de relativização da coisa julgada institucional é impostergável, seja pela difusão de leis, seja pela aceitação doutrinária e jurisprudencial, a fim de obter mais uma forma de se buscar a justiça, ideal maior de qualquer operador do Direito.

Capítulo V

ANTECIPAÇÃO DE TUTELA EM FACE DA FAZENDA PÚBLICA: ASPECTOS CONSTITUCIONAIS-PREVIDENCIÁRIOS

Ivana da Cunha Leite

Advogada. Pós-graduada em Direito Civil e Direito Processual Civil pelo Centro Universitário CIESA/AM. Graduada em Direito pela Universidade Federal do Amazonas.

1. Introdução

Não resta dúvida de que um dos temas mais palpitantes do Direito moderno é o concernente à concessão da tutela antecipada, especialmente quando a Fazenda Pública figura no pólo passivo.

O núcleo do presente capítulo será a análise da antecipação de tutela em desfavor da Fazenda Pública em face dos princípios constitucionais, especialmente os processuais e os previdenciários. Eis o motivo pelo qual se pretende analisar os princípios constitucionais norteadores das questões concernentes à concessão da medida antecipatória.

O enfoque previdenciário será dado, a fim de apontar as peculiaridades que envolvem as lides, com antecipação de tutela, em que o particular demanda em face do INSS — Instituto Nacional do Seguro Social, autarquia federal que compõe a Fazenda Pública Federal.

Verificar-se-á também as possíveis restrições contidas no art. 273 do CPC e na legislação extravagante à concessão da tutela antecipada em relação a este ou aquele ente, especialmente os entes públicos.

Estarão ainda sob análise os pontos recorrentemente tidos como limitadores a essa concessão em face da Fazenda Pública Previdenciária, dispostos principalmente no Código de Processo Civil, tais como o reexame necessário, os efeitos recursais, as características da execução fazendária, mais especificamente em relação ao precatório, assim como o perigo de irreversibilidade da medida, sempre tendo como liame a aplicação dos princípios constitucionais quando da análise da concessão da medida antecipatória.

2. O Direito Previdenciário brasileiro na Constituição Federal de 1988 — breves considerações

Seguridade indica segurança, tranqüilidade, e é isto que se espera seja ofertado pela Seguridade Social aos cidadãos quando dela necessitarem, sem perder de vista o direito inarredável à vida, qual seja, à vida digna. A idéia de sociedade "livre, justa e solidária" visada pela nossa Carta Política (art. 3º, I) constitui também um princípio voltado à Seguridade Social como exigência de que o Estado se mostre presente quando o cidadão já não se encontre tão apto ou o futuro já não lhe pareça tão promissor por fatores vários, como a idade avançada ou uma deficiência, por exemplo, e em razão de tais adversidades precise usufruir um bem que lhe possa garantir um mínimo de *segurança*.

Em outras palavras, a Seguridade Social se traduz no dever do Estado de atuar no meio econômico e social, de modo a proteger as classes menos favorecidas, em uma atuação positiva, visto que direitos sociais como os direitos à educação, à saúde, ao trabalho, à previdência social, entre outros, só se concretizam mediante programas governamentais. Nesse sentido, deverá o legislador propiciar exeqüibilidade a estas imposições, sob pena de incorrer em inconstitucionalidade por omissão.

Ao longo dos anos, com a mudança de concepção política, deu-se a passagem do Estado Liberal (cuja intervenção na sociedade era mínima) para o Estado Social ou Estado do Bem-Estar Social (*Welfare State*), o qual representa a atuação direta do Estado na economia e na sociedade em benefício da redução das desigualdades, visando à justiça social. No Brasil, a Constituição de 1934 já trazia em seu texto o objetivo de amparar a velhice, a invalidez, a maternidade, os acidentes do trabalho, assim como a família do trabalhador, em caso de óbito, criando, desse modo, a previdência social, financiada com recursos da União, dos empregados e dos empregadores.

A Constituição Federal de 1988 inovou o sistema previdenciário brasileiro ao incluir um capítulo somente sobre a Seguridade Social, que compreende a saúde, a assistência social e a previdência social. Dispôs de forma detalhada acerca da estruturação da seguridade social e, por conseguinte, da previdência social propriamente.

Com a aprovação da Emenda Constitucional n. 20 ocorreram alterações de algumas das disposições da Constituição Federal de 1988, a saber: foi instituída a execução, de ofício, pelos juízes trabalhistas, das contribuições previdenciárias decorrentes de suas sentenças ou de acordos por eles homologados; ficou determinada a destinação específica ao INSS —

Instituto Nacional do Seguro Social — do produto da arrecadação das contribuições sociais; alteraram-se as regras de aposentadoria para os servidores públicos e segurados do RGPS (Regime Geral da Previdência Social); vedou-se a contagem de tempo de contribuição fictícia, entre outras alterações, convergindo-se para a tendência atual de preocupação com o sistema previdenciário nacional.

A partir da nova ordem constitucional vigente, a legislação básica teve que sofrer alterações. Por conta do art. 59 do Ato das Disposições Constitucionais Transitórias — ADCT, o Congresso Nacional elaborou as Leis n. 8.212/91 e n. 8.213/91, que já foram alteradas por emendas constitucionais e leis posteriores.

Outra substancial alteração no Direito Previdenciário veio com a EC n. 41, de 2003, que, promovendo reformas significativas, criou, numa primeira análise, um modelo global de previdência social que abrange tanto os trabalhadores da iniciativa privada quanto os funcionários públicos civis, deixando inalterado o regime dos servidores militares.

Registre-se que o INSS é autarquia federal vinculada ao Ministério da Previdência Social, este criado pela Lei n. 8.029/90 (regulamentada pelo Dec. n. 99.350/90) e reestruturado conforme determinação contida no art. 11, parágrafo único, da Lei n. 8.422/92 (regulamentada pelo Dec. n. 3.081/99). É de dizer, aliás, que o INSS constitui uma fusão do INPS e IAPAS, cumulando as atividades dessas autarquias.

Em razão de sua condição de autarquia federal, nas ações previdenciárias o INSS figura no pólo passivo, representando a Fazenda Pública Federal.

3. Dos princípios constitucionais-previdenciários

3.1. Considerações iniciais

O art. 4º da LICC (Lei de Introdução ao Código Civil) estabelece: "Quando a lei for omissa, o juiz decidirá o caso de acordo com a analogia, os costumes e os princípios gerais de direito".

Depreende-se, então, que na ausência de previsão legal explícita em relação à pretensão deduzida, não pode o juiz furtar-se de resolver quaisquer demandas que lhe sejam apresentadas, devendo, para tanto, fazer uso da analogia, dos costumes e dos princípios gerais do Direito.

Os princípios, que têm também como função a interpretação e a adequação das normas jurídicas postas, como se sabe, consistem nos valores consagrados pela sociedade, expressos ou implícitos nas constituições, pairando como espécies de guardiões do ordenamento jurídico vigente.

Desse modo, toda e qualquer norma ou decisão deve, diante do caso concreto, adequar-se a tais princípios, do contrário estar-se-á violando a própria ordem na qual estão inseridos.

No Estado Democrático de Direito há o império da lei, aliada aos valores (e, via de conseqüência, aos princípios) consagrados nas constituições democráticas.

Por isso, normalmente, não é possível, de antemão, fazer a verificação da legitimidade da produção dos efeitos de determinada norma. Isto só será possível quando da subsunção do fato concreto à norma, verificando-se se os efeitos a serem produzidos adaptam-se ou não aos valores e princípios consagrados na Constituição. Esse contexto nos faz trazer a lume o magistério de Miguel Reale acerca da teoria tridimensional do direito, ao afirmar, entre outras coisas, que:

> "Onde quer que haja um fenômeno jurídico, há, sempre e necessariamente, um *fato* subjacente (fato econômico, geográfico, demográfico, de ordem técnica etc.); um *valor*, que confere determinada significação a esse fato, inclinando ou determinando a ação dos homens no sentido de atingir ou preservar certa finalidade ou objetivo; e finalmente, uma *regra* ou *norma*, que representa a relação ou medida que integra um daqueles elementos ao outro, o fato ao valor"[327].

Hodiernamente, a força jurídica das constituições repousa no fato de que sua importância vai além da expressão de anseios e aspirações da sociedade, adquirindo força jurídica vinculante como condição *sine qua non* à manutenção do ordenamento jurídico. Em razão de representarem os fundamentos em que se fincam as bases do sistema jurídico e, conseqüentemente, os valores supremos de uma sociedade, é que se deu o movimento de constitucionalização dos princípios jurídicos e da teoria normativista dos princípios em contraposição ao positivismo jurídico prevalecente até meados do século XX.

Não se admite mais, pois, que os princípios constitucionais sejam tidos como meras linhas programáticas de ação do Poder Público ou da

---

[327] REALE, Miguel. *Lições preliminares de direito*. São Paulo: Saraiva, 1999, p. 65.

iniciativa privada, impondo-se como preceitos aptos a direcionar tais ações com eficácia jurídica vinculante. O desatendimento ou a inobservância a um princípio constitucional representa ilegalidade e inconstitucionalidade sem par, porquanto ofende gravemente os valores fundamentais postos no sistema jurídico de dada sociedade.

Os princípios gerais que norteiam o Direito Previdenciário são os que se aplicam a este ramo do Direito, mas não necessariamente lhe são exclusivos. Apontem-se aqueles com fundamento na Constituição da República, como, por exemplo, os princípios da dignidade da pessoa humana, da justiça social, da igualdade material, da legalidade, da proporcionalidade, da razoabilidade e da inafastabilidade da jurisdição.

3.2. Princípio da dignidade da pessoa humana

O princípio da dignidade da pessoa humana não é de aplicação exclusiva no Direito Previdenciário, sendo comum a todos os ramos do Direito. É, na verdade, um princípio geral do Direito com fundamento na Constituição pátria, a qual o consagrou como um dos fundamentos da República Federativa do Brasil (art. 1º, III). Trata-se de um valor jurídico inderrogável e inafastável, garantidor do valor pessoa humana.

Para Ingo Wolfgang Sarlet:

> "A dignidade da pessoa humana poderia ser considerada atingida sempre que a pessoa concreta (o indivíduo) fosse rebaixada a objeto, a mero instrumento, tratada como coisa, em outras palavras, na descaracterização da pessoa humana como sujeito de direitos"[328].

Ao se verificar a validade e a legitimidade de toda norma jurídica há, sobretudo, que se pugnar pelo respeito pleno ao ser humano, garantindo-lhe, mais do que direitos subjetivos, os meios concretos de alcançar uma vida com dignidade.

Com efeito, a proteção à vida implica, por si só, a dignidade da pessoa humana, com a efetiva realização dos direitos fundamentais. Encerra, portanto, um sentido muito mais amplo do que a simples idéia de não se

---

[328] Apud VAZ, Paulo Afonso Brum. *Tutela antecipada na Seguridade Social*. São Paulo: Ltr, 2003, p. 98.

ter a vida ceifada. Esse princípio alberga o direito de dispor de condições de subsistência mínima, como o direito ao trabalho (ou ao subsídio pelo desemprego), a proteção à saúde (ou a assistência especial, na ocorrência de deficiências permanentes ou patologias crônicas), mostrando-se como garantia que legitima todos os indivíduos a reclamarem do Estado a falta das prestações que concorram para uma existência digna.

Assim, percebe-se que a qualificação da dignidade da pessoa humana como princípio fundamental significa não só uma declaração de cunho ético e moral, mas também constitui uma norma jurídico-positiva de *status* constitucional e, como tal, dotada de eficácia. Na qualidade de princípio fundamental, traduz-se em valor que serve de parâmetro para todo o ordenamento jurídico, em razão de sua função instrumental integradora e hermenêutica.

Como bem acentua Flávia Piovesan:

> "O valor dignidade da pessoa humana impõe-se como núcleo básico e informador do ordenamento jurídico brasileiro, como critério e parâmetro de valoração a orientar a interpretação e compreensão do sistema constitucional inaugurado em 1988. A dignidade humana e os direitos fundamentais vêm constituir os princípios constitucionais que incorporam as exigências de justiça e dos valores éticos, conferindo suporte axiológico a todo sistema jurídico brasileiro"[329].

Neste contexto, a atividade governamental deve pautar-se pelo princípio da dignidade da pessoa humana, impondo-se ao Estado um dever de respeito e proteção que representa tanto a sua obrigação de abster-se de ingerências na órbita individual que sejam contrárias a este princípio como o dever que o ente estatal tem de proteger o indivíduo das agressões advindas de atos de terceiros.

Cumpre, portanto, ao Poder Judiciário, na composição das lides, sobretudo acerca da seguridade social, pautar suas decisões pela busca incansável da garantia e da efetivação do princípio sob comento, em razão de a jurisdição, como função estatal que é, dever buscar a consagração

---

[329] PIOVESAN, Flávia. A proteção dos direitos sociais nos planos interno e internacional. In: CORREIA, Érica Paula Barcha; CORREIA, Marcus Orione Gonçalves (coords.). *Direito Previdenciário e Constituição*. São Paulo: LTr, 2004, p. 19.

dos valores eleitos na Constituição, tais como aqueles previstos nos arts. 201 e 203 da Constituição Federal de 1988, com atenção especial a este último por seu caráter assistencial preponderante[330].

3.3. Princípio da justiça social

A justiça não é meramente um princípio, mas um valor em que o Estado Democrático de Direito finca suas bases. A idéia de justiça, traduzida na correta distribuição de bens e ônus, consiste em dar a cada qual o que é devido, na medida de sua necessidade, e em tratar igualmente os iguais e desigualmente os desiguais.

A partir da concepção aristotélica, a justiça pode ser dividida em três espécies: comutativa — tem por objeto a igualdade entre os sujeitos, a equivalência das prestações, o equilíbrio patrimonial entre as partes litigantes; distributiva — visa à repartição proporcional das vantagens e dos ônus entre os membros da sociedade, distribuindo-os de forma justa; legal — em síntese, é a submissão de todos perante o ordenamento jurídico[331].

Da conjugação destas três concepções (aristotélicas) de justiça, a doutrina cristã idealizou a chamada *justiça social,* cuja finalidade é a promoção da *igualdade material* e do *bem comum*. Logo, baseando-se nos valores da justiça social, o direito exerce a limitação do individualismo, equilibrando a atividade e os interesses dos vários setores sociais, a fim de alcançar a primazia do interesse público sobre o privado.

No direito pátrio o princípio susomencionado encontra-se garantido pelos arts. 3º, I, e 193 da Constituição Federal.

No Direito Previdenciário, tal princípio se revela na tutela do direito daqueles que se encontram em situação de hipossuficiência e que, portanto, merecem tratamento diferenciado em razão da premência de suas necessidades. Na prática, corresponde ao fato de que aqueles que possuem maiores rendimentos devem contribuir com parcela maior do que a dos menos abastados.

---

[330] Esclarece Suzani Andrade Ferraro: "A seguridade social é um instrumento de realização de justiça social, uma vez que tem como finalidade primordial a distribuição de renda, devendo favorecer o acesso de todos aos bens materiais indispensáveis para a subsistência, quer seja por intermédio da previdência social, de caráter contributivo; quer seja pela assistência social, não contributiva, assim como, garantindo o direito à saúde" (Princípios constitucionais da seguridade social. In: PEIXINHO, Manoel Messias et al. (coords.). *Os princípios da Constituição de 1988.* Rio de Janeiro: Lumen Juris, 2001, p. 617-618.

[331] SETTE, André Luiz Menezes Azevedo. *Direito previdenciário avançado.* Belo Horizonte: Melhoramentos, 2004, p. 120.

3.4. Princípio da igualdade material

A igualdade se concretiza na efetivação da justiça. Igualdade e justiça andam lado a lado. Vem também de Aristóteles a idéia de que a justiça consiste em tratar os iguais de forma igual e os desiguais de forma desigual, na proporção de suas desigualdades.

No Estado Liberal, todos eram iguais perante a lei, o que traduzia uma igualdade geral e abstrata. A partir do Estado Social, o conceito de igualdade evoluiu para contemplar as condições efetivas de exercício de direitos (igualdade material), reconhecendo-se as desigualdades sociais.

Assim, a igualdade *substancial* ou *material*, numa concepção democrática ou social, é o tratamento desigual para aqueles que são desiguais, justificando-se a intervenção estatal nos planos socioeconômico-jurídico para tutelar o interesse das partes vulneráveis.

A Constituição da República garante a isonomia em seu art. 5º e incisos, isonomia esta que se impõe ao direito material tanto quanto ao processual, no qual a máxima aristotélica se aplica perfeitamente. Nas palavras de Nelson Nery Junior e Rosa Maria Nery: "Igualdade no sentido de garantia constitucional fundamental quer significar isonomia *real, substancial* e não meramente formal"[332].

Do mesmo modo que em relação ao valor justiça, o princípio ora analisado também não configura um princípio de aplicação exclusiva ao Direito Previdenciário e sim a todo o ordenamento jurídico.

Saliente-se, contudo, que no âmbito previdenciário as desigualdades que se apresentam em razão da capacidade contributiva ou da falta dela representam campo fértil à intervenção estatal com o fito de implementar o princípio da isonomia.

3.5. Princípio da legalidade

Este princípio é a base na qual se assenta o Estado Democrático de Direito e está insculpido no art 5º, II, da Carta Política de 1988: "ninguém é obrigado a fazer ou deixar de fazer alguma coisa senão em virtude de lei". A lei a que se refere o dispositivo é a formal, produzida pelo Poder Legislativo, com a observância das normas constitucionais atinentes a sua elaboração.

---

[332] NERY JUNIOR, Nelson; NERY, Rosa Maria de Andrade. *Código de Processo Civil comentado e legislação extravagante*, cit., p. 139.

No âmbito do Direito Previdenciário, o princípio da legalidade manifesta-se tanto na legislação específica de custeio (Lei n. 8.212/91) quanto na de benefícios (Lei n. 8.213/91). Na legislação de custeio acarreta o fato de só poderem ser instituídas contribuições sociais se observadas as regras constitucionalmente traçadas e, na legislação de benefícios, acarreta o fato de só serem concedidos benefícios a que a legislação expressamente fizer previsão.

3.6. Princípios da proporcionalidade e da razoabilidade

3.6.1. Princípio da proporcionalidade e seus subprincípios

O princípio da proporcionalidade parece tão antigo quanto o Direito, haja vista o próprio Aristóteles ter-se referido a ele como o mecanismo para se alcançar a justiça. Dizia o filósofo:

> "Chegamos à conclusão de que a justiça realiza um certo tipo de proporção. (...) (o proporcional é de fato meio; e o justo, por outro lado, é proporcional). (...) Tudo isso nos possibilita concluir que o justo — no sentido em que aqui o entendemos — é o proporcional, e que o injusto, ao contrário, é o que nega a proporção"[333].

Este princípio alcançou seu contorno atual na Alemanha, onde adquiriu o perfil de norma constitucional não-escrita nascida da essência relativa aos direitos fundamentais e, via de conseqüência, do Estado de Direito, traduzindo-se, em seu núcleo, na verificação da compatibilidade entre meios e fins, com o fito de se evitarem restrições desnecessárias ou abusivas contra os direitos fundamentais, o que representaria desrespeito inadmissível à dignidade humana.

O princípio da proporcionalidade ou da proibição dos excessos requer a análise da relação de meios e fins, sendo aplicável como controle dos atos do Poder Legislativo, a fim de que não se contraponham aos direitos fundamentais, assim como deve pautar a atuação jurisdicional na consecução da justiça.

Os subprincípios da proporcionalidade são a adequação (correspondência entre meio e fim), a necessidade (invasão mínima) e a proporcionalidade em sentido estrito (precedência de um valor sobre outro).

---

[333] Apud BRAGA, Valeschka e Silva. *Princípios da proporcionalidade e da razoabilidade*. Curitiba: Juruá, 2004, p. 68.

Pelo subprincípio da necessidade, requer-se que a esfera de liberdade do indivíduo seja invadida o mínimo possível, além do fato de que a escolha feita tenha sido a melhor e única possível, ou seja, que a medida restritiva seja indispensável e a mais eficaz à defesa de um direito fundamental. O subprincípio *sub examine* leva à idéia de pluralidade de meios aptos à consecução de determinado direito fundamental, sendo que dessa gama seja escolhido o menos gravoso.

A adequação refere-se à pertinência entre o meio adotado e o fim almejado, devendo haver uma relação de causalidade entre o meio empregado e o objetivo colimado.

De acordo com Valeschka e Silva Braga,

> "avalia-se, através desse elemento, a idoneidade da medida para, pelo menos em tese, atingir a finalidade. Será anulado, pois, o ato que for considerado inapto à consecução do fim almejado"[334].

Desta linha de raciocínio, depreende-se a íntima ligação entre um e outro subprincípio, uma vez que seria impossível falar em necessidade caso o meio empregado não fosse idôneo ao atendimento do fim constitucional perseguido.

Com relação ao subprincípio da proporcionalidade em sentido estrito, presta-se a apontar se o meio utilizado se coaduna com o desiderato pretendido em proporção razoável. Há de se avaliar, portanto, o equilíbrio entre os interesses protegidos por meio da medida adotada e os bens jurídicos a serem sacrificados ou restringidos por ela, referindo-se, desse modo, à tentativa de alcance do maior benefício mediante o menor sacrifício.

Ainda de acordo com Valeschka e Silva Braga,

> "(...) A proporcionalidade em sentido estrito reclama, portanto, que o peso desta efetivação seja superior aos dos limites impostos.
>
> (...) Em outras palavras, somente é admissível o ônus se o benefício lhe for superior"[335].

No âmbito previdenciário, o princípio sob comento deve ser verificado, por exemplo, no momento da interpretação das normas atinentes

---

[334] *Princípios da proporcionalidade e da razoabilidade*, p. 86.

[335] *Princípios da proporcionalidade e da razoabilidade*, p. 90.

ao leque de direitos fundamentais, especialmente quando se tem em conta o crescimento do trabalho informal no Brasil, visto que é quase impossível a comprovação de longos períodos de trabalho e carência (vinculação à Seguridade Social) para um grande número de trabalhadores, o que torna difícil a obtenção de consideráveis benefícios previdenciários.

Consoante o art. 203, V, da *Lei* Magna, a concessão de benefício é devida a todo idoso ou deficiente que não esteja apto a prover a própria subsistência. Ocorre, entretanto, que a legislação infraconstitucional (Lei n. 8.742/93), que regulamenta a concessão do mencionado benefício, dispõe "que a unidade familiar em que esteja inserido o postulante deste benefício deve apresentar renda mensal inferior a 1/4 do salário mínimo *per capita* dos integrantes da família"[336]. Em outras palavras, a fim de obter o benefício, cada membro da família deve auferir renda mensal que não atinja, sequer, cem reais mensais, pelos valores atuais, ou seja, em flagrante ofensa ao princípio da proporcionalidade e, conseqüentemente, ao princípio da dignidade da pessoa humana; requer um quadro de miséria, o que, por certo, não se coaduna com nenhum preceito constitucional, significando, ademais, na prática, mais do que um simples requisito de concessão, um verdadeiro óbice a ela[337].

Neste eito, em razão de se tratar de um direito do ser humano, ou ainda, intimamente ligado à dignidade humana, o direito de todos à previdência social, bem como ao seguro social, não comporta pré-condições a sua fruição.

3.6.2. Princípio da razoabilidade

Falar em direito e justiça conduz a imaginar o razoável, mesmo aqueles que não possuem conhecimento jurídico. Ou seja, a idéia do que é justo remete, mesmo que se baseie no senso comum, à idéia de algo que é razoável conferir-se a alguém por direito.

---

[336] SERAU JUNIOR, Marco Aurélio. *Curso de processo judicial previdenciário*. São Paulo: Método, 2004, p. 39.

[337] Infelizmente, o STF entendeu ser constitucional o art. 20, § 3º, da Lei n. 8.742/93, que regulamentou o art. 203, V, da CF/88, na ADIn 1.232, e em reiterados julgados posteriores vem-se manifestando no mesmo sentido, como, por exemplo, no AgI no AgRg 482.766/SP, Relatora Min. Ellen Gracie, *DJ*, 18-11-2005, p. 13, 2ª Turma, cuja ementa é a seguinte: "O acórdão recorrido contrariou entendimento firmado por esta Suprema Corte na ADIn 1.232, no sentido da constitucionalidade do art. 20, § 3º, da Lei 8.742/93, que prevê o limite máximo de 1/4 do salário mínimo de renda mensal *per capita* da família, para que esta seja considerada incapaz de prover

Dentre os pontos mais relevantes da razoabilidade a serem apontados, tem-se que ela está intimamente vinculada à intuição e à prudência do juiz na aplicação do mencionado princípio, baseando-se nas condições subjetivas do indivíduo no caso concreto, conforme este se lhe apresenta, e buscando atender aos valores da sociedade. Por este prisma, tem o fito de apontar se o indivíduo suporta ou não determinada imposição legal e é, por este motivo, tão importante sua observância no que tange à análise das questões previdenciárias por parte do magistrado, dadas as condições, no mínimo delicadas, em que os beneficiários se encontram na maioria das vezes.

Os princípios da proporcionalidade e da razoabilidade parecem estar interligados desde o tempo em que surgiram no direito estadunidense, sob o manto da liberdade dos juízes em criar o direito. A positivação do princípio da razoabilidade deu-se por intermédio das Emendas V e XIV à Constituição norte-americana, tornando-se uma espécie de desmembramento do *due process of law*, estando a ele intimamente ligado.

O devido processo legal, por sua vez, cujo berço é o direito inglês, firmou-se em nosso ordenamento somente por meio da atual Constituição, a qual assegura os direitos à vida, à propriedade, à liberdade e à igualdade, garantindo a qualquer pessoa a defesa desses bens por meio de processo devidamente instruído "perante autoridade prévia e constitucionalmente investida na função de julgar"[338].

Importante salientar que este princípio, quando idealizado e aplicado pelos ingleses, era investido apenas da natureza processual, e em nossos tempos, por intermédio de construção jurisprudencial, ganhou feições ambivalentes, apresentando dois aspectos, quais sejam o aspecto material e o processual.

Na lição de Vallisney de Souza Oliveira:

> "Conforme o aspecto material (*substantive due process of law*), o processo de formação da lei deve respeitar o direito à vida, à liberdade, à propriedade e à igualdade, e ser proporcional e razoável em relação ao bem que pretende proteger. Pelo aspecto procedimental (*procedural due process of law*), ninguém pode ser julgado,

---

a manutenção do idoso e do deficiente físico, tendo em vista o art. 203, V, da Constituição Federal se reportar à Lei para fixar os critérios de garantia do benefício nele previsto".

[338] OLIVEIRA, Vallisney de Souza. *Nulidade da sentença e o princípio da congruência*. São Paulo: Saraiva, 2004, p. 86.

condenado ou despojado de seus bens, sumariamente, sem ser ouvido em processo regular"[339].

O devido processo legal deve ser entendido como um conjunto de limitações constitucionais, explícitas ou não, à atuação do Estado, a fim de que este não se afaste dos princípios éticos e morais de probidade e lisura que devem pautar o relacionamento legislador-legislado, os quais englobam, além da elaboração correta da lei, sua razoabilidade, senso de justiça, adequação dos fundamentos constitucionais e a aplicação da lei por meio do instrumento apto a sua realização, ou seja, mediante o processo. Pode, ainda, este princípio ser traduzido numa garantia conferida pela Magna Carta visando ao alcance da tutela dos direitos fundamentais por ela albergados. Neste passo, o referido princípio alberga não só os direitos fundamentais susomencionados como também quaisquer outros que deles decorram.

Outrossim, o princípio do *substantive due process* (relativo ao conteúdo próprio dos direitos fundamentais do cidadão), conforme se pode intuir, está intimamente ligado aos princípios da razoabilidade e da proporcionalidade, em atenção aos quais o Poder Legislativo deve desempenhar sua função normativa, pois a norma que não é razoável não se coaduna com o direito.

O princípio do devido processo legal, como bem disse Marco Aurélio Serau Júnior,

> "(...) parte de uma concepção (...) consistente numa mera imposição de freios e contrapesos à atuação estatal e, atualmente, considerando-se os objetivos constitucionalmente assegurados quanto à realização da dignidade da pessoa humana, pode ser interpretado como uma *garantia* ou *norteador* na tarefa de concretização dos direitos fundamentais"[340].

Dessa visão decorre que o processo judicial pautado em tais princípios constitui, atualmente, um instrumento apto a suplantar a omissão estatal no que concerne à eficácia plena dos direitos fundamentais, em particular aos direitos sociais nos quais se insere a Seguridade Social.

---

[339] *Nulidade da sentença e o princípio da congruência*, cit., p. 87.

[340] OLIVEIRA, Vallisney de Souza. *Nulidade da sentença e o princípio da congruência*, cit., p. 69.

3.7. Princípio da inafastabilidade da jurisdição

O princípio do direito de ação, da inafastabilidade do controle jurisdicional ou do acesso à justiça, disposto no inciso XXXV do art. 5º da Carta Política de 1988, determina que "a lei não excluirá da apreciação do Poder Judiciário lesão ou ameaça a direito".

Numa análise perfunctória, vê-se como destinatário deste princípio o legislador, a quem cabe originariamente a tessitura das leis. Entretanto, indo-se mais a fundo, observar-se-á que, mais que isso, o direito de ação se traduz no direito público subjetivo de alguém receber do Estado a adequada prestação da tutela jurisdicional, exceto em caso de inadimplemento das condições da ação, insculpidas no art. 267, VI, do CPC.

Dessarte, para tanto, inexiste a necessidade de exaurimento das vias administrativas, haja vista não ter a norma constitucional estabelecido qualquer condicionante à efetivação do indigitado direito. Posto isto, tem-se uma análise de grande valia quando se fala em ações previdenciárias, pois é comum a União, representada pela autarquia previdenciária, defender o argumento oposto (da necessidade de buscar, necessariamente, a solução dos litígios previdenciários no âmbito administrativo, para só então buscar o Judiciário) em suas contestações perante a Justiça.

Cumpre apontar que a partir do momento em que a sociedade evolui da justiça "pelas próprias mãos" (*justiça privada*) para a *justiça pública*, com o Estado-juiz chamando para si a ordenação da solução dos conflitos, inclusive nas demandas intentadas contra o próprio Estado, delineou-se para o particular o direito de recorrer à Justiça organizadamente instituída, a fim de ter seus conflitos imparcialmente resolvidos. Disso decorre, então, que não pode este mesmo Estado, na condição de legítimo responsável pela jurisdição, negar àqueles a quem substituiu o direito de postular o que entendem lhes ser devido, denegando injustificada e ilegitimamente a jurisdição[341].

---

[341] A jurisdição se traduz como "(...) uma das funções do Estado, mediante a qual este se substitui aos titulares dos interesses em conflito para, imparcialmente, buscar a pacificação do conflito que os envolve, com justiça" (CINTRA, Antônio Carlos de Araújo; GRINOVER, Ada Pellegrini; DINAMARCO, Cândido Rangel. *Teoria geral do processo*. São Paulo: Malheiros, 2001, p. 131).

4. Fazenda Pública e tutela antecipada

4.1. Considerações gerais

A fim de poder enfrentar melhor a problemática da antecipação da tutela na seara previdenciária, torna-se necessário fazer algumas incursões sobre importantes pontos relativos ao instituto, bem como acerca de questões polêmicas relativas a ele e à Fazenda Pública.

Muito se tem discutido sobre o cabimento do instituto da antecipação da tutela prevista no art. 273 do CPC contra a Fazenda Pública. Dentre os argumentos que se levantam acerca da inviabilidade ou ilegalidade da concessão da medida contra o ente estatal, mencionam-se, basicamente, os mesmos empecilhos, quais sejam, as prerrogativas do Poder Público em juízo; a remessa obrigatória; o efeito suspensivo da sentença que confirma a tutela liminarmente concedida em razão da remessa necessária; a especialidade da execução promovida contra a Fazenda, incluindo a questão da ordem do pagamento, bem como a questão da irreversibilidade dos efeitos da medida.

No entanto, nenhum desses argumentos parece robusto o suficiente para impedir a concessão da medida em face do Poder Público, impedimento esse que em termos práticos poderia levar ao aniquilamento da tutela antecipatória.

4.2. Prerrogativas da Fazenda Pública federal em juízo

A Fazenda Pública compreende a União, os Estados, o Distrito Federal, os Municípios e as respectivas autarquias e fundações de direito público.

A primeira questão apontada à concessão da tutela antecipatória contra a Fazenda Pública consiste no próprio sistema jurídico que a protege, conferindo-lhe alguns privilégios quando está em juízo, dentre os quais podem ser citados os prazos diferenciados para contestar (em quádruplo) e para recorrer (em dobro) dispostos no art. 188 do CPC.

Outra prerrogativa é o direito de ser intimada, pessoalmente, por meio de seus advogados e procuradores, sob pena de nulidade dos atos praticados, o que prejudica os princípios da efetividade do processo e da rápida solução do litígio, insculpidos no art. 125, I e II, do CPC. Cumpre lembrar que às autarquias, como INSS, sendo também abrangidas pela expressão *Fazenda Pública*, são estendidas estas mesmas prerrogativas.

Salvo as exceções legais, quando a União perde a demanda, determina o art. 475, I, do CPC que a sentença proferida só poderá surtir efeitos após confirmada pelo tribunal, em razão do reexame necessário, o que, em tese, configuraria também um obstáculo à concessão da medida antecipatória.

De outra sorte, caso seja a Fazenda a autora do pedido de tutela antecipada, não haverá qualquer empecilho, sendo necessário tão-somente a presença dos requisitos legais para sua concessão, o que revela uma quebra do equilíbrio entre as partes no processo e, por conseguinte, ofensa à isonomia.

Neste ponto, saliente-se que é justificável o tratamento processual diferenciado estabelecido pela lei em favor do Poder Público, desde que guardada a consonância com os princípios da razoabilidade e da proporcionalidade. Deve-se admitir, é verdade, que nem todas as prerrogativas conferidas por lei à Fazenda Pública constituem privilégios contrários ao princípio da isonomia, uma vez que isonomia não é sinônimo de igualdade em termos absolutos.

Este tratamento processual diferenciado encontra respaldo no interesse público, haja vista o ente estatal representar o interesse de toda a coletividade. Baseia-se, outrossim, na alegação de que a burocracia da máquina administrativa dificulta a defesa do Poder Público de maneira eqüitativa em relação à outra parte, decorrendo disso a necessidade de se contemplar a igualdade material, anteriormente citada.

Assim, estando justificado o elemento discriminador caracterizado pelo interesse público, bem como pela indisponibilidade dos direitos tutelados pela Fazenda Pública, não se pode falar em violação ao princípio da igualdade processual.

É de curial sabença a necessidade de o Estado, a bem do interesse público, limitar os interesses particulares e comunitários, o que, como é cediço, não pode ser efetivado sem que ocorram restrições naturais a direitos fundamentais, em razão de não poderem ser os interesses de todos plenamente atendidos. Nesse contexto é que devem surgir os princípios da isonomia, da proporcionalidade e da razoabilidade, a fim de bem nortearem esse processo.

O que se pretende demonstrar aqui é o fato de que as prerrogativas do Poder Público tendem a não se coadunar com a agilização do processo, apresentando-se numa posição inversamente proporcional à efetividade da tutela jurisdicional, como ocorre em relação aos prazos diferenciados.

Uma vez que a negativa de tutela de urgência não encontre respaldo no confronto com os princípios da razoabilidade e da proporcionalidade, então revelada estará a inobservância do princípio da isonomia, em razão de se privilegiarem interesses secundários em nome da supremacia do interesse público.

Com efeito, o legislador franqueou o instituto da antecipação de tutela a qualquer pessoa, o que significa dizer que qualquer pessoa pode postulá-la e ter contra si postulada a antecipação da tutela, de onde se conclui que não parece legítimo o intérprete restringir o que o legislador não restringiu. No caso específico da Fazenda Pública, as únicas ressalvas dispostas em lei são as previstas na Lei n. 9.494/97[342], o que leva à conclusão de que, afora esta disposição legal, estar-se-á incorrendo em ofensa ao *due process of law*.

Torna-se importante ter em mente que negar ou restringir a concessão da liminar não torna o Estado imune à sentença; simplesmente atrasa a efetivação da entrega da prestação jurisdicional. Assim, como se sabe, o que há é mera protelação do que é inevitável na maioria das vezes.

Deixar de tutelar um direito ameaçado pelo ônus do tempo do processo para privilegiar a procrastinação em favor de uma das partes não é razoável e, portanto, não é lídimo, ainda que a parte "beneficiada" seja a Fazenda Pública. Aliás, o pior é saber que o beneficiado é um ente estatal que, acima de tudo, deveria ser o primeiro guardião da jurisdição a que tem por dever legal e moral garantir e proteger, a fim de prestigiar o valor maior da justiça.

O melhor entendimento é no sentido de haver a possibilidade de aplicação da tutela específica ou assecuratória, em qualquer processo em que a Fazenda Pública figure como autora, ré, assistente ou oponente, desde que observados os pressupostos legais necessários a sua concessão.

4.3. Do duplo grau necessário

O segundo impedimento levantado contra a tutela em face do Estado consiste no reexame necessário previsto no art. 475, *caput* e inciso I, do CPC, *verbis*:

---

[342] Nesse sentido, apontam-se os seguintes julgados: "A Lei nº 9.494/97 (artigo 2º-B) deve ser interpretada de forma restritiva. *A decisão na ADC-4 não se aplica à antecipação de tutela em causa de natureza previdenciária*. Súmula 729/STF" (STJ, REsp 711.575/RS, rel. Min. José Arnaldo da Fonseca, 5ª Turma, *DJ*, 18-4-2005. p. 388). "Conforme entendimento do STF, não é geral e irrestrita a vedação de antecipação de tutela contra a Fazenda Pública imposta pelo art. 1º da Lei nº 9.494/97. Não sendo caso de reclassificação ou equiparação de servidores ou de concessão de aumento ou extensão de vantagens, outorga de adição de vencimentos ou reclassificação funcional, é legítima a concessão de tutela antecipada, especialmente em se tratando de benefi-

"Art. 475. Está sujeita ao duplo grau necessário, não produzindo efeito, senão depois de confirmada pelo tribunal, a sentença:

I — proferida contra a União, o Estado, o Distrito Federal, o Município, e as respectivas autarquias e fundações de direito público".

Nesse contexto, a tutela não poderia ser concedida, porque, se a sentença só produz efeitos depois de confirmada pelo tribunal, a antecipação não poderia produzir esses efeitos imediatamente, sob pena de estar burlando o comando do art. 475, sob comento.

Em outras palavras, se a parte não pode obter algo nem com a sentença, não poderia fazê-lo, com mais razão, por meio de decisão interlocutória. Assim, a antecipação da tutela poderia até ser concedida, mas, em termos práticos, perderia sua efetividade, em face da impossibilidade de produzir seus jurídicos efeitos antes de eventual confirmação pelo tribunal revisor.

Cumpre observar que o art. 475 supramencionado estabelece uma condição de eficácia para a antecipação de tutela. Aquele que dispõe de uma sentença tem de aguardar a sua confirmação pelo tribunal, a fim de desfrutar daquela situação jurídica prevista na aludida decisão.

Nada obstante, não parece razoável dizer que haja uma inviabilização do art. 475, mas apenas uma espécie de condicionamento de acordo com o processo; logo, se o juiz antecipar os efeitos da tutela, esse condicionamento passa a ser mitigado. A antecipação, assim, serviria justamente para evitar os efeitos procrastinatórios da aplicação do art. 475, os quais podem ocasionar grave dano ao autor que tem razão, porquanto, embora a remessa não deixe de existir, os efeitos da antecipação da tutela poderão ser produzidos desde o seu deferimento, em consonância com o direito à tutela efetiva.

Poder-se-ia dizer que o reexame necessário somente se refere às sentenças proferidas contra os entes públicos enumerados no citado dispositivo legal e não às decisões interlocutórias proferidas contra estes.

---

cio previdenciário" (TRF da 1ª Região, Ag 2000.01.00.071291-4/AM, rel. Des. Federal Luiz Gonzaga Barbosa Moreira, 1ª Turma, *DJ*, 20-9-2002, p.75). "A vedação à antecipação de tutela contra a Fazenda Pública, prevista no art. 1º da Lei n. 9.494/97, não é absoluta, restringindo-se o alcance da norma legal aos casos de reclassificação ou equiparação de servidores, concessão de aumento ou extensão de vantagens, outorga de adição de vencimentos ou reclassificação funcional, consoante interpretação da Corte Suprema na RCL. n. 1.638/CE, Rel. Min. Celso de Mello. DJ: 28.8.2000" (TRF da 1ª Região, 3ª Turma Suplementar, Ag 1998.01.00.033278-9/PA, rel. Juiz Wilson Alves de Souza (Conv.), *DJ*, 5-12-2002, p.137).

A primeira crítica a este argumento vem do magistério de Luiz Guilherme Marinoni, para quem tal linha de raciocínio poderia levar à conclusão absurda de que o art. 475 poderia impedir — em um sistema que admitisse como regra a execução imediata da sentença — a execução imediata contra a Fazenda Pública, mas não a tutela antecipatória. Diante disso a previsão legal do instituto se transformaria em letra morta. Com efeito, a decisão que defere a antecipação de tutela não tem razão de submeter-se ao duplo grau de jurisdição, a fim de que se possa efetivar, pois está vocacionada a ter eficácia imediata e assim produzir efeitos práticos no patrimônio da parte inicialmente afetada, mesmo que haja sido interposto recurso[343].

Afirma, ainda, Marinoni, ante essa linha de pensamento, que a aplicação do art. 475, com o fito de impedir a tutela antecipatória contra a Fazenda Pública, implicaria inconstitucionalidade, lembrando, oportunamente, que o direito à efetividade e à tempestividade da tutela jurisdicional é constitucionalmente garantido à luz do art. 5º, XXXV, da Constituição Federal (direito de acesso à justiça)[344].

Corroborando o entendimento acima exposto podem ser apontados precedentes dos nossos Tribunais, dentre os quais se transcrevem os seguintes, *in litteris*[345]:

> "Administrativo. Processual civil. Agravo de instrumento. Tutela antecipada. Duplo grau de jurisdição.
>
> 1. *A decisão sujeita ao duplo grau de jurisdição não impossibilita a antecipação de tutela. O art. 475 do CPC não se aplica à tutela antecipada e às liminares.* [grifos nossos].
>
> 2. (...)
>
> 3. Tratando-se de questão de natureza alimentar, há sempre um dano irreparável para aquele que vive de salários. O entendimento de que não pode haver antecipação de tutela contra a Fazenda Pública está ultrapassado, pois fere os comezinhos princípios de direito, o direito que todos têm de um tratamento igualitário"[346].

---

[343] *A antecipação da tutela*. São Paulo Malheiros, 2002, p 273.

[344] *A antecipação da tutela*, cit., p. 273.

[345] *Vide* também STJ, REsp 437.518/RJ, 5ª Turma, rel. Min. Felix Fischer, *DJ*, 12-8-2003, p. 251. TRF da 4ª Região, Ag 147.926, 5ª Turma, rel. Juiz Néfi Cordeiro, *DJ*, 7-1-2004, p. 339.

[346] TRF da 1ª Região, 2ª Turma, Ag 2002.01.00.037395-7/AC, rel. Des. Federal Tourinho Neto, *DJ*, 27-6-2003, p. 33.

"Processual civil e previdenciário. Agravo de instrumento. Suspensão de benefício. Devido processo legal. Restabelecimento. Antecipação de tutela contra a Fazenda Pública. Possibilidade.

A vedação de antecipação de tutela contra a Fazenda Pública (art. 1º da Lei n. 9.494/97) está restrita à reclassificação ou equiparação de servidores ou de concessão de aumento ou extensão de vantagens, outorga ou adição de vencimentos ou reclassificação funcional, não se aplicando à hipótese de restabelecimento de benefício previdenciário"[347].

"Previdenciário e processo civil. Concessão de benefício previdenciário. 'Soldado da borracha' — Art. 54, § 1º, ADCT. Antecipação dos efeitos da tutela. Possibilidade.

1. Conforme entendimento do STF (RCL. Nº 1.638/CE, Rel. Min. Celso de Mello, DJ: 28/08/2000), não é geral e irrestrita a vedação de antecipação de tutela contra a Fazenda Pública imposta pelo art. 1º da Lei nº 9.494/97. Não sendo caso de reclassificação ou equiparação de servidores ou de concessão de aumento ou extensão de vantagens, outorga de adição de vencimentos ou reclassificação funcional, é legítima a concessão de tutela antecipada, especialmente em se tratando de benefício previdenciário.

(...)"[348].

Se não bastassem os argumentos até aqui expendidos, teria a tutela antecipada, ainda a seu favor, o novo inciso LXXVIII do art. 5º da CF, inserido pela Emenda Constitucional n. 40, de 2004, segundo a qual "a todos, no âmbito judicial e administrativo, são assegurados a razoável duração do processo e os meios que garantam a celeridade de sua tramitação".

Depreende-se que o legislador infraconstitucional, em respeito aos direitos garantidos no artigo constitucional supramencionado, não pode decidir, sob pena de desrespeito aos princípios da efetividade e da celeridade, que o cidadão somente tenha direito à tutela antecipada quando demandar contra o particular, o que fere *de morte* o princípio da isonomia e, por que não dizer, da moralidade, haja vista estar-se dando ao Estado

---

[347] TRF da 1ª Região, 2ª Turma, Ag 2001.01.00.042369-4/PI, rel. Juiz Federal Iran Velasco Nascimento (conv.), *DJ*, 23-6-2004, p. 62.
[348] TRF da 1ª Região, 1ª Turma, Ag 2000.01.00.071291-4/AM, rel. Des. Federal Luiz Gonzaga Barbosa Moreira, *DJ*, 20-9-2002, p. 75.

plenas condições para tripudiar do particular que com ele demande, como se o estivesse castigando por uma afronta.

Nesta esteira, eis a afirmação de Luiz Guilherme Marinoni, *in verbis*:

> "Dizer que não há direito à tutela antecipatória contra a Fazenda Pública em caso de "fundado receio de dano" é o mesmo que afirmar que o direito do cidadão pode ser lesado quando a Fazenda Pública é ré.
>
> Por outro lado, não admitir a tutela antecipatória fundada em abuso de direito de defesa contra a Fazenda Pública significa aceitar que a Fazenda pode abusar de seu direito de defesa e que o autor que demanda contra ela é obrigado a suportar, além da conta, o tempo de demora do processo.(...)"[349].

Cumpre salientar que a negação da antecipação da tutela em face da Fazenda Pública implica, primeiramente, violação ao princípio da razoabilidade, em razão de significar interpretação de dispositivos legais e constitucionais, tais como os arts. 475 do CPC e 100 da CF, conflitando com outros princípios de grande relevância como o *devido processo legal* e o acesso à justiça. Em segundo lugar, ofende o princípio da proporcionalidade, por conta da enorme desproporção entre a vantagem obtida e o sacrifício imposto a uma das partes do processo, ou seja, o autor do pedido de antecipação que estiver com a razão.

Ademais, o duplo grau de jurisdição significa apenas que, vencida a Fazenda em juízo, considera-se a apelação sempre interposta, para protegê-la da eventual inércia de seus representantes judiciais, o que não pode, entretanto, representar um ônus a mais para o litigante de boa-fé que com ela contende.

Explicite-se que os efeitos da sentença proferida contra o Estado são os mesmos produzidos por uma sentença contra a qual tenha sido interposta apelação. Logo, caso prevaleça o entendimento de que não é admissível a antecipação da tutela contra a Fazenda Pública, em razão do duplo grau de jurisdição, ter-se-á que entender incabível a antecipação da tutela em qualquer caso, uma vez que sempre poderá haver a interposição do recurso de apelação apto a obstar os efeitos de qualquer antecipação de tutela deferida.

---

[349] MARINONI, Luiz Guilherme. *A antecipação da tutela,* cit., p. 272.

Na verdade, não há diferença substancial (e nem deveria) entre a sentença proferida contra o ente estatal e qualquer outra, exceto pelo fato de que a primeira independe de apelação para ser submetida ao duplo grau obrigatório. Portanto, não é correto afirmar que os efeitos decorrentes de uma sentença prolatada contra o Poder Público sejam diversos dos que promanam de outras sentenças.

Seria absurdo imaginar que somente pelo fato de já ter sido interposto o apelo, este tendo *efeito suspensivo*, não caiba a tutela antecipada, pois a garantia da reapreciação da sentença e o efeito suspensivo não impedem que o relator do recurso antecipe a eficácia da futura decisão com o escopo de evitar o *periculum in mora*, ou de punir o apelante que abusa do seu direito, seja ele o ente público ou o particular. Do contrário estar-se-ia admitindo que a simples interposição da apelação ou a necessidade de um reexame (no caso da Fazenda Pública) bastariam para garantir à parte vencida que nenhuma execução tivesse lugar antes da confirmação da sentença pelo tribunal, numa flagrante inversão de valores.

Por outro prisma, há que se relembrar que, a despeito de a sentença passível de recurso representar uma situação transitória, não significa que dela tenha sido retirada a aptidão para produzir efeitos, visto que não se deve confundir a *eficácia* — aptidão para produzir efeitos — com a *imutabilidade* — circunstância que pressupõe o trânsito em julgado — da sentença.

Nesse passo, o efeito previsto no art. 475 do CPC implica a formação da coisa julgada material que difere dos efeitos da sentença. Convergindo para esta linha de raciocínio, invoca-se a Súmula 423 do Colendo STF, que dispõe: "Não transita em julgado a sentença por haver omitido o recurso *ex officio*, que se considera interposto *ex lege*"[350]. A expressão "não transita em julgado" não tem o mesmo sentido da expressão "não poderá ser executada", sendo prova disso o fato de que o trânsito em julgado da sentença, caso haja recurso interposto à instância superior, tão-somente ocorrerá após iniciada a eventual execução provisória, ante a ausência de efeito suspensivo ao citado recurso. Situação esta idêntica ao que ocorre com o mandado de segurança concessivo, Lei n. 1.533/51, a qual dispõe em seu art. 12, parágrafo único: "A sentença que conceder o mandado fica sujeita ao duplo grau de jurisdição, podendo, entretanto, ser executada provisoriamente".

---

[350] Salienta-se que não se deve falar em "recurso *ex officio*", em vista de recurso ser sinal de inconformismo da parte prejudicada e o magistrado não poder irresignar-se com sua própria sentença. Daí ser correto falar em reapreciação, reexame necessário ou duplo grau obrigatório.

Bem assim, não se deve olvidar que o Poder Judiciário, como legítimo Poder de Estado que é, por meio de sua atuação confere concretude ao sistema de freios e contrapesos propalado por Montesquieu, procurando coibir os eventuais abusos que os Poderes Executivo e Legislativo possam cometer usando de suas atribuições para beneficiar, injustificadamente, o Erário em detrimento do direito legítimo do particular.

Para ilustrar tal afirmação, traz-se à baila um julgado acerca da manutenção de tratamento médico e psiquiátrico ou psicológico a menor pelo município, no qual o Superior Tribunal de Justiça determinou:

"(...).
3. Pela peculiaridade do caso em face da sua urgência, há que se afastar delimitações na efetivação da medida sócio-protetiva pleiteada, *não padecendo de qualquer ilegalidade a decisão que ordena à Administração Pública a continuidade de tratamento médico e psiquiátrico ou psicológico de menor* [grifos nossos].

4. O poder geral de cautela há que ser entendido com uma amplitude compatível com a sua finalidade primeira, que é a de assegurar a perfeita eficácia da decisão a ser proferida. A adoção de medidas cautelares (inclusive as liminares *inaudita altera pars*) é crucial para o próprio exercício da função jurisdicional, não devendo encontrar óbices, salvo no ordenamento jurídico.
(...)
7. *Prejuízos irá ter o menor beneficiário se não lhe for concedida liminar, haja vista que estará sendo usurpado no direito constitucional à saúde, com a cumplicidade do Poder Judiciário.* A busca pela entrega da prestação jurisdicional deve ser prestigiada pelo magistrado, de modo que o cidadão tenha, cada vez mais facilitada, com a contribuição do Poder Judiciário, a sua atuação em sociedade, quer nas relações jurídicas de direito privado, quer nas de direito público [grifos nossos].
(...)"[351].

É pertinente lembrar que sempre houve decisões interlocutórias contra a Fazenda Pública, para as quais nunca foi invocada a observância da remessa necessária, embora tenham o condão de causar algum tipo de

---

[351] STJ, REsp 442.693, 1ª Turma, rel. Min. José Delgado, *DJ*, 21-10-2002, p. 311.

prejuízo ao ente estatal, uma vez que pode tratar-se de decisões atinentes a provas, à concessão de liminares ou relativas a recursos, por exemplo.

Desta feita, ao admitir o fato de existir a remessa necessária de sentença condenatória, impor-se-ia também a necessidade de tal remessa para as decisões interlocutórias e, desse modo, estaria sendo admitida a lógica absurda de que todo e qualquer pronunciamento judicial causador de contrariedade ao Estado deverá observar o procedimento do art. 475 do CPC, o que, por certo, acarretaria um retrocesso à atividade jurisdicional e o caos quase absoluto.

Vem da lavra do Desembargador Federal Tourinho Neto, relator no Agravo de Instrumento n. 2002.01.00.037395-7/AC, o voto a seguir transcrito:

> "1. Mesmo sujeita a decisão ao duplo grau de jurisdição, esse fato não impossibilita a antecipação de tutela. O art. 475 do CPC não se aplica à tutela antecipada e às liminares. Se levarmos às últimas conseqüências o requisito da *irreversibilidade do provimento antecipado,* o pobre jamais terá direito à antecipação da tutela [grifos nossos].
>
> Tratando-se de questão de natureza alimentar, há sempre um dano irreparável para aquele que vive de salários. *O entendimento de que não pode haver antecipação de tutela contra a Fazenda Pública está ultrapassado, pois fere os comezinhos princípios de direito, o direito que todos têm de um tratamento igualitário.* Inclusive o Supremo Tribunal Federal entende que, em questões previdenciárias, não se aplica o que foi decidido na ADC 4 (cf. Reclamações 1.157, 1.022 e 1.104 ajuizadas pelo INSS) [grifos nossos].
>
> (...)"[352].

Logo, percebe-se, de plano, que o duplo grau também não representa a imunidade da Fazenda contra a antecipação da tutela, a uma, porque isso funcionaria como uma espécie de engessamento do instituto também quando a lide fosse particular *versus* particular e, a duas, porque ela (a tutela antecipada) visa exatamente a impedir que a tardia apreciação da causa se traduza em prejuízo e injustiça para o autor que tem razão.

---

[352] TRF da 1ª Região, 2ª Turma, *DJ*, 27-6-2003, p. 33.

4.3.1. Da concessão da tutela antecipada na sentença

Questão igualmente importante, em razão de manter ligação com o tema do reexame necessário, é a da possibilidade de ser concedida a tutela antecipada na própria sentença.

Apesar de a doutrina não ser uníssona, atualmente não há nenhum impedimento para que a antecipação de tutela se dê no corpo da sentença. Para tanto, embasa-se o entendimento na redação do art. 273 do CPC, que não estabelece um momento específico à concessão da medida; estabelece, sim, os requisitos a serem satisfeitos para que a medida seja deferida.

Sabe-se que a decisão da tutela antecipada, medida provisória por natureza, acaba por se revelar mais eficaz que a própria sentença (juízo definitivo) sujeita à reapreciação, o que traduz inegável paradoxo. Entretanto, este descompasso não deve servir para obstaculizar a possibilidade de concessão da medida, sob pena de gerar o enfraquecimento e o conseqüente desprestígio do instituto, o que funciona como importante instrumento a serviço da solução do problema da efetividade da tutela jurisdicional, devendo ser desse modo compreendido, tanto pelos operadores do direito como pelos litigantes.

Admite-se, contudo, que a concessão da medida sob apreciação acarreta dificuldades procedimentais atinentes ao recurso da decisão proferida (se agravo de instrumento ou apelação).

João Batista Lopes entende que, com o fito de serem evitados tais problemas de ordem procedimental, o magistrado profira decisão interlocutória em separado da sentença para conceder a tutela. Nada obstante, se isso não acontecer, o réu poderá ajuizar o agravo de instrumento para pleitear a suspensão da tutela antecipada sem prejuízo da interposição da apelação para atacar a sentença[353].

Este também é o pensamento de Luiz Guilherme Marinoni[354] que afirma que, se a sentença não puder produzir efeitos imediatos em razão da pendência da apelação, ainda quando presentes os fundamentos autorizadores da concessão da tutela antecipatória, então não restará outra alternativa senão admitir a concessão da tutela por intermédio de decisão interlocutória. Eis suas palavras:

---

[353] *Tutela antecipada no processo civil brasileiro*. 2. ed. São Paulo: Saraiva, 2003, p. 90.

[354] *A antecipação da tutela,* cit., p. 189.

"(...) na mesma folha de papel, e no mesmo momento, o juiz pode proferir a decisão interlocutória, concedendo a tutela, e sentença, que então confirmará a tutela já concedida, e não poderá ser atacada através de recurso de apelação que deva ser recebido no efeito suspensivo (nesta situação, aplicar-se-ia o art. 520, VII do Código de Processo Civil)"[355].

Não obstante a supramencionada tese ser interessante e bem arrazoada, não parece capaz de subsistir no mundo real com aplicação prática por parte do magistrado. Pondere-se que, ao aceitar que é perfeitamente possível a concessão da tutela antecipada na sentença de mérito, não se deverá, ao mesmo tempo, defender que o agravo de instrumento possa ser interposto contra esta sentença somente em relação à parte em que foi concedida a antecipação da tutela[356].

Posto isto, é preferível vê-la (antecipação da tutela) como parte integrante da sentença e, em razão do princípio da unirrecorribilidade[357], entender cabível somente o recurso de apelação em face da sentença que conceder ou confirmar a tutela antecipatória[358].

De outra sorte, ao acolher a possibilidade de concessão da tutela antecipatória no corpo da sentença de mérito, traz-se a lume a novel prescrição legal do art. 520, VII, do CPC, conforme se pode ver mais detidamente a seguir.

4.4. Do efeito devolutivo do art. 520 do CPC

Observe-se que, com o advento da Lei n. 10.352/2001, que introduziu alterações no Código de Processo Civil, surge mais um fundamen-

---

[355] *A antecipação da tutela,* cit., p. 189.

[356] "A Corte admite o deferimento da tutela antecipada por ocasião da sentença, não violando tal decisão o art. 273 do Código de Processo Civil" (STJ, 3ª Turma, REsp 473.069/SP, rel. Min. Carlos Alberto Menezes Direito, *DJ,* 19-12-2003, p. 453). *Vide* também: STJ, 5ª Turma, ROMS 14.160/RJ, rel. Min. José Arnaldo da Fonseca, *DJ,* 4-11-2002, p. 217.

[357] Este princípio não mais consta expresso no Código de Processo Civil vigente, diferentemente do que ocorria no diploma de 1939. Vigora, porém, no sistema recursal do atual Código de Processo Civil, determinando que para cada decisão judicial "deve haver um único recurso a ele correlacionado, num mesmo momento processual" (PINTO, Nelson Luiz. *Manual dos recursos cíveis.* São Paulo: Malheiros, 2003, p. 88).

[358] De acordo com o princípio da singularidade recursal, tem-se que a sentença é apelável, a decisão interlocutória agravável e os despachos de mero expediente são irrecorríveis. Logo, o recurso cabível contra sentença em que foi concedida a antecipação de tutela é a apelação" (STJ, 6ª Turma, rel. Min. Paulo Medina, REsp 524017/MG, *DJ,* 6-10-2003, p. 347).

to apto a afastar a suposta vedação de antecipação de tutela contra a Fazenda Pública, qual seja, a adição do inciso VII ao art. 520 do citado Código, que reza:

> "Art. 520. A apelação será recebida em seu efeito devolutivo e suspensivo. Será, no entanto, recebida só no efeito devolutivo, quando interposta de sentença que:
> ....
> VII — confirmar a antecipação dos efeitos da tutela".

Diante dessa alteração, a suposta vedação de antecipação de tutela contra a Fazenda Pública, pelo fato de que ela não teria eficácia, ainda que provisória, enquanto o Tribunal *ad quem* não a apreciasse, passa, a partir dessa inclusão, a encontrar forte resistência na disposição diametralmente oposta do referido inciso.

Ao se deparar, assim, diante de aparente antinomia entre duas normas (o art. 475 e o art. 520), cabe a indagação de qual deverá prevalecer.

O eminente Ministro do Superior Tribunal de Justiça Edson Vidigal, por ocasião do julgamento do REsp 204.881/SP, manifestou-se acerca de situação semelhante, opinando pela análise dos princípios constitucionais a fim de encontrar a melhor solução. Pugnando pela aplicação do princípio da razoabilidade, entende que diante do aparente conflito deva prevalecer o dispositivo que melhor atenda aos fins sociais, o que, no caso ora comentado, é atributo do art. 520, VII, o qual impede que o autor do pedido da tutela antecipatória sofra prejuízo maior do que aquele que o levou ao Judiciário.

Também no sentido de contemplar a efetividade do art. 520, VII, do CPC é o entendimento do Eg. TRF da 1ª Região, a seguir traduzido no seguinte acórdão:

> "Antecipação de tutela na sentença. Apelação. Efeito devolutivo. Aplicação extensiva do art. 520, VII, CPC.
>
> 1. O recurso de apelação deverá ser recebido nos efeitos devolutivo e suspensivo, ressalvadas as hipóteses previstas no artigo 520, I a VII, do CPC.
>
> 2. A antecipação de tutela na sentença produz a mesma eficácia da confirmação da antecipação de tutela na sentença, de modo que o recurso de apelação deve ser recebido no efeito meramente devolutivo, aplicando-se extensivamente o artigo 520, VII, do CPC.

3. Agravo a que se nega provimento"[359].

Ressalte-se que a prevalência do recebimento do recurso meramente devolutivo, conforme apontado no voto acima, não deve afastar por completo o comando contido no art. 475, I, do CPC, pois apenas atribui eficácia provisória à sentença que *confirmar* a antecipação da tutela, salvo nos casos em que a lei expressamente a vedar. Há, no entanto, que se fazer uma ressalva neste momento. É que o ora mencionado inciso fala em sentença "que confirmar a antecipação dos efeitos da tutela", o que faz parecer que sempre haverá uma tutela previamente concedida. Ocorre, contudo, que nem sempre é assim.

Existem casos em que a antecipação requerida é negada com base, por exemplo, no fundamento de que o direito não foi satisfatoriamente demonstrado como provável. Todavia, se este mesmo direito restar verossímil mais tarde e o perigo ainda persistir, não há o que impeça o deferimento da tutela.

Sendo assim, o mais consentâneo com a finalidade da tutela é a interpretação do art. 520, VII, do CPC, no sentido de que a apelação não terá efeito suspensivo quando interposta da sentença que *conceder, reformar* ou *confirmar* a antecipação dos efeitos da tutela.

Dessarte, conclui-se que, hodiernamente, o reexame necessário não constitui empecilho à concessão da tutela antecipada contra a Fazenda Pública, haja vista o disposto no inciso VII do art. 520 do CPC não fazer qualquer menção à antecipação da tutela que tenha sido concedida em desfavor da União, do Estado, do Distrito Federal ou do Município, conferindo tratamento isonômico às partes em litígio.

Parece oportuno observar neste momento, ao fazer a análise das questões atinentes ao tema em debate, que, uma vez que lhe cabe controlar os atos da Administração, não pode o Poder Judiciário ser limitado em relação a esse controle, sob pena de não se estar honrando o princípio da inafastabilidade do controle jurisdicional sobre os atos da Administração, nem mesmo o princípio da autonomia e independência desse Poder.

As restrições opostas à concessão da tutela antecipada contra o ente estatal não levam em consideração que o controle jurisdicional da Administração é feito por diferentes espécies de tutelas jurisdicionais, como resposta ao direito público subjetivo de acesso à justiça.

---

[359] TRF da 1ª Região, 1ª Turma, Ag 2005.01.00.066917-0/MG, rel. Juiz Federal Manoel José Ferreira Nunes (conv.), *DJ*, 19-6-2006, p. 39.

Esquecer a que se presta o instituto sob comento, ou seja, solucionar o grave problema da falta de efetividade da prestação jurisdicional, é apenas um dos equívocos cometidos por aqueles que insistem em negar a plenitude da antecipação da tutela. Outro equívoco consiste na pouca valorização à profunda transformação que o instituto sob comento impõe ao sistema jurídico processual vigente. Diante disso, devem ser afastadas as interpretações que acarretem restrições injustificadas quanto à aplicabilidade da tutela antecipada, de modo que seus benefícios possam tornar-se realidade.

No ponto, a lição de Teori A. Zavascki, transcrita a seguir:

> "Mais do que simples alteração tópica deste ou daquele dispositivo legal, a possibilidade de antecipar a tutela, nas condições e na amplitude acima referidas, representa profunda reforma na própria estrutura do sistema. A universalização da tutela antecipada constitui mudança nos rumos ideológicos do processo, um rompimento definitivo da tradicional segmentação das atividades jurisdicionais, separadas, na estrutura original do Código, em ações e processos autônomos, de conhecimento, de execução e cautelar. Grande número dessas atividades foi transposto de sua sede autônoma para o processo de conhecimento, onde passarão a ser cumpridas mediante ordens ou mandados expedidos ali mesmo pelo juiz"[360].

4.5. Da efetivação da tutela antecipada

Importante é lembrar que na antecipação da tutela não são adiantados os efeitos normativos da sentença, mas os efeitos executivos e mandamentais. Não é permitido ao magistrado, em respeito à provisoriedade e à revogabilidade ínsitas à medida, antecipar na integralidade os efeitos condenatórios, declaratórios e constitutivos próprios da sentença de mérito, pelos seguintes motivos: se assim agisse estaria fazendo um prejulgamento, indo além do juízo de verossimilhança; a tutela antecipada não pressupõe a certeza, só alcançada ao final da fase instrutória; em relação à condenação, a decisão teria que passar, obrigatoriamente, pelo processo de execução do título executivo judicial proveniente de sentença meritória, o que é incompatível com a natureza da tutela antecipatória; por

---

[360] *Apud* VAZ, Paulo Afonso Brum. *Tutela antecipada na Seguradade Social,* cit., p. 60.

fim, não seria possível *declarar*, liminarmente, ou seja, em processo de cognição sumária e, portanto, incompleta, a existência ou inexistência de uma relação jurídica, nem *criar* uma relação jurídica inexistente ou *extinguir* uma existente (eficácia constitutiva).

Desse modo, no que concerne às pretensões de caráter declaratório e constitutivo, a situação de risco somente poderá ser provida mediante medidas mandamentais, e.g., "a sustação da exigibilidade do crédito ou do registro no CADIN, SPC ou SERASA"[361], nas ações que visam à declaração de inexistência de obrigação tributária.

No que toca à pretensão condenatória, apenas parte do seu efeito executório poderá constituir objeto da tutela antecipada, ou seja, até onde seja suficiente para fazer cessar o perigo de dano ou impedir que ele tenha início, como nos casos de prestações de caráter alimentar de qualquer natureza — salarial, previdenciária, assistencial, acidentária ou decorrente de ilícito.

Relativamente às pretensões de cunho declaratório, a tutela antecipada propicia um adiantamento provisório de efeitos executivos satisfativos, atendendo à função social de que se reveste o processo moderno. A antecipação de efeitos práticos tem caráter executivo *lato sensu*, sem prejuízo do exame do mérito da lide no momento adequado.

4.5.1. Dos precatórios

A execução, por meio de precatório judicial, aplica-se somente às condenações ao pagamento de quantia certa, passando ao largo desta sistemática a execução das obrigações de fazer e de entregar coisa. O precatório judicial encontra assento em texto constitucional, no art. 100 da Carta Política de 1988.

Dispõe o mencionado artigo, *verbis:*

> "Art. 100. À exceção dos créditos de natureza alimentícia, os pagamentos devidos pela Fazenda Pública Federal, Estadual ou Municipal, em virtude de sentença judiciária, far-se-ão exclusivamente na ordem cronológica de apresentação dos precatórios e à conta dos créditos respectivos, proibida a designação de casos ou de pessoas nas dotações orçamentárias e nos créditos adicionais abertos para este fim.

---

[361] VAZ, Paulo Afonso Brum, *Tutela antecipada na Seguridade Social*, cit., p. 66.

> § 1º É obrigatória a inclusão, no orçamento das entidades de direito público, de verba necessária ao pagamento de seus débitos oriundos de sentenças transitadas em julgado, constantes de precatórios judiciários, apresentados até 1º de julho, fazendo-se o pagamento até o final do exercício seguinte, quando terão seus valores atualizados monetariamente.
>
> § 1º-A Os débitos de natureza alimentícia compreendem aqueles decorrentes de salários, vencimentos, proventos, pensões e suas complementações, *benefícios previdenciários* e indenizações por morte ou invalidez, fundadas na responsabilidade civil, em virtude de sentença transitada em julgado" [grifos nossos].

Cumpre observar que os pagamentos de natureza alimentícia receberam tratamento especial no § 1º deste artigo, dado o caráter de subsistência de que se revestem.

Quanto ao § 1º-A, houve por bem o legislador constitucional definir, em rol taxativo, quais os débitos considerados de natureza alimentícia, dentre os quais se destacam os benefícios previdenciários. Com relação a estes, ficou estabelecido que, não obstante devam submeter-se ao regime do precatório, sujeitar-se-ão a uma ordem própria, ou seja, passou-se a ter uma ordem de pagamento para os precatórios não-alimentares e outra para os alimentares, com satisfação prioritária destes[362].

A redação do § 3º do art. 100, da CF, por sua vez, dispõe que:

> "Art. 100. ....
>
> § 3º O disposto no *caput* deste artigo, relativamente à expedição de precatórios, não se aplica aos pagamentos de obrigações definidas em lei como de pequeno valor que a Fazenda Federal, Estadual, Distrital ou Municipal deva fazer em virtude de sentença judicial transitada em julgado".

A Lei n. 10.099, de 2000, alterou a redação do art. 128 da Lei n. 8.213, de 24 de julho 1991, que estipulava o limite de R$ 5.180,25 para ser objeto de quitação sem a necessidade da expedição de precatório[363].

---

[362] Firme o entendimento deste Tribunal no sentido de que, embora não dispense o precatório, dado o caráter alimentar dos créditos relativos a benefício previdenciário, hão de ser incluídos em ordem cronológica específica e preferencial (STF, RE 271123/RJ, rel. Min. Sepúlveda Pertence, *DJ*, 2-9-2000, p. 11121).

[363] "Art. 128. As demandas judiciais que tiverem por objeto o reajuste ou a concessão de benefícios regulados nesta Lei, cujos valores de execução não forem superiores a R$ 5.180,25 (cinco

Posteriormente, pelo art. 3º e o § 1º do art. 17 da Lei n. 10.259, de 2001, que instituiu o Juizado Especial Federal, este valor restou majorado para sessenta salários mínimos:

> "Art. 3º Compete ao Juizado Especial Federal Cível processar e julgar causas de competência da Justiça Federal até o valor de *sessenta salários mínimos*, bem como executar as suas sentenças [grifos nossos].
>
> ....
>
> Art. 17. Tratando-se de obrigação de pagar quantia certa, após o trânsito em julgado da decisão, o pagamento será efetivado no prazo de sessenta dias, contados da entrega da requisição, por ordem do Juiz, à autoridade citada na causa, na agência mais próxima da Caixa Econômica Federal ou do Banco do Brasil, *independentemente de precatório*.
>
> § 1º Para os efeitos do § 3º do artigo 100 da Constituição Federal, as obrigações ali definidas como de pequeno valor, a serem pagas independentemente de precatório, terão como limite o mesmo valor estabelecido nesta Lei para a competência do Juizado Especial Federal Cível (artigo 3º, *caput*)" [grifos nossos].

Logo, de acordo com a disposição legal citada, definiu-se como obrigação de pequeno valor a quantia de sessenta salários mínimos, para os créditos devidos pela Fazenda Pública Federal (União, entidades autárquicas, fundações públicas instituídas pelo Poder Público Federal e empresas públicas), valor este que ficará dispensado da execução por precatório e que poderá, portanto, ser objeto de tutela antecipatória, em razão de a efetivação de tais créditos ser compatível com a natureza desta tutela[364].

De fato, a efetivação da tutela antecipada é incompatível com a regra do precatório, que se constitui num mecanismo de cobrança demorado por natureza e que submete a satisfação da obrigação ao exercício seguinte, após solução definitiva da lide, somente alcançada por sentença transitada em julgado.

---

mil, cento e oitenta reais e vinte e cinco centavos) por autor, poderão, por opção de cada um dos exeqüentes, ser quitadas no prazo de até sessenta dias após a intimação do trânsito em julgado de decisão, sem necessidade de expedição de precatório."

[364] A propósito, diz Marinoni: "Essa forma de proceder à execução é bastante efetiva e representa grande avanço diante da tradicional execução via precatório" (MARINONI, Luiz Guilherme. *Técnica processual e tutela de direitos*. São Paulo: Revista dos Tribunais, 2004, p. 663).

Com efeito, o instituto do art. 273 do CPC implica a antecipação dos efeitos práticos e sociais da sentença, afastando-se a idéia de execução, pelo menos em sentido estrito. Não existe a formação de um título executivo *stricto sensu,* que é incompatível com a cognição sumária e a provisoriedade da medida, ainda mais após a edição da Lei n. 11.232/2005, que, reformando o CPC de 1973, passou a considerar a própria sentença civil comum como mera fase do processo de conhecimento e não mais como documento hábil a constituir título executivo.

Conforme foi explicitado alhures, a tutela antecipada pode ser concedida na sentença, o que não descaracteriza sua natureza de urgência, prescindindo do trânsito em julgado para se efetivar nos casos em que não haja a necessidade de submissão ao precatório. Ademais, o disposto no art. 520, VII, do CPC garante a efetividade imediata da tutela concedida em sentença.

Nesse sentido é o entendimento de Emerson Odilon Sandim:

> "Então, *in casu,* tem-se dois institutos onde o fator tempo é tido diferentemente para cada um deles, isto é, para o precatório, a demora é mesmo da sua essência e, ao contrário, para a tutela antecipada, o vetor temporal há de ser vencido a todo custo, sob pena de malogro de tal meio procedimental.
>
> (...) se a ordem judicial haverá de ser cumprida em nível de tutela de urgência, a principiologia acima mencionada recomenda que é proporcional, razoável e jurídico que o desembolso, em caso que tal, seja levado a efeito fora dos parâmetros do requisitório"[365].

Observa-se que, via de regra, é perfeitamente cabível a antecipação de tutela de prestação pecuniária contra a Fazenda Pública, em especial quanto a créditos previdenciários (alimentares por natureza), desde que a lide não verse sobre prestações vencidas[366]. Neste caso, o valor apurado teria que se submeter à execução por precatório, e, em situação que tal, ambos os institutos se contrapõem, uma vez que a determinação constitucional de expedição de precatórios é inconciliável com a urgência da

---

[365] SANDIM, Emerson Odilon. *Temas polêmicos de direito previdenciário*: com soluções práticas. São Paulo: LTr, 1997, p. 94.

[366] A decisão antecipada que determina a implantação do benefício, sem o pagamento de parcelas vencidas, caracteriza hipótese não-submetida ao regime do precatório (TRF da 4ª Região, rel. Juiz Néfi Cordeiro, Ag 200104010860932/PR, *DJ*, 17-9-2003, p. 954).

efetivação do provimento, que é própria da tutela antecipatória.

Não se pode olvidar, todavia, que casos há, na seara previdenciária, em que o magistrado, no momento de conceder a antecipação da tutela, dada a peculiaridade da demanda ou o grau de necessidade do beneficiado, necessite lançar mão não só da legislação como dos princípios gerais do direito, conforme já foi anteriormente comentado.

Outras situações há, também, em que os próprios princípios constitucionais parecem estar em gritante conflito com a norma a ser aplicada, como pode ocorrer em relação à contraposição do direito do autor à tutela antecipatória e a previsão constitucional da execução por precatório.

Teori Albino Zavaski, analisando questão semelhante, em medida cautelar, faz a seguinte reflexão:

> "Porém, o legislador (...) opera em abstrato e nem sempre consegue prever e dar solução a todas as situações de conflito que a vida apresenta. É por isso que, subsidiariamente à via legislativa e em harmonia com ela, viabiliza-se a atuação direta do juiz. Não é por outra razão que ao juiz se assegura o chamado 'poder geral de cautela', que lhe permite deferir medidas cautelares 'inominadas', não previstas no texto legislativo"[367].

A fim de solucionar conflitos dessa ordem, entre as ponderações a serem feitas, deverá o juiz considerar, principalmente, os princípios da razoabilidade, da proporcionalidade, da dignidade da pessoa humana, além do preceito *in dubio pro misero*.

As decisões judiciais não podem considerar o processo como um fim em si mesmo ou como uma unidade autônoma dentro do sistema jurídico. A interpretação da legislação ordinária deve ser feita com supedâneo nas normas e nos princípios constitucionais, as quais, como é sabido, refletem as aspirações e os valores da sociedade.

Ademais, a atividade judicial não deve ignorar o que dispõe a Carta Constitucional de 1988 em relação aos objetivos fundamentais da República, quando reza, no seu art. 3º, I, que "constituem objetivos fundamentais da República Federativa do Brasil: construir uma sociedade livre, justa e solidária".

Sendo assim, todas as vezes que houver risco de periclitação do

---

[367] Antecipação da tutela e colisão de direitos fundamentais. In: *Reforma do Código de Processo Civil*. Coord. Sálvio de Figueiredo Teixeira. São Paulo: Saraiva, 1996, p. 149.

direito de uma parte, beneficiário ou segurado da Previdência, em confronto com a aplicação do princípio do precatório, o magistrado deve buscar no princípio da proporcionalidade a solução mais justa e adequada ao conflito.

No entendimento de Karl Larenz,

> "o princípio da proporcionalidade é aplicado justamente quando o problema consiste em determinar onde se situa o limite da satisfação lícita de um interesse à custa de outro também digno de tutela"[368].

É de ressaltar que no juízo de cognição sumária o juiz ainda não tenha elementos que lhe dêem a certeza de o direito afirmado pelo autor existir, não obstante poder ele saber que, por ser verossímil, é carecedor da concessão da tutela antecipatória, em vista da existência do *periculum in mora*.

De acordo com Ferrucio Tommaseo:

> "(...) admitir que o juiz não pode antecipar a tutela quando a antecipação é imprescindível para evitar um prejuízo irreversível ao direito do autor, é o mesmo que afirmar que o legislador obrigou o juiz a correr o risco de provocar um dano irreversível ao direito que justamente lhe parece mais provável"[369].

Destarte, prescrever em lei que ao magistrado está vedado conceder a tutela antecipatória, ainda quando sabidamente esta denegação acarrete danos irreversíveis, não só significaria vulnerar o princípio da proporcionalidade, como equivaleria a obstaculizar a análise das particularidades do caso concreto e permitir, por via de conseqüência, que o julgador promovesse uma decisão que, além de injusta, é inconstitucional.

Outrossim, não se deve perder de vista que o direito processual moderno prefere sacrificar o valor segurança a ter que sacrificar a efetividade da prestação jurisdicional, razão pela qual a tutela antecipatória deve ser cara a todos aqueles que valorizam a justiça efetiva e breve.

4.6. Da irreversibilidade dos efeitos práticos da antecipação

Noutro passo, há o argumento dos prejuízos que poderão ocorrer caso os efeitos da antecipação da tutela se tornem irreversíveis.

---

[368] Apud Luiz Guilherme Marinoni, *Técnica processual e tutela de direitos*, cit., p. 226

[369] Apud Luiz Guilherme Marinoni, *Técnica processual e tutela de direitos*, cit., p. 79.

O § 2º do art. 273 do CPC preceitua: "Não se concederá a antecipação da tutela quando houver perigo de irreversibilidade do provimento antecipado".

O que o preceito legal mencionado pretende é resguardar os direitos fundamentais ao devido processo legal e ao contraditório, insculpidos no art. 5º, LIV e LV, da Carta Política, visto que, caso os efeitos práticos da antecipação da tutela se apresentem ao réu de modo irreversível, terão sido desrespeitados tais princípios.

Entende-se que, de acordo com o perfil e o objetivo do instituto, o eventual risco de irreversibilidade dos efeitos do provimento não deve ter o condão de impedir seu deferimento. Aliás, o requisito apontado no art. 273 é apenas um meio para que a finalidade precípua do instituto da tutela antecipada não seja distorcida.

Se ocorrer um apego desmedido à idéia de que, por ser irreversível a situação de fato, não será possível a antecipação da tutela condenatória de soma em dinheiro, por exemplo, então se estará caminhando para a impossibilidade prática do direito à antecipação da mesma para o pobre que, sem sombra de dúvida, não terá como devolver o que houver recebido para recompor o patrimônio atingido do réu que se submeteu aos efeitos do provimento provisório.

A adoção de um critério meramente econômico tenderá a criar sérias discriminações que desfavoreçam a parte hipossuficiente da relação processual.

Como exemplo do que foi expendido, aponte-se o seguinte acórdão do Eg. TRF da 4ª Região, relativo a restabelecimento de auxílio-doença, mediante antecipação de tutela, *verbis*:

> "Processo civil. Previdenciário. Restabelecimento de auxílio-doença. Tutela contra Fazenda Pública. Possibilidade. Ofensa ao art. 475 do CPC e irreversibilidade. Inocorrência.
>
> (...)
>
> 4. O benefício alimentar, na proteção da subsistência e da vida, deve prevalecer sobre a genérica alegação de dano ao erário público mesmo ante eventual risco de irreversibilidade — ainda maior ao particular, que precisa da verba para sua sobrevivência.

5. Presentes os requisitos do art. 273, e comprovada a incapacidade laboral, é devida a antecipação da tutela para restabelecer o auxílio-doença"[370].

Cabe ao juiz, quando da subsunção do fato à norma, sopesar de um lado os possíveis prejuízos oriundos da concessão da antecipação e, de outro, os decorrentes da sua denegação, tendo sempre em mente os princípios da razoabilidade, da proporcionalidade, da efetividade da prestação jurisdicional, assim como o da dignidade da pessoa humana, sem prejuízo da análise de outros cânones constitucionais.

Caso não conceda a antecipação tutelar, terá a parte autora que aguardar por muitos anos, sofrendo prejuízo, quiçá irreparável, se somente ao final for reconhecido o seu direito. Na hipótese de adiantar os efeitos da tutela, presentes os requisitos ensejadores da medida, haverá a possibilidade de causar um prejuízo sem maiores proporções, até mesmo insignificante, aos cofres públicos, se, ao final, for julgado improcedente o pedido.

Por este fundamento é que o juiz, como órgão do Estado incumbido de dizer o direito, deverá pautar suas decisões, utilizando-se do mencionado princípio da razoabilidade. Aliás, segundo o já citado autor Paulo Afonso Brum Vaz: "A irreversibilidade sempre deve ceder ao direito evidente e ao risco de dano irreparável ou de difícil reparação"[371].

O questionamento que se deve fazer, portanto, é se o segurado pode suportar uma longa espera sem o risco evidente de agravamento irreversível de sua saúde ou mesmo a perda da própria vida, e é esse risco eventual que se traduz, na maioria dos casos, no fundado receio de dano irreparável, ou de difícil reparação.

Para ratificar a supremacia do *periculum in mora* diante do risco da irreversibilidade dos efeitos da tutela antecipatória, deve-se observar acórdão oriundo do TRF da 4ª Região relativo à manutenção de auxílio-doença:

"Previdenciário. Processo civil. Tutela antecipada. Requisitos. Restabelecimento de auxílio-doença.

1. Para a antecipação dos efeitos da tutela mostra-se necessária a presença dos requisitos previstos no art. 273 do CPC, quais

---

[370] TRF da 4ª Região, 5ª Turma, Ag 200304010232553/RS, rel. Juiz Néfi Cordeiro, *DJ*, 7-1-2004, p. 339.

[371] *Tutela antecipada na Seguridade Social*, cit., p. 123.

sejam, a prova inequívoca da verossimilhança das alegações e o 'periculum in mora'.

2. A suposta impossibilidade de antecipação de tutela contra o poder público é afastada pelo princípio constitucional maior que assegura a inafastabilidade do controle jurisdicional de qualquer lesão ou ameaça de lesão (art. 5º, XXXV, CF).

3. A irreversibilidade da medida não constitui óbice ao deferimento de tutela, sendo risco inerente ao processo judicial e ao Estado Democrático de Direito, e como tal, deve ser suportado por toda a sociedade.

(...)"[372].

4.7. Da suspensão da antecipação da tutela contra o Poder Público

Mais uma questão deve ser posta com o fim de mostrar que toda preocupação envolvendo a antecipação da tutela contra o Poder Público não tem sustentabilidade — a questão da suspensão da tutela antecipada nos casos excepcionais definidos em lei.

De acordo com o art. 4º da Lei n. 8.437, de 1992:

> "Compete ao presidente do tribunal, ao qual couber o conhecimento do respectivo recurso, suspender, através de despacho fundamentado, a execução da liminar nas ações movidas contra o Poder Público ou seus agentes, a requerimento do Ministério Público ou da pessoa jurídica de direito interessada, em caso de manifesto interesse público ou flagrante ilegitimidade, e para evitar grave lesão à ordem, à saúde, à segurança e à economia públicas".

Consoante represente mais uma prerrogativa da Fazenda Pública, tal suspensão só encontra respaldo quando estejam presentes *inequivocamente* os requisitos legais. Em outras palavras, quando restar configurada a necessidade da supremacia do interesse público ante o particular, sob pena de traduzir-se num privilégio ofensor ao princípio da isonomia.

Para que se possa efetivar tal suspensão, é indispensável a observância das hipóteses legais autorizadoras, isto é, manifesto interesse público, flagrante ilegitimidade, grave lesão à ordem, à saúde, à segurança e à economia públicas.

---

[372] TRF da 4ª Região, 5ª Turma, Ag 200304010393640/SC, rel. Juiz Fernando Quadros da Silva, *DJ*, 7-1-2004, p. 344.

5. Antecipação da tutela no Direito Previdenciário

Diante do que foi expendido até o momento, restou claro que é perfeitamente possível a concessão da tutela antecipada em face da Fazenda Pública, ressalvadas, é claro, as hipóteses expressas de vedação legal, como aquelas atinentes à antecipação de tutela para equiparação de funcionários ou percepção de vencimentos, já decididos em Ação Direta de Inconstitucionalidade pelo Supremo Tribunal Federal que reconheceu sua impossibilidade em tais casos, considerando ainda as regras proibitivas quanto à matéria perfeitamente constitucionais.

Por outro lado, é o próprio Supremo Tribunal Federal quem entende que, em matéria previdenciária, não há óbice à concessão de tutela antecipada, como se pode verificar deste julgado:

> "Inconstitucionalidade. Ação direta. Tutela antecipada contra a Fazenda Pública. Art. 1º da Lei n. 9.494/97. Constitucionalidade reconhecida em medida cautelar. ADC n. 4. Inaplicabilidade. Antecipação de tutela em causa de natureza previdenciária. Reclamação julgada improcedente. Agravo improvido. Aplicação da súmula 729. A decisão da ADC n. 4 não se aplica à antecipação de tutela em causa de natureza previdenciária"[373].

A principal peculiaridade que envolve o tema é a natureza alimentar dos proventos previdenciários, os quais possuem este caráter porque têm por escopo a substituição da renda salarial, bem como o atendimento das necessidades vitais do segurado, pensionista ou assistido e de sua família.

A despeito da preocupação aparente do sistema legal com as verbas previdenciárias, o que acontece, na prática, é a demora na solução das ações propostas contra a entidade seguradora oficial (INSS), cujo pleito gire em torno da concessão de benefício previdenciário, acidentário ou assistencial.

Daniel Machado da Rocha, lembrando lição de Ingo Wolfgang Sarlet, ressalta que é nos momentos em que o cidadão vê afetada sua capacidade laborativa, ou mesmo quando lhe é negado o acesso aos meios de sobrevivência, "que a previdência social evidencia seu papel nuclear para

---

[373] STF, Rcl-AgRg 2.380/PE, rel. Min. Cezar Peluso, data do julgamento: 3-2-2005, *DJ*, 5-8-2005, p. 6.

a manutenção do ser humano dentro de um *nível existencial minimamente adequado*"[374].

Com efeito, geralmente os que buscam um benefício previdenciário são hipossuficientes, ou seja, mais fracos jurídica e economicamente, em razão do que a demora na prestação jurisdicional acaba por lhes agravar mais as carências.

5.1. Requisitos da antecipação da tutela previdenciária

Obviamente, como deve ocorrer no momento do exame de todas as tutelas antecipadas, cumpre ao juiz atentar ao princípio hermenêutico aplicável ao direito social, que determina que o aplicador da norma considere prevalente o interesse da proteção social, em outras palavras, da parte hipossuficiente, quando se deparar com situações de dúvida acerca da situação de fato ou interpretação de normas de direito social. Este preceito se traduz no princípio *in dubio pro misero*.

Determina, ainda, o mencionado princípio que, caso haja impossibilidade de produzir a prova necessária, quanto à incapacidade física, à filiação, à carência, por exemplo, então, deverá ser prestigiado o direito à proteção. Também na dúvida quanto à interpretação ou aplicabilidade de norma social, há de prevalecer a solução que beneficie o indivíduo que busca a proteção do sistema.

O referido princípio tem aplicabilidade somente quando a produção da prova se revele difícil ou impossível e o ônus desta dificuldade não possa ser transferido ao autor. De outra banda, não obstante o princípio *in dubio pro misero* seja de grande auxílio ao magistrado, não se pode jamais olvidar a imprescindibilidade de se atender aos direitos fundamentais albergados pela *Magna Charta*, bem como a aferição das grandezas, dos valores a serem protegidos, mediante a aplicação dos multicitados princípios constitucionais.

5.1.1. Requerimento da parte autora

Considera-se indispensável o pedido à antecipação da tutela, não sendo cabível falar em tutela antecipada *ex officio*. Não obstante a natureza peculiar das demandas previdenciárias, não se pode dispensar o pedido

---

[374] *O direito fundamental à Previdência Social*: na perspectiva dos princípios constitucionais diretivos do sistema previdenciário brasileiro. Porto Alegre: Livraria do Advogado, 2004, p. 111 (grifou-se).

da parte, em atendimento à determinação do art. 273, assim como ao princípio do impulso oficial.

Cumpre lembrar que o art. 2º do CPC dispõe que "nenhum juiz prestará a tutela jurisdicional senão quando a parte ou o interessado a requerer, nos casos e formas legais". Desse modo, caso fosse contemplado com a antecipação da tutela mesmo sem a ter pedido, poderia o autor, no futuro, valer-se deste fato para eximir-se, por exemplo, de ressarcir o réu do que lhe houvesse sido adiantado.

5.1.2. Verossimilhança e prova inequívoca

É imperativo que a parte ofereça, junto à inicial, elementos de convicção robustos a fim de que a tutela antecipada perseguida possa ser concedida. Não se coaduna o juízo da verossimilhança com meros indícios ou provas insubsistentes.

Nos casos de benefício por motivo de invalidez, por exemplo, a prova deve constar de diagnóstico embasado em exames clínicos e laboratoriais, sendo insuficientes os atestados médicos imprecisos, e às vezes ilegíveis, que se limitam a fazer referência apenas ao CID (Código Internacional de Doenças) sem identificar o grau de incapacidade e o estágio da patologia.

Com relação aos benefícios por tempo de serviço ou de contribuição, a comprovação deve ser feita, preferencialmente, por prova documental do efetivo desempenho laboral ou do recolhimento das contribuições necessárias ao deferimento do benefício.

5.1.3. Risco de dano irreparável ou de difícil reparação

Há determinadas ações em que a consideração do direito material objeto da lide reflete o dano que a demora da tramitação normal do processo pode causar, situação em que a antecipação da tutela resta plenamente justificada. É o que ocorre, e.g., nas ações concessórias de benefício por incapacidade para o trabalho (auxílio-doença ou aposentadoria por invalidez). Nelas o só fato de o autor ter que esperar por alguns anos pela possibilidade de executar a sentença e só então poder usufruir o direito à remuneração respectiva já configura motivo apto a ensejar a antecipação da tutela, presentes os requisitos de sua concessão.

Da mesma forma, nas ações que objetivam a concessão de prestação assistencial, a natureza do direito material (que não comporta postergação quanto ao reconhecimento e fruição) autoriza a concessão da tutela antecipada, dispensando-se a necessidade de comprovação cabal de situação concreta caracterizadora do risco de dano irreparável.

Tratando-se de benefício por incapacidade, mostra-se intuitivo o risco de ineficácia do provimento jurisdicional somente ao final concedido, em função do próprio afastamento forçado do postulante do mercado de trabalho, que passa, assim, a um estado de carência financeira. Nestes casos, o indeferimento da medida causa maior risco ao autor que prejuízo ao Estado, aqui representado pela autarquia federal.

De outra sorte, a natureza alimentar própria da prestação buscada, além da hipossuficiência do segurado, ou até mesmo a possibilidade de seu óbito no decorrer do processo, justificam, na maioria dos casos, um fundado receio de dano irreparável, ou de difícil reparação aptos a recomendar a concessão da medida antecipatória, presente o requisito da verossimilhança demonstrada por prova inequívoca.

Contudo, o só fato de a prestação ser de natureza alimentar não basta para caracterizar o requisito do *dano irreparável* ou de *difícil reparação*. Faz-se necessário, então, que o autor comprove a iminência de risco em relação a sua situação particular, caso contrário a tutela antecipada poderá ser substituída pela tutela definitiva, a fim de não invadir, sem necessidade imediata, a esfera patrimonial da ré, Fazenda Pública.

Com efeito, se fosse levada aos extremos a questão da natureza alimentar de tais proventos, todas as ações previdenciárias ensejariam a tutela antecipada, de tal sorte a vulnerar o direito à segurança jurídica da Fazenda Pública, além dos prejuízos a seus cofres, em razão da dificuldade de reembolso dos valores pagos a título de antecipação de tutela por parte do autor.

5.2. *Espécies de tutela antecipada previdenciária*

Muitas são as pretensões de direito previdenciário tendentes a admitir a antecipação da tutela. No entanto, entendeu-se por bem limitar a três as situações a serem analisadas, quais sejam: a) ações revisionais de cálculo ou reajuste de benefícios; b) ações sobre cancelamento de benefícios; c) ações sobre prestações vencidas.

5.2.1. *Nas ações revisionais de cálculo ou reajuste de benefícios*

No tocante às ações revisionais de cálculo ou reajuste de benefícios, não se deve argumentar que o beneficiário que já esteja recebendo os proventos não se encontra em situação de necessidade, o que desautorizaria a concessão da tutela antecipatória. Casos há em que o risco de dano irreparável ou de difícil reparação encontra-se vinculado ao fato de as necessidades básicas e essenciais do beneficiário não estarem sendo supridas em razão do valor irrisório do benefício percebido.

Não se deve, assim, perder de vista que a defasagem sofrida pelo benefício é capaz de impor condições, até mesmo humilhantes, aos beneficiados. Assim, a determinação da revisão do benefício mediante a tutela antecipada servirá para amainar as dificuldades enfrentadas cotidianamente, até que seja obtido o provimento final, evitando-se, assim, a vulneração da dignidade da pessoa humana e da solidariedade insculpidas na Carta Política de 1988.

Ademais, lembra-se que dentre as hipóteses impeditivas da concessão da tutela antecipada prevista na Lei n. 9.494/97 não se encontram os benefícios previdenciários[375].

5.2.2. Nas ações sobre cancelamento de benefício

Ocorre no âmbito do Direito Previdenciário, em razão do poder de autotutela, que é próprio do Poder Público, o cancelamento de benefícios por parte do INSS, com fulcro no argumento de que sua concessão ou manutenção se deu por meio de fraude. Nada obstante seja saudável e necessário que a Administração reveja os seus atos, a fim de encontrar erros ou fraudes (que, na seara previdenciária trazem muitos desgastes e desperdícios aos cofres públicos), tal revisão não pode implicar cancelamento arbitrário, que não tenha ocorrido por intermédio de processo administrativo que permitisse a observância do contraditório e da ampla defesa[376].

Dessarte, caso ocorra o cancelamento do benefício na hipótese de não haver sido assegurado ao beneficiário o contraditório e a ampla defesa, acredita-se cabível a antecipação da tutela, a fim de que o benefício seja imediatamente restabelecido.

---

[375] Nesse sentido: TRF da 1ª Região, Ag 2001.01.00.041999-2/PI, rel. Des. Federal Jirair Aram Meguerian, rel. convocada Juíza Daniele Maranhão Costa Calixto (conv.), 2ª Turma, *DJ*, 6-8-2003, p. 5. E também: TRF da 4ª Região, Ag 200203000357425/SP, rel. Juiz Castro Guerra, 10ª Turma, *DJ*, 7-11-2003, p. 669.

[376] Súmula n. 160 do extinto Tribunal Federal de Recursos (TFR): "A mera suspeita de fraude enseja o cancelamento sumário do benefício, mas dependerá de apuração em procedimento administrativo".

A Administração pode, e até deve, anular seus atos quando eivados de ilegalidade, porquanto deles não se originam direitos. Contudo, este *poder de autotutela,* que é peculiar à Administração, não é absoluto, não podendo protrair-se indefinidamente no tempo, sob pena de vulnerar o *princípio da segurança jurídica*[377].

O fato de as atividades estatais estarem submetidas ao *princípio da legalidade* não quer dizer que os atos praticados em desobediência à lei ficarão indefinidamente sujeitos à invalidação. Diante desse quadro, restando configurada a arbitrariedade, é de entender perfeitamente cabível a antecipação da tutela com o escopo de restaurar o provento cancelado.

Noutro eito, observe-se que no inciso II do art. 115 da Lei n. 8.213, de 1991, salienta-se que, mesmo estando o indivíduo recebendo de *boa-fé* valor a maior de benefício, deverá ele proceder à devolução.

Esta problemática é pertinentemente analisada por Daniel Machado da Rocha[378]. Com efeito, reflete o nominado autor que, não obstante a vedação principiológica do enriquecimento sem causa, haverá que se observar, no caso concreto, se o segurado percebe benefício igual ou pouco superior ao valor mínimo e, neste caso, com a efetivação do desconto passaria a perceber valor inferior ao mínimo. Sugere, para tanto, uma ponderação dos interesses em jogo, o que nos remete, intuitivamente, ao *princípio da proporcionalidade* mais uma vez, e tendo em vista o *princípio da proteção contra os riscos sociais*[379], intimamente ligado ao *princípio da dignidade da pessoa humana*, apontando para a dispensa do ressarcimento, a fim de evitar o comprometimento da subsistência do segurado e, por via oblíqua, de sua dignidade.

---

[377] "A Administração não pode, extemporaneamente e a pretexto de exercer a autotutela, desconsiderar e fazer *tabula rasa* da repercussão do fenômeno da passagem do tempo sobre situações jurídicas consolidadas sob os seus próprios auspícios, *in casu,* há mais de dez anos" (TRF da 4ª Região, Ag 200304010281370/RS, rel. Juiz Luiz Carlos de Castro Lugon).

[378] *O direito fundamental à Previdência Social*: na perspectiva dos princípios constitucionais diretivos do sistema previdenciário brasileiro, cit., p. 116-117.

[379] Segundo esclarece o mesmo autor, nesta mesma obra, tal princípio reveste-se da idéia de resguardar os trabalhadores, assim como seus dependentes dos riscos que possam atingir sua condição social, riscos esses que englobam, entre outros, as enfermidades, a invalidez, a velhice, os acidentes de trabalho, as chamadas doenças ocupacionais e o desemprego involuntário. Acrescenta que o modo de se efetivar esse resguardo ocorre através da redistribuição dos riscos sociais entre os grupos de trabalhadores (de modo horizontal, portanto) e entre as gerações (verticalmente) "pelo equacionamento da economia coletiva" (p. 145).

5.2.3. Nas ações sobre prestações vencidas

Grosso modo, a antecipação de tutela tem por objeto a condenação relativa ao pagamento de prestações futuras. As vencidas antes do ajuizamento da ação constituem, no mais das vezes, objeto da sentença definitiva. Por esta lógica, ficarão submetidas as prestações vencidas ao pagamento pela via do precatório judicial, quando não se refiram à obrigação de pequeno valor, como já anteriormente comentado.

Conforme já foi analisado, o valor apurado relativo às prestações vencidas teria, necessariamente, que se submeter à execução por precatório[380], a qual é inconciliável com o *periculum in mora* que a tutela antecipatória tende a afastar.

Como é cediço, com a tutela antecipatória o que se busca é que o provimento contemple medida apta a evitar ou fazer cessar a situação de perigo, sempre observados os *princípios da razoabilidade* e da *proporcionalidade*, os quais requerem atenção às regras da adequação, da necessidade e da proporcionalidade em sentido estrito.

Neste contexto, o deferimento da tutela antecipada está adstrito ao princípio da menor restrição possível ou da proibição de excessos, pois, na lição de Teori A. Zavascki:

> "porque importa limitação ao direito fundamental à segurança jurídica, a antecipação de efeitos da tutela somente será legítima no limite estritamente necessário à salvaguarda do outro direito fundamental, considerado, no caso, prevalente"[381].

6. Conclusão

Quando a satisfação de um direito pela Justiça acontece morosamente, a decisão está fadada a tornar-se imprestável às necessidades e aos

---

[380] "A antecipação da tutela adota a técnica da execução provisória, embora ambos os institutos processuais não se confundam. A exigência relativa ao precatório diz respeito a dívidas vencidas, sem que a ordem constitucional simplesmente impeça a eficácia de provimentos jurisdicionais contra a Fazenda Pública antes do trânsito em julgado da sentença final (v.g. liminar em mandado de segurança para liberação de verba). Nesse sentido, a implantação imediata do benefício de prestação continuada, de indisputável natureza alimentar, não caracteriza ofensa à regra do precatório (C.R., art. 100, § 3º)." (Ag 200003000319324/SP, rel. Juiz André Nekatschalow, 1ª Turma, *DJ*, 8-5-2002, p. 435).

[381] Antecipação da tutela e colisão de direitos fundamentais. Disponível em <www.forense.com.br/Atualidade/Artigos>. Acesso em 6-1-2007.

anseios do autor que, então, em vez de beneficiado, passa a ser punido, quando o que buscava era um amparo perante o Poder Judiciário para seu direito.

O instituto da antecipação de tutela é possivelmente a inovação mais significativa do Código de Processo Civil brasileiro dos últimos tempos. A demora dos processos, que na maioria das vezes lesava o autor e, com isso, vulnerava o princípio da isonomia entre as partes, passou a ser minorada por meio do procedimento sumário desta tutela de urgência, quando o autor também poderá ser beneficiado com uma antecipada, apesar de provisória, decisão enquanto espera a resolução final da lide.

Conscientiza-se, então, de que a lentidão da Justiça não pode traduzir-se num mecanismo sempre em favor do réu e a serviço da impunidade. Quando adequadamente aplicado, o instituto da antecipação de tutela representa a restauração da igualdade e fator de celeridade no processo.

Quando se reporta às ações em que a Fazenda Pública figura no pólo passivo da demanda, mais grave se torna a eventual restrição à concessão da antecipação de tutela, porquanto o Estado, cuja função é zelar pelas garantias e direitos dos indivíduos em nome do interesse público, muitas vezes é o primeiro a violar estes mesmos direitos e garantias.

Como se isso não bastasse, o autor que com ele contende ainda tem que se deparar, além dos procedimentos normais necessários ao desenrolar da lide, com as prerrogativas próprias do ente estatal em juízo, como os prazos elásticos para contestar e recorrer, as intimações pessoais de seus advogados e procuradores, o que torna o trâmite ainda mais demorado.

Demais disso, ainda tem o demandante de suportar o ônus do duplo grau necessário, e até que possa, finalmente, executar o seu direito, já transcorreram alguns longos anos.

Diante desse quadro, onde estaria a efetividade da prestação jurisdicional constitucionalmente garantida, naquelas situações em que a espera pelo provimento pode tornar a lesão sofrida ainda mais gravosa?

Verifica-se, assim, a necessidade de se primar pela correta aplicação da tutela antecipada, com o fito de atenuar a espera (e o prejuízo que dela possa advir) do autor, desde que satisfeitos os requisitos para a sua concessão.

A condição do segurado, quando se fala em ações previdenciárias, por si só, em face da idade avançada, das enfermidades que o acometam, ou da incapacidade laborativa, faz com que a tutela antecipada lhe seja não só necessária como vital, porquanto o reconhecimento tardio de seus direitos pode gerar situação irreversível e insanável. Há casos em que o dano gerado pela denegação da tutela antecipada é muito mais grave ao autor que a suposta irreversibilidade causada à Fazenda Pública em razão da tutela antecipadamente concedida.

Não se deve perder de vista que o prejuízo econômico, eventualmente causado aos cofres públicos, em nada se compara ao prejuízo causado à subsistência e à vida de um indivíduo.

É nesse contexto que surge a necessidade de voltar o operador do Direito a *beber* na fonte primária do ordenamento, a qual se encontra fundada no binômio princípios/direitos fundamentais, a fim de que possa o Direito alcançar o escopo primeiro a que se destina, qual seja, a efetiva pacificação de conflitos.

O direito moderno tem por missão aproximar-se mais e mais da interpretação das normas segundo os princípios constitucionais, os valores éticos e morais, para que o valor justiça seja alcançado e sejam conferidos contornos de realidade ao objetivo constitucional de construir uma sociedade livre, justa e solidária.

Capítulo VI

EXECUÇÃO DE DÍVIDA DE PEQUENO VALOR: EXCEÇÃO CONSTITUCIONAL AO REGIME DO PRECATÓRIO

Carolina de Souza Lacerda Aires França

Analista Judiciária do Tribunal Regional Eleitoral do Amazonas. Pós-graduada em Direito Tributário pela Universidade Federal do Amazonas. Graduada em Direito pela Universidade Federal do Amazonas.

1. Introdução

Por meio da execução, o credor tem por objetivo trazer para o mundo dos fatos o direito reconhecido em juízo, mediante processo de conhecimento, ou consolidado em título executivo extrajudicial, quando o devedor não o cumpriu voluntariamente. Nesse caso, o Estado, sem a anuência deste, substitui a sua atividade para, com medidas de sub-rogação, satisfazer a obrigação que mantém com o credor.

Quando o devedor é a Fazenda Pública e o direito é uma obrigação pecuniária, em razão da natureza dos bens públicos, que, em regra, são impenhoráveis, não poderá haver medidas constritivas previstas no procedimento ordinário de execução por quantia certa contra devedor solvente.

É que o art. 100 da CF prevê, como regra, o pagamento dos débitos judiciais da Fazenda Pública através da expedição de precatório, que se fará exclusivamente na ordem cronológica de apresentação e à conta do respectivo crédito previsto obrigatoriamente no orçamento.

Todavia, a EC n. 20, de 15-12-1998, posteriormente complementada pela EC n. 30, de 13-9-2000, acrescentou o § 3º ao art. 100 da Constituição da República, trazendo exceção à expedição de precatórios quanto ao pagamento de obrigações definidas em lei como de pequeno valor a que Fazenda Pública for condenada por sentença judicial transitada em julgado.

Uma vez que essa norma deixou para a lei a definição de débito de pequeno valor, instaurou-se a controvérsia nos Tribunais sobre sua aplicação em relação às Entidades da Federação que ainda não haviam editado lei específica.

No intuito de resolver provisoriamente a questão, como medida paliativa até que se complete a publicação oficial das mencionadas leis ordinárias em cada esfera estatal, fixando valores de acordo com a capacidade do ente público (art. 100, § 5º), a EC n. 37, de 12-6-2002, acrescentou os arts. 86 e 87 ao ADCT e o § 4º ao art. 100 da CF, que trazem não só parâmetros para a identificação das causas de pequeno valor, como também regras processuais para o seu pagamento, como se verificará no decorrer deste estudo.

2. Conceito de Fazenda Pública

Na lição de Hely Lopes Meirelles, "a *Administração Pública,* quando ingressa em juízo por qualquer de suas entidades estatais, por suas autarquias, por suas fundações públicas ou por seus órgãos que tenham capacidade processual, recebe a designação tradicional de *Fazenda Pública,* porque seu erário é que suporta os encargos patrimoniais da demanda"[382].

O saudoso doutrinador insere, no conceito de Fazenda Pública, as empresas estatais (empresas públicas, sociedades de economia mista), embora faça a ressalva de que estas não gozam de qualquer privilégio processual concedido à Fazenda, salvo os que leis especiais dos próprios entes estatais lhes concederem[383].

Todavia, a grande maioria da doutrina entende que o conceito de Fazenda Pública abrange tão-somente a União, os Estados, o Distrito Federal, os Municípios, suas autarquias e fundações, excluindo as sociedades de economia mista e as empresas públicas.

Nesse sentido, manifesta-se Araken de Assis:

> "A locução 'Fazenda Pública' (art. 730, *caput*), e o enunciado mais analítico de 'Fazenda Federal, Estadual ou Municipal' (art. 100, *caput*), ou do art. 100, § 3º, com a redação da EC 30/00, que também alude à 'Fazenda Distrital', abrangem as respectivas autarquias, que, aliás, se adscrevem ao regime especial pelo disposto no art. 59 da Lei 5.010, de 30.5.66. Isto inclui o instituto de segurida-

---

[382] *Direito administrativo brasileiro,* cit., p. 680.
[383] *Direito administrativo brasileiro,* cit., p. 681.

de federal. Excluem-se as empresas públicas e as sociedades de economia mista, porque disciplinadas pelo direito privado"[384].

José Carlos Barbosa Moreira entende que se submetem ao procedimento especial de execução contra a Fazenda Pública, previsto nos arts. 730 e 731 do CPC e no art. 100 da Constituição, as entidades da Administração *cujo patrimônio esteja sujeito ao regime dos bens públicos*, uma vez que tais bens não sofrem penhora ou alienação[385].

Da mesma opinião é Francisco Geraldo Apoliano Dias, que, corroborando o ensinamento de Barbosa Moreira, acrescenta:

"O conceito de Fazenda Pública é, pois, aquele que diz com a atuação do Estado, por meio de seus entes personalizados, implicando, sempre, que o erário suporte os efeitos patrimoniais decorrentes da relação na lide, e cuja posição processual está adstrita a especificidades, a exemplo dos prazos dilargados para contestar, recorrer e agitar ação rescisória (artigo 188 do CPC), a execução via precatório, a intimação pessoal, o duplo grau de jurisdição etc."[386].

Os órgãos que fazem parte da Administração Direta da União, dos Estados, do Distrito Federal e dos Municípios estão incluídos no conceito de Fazenda Pública. No que toca à Administração indireta, abrange unicamente as autarquias e as fundações de direito público.

Autarquias são "pessoas jurídicas de Direito Público de capacidade exclusivamente administrativa"[387]. Possuem autonomia administrativa, financeira e técnica, mas não política. São dotadas das mesmas prerrogativas das entidades estatais, inclusive processuais e tributárias, gozando de todos os poderes a elas conferidos.

São criadas por lei específica (art. 37, XIX, da CF) e os seus bens são considerados de domínio público, razão pela qual são impenhoráveis, imprescritíveis e inalienáveis, salvo disposição expressa em lei, não podendo ser objeto de direitos reais de garantia.

---

[384] *Manual do processo de execução*, 8. ed., cit., p. 884.

[385] *O novo processo civil brasileiro*. 22. ed. Rio de Janeiro: Forense, 2002, p. 258-259.

[386] Execução de dar, fazer e não fazer em face da Fazenda Pública: casos concretos na Justiça Federal. In: SILVA, Ricardo Perlingeiro Mendes da (org.). *Execução contra a Fazenda Pública*. Brasília: Centro de Estudos Judiciários, CJF, 2003, p. 235.

[387] MELLO, Celso Antônio Bandeira de. *Curso de direito administrativo*, 14. ed., cit., p. 139.

As agências reguladoras são autarquias de regime especial[388], criadas para "exercer a disciplina e o controle administrativo sobre os atos e contratos que dizem respeito à prestação de serviço público específico"[389].

São dotadas de maior estabilidade e independência em relação à entidade criadora, uma vez que seus dirigentes são nomeados pelo Presidente da República, após aprovação do Senado Federal, para exercerem mandatos fixos, dos quais somente podem ser destituídos mediante processo administrativo disciplinar, sentença judicial transitada em julgado ou renúncia.

Agência Executiva é a "autarquia ou fundação pública assim qualificada por ato do chefe do Executivo, que celebra com o órgão da Administração Pública ao qual se acha vinculada por um contrato de gestão, passando, com isso, a gozar de maiores privilégios"[390].

Devem atender a requisitos legais, como, por exemplo, ter um plano estratégico de reestruturação e de desenvolvimento institucional (art. 51 da Lei n. 9.649/98). Após a celebração do contrato de gestão, o chefe do Poder Executivo expede decreto concedendo à entidade a qualificação de agência executiva.

Não são criadas para a execução de competências específicas, como ocorre com as agências reguladoras, representando, na verdade, um *status* conferido a uma autarquia ou fundação preexistente com o escopo de conferir-lhes maior eficiência e reduzir-lhes o custo. São, assim, pessoas jurídicas de direito público[391].

---

[388] Celso Antônio Bandeira de Melo sustenta ainda que "o único ponto realmente peculiar em relação à generalidade das autarquias está nas disposições atinentes à investidura e fixidez do mandato dos dirigentes dessas pessoas, e que se contém nos arts. 5º e parágrafo único, 6º e 9º da Lei 9.986, de 18.7.2000 (que dispõe sobre a gestão dos recursos humanos das agências reguladoras)" (*Curso de direito administrativo*, 14. ed., cit., p. 152).

[389] MELO, Celso Antônio Bandeira de. *Curso de direito administrativo*, 14. ed., cit., p. 139.

[390] CUNHA JÚNIOR, Dirley da. *Direito administrativo*. 2. ed. Salvador: JusPodivm, 2003, p. 164.

[391] José Augusto Delgado defende, contudo, que o posicionamento de considerá-las pessoas jurídicas de direito público e de conferir-lhes os privilégios da Fazenda Pública nas execuções é negar a Reforma Administrativa que as instituiu, motivo por que entende que as agências executivas devem submeter-se, quando executadas, ao procedimento comum de execução por quantia certa contra devedor solvente (Precatório judicial e evolução histórica. Advocacia administrativa na execução contra a Fazenda Pública. Impenhorabilidade dos bens públicos. Continuidade do serviço público. In: SILVA, Ricardo Perlingeiro Mendes da (org.). *Execução contra a Fazenda Pública*. Brasília: Centro de Estudos Jurdiciários, CJF, 2003).

A fundação "é um patrimônio personalizado afetado a determinado fim"[392]. Podem ser instituídas por ente estatal para o atendimento de finalidade pública, com a adoção de personalidade de direito público, quando o regime será integralmente público, ou de direito privado, com regime híbrido, em que convivem normas de direito público e de direito privado.

De acordo com o art. 37, XIX, da CF, a instituição de uma fundação deve ser autorizada em lei específica, cabendo ao Chefe do Executivo expedir o ato material de criação.

Em relação às fundações públicas, Celso Antônio Bandeira de Mello ensina que, a despeito de o Decreto-Lei n. 200/67, alterado pela Lei n. 7.596/87, tê-las considerado como pessoas jurídicas de direito privado, elas são, na verdade, entidades públicas, autarquias designadas como fundações em decorrência da sua estrutura de *patrimônio personalizado*[393].

Fundamenta o ilustre administrativista o seu posicionamento no art. 37, XI, da CF, que estipulou que os servidores da administração direta, autárquica e fundacional estão submetidos ao mesmo teto remuneratório. Por seu turno, o art. 38 da Constituição atribuiu tratamento igualitário a esses servidores quando no exercício de mandato eletivo, bem como a regra de estabilidade disposta no art. 19 do ADCT[394] foi aplicada de forma igualitária a todos eles[395].

Já as empresas públicas e as sociedades de economia mista, comumente denominadas empresas estatais, são pessoas jurídicas de direito privado que, por serem instrumentos de ação do Estado para intervir no domínio econômico, sofram modificações e restrições ditadas pela legislação, inclusive de natureza constitucional, para se adaptarem a esse modelo.

As estatais são criadas para explorar atividade tipicamente econômica ou prestar serviço público de cunho comercial ou industrial. No primeiro caso, prevalecem normas privadas, em obediência ao regime pre-

---

[392] CUNHA JÚNIOR, Dirley da. *Direito administrativo*, cit., p. 159.

[393] *Curso de direito administrativo*, 14. ed., cit., p. 163.

[394] "Art. 19. Os servidores públicos civis da União, dos Estados, do Distrito Federal e dos Municípios, da Administração direta, autárquica e das fundações públicas, em exercício na data da promulgação da Constituição, há pelo menos cinco anos continuados, e que não tenham sido admitidos na forma regulada no art. 37 da Constituição, são considerados estáveis no serviço público."

[395] *Curso de direito administrativo*, 14. ed., cit., p. 162.

visto no art. 173 da Constituição, hipótese em que não podem gozar de privilégios não estendíveis ao setor privado. No segundo caso, predominam as regras públicas, sendo essas empresas regidas pelos arts. 175 e 37, § 6º, da Carta Magna.

Em qualquer caso, em razão do seu caráter privado, não estão abrangidas pelo conceito processual de Fazenda Pública, motivo pelo qual não estão sujeitas ao procedimento executivo previsto nos arts. 730 e 731 do CPC[396].

A esse respeito e em relação à penhorabilidade dos bens das entidades estatais, eis a lição de Cândido Rangel Dinamarco:

> "Essas regras aplicam-se a todas as *pessoas jurídicas de direito público*, em todos os níveis da Federação e sem distinguir entre Administração central e descentralizada; abrangem portanto os débitos da União, Estados, Distrito Federal, Municípios, autarquias e fundações de direito público. Já se sustentou até, com alguma dose de razoabilidade mas sem sucesso, que também *sociedades de economia mista* estariam sob esse regime porque são entidades encarregadas de realizar serviços públicos e uma execução constritiva sobre seus bens viria a dano destes. Essa tese ainda não vingou, mas é corrente na jurisprudência dos tribunais brasileiros a *impenhorabilidade dos bens afetados ao serviço público*, pertencentes a tais entidades; segundo essa orientação jurisprudencial, pelas dívidas dessas entidades respondem apenas seus bens não-operacionais"[397].

O Superior Tribunal de Justiça, quanto às sociedades de economia mista, vem decidindo em conformidade com a lição abaixo:

> "É possível a penhora de bens ou do faturamento de sociedade de economia mista concessionária de serviço público, desde que aqueles não estejam relacionados diretamente com a prestação do serviço ou não inviabilize o funcionamento da mesma.

---

[396] Ressalte-se que o Decreto-Lei n. 509, de 20-3-1969, que dispôs sobre a transformação do Departamento de Correios e Telégrafos em empresa pública, determinou, em seu art. 12, a impenhorabilidade dos bens, rendas e serviços da ECT, consistindo em exceção ao acima exposto.

[397] *Instituições de direito processual civil*, cit., v. 4, p. 610-611.

A sociedade de economia mista tem personalidade jurídica de direito privado e está sujeita, quanto à cobrança de seus débitos, ao regime comum das sociedades em geral"[398].

3. Bens públicos

Eis como Celso Antônio Bandeira de Mello conceitua bens públicos:

> "Todos os bens que pertencem às *pessoas jurídicas de Direito Público,* isto é, União, Estados, Distrito Federal, Municípios, respectivas autarquias e fundações de Direito Público (estas últimas, aliás, não passam de autarquias designadas pela base estrutural que possuem), bem como os que, embora não pertencentes a tais pessoas, estejam afetados à prestação de um serviço público"[399].

Neste último caso, seus titulares são pessoas jurídicas de direito privado prestadoras de serviço público, estando os bens vinculados à prestação desses serviços, como ocorre quando, por exemplo, a EBCT — Empresa Brasileira de Correios e Telégrafos, sociedade de economia mista, portanto pessoa jurídica de direito privado, presta serviços postais, que são considerados serviços públicos. Nessa hipótese, os bens são públicos, embora seu titular seja um ente privado[400].

Por seu turno, o art. 98 do vigente Código Civil traz o conceito legal de bens públicos:

> "Art. 98. São públicos os bens do domínio nacional pertencentes às pessoas jurídicas de direito público interno; todos os outros são particulares, seja qual for a pessoa a que pertencerem".

---

[398] Esse é o entendimento trazido pela jurisprudência comparada do Superior Tribunal de Justiça, consubstanciada em precedentes, entre os quais: 1ª Turma, REsp 521.047/SP, data da decisão: 20-11-2003, *DJ*, 16-2-2004 (unânime); 1ª Turma, MC 1.795/PI, data da decisão: 18-11-1999, *DJ*, 7-2-2000 (unânime); 3ª Turma, REsp 343.968/SP, data da decisão: 5-2-2002, *DJ*, 4-3-2002 (unânime); 4ª Turma, ROMS 10.335/MA, data da decisão: 5-10-1999, *DJ*, 13-3-2000 (unânime).

[399] *Curso de direito administrativo,* 14. ed., cit., p. 768.

[400] CUNHA JÚNIOR, Dirley da. *Direito administrativo,* cit., p. 311. Contudo, no Supremo Tribunal Federal prevalece o entendimento de que, especificamente quanto à Empresa Brasileira de Correios e Telégrafos, embora sendo sociedade de economia mista, seus bens possuem o privilégio da impenhorabilidade ofertada à Fazenda Pública (AI-AgRg 243.250/RS, rel. Min. Sepúlveda Pertence, *DJ,* 23-4-2004, p. 9).

Há diversas classificações doutrinárias sobre bens públicos, todavia, a mais importante é a que tem por fundamento a destinação do bem, insculpida no art. 99 do CC, que classifica os bens do domínio público em:

> "I — os de uso comum do povo, tais como rios, mares, estradas, ruas e praças;
>
> II — os de uso especial, tais como edifícios ou terrenos destinados a serviço ou estabelecimento da administração federal, estadual, territorial ou municipal, inclusive os de suas autarquias;
>
> III — os dominicais, que constituem o patrimônio das pessoas jurídicas de direito público, como objeto de direito pessoal, ou real, de cada uma dessas entidades".

Os bens de uso comum do povo são destinados ao uso coletivo da comunidade e os bens de uso especial, à prestação do serviço público[401]. Nessa hipótese, vinculam-se a alguma atividade administrativa, tais como os veículos oficiais e os prédios onde estão instalados os órgãos públicos, ou ao uso especial da coletividade, como as bibliotecas públicas, museus, entre outros estabelecimentos abertos à visitação em geral.

De acordo com Maria Sylvia Zanella Di Pietro, a destinação aos fins públicos desses bens "pode ser inerente à própria natureza dos bens (como ocorre com os rios, estradas, praças, ruas) ou pode decorrer da vontade do poder público, que afeta determinado bem ao uso da Administração para realização de atividade que vai beneficiar a coletividade, direta ou indiretamente"[402].

Já os dominicais constituem o patrimônio disponível do Estado, compreendendo bens móveis, imóveis, corpóreos e incorpóreos, sem destinação específica, podendo ser aplicados pelo Poder Público para obtenção de rendas.

Os bens de uso comum do povo e de uso especial, por possuírem destinação específica, são afetados a finalidades públicas, porém podem sofrer a *desafetação*, que é "o ato ou fato através do qual um bem, outrora

---

[401] Maria Sylvia Zanella Di Pietro explica: "Tem-se que entender a expressão serviço público em sentido amplo, para abranger toda atividade de interesse geral exercida sob a autoridade ou sob fiscalização do poder público; nem sempre se destina ao uso direto da Administração, podendo ter por objeto o uso por particular, como ocorre com o mercado municipal, o cemitério, o aeroporto, a terra dos silvícolas etc." (*Direito administrativo*, cit., p. 533).

[402] *Direito administrativo*, cit., p. 531.

vinculado ao uso coletivo ou ao uso especial, tem subtraída a sua destinação pública"[403].

De acordo com os arts. 100 e 101 do CC, a desafetação deve provir de lei ou ato administrativo em conformidade com esta, tornando os bens alienáveis, quando, então, passam a integrar a categoria dos bens dominicais. Pode, contudo, ser tácita "quando resultam da atuação da Administração Pública, porém sem sua manifestação expressa a respeito"[404].

O parágrafo único do art. 98 do CC estipula que, não dispondo a lei em contrário, consideram-se dominicais os bens pertencentes às pessoas jurídicas de direito público a que se tenha dado estrutura de direito privado. Esses bens, consoante o art. 101 do CC, não são alienáveis a critério da Administração ou sujeitos à sua discricionariedade, pois devem ser atendidas as exigências feitas na lei.

Os bens dominicais podem sofrer a afetação, expressa, por meio de lei ou ato administrativo, ou tácita, que é "o ato ou fato através do qual um bem, outrora não vinculado a nada, passa a sofrer destinação com sua vinculação a um fim público. Ou seja, é a preposição de um bem a um dado destino, podendo ser ele relacionado ao uso comum ou ao uso especial"[405].

Maria Sylvia Zanella Di Pietro oferece outra classificação dos bens do domínio público, considerando o regime jurídico a que estão sujeitos. Para a autora, haveria duas modalidades, os do *domínio público do Estado*, que abrangeriam os bens de uso comum do povo e os de uso especial, e os do *domínio privado do Estado*, englobando os bens dominicais[406].

Quanto às suas características, os bens são, em regra, inalienáveis, salvo os dominicais, observadas as exigências da lei (art. 101 do CC), e os de uso comum do povo e especial, quando não mais conservarem essa qualidade (art. 100 do CC), que ocorre quando há a desafetação. Em qualquer hipótese, para haver alienação, deverá estar devidamente justificado o interesse público.

A esse respeito, ensina Dirley da Cunha Júnior:

> "Se o bem público for *imóvel*, a alienação dependerá de *autorização legislativa* (esta exclusivamente para os bens imóveis pertencen-

---

[403] CUNHA JÚNIOR, Dirley da. *Direito administrativo*, cit., p. 312.

[404] CUNHA JÚNIOR, Dirley da. *Direito administrativo*, cit., p. 313.

[405] CUNHA JÚNIOR, Dirley da. *Direito administrativo*, cit., p. 313.

[406] DI PIETRO, Maria Sylvia Zanella. *Direito administrativo*, cit., p. 529.

tes às entidades estatais, às autarquias e fundações públicas), de *avaliação prévia* e de *licitação* (dispensável em algumas hipóteses previstas na Lei 8.666/93, art. 17, I, alíneas *a* a *f*) na modalidade obrigatória de concorrência (porém, os bens imóveis adquiridos através de procedimentos judiciais ou dação em pagamento podem ser alienados também por leilão). Se o bem imóvel pertencer a empresa pública ou a sociedade de economia mista, não é necessária a autorização legislativa. Se for bem imóvel da União, é necessária ainda a autorização do Presidente da República (Lei n. 9.636/98, art. 23)"[407].

Tais bens são ainda impenhoráveis, de acordo com o disposto no art. 649, I, do CPC, e, também, imprescritíveis, por não estarem sujeitos a usucapião[408].

Em razão da natureza desses bens, a execução contra a Fazenda Pública não prevê qualquer meio de sub-rogação, bem como se submete, em regra, ao regime dos precatórios judiciais, previsto no art. 100 da Constituição da República.

Ressalte-se que a penhorabilidade dos bens das empresas públicas e das sociedades de economia mista é controvertida na doutrina.

Hely Lopes Meirelles defende que os bens dessas empresas formam uma categoria diversa de bens públicos, com destinação especial, "sob a administração particular da empresa a que foram incorporados", razão por que podem ser "onerados ou alienados, sempre na forma estatutária e independentemente de autorização legislativa especial", pelo que servem para "garantir empréstimos e obrigações resultantes de suas atividades, sujeitando-se a execução pelos débitos da empresa, no mesmo plano dos negócios da iniciativa privada"[409].

Todavia, esse posicionamento não é abraçado por parte da doutrina, que entende, de forma acertada, que os bens repassados pela Administração para formar o patrimônio das sociedades de economia mista e das empresas públicas continuam impenhoráveis, salvo os bens produzidos pela própria entidade, resultado de suas atividades[410].

---

[407] *Direito administrativo*, p. 314.

[408] Art. 102 do CC; arts. 183, § 3º, e 191, parágrafo único, ambos da CF.

[409] *Direito administrativo brasileiro*, cit., p. 343.

[410] DELGADO, José Augusto. Precatório judicial e evolução histórica. Advocacia administrativa na execução contra a Fazenda Pública. Impenhorabilidade dos bens públicos. Continuidade do serviço público, cit., p. 134.

A impenhorabilidade dos bens públicos é resguardada pelo art. 100 da Constituição da República, que prevê o pagamento das dívidas reconhecidas judicialmente contra a Fazenda por meio do sistema de precatórios, no lugar dos atos de expropriação e praceamento.

4. Procedimento da execução por quantia certa contra a Fazenda Pública

Esclareceu-se, acima, que por Fazenda Pública se entende a União, os Estados, o Distrito Federal, os Municípios e as entidades da Administração cujos bens sejam considerados públicos.

A Constituição Federal, em seu art. 100, disciplinou de forma especial a execução por quantia certa contra a Fazenda Pública, que, assim, não se submete ao procedimento comum de execução previsto nos arts. 475 ou 646 e seguintes do CPC, mas aos arts. 730 e 731 desse mesmo instrumento legal.

O tratamento distinto do dispensado às pessoas naturais e jurídicas de direito privado tem por base a peculiar natureza dos bens públicos, que são, no geral, inalienáveis, e a harmonia e independência entre os Poderes Executivo e Judiciário[411], bem como preza pelo bem do serviço público, que não deve ser interrompido[412].

Para Cândido Rangel Dinamarco, a execução forçada representa o "conjunto de medidas com que o Estado invade o patrimônio do obrigado e dele extrai o bem ou bens necessários à satisfação do direito do credor, independentemente da vontade daquele ou mesmo contrariamente a ela"[413].

Há no procedimento especial dos arts. 730 e 731 do CPC considerável modificação na estrutura do processo executivo, por não prever expropriação e transferência compulsória de bens, distinguindo-se de forma evidente da execução forçada ou mesmo da forma comum do cumprimento de sentença prevista nos arts. 475 e seguintes do CPC.

Tendo em vista essa distinção, Humberto Theodoro Júnior denomina a execução contra a Fazenda Pública de imprópria[414] e Cândido

---

[411] CÂMARA, Alexandre de Freitas. *Lições de direito processual civil*. 7. ed. Rio de Janeiro: Lumen Juris, 2003, v. 2, p. 337.

[412] DINAMARCO, Cândido Rangel. *Instituições de direito processual civil*, cit., v. 4, p. 611.

[413] *Instituições de direito processual civil*, cit., p. 48.

[414] *Curso de direito processual civil*. 34. ed. Rio de Janeiro: Forense, 2003, v. 2, p. 249.

Rangel Dinamarco fala em *falsa execução*[415]. Já Ovídio Baptista da Silva sustenta:

> "Trata-se, portanto, de procedimento que — embora fundado, como qualquer execução, em *título executivo* — desenvolve-se como se fora verdadeiro *processo de conhecimento*, sem qualquer atividade executória anterior à sentença que julgar improcedentes os embargos"[416].

Esses doutrinadores negam o seu caráter executivo, porém a razão está com aqueles que se posicionam no sentido de que a execução contra a Fazenda Pública é verdadeiro procedimento executório. Tanto isso é verdade que, embora tenha havido modificação no Código de Processo (novo art. 475), com o advento da Lei n. 11.232/2005, que extinguiu o processo de execução de título judicial comum, manteve-se o mesmo regime de procedimento executório para a Fazenda Pública, que continuará podendo mover embargos executórios (art. 741 do CPC, com a redação dada pela Lei n. 11.232/2005), em vez da novel impugnação (CPC: § 1º do art. 475-J e art. 475-L), esta instrumento de defesa no cumprimento da sentença civil condenatória.

Alexandre Freitas Câmara assim entende:

> "A execução por quantia certa contra a Fazenda Pública é verdadeiro processo executivo, apesar de não haver apreensão forçada de bens do executado. É que, como se sabe, o processo executivo se define como aquele que tem por fim a realização de um crédito do demandante. Ora, é exatamente isto que se tem aqui. A execução contra a Fazenda Pública se destina a realizar um direito de crédito do demandante. (...) Não é isso que se vê na execução por quantia certa contra a Fazenda Pública, em que se parte de um título executivo para a realização do direito certo, líquido e exigível que se apresenta ao Estado-juiz. Processo de execução, pois, embora se utilizando de meios diversos daqueles tradicionalmente empregados"[417].

---

[415] *Instituições de direito processual civil*, cit., p. 610.

[416] *Curso de processo civil*: execução obrigacional, execução real, ações mandamentais. 5. ed. São Paulo: Revista dos Tribunais, 2002, v. 2, p. 114.

[417] *Lições de direito processual civil*, 7. ed., cit., p. 338.

Como todo processo, a execução instaurada em face da Fazenda Pública deve atender às condições da ação (legitimidade de partes, interesse processual e possibilidade jurídica do pedido) e aos pressupostos de constituição e desenvolvimento válidos da relação processual, como capacidade postulatória, competência do Juízo, entre outros.

Sujeita-se, igualmente, ao princípio da inércia, pelo qual incumbe ao credor provocar a prestação da tutela jurisdicional por meio de petição inicial devidamente acompanhada do título que ateste obrigação pecuniária.

Acerca do título executivo judicial, manifestam-se Nelson Nery Junior e Rosa Maria de Andrade Nery:

> "O título judicial por excelência, que aparelha a execução contra a Fazenda Pública, é a sentença condenatória transitada em julgado (CPC, 584, I). Tanto pode conter obrigação de pagar quantia certa quanto de cumprir obrigação de fazer ou não fazer. As decisões antecipatórias, inclusive as concedidas por meio de liminares (*v.g.*, em MS, ACP, MI, HD, nos pedidos de antecipação da tutela de mérito: CPC 273 e 461 § 3º), devem ser executadas imediatamente, utilizando-se, quando for o caso, as regras de execução provisória prevista no CPC 588"[418].

O art. 100 da CF alude a "pagamentos devidos pela Fazenda Federal, Estadual ou Municipal, em virtude de sentença judiciária", o que leva alguns autores a entenderem que somente quando se tratar de título judicial poderá haver execução por quantia certa contra a Fazenda Pública.

A doutrina majoritária, contudo, considera perfeitamente possível a execução fundamentada em título extrajudicial, feita de acordo com os arts. 730 e 731 do CPC.

Entendem que aquele posicionamento viola as garantias constitucionais da isonomia e do acesso à justiça, porquanto o art. 100 da Constituição não traz qualquer proibição nesse sentido. Ademais, pelo fato de não haver constrição de bens, antes ou depois da expedição de precatório, não há perigo para os bens públicos e nem de irreversibilidade da situação[419].

---

[418] *Código de Processo Civil comentado e legislação extravagante*, 7. ed., cit., p. 1042.

[419] Confira-se: CÂMARA, Alexandre Freitas. *Lições de direito processual civil*, cit., p. 339-340, e DINAMARCO, Cândido Rangel. *Instituições de direito processual civil*, cit., v. 4, p. 612-613.

Nesse sentido, aduz Cândido Rangel Dinamarco:

> "A negativa da eficácia dos títulos extrajudiciais contra a Fazenda não conta sequer com o apoio da interpretação literal — e muitos menos com qualquer respaldo ético, porque não são éticas essas tentativas de deixar o Estado acima do sistema de tutela jurisdicional efetiva, do que ele se vale impiedosamente quando credor, mas quer ficar imune quando o credor é outro"[420].

Oportuna, também, é a posição de Nelson Nery Junior e Rosa Maria de Andrade Nery:

> "Também os títulos extrajudiciais ensejam execução contra a Fazenda Pública, se ela tiver se obrigado, no título, a pagar quantia certa ou a cumprir obrigação de fazer ou não fazer (CPC, 632 e 645), pois não há óbice nenhum para que isto ocorra. No sistema processual civil brasileiro, o título executivo extrajudicial equivale à sentença condenatória transitada em julgado (CPC), motivo pelo qual não pode ser aceita a objeção de que seria inadmissível essa hipótese, porque o CPC 475 exige a revisão obrigatória da sentença contra a Fazenda Pública, circunstância inexistente nos títulos extrajudiciais"[421].

Embora não seja pacífico na doutrina, já é assente na jurisprudência que o precatório pode ser emitido tanto com base em título judicial como em título extrajudicial. Aliás, sobre esta última hipótese, o Colendo Superior Tribunal de Justiça editou a Súmula 279, que dispõe:

> "É cabível execução por título extrajudicial contra a Fazenda Pública"[422].

---

[420] *Instituições de direito processual civil*, cit., p. 613.

[421] *Código de Processo Civil comentado e legislação extravagante*, 7. ed., cit., p. 1042.

[422] STJ, Corte Especial, j. 21-5-2003, *DJ*, 16-6-2003, p. 415, *RSTJ* 169/691, *RT* 820/188. No mesmo sentido: Corte Especial, ERESP 719.685, rel. Min. Hamilton Carvalhido, *DJ*, 21-8-2006, p. 221; 1ª Turma, REsp 456.447/MS, *DJ*, 2-2-2004, p. 271; 1ª Turma, REsp 152.149/PE, rel. Min. Garcia Vieira, *DJ*, 27-4-1998, p. 46; 2ª Turma, REsp 289.421/SP, rel. Min. Eliana Calmon, *DJ*, 8-4-2002, p. 177; 2ª Turma, Ag. no REsp n. 255.161/SP, rel. Min. Nancy Andrighi, *DJ*, 11-9-2000, p. 247; 1ª Turma, REsp 171.228/SP, rel. Min. Humberto Gomes de Barros, *DJ*, 1-7-1999, p. 125; 1ª Turma, REsp 203.962/AC, rel. Min. Garcia Vieira, *DJ*, 21-6-1999, p. 96.

Dessa forma, prevalece o entendimento de que a Fazenda Pública pode, validamente, obrigar-se com base nos fatos e atos jurídicos previstos no art. 585 do CPC e sofrer assim todo o procedimento visando a saldar o seu débito consubstanciado em título extrajudicial líquido, certo e exigível.

No procedimento de pagamento de sua dívida (procedimento para expedição de precatório), a Fazenda Pública não precisa efetuar espontaneamente o pagamento em quinze dias, sob pena de pagar a multa processual de 10% sobre o valor da dívida, nem precisa, após ser lavrado contra si o auto de penhora e avaliação, defender-se por meio da impugnação em quinze dias[423]. Cabe-lhe, após citada, opor embargos em trinta dias (art. 730 do CPC, com redação dada pelo art. 1º-B da Lei 9.494/97, introduzido pela MP n. 2.180-35/2001), porquanto à pessoa jurídica de direito público não é lícito pagar imediatamente o débito, ainda que seus procuradores ou governantes quisessem, pois o art. 100 da CF exige, em regra, que o pagamento seja feito por meio de precatório.

Diga-se que, anteriormente, o prazo para a Fazenda embargar era de dez dias, entendendo Alexandre Freitas Câmara que essa modificação (dilação de prazo) é inconstitucional por violar o princípio da isonomia. Cassio Scarpinella Bueno, analisando a alteração efetuada pela MP n. 2.180-35/2001, assim se manifestou:

> "É certo que o art. 730 do Código de Processo Civil cuida, exclusivamente, da execução *contra* a Fazenda Pública, inexistindo, assim, qualquer relação necessária com a criação de idênticas benesses ao particular quando executado (cujo processo de execução, porque baseado em regime jurídico de direito privado, é totalmente diverso). Mas o real alcance do princípio da isonomia não pode ser mero exercício de comparação entre duas situações fáticas. Há necessidade de perquirir, em cada caso em que o princípio parece ofendido, se há critérios justificadores e racionais para o tratamento distinto entre as partes — aqui, a *triplicação* de um prazo processual —, na linha do que sempre ensinou Celso Antônio Bandeira de Mello"[424].

---

[423] Antes da reforma no Código de Processo Civil pela nova Lei de Cumprimento da Sentença (Lei n. 11.232/2005), o executado civil comum era citado para, no prazo de vinte e quatro horas, pagar ou nomear bens à penhora (art. 652 do CPC).

[424] *O Poder Público em juízo*. 2. ed. São Paulo: Saraiva, 2003, p. 245.

Todavia, o Superior Tribunal de Justiça se posicionou pela aplicação do art. 730 do CPC, com a redação determinada pela então MP n. 2.180-35/2001, *in verbis*:

> "O prazo disponibilizado à Fazenda Pública para opor embargos à execução é de 30 dias, a contar da juntada do mandado de citação aos autos. 2. Esta regra decorre de comando expresso da Lei 9.494/97, art. 1º-B, alterada pela Medida Provisória 2.180-35, que, modificando o art. 730 do CPC, ampliou de 10 para 30 dias o prazo para a Fazenda apresentar embargos à execução. 3. A Medida Provisória 2.180-35, embora não convertida em lei, continua a produzir todos os seus efeitos normativos, em obediência à expressa previsão do art. 2º da Emenda Constitucional n. 32, de 11 de setembro de 2001"[425].

Ressalte-se que, em relação ao prazo de trinta dias para opor os embargos, não se aplica o art. 188 do CPC (prazo em dobro), conforme entendimento majoritário da doutrina e da jurisprudência[426]. De fato, toda prerrogativa deve ser interpretada restritivamente, jamais extensivamente, senão a prerrogativa corre o risco de se transformar em privilégio e ensejar subjetivismos não planejados pelo legislador, nem aceitos pelo ordenamento jurídico e pela sociedade.

Ainda sobre o tema, Cassio Scarpinella Bueno afirma que "embargos são *ação* — e não defesa, mesmo que em sentido amplo — a afastar a incidência da contagem em quádruplo referida naquele dispositivo"[427].

No mesmo sentido, já decidiu o Superior Tribunal de Justiça no julgado abaixo ementado:

> "Execução contra a Fazenda Pública. Prazo para oposição de embargos. Inaplicabilidade do art. 188 do CPC.
>
> 1. Segundo o entendimento pacificado na doutrina e na jurisprudência do Superior Tribunal de Justiça, é de dez dias, nos termos da legislação processual então vigente (art. 730 do CPC), o prazo de que dispõe a Fazenda Pública para opor embargos à execução. Inaplicabilidade do art. 188 do CPC.

---

[425] 1ª Turma, REsp 572.938/RS, rel. Min. José Delgado, *DJ*, 22-3-2004, p. 246. Seguindo a mesma linha: 5ª Turma, REsp 641.828, rel. José Arnaldo da Fonseca, *DJ*, 7-11-2005, p. 346.

[426] Nesse mesmo sentido: DINAMARCO, Cândido Rangel. *Instituições de direito processual civil*, cit., v. 4. p. 651; ASSIS, Araken de. *Manual do processo de execução*, cit., 2002, p. 885-886.

[427] *O Poder Público em juízo*, cit., p. 242.

2. A MP n. 1.984-16, de 6-4-2000 — posteriormente convertida na MP n. 2.180-34, de 27-7-2001 —, ao alterar a Lei n. 9.494/97, fixando em 30 (trinta) dias o prazo concedido à Fazenda Pública para opor embargos à execução, não se aplica aos atos processuais realizados antes de sua publicação, em razão das regras que regulam o direito intertemporal.

3. Recurso especial a que se nega provimento"[428].

A citação, indispensável para a validade do processo, não poderá ser feita pelo correio (art. 222, *c*, do CPC), mas pessoalmente, por meio de oficial de justiça, na figura do representante legal da Fazenda Pública (art. 224 do CPC), começando a correr o prazo para embargar da juntada do mandado devidamente cumprido aos autos da execução.

Contra a União, os Estados, o Distrito Federal e os Municípios, em regra, não se aplica a norma do art. 646 do CPC, de acordo com a qual a execução por quantia certa tem por objeto expropriar bens do devedor, a fim de satisfazer o direito do credor, como também a regra da responsabilidade patrimonial prevista no art. 591 do CPC[429].

Não há, assim, previsão de penhora de bens públicos, mas de cominação de sanções legais para a demora no adimplemento do crédito (§§ 2º e 6º do art. 100 da CF), motivo pelo qual se costuma dizer que a entrega ao credor do numerário correspondente pela Fazenda Pública ocorre de forma *espontânea*.

Opostos os embargos (art. 741 do CPC), suspende-se o curso da execução para aguardar o seu julgamento. Caso a sentença os julgue procedentes, poderá ter fim o processo executivo. Se, todavia, a sentença for contrária à Fazenda Pública, discute-se se caberá reexame necessário da matéria, nos termos do art. 475 do CPC.

A maioria da doutrina é partidária do seu cabimento. Assim, a sentença que não der provimento aos embargos ou julgá-los extintos sem julgamento do mérito estará sujeita ao reexame necessário nos moldes do art. 475 do CPC.

---

[428] 2ª Turma, REsp 237.132/PE, rel. Min. João Otávio de Noronha, *DJ*, 1º-3-2004.

[429] Diga-se que tais dispositivos (arts. 646 e 591) não sofreram qualquer alteração com o novo regime da execução de título extrajudicial por quantia certa contra devedor solvente, trazido pela Lei n. 11.382, de 6-12-2006.

A Lei n. 10.352/2001 alterou a redação do citado artigo para limitar os casos de reexame necessário quando o provimento jurisdicional for contrário à Fazenda Pública.

Desse modo, a sentença proferida contra a União, os Estados, o Distrito Federal, os Municípios e as respectivas autarquias e fundações de direito público não estará sujeita à remessa obrigatória dos autos, se contiver condenação ou direito controvertido expresso em menos de sessenta salários mínimos[430].

Igualmente, se a decisão que põe termo ao processo estiver fundada em jurisprudência do plenário do Supremo Tribunal Federal ou em súmula deste Tribunal ou do Tribunal Superior competente, não haverá reexame necessário (§ 3º do art. 475 do CPC).

Cassio Scarpinella Bueno, indagando se haverá necessidade de trânsito em julgado dos embargos para que se dê prosseguimento à execução, sustenta que essa exigência deve ser afastada:

> "Uma vez rejeitados, por hipótese, os embargos opostos pela Fazenda (doravante em trinta dias), é possível a retomada *imediata* da execução? Não, dirá a maioria dos doutrinadores, estribados no art. 475, II, do Código de Processo Civil.
>
> Mesmo que correta a resposta, será viável a retomada da execução uma vez que o Tribunal se manifeste a respeito dos embargos confirmando, para argumentar, a improcedência imposta pelo juízo monocrático? O art. 2º-B, *caput*, da Lei n. 9.494/97 pode querer ser abrangente o suficiente para negar essa possibilidade nas condições que especifica? E o art. 100, § 1º, da Constituição Federal? É dizer: o *trânsito em julgado* é condição para sua execução mesmo *já findo* o processo de conhecimento?
>
> Penso que as respostas a essas questões devem ser negativas. O referido art. 2º-B volta-se apenas ao processo de conhecimento e não tem aplicação, destarte, para o processo de execução. O mesmo deve ser dito com relação ao § 1º do art. 100 da Constituição Federal. Uma vez iniciada a execução propriamente dita (e superado o prazo de trinta dias para a oposição dos embargos pela Fa-

---

[430] Note-se, quanto às dívidas de pequeno valor a que for condenada a Fazenda Federal, que o art. 13 da Lei n. 10.259/2001 reforça a proibição de reexame necessário contida na norma do Código de Processo Civil. O citado art. 13 dispõe: "Nas causas de que trata esta Lei, não haverá reexame necessário".

zenda), a vinculação ao necessário trânsito em julgado (descartada, para fins de exposição, qualquer pecha de inconstitucionalidade dessa exigência) para *realização* do direito deve ser afastada"[431].

Ressalte-se que a 5ª Turma do Superior Tribunal de Justiça vem decidindo não estar sujeita ao art. 475, II, do CPC a sentença que põe termo aos embargos decidindo contrariamente à Fazenda, como se pode notar deste precedente, entre outros:

> "A sentença que julga os embargos à execução de título judicial opostos pela Fazenda Pública não está sujeita ao reexame necessário (art. 475, II, do CPC), tendo em vista que a remessa *ex officio, in casu*, é devida apenas em processo cognitivo, não sendo aplicável em sede de execução de sentença, por prevalecer a disposição contida no art. 520, V, do CPC. Precedentes da Corte Especial. Agravo desprovido"[432].

Atente-se que o reexame necessário não é devido no processo executivo, quando não opostos embargos executórios, porquanto não há prolação de sentença versando sobre mérito.

Segundo o art. 1º-D da Lei n. 9.494/97, com redação dada pela MP n. 2.180-35/2001, descabe a condenação da Fazenda em honorários de advogado se o pagamento for feito de imediato, salvo quanto às verbas de sucumbência já determinadas no processo de conhecimento ou quando embargada a execução. Isso se justifica porque, se não existe defesa executiva (embargos da Fazenda Pública), como regra não há necessidade de honorários, porque não haverá trabalho algum do advogado do vencedor da demanda, que já receberá os honorários pertinentes à condenação da Fazenda.

Anteriormente, na reforma empreendida pela Lei n. 8.952, de 13-12-1994, que determinou nova redação ao § 4º do art. 20 do CPC, passou a ser possível a condenação em honorários nas execuções embargadas ou não. A Lei n. 9.494/97 excepcionou, porém, essa regra quanto à Fazenda Pública, que não será condenada a honorários nas execuções não embargadas.

Sobre o tema, pronuncia-se Cassio Scarpinella Bueno:

---

[431] *O Poder Público em juízo*, cit., p. 244.
[432] AGA 255393/SP, rel. Min. Félix Fischer, *DJ*, 10-5-2004, p. 326. Destaque-se que esses fundamentos são errôneos, uma vez que os embargos à execução são verdadeira ação de conhecimento incidente ao processo executivo.

"Da forma como redigido o dispositivo, mesmo quando haja alguma espécie de atividade *cognitiva* do juiz na execução (e ela sempre existe, em maior ou menor grau), os honorários de advogado não são devidos. Assim sendo, mesmo para aqueles casos conhecidos como de *exceção de pré-executividade* (*rectius,* objeção), não são cabíveis honorários de advogado na execução porque, de acordo com a orientação embutida no *novo* dispositivo da lei, a condenação na verba honorária depende do ajuizamento de embargos à execução"[433].

Mostra-se desarrazoado o art. 1º-D da Lei n. 9.494/97, porquanto condiciona a condenação da Fazenda em honorários ao ajuizamento de seus embargos, sem considerar a atuação do advogado da outra parte no processo executivo. Se esse profissional atua em ambas as ações (execução e embargos), deveria receber honorários de cada uma delas e não uma única vez.

Não se pode deixar, porém, de afastar a aplicação, por analogia, do novo art. 652-A e seu parágrafo único do CPC, acrescentado pela Lei n. 11.382, de 6-12-2006, do seguinte teor: "Ao despachar a inicial, o juiz fixará, de plano, os honorários de advogado a serem pagos pelo executado", tudo em apreciação eqüitativa, conforme dispõe o § 4º do art. 20 do CPC.

Não opostos os embargos ou, se opostos, forem indeferidos, o juiz, após verificar a exatidão do cálculo apresentado pelo credor (art. 1º-E da Lei n. 9.494/97), requisitará o pagamento, através do presidente do Tribunal respectivo, ao executado (art. 730, segunda parte, do CPC), que deverá prever obrigatoriamente, no orçamento do ano seguinte, os créditos apresentados por meio de precatórios até 1º de julho do ano corrente (art. 100, § 1º, da CF), obedecida a ordem cronológica de apresentação[434].

A Lei n. 11.033, de 21 de dezembro de 2004 criou mais um requisito para que haja o pagamento dos débitos federais decorrentes do precatório. Eis a polêmica novidade:

"Art. 19. O levantamento ou a autorização para depósito em conta bancária de valores decorrentes de precatório judicial so-

---

[433] *O Poder Público em juízo*, cit., p. 255.

[434] A Lei Complementar n. 101, de 4-5-2000 — a chamada Lei de Responsabilidade Fiscal —, já dispõe no seu art. 10: "A execução orçamentária e financeira identificará os beneficiários de pagamento de sentenças judiciais, por meio de sistema de contabilidade e administração financeira, para fins de observância da ordem cronológica determinada no art. 100 da Constituição".

mente poderá ocorrer mediante a apresentação ao juízo de certidão negativa de tributos federais, estaduais ou municipais, bem como certidão de regularidade para com a Seguridade Social, o Fundo de Garantia do Tempo de Serviço — FGTS e a Dívida Ativa da União, depois de ouvida a Fazenda Pública.

Parágrafo único. Não se aplica o disposto no *caput* deste artigo:

I — aos créditos de natureza alimentar, inclusive honorários advocatícios;

II — aos créditos de valor igual ou inferior ao disposto no art. 3º da Lei n. 10.259, de 12 de julho de 2001, que dispõe sobre a instituição dos Juizados Especiais Cíveis e Criminais no âmbito da Justiça Federal".

Apesar das exceções, em especial para créditos alimentares e de pequeno valor, os juízos e tribunais estão sendo invocados para se manifestarem a respeito de litígios relacionados com a referida norma[435]. Para muitos, trata-se de imposição inconstitucional, já que o crédito governamental deve ser cobrado na via própria do Judiciário, mediante o devido processo legal, não sendo admissível a lei forçar uma compensação indireta de créditos, tampouco condicionar o pagamento por meio do precatório a qualquer outra coisa, porque não há exigência constitucional para essa restrição ao pagamento.

Interessante e sensata decisão sobre a matéria foi dada no Tribunal Regional Federal da 1ª Região, em voto da lavra do Desembargador Leomar Amorim, como segue:

"Execução. Expedição de alvará de levantamento. Art. 19 da Lei n. 11.033, de 21-12-2004. Exigência de apresentação de certidões negativas de débito.

1. A apresentação de certidões negativas de tributos, como pressuposto para recebimento de precatório, entremostra-se como exigência destituída de legitimidade constitucional por aparente ofensa ao princípio do devido processo legal, assim como dos postulados da razoabilidade e proporcionalidade.

2. O dever instituído — apresentação de certidão negativa de débito — tem como conseqüência lógica, imediata e incontor-

---

[435] O art. 19 da Lei n. 11.033/2004 está sendo impugnado, no Supremo Tribunal Federal, pelo Conselho Federal da OAB, por meio da ADIn 3.453.

nável a obrigação do contribuinte de pagar a imposição tributária, caso existente, sem ao menos poder discutir-lhe a legalidade.

3. Não há razoabilidade, nem racionalidade, nem proporcionalidade, nem necessidade material que justifique, após longo, penoso e demorado processo contra o Estado, venha ele, no momento em que é chamado pelo Judiciário a cumprir a sentença, a exigir, primeiro, que o cidadão pague seus tributos, para só então cumprir a decisão.

4. Agravo de instrumento provido"[436].

Ainda sobre a questão da apresentação dos precatórios, não estão sujeitos ao pagamento na ordem cronológica os créditos de natureza alimentícia, definidos no § 1º-A do art. 100, *caput,* da CF, como aqueles decorrentes de salários, vencimentos, proventos, pensões e suas complementações, benefícios previdenciários e indenizações por morte ou invalidez, fundadas na responsabilidade civil, em virtude de sentença transitada em julgado.

Por outro lado, o § 3º do referido art. 100 excepciona o regime dos precatórios quanto ao pagamento de obrigações definidas em lei como de pequeno valor em que a Fazenda Pública for condenada por sentença judicial transitada em julgado.

É obrigatória a inclusão, no orçamento das entidades de direito público, de verba necessária à quitação dos débitos oriundos de sentença transitada em julgado, constantes de precatórios judiciários[437]. Se apresentados até 1º de julho, os pagamentos deverão ser feitos até o final do exercício seguinte, quando terão seus valores atualizados monetariamente (art. 100, § 1º, da CF).

A fixação dessa data para apresentação dos precatórios tem por escopo possibilitar a elaboração orçamentária das entidades de direito público, que ocorre no segundo semestre do exercício financeiro, para que, obrigatoriamente, elas reservem, no orçamento, verba necessária para o pagamento dos débitos judiciais.

As dotações orçamentárias e os créditos abertos serão consignados diretamente ao Poder Judiciário, cabendo ao Presidente do Tribunal que

---

[436] Ag. 2005.01.00.064783-0/DF, *DJ*, 25-8-2006, p. 215.

[437] E, segundo posicionamento doutrinário e jurisprudencial dominante, dos provindos de títulos executivos extrajudiciais.

proferir a decisão exeqüenda determinar o pagamento segundo as possibilidades do depósito e autorizar, a requerimento do credor, e exclusivamente para o caso de preterimento de seu direito de precedência, o seqüestro da quantia necessária à satisfação do débito (§ 2º do art. 100 da CF).

Em relação à expressão *cabendo ao Presidente do Tribunal que proferir a decisão exeqüenda,* sustenta Araken de Assis que tal pode ser entendida como sendo competente o "Presidente do Tribunal que julgou ou teria julgado recurso cabível contra o título"[438]. Destaca, porém, que a 1ª Seção do Superior Tribunal de Justiça decidiu que tal expressão corresponde ao "Presidente do Tribunal que determinar o pagamento da quantia requisitada via precatório"[439].

O pagamento será feito segundo as possibilidades do depósito, na ordem de apresentação do precatório e à conta do respectivo crédito (art. 730, II, do CPC)[440]. Caso a ordem de apresentação seja desobedecida quando da quitação dos débitos, a Constituição Federal prevê expressamente uma sanção para o preterimento do direito de precedência, que é o seqüestro da quantia necessária à satisfação do débito (art. 100, § 2º, última parte), determinada pelo Presidente do Tribunal após a oitiva do Ministério Público (art. 731 do CPC).

Divergem os doutrinadores acerca da natureza dessa sanção.

José Carlos Barbosa Moreira e Alexandre Freitas Câmara consideram-na como medida de caráter satisfativo[441]. Cândido Rangel Dinamarco a reputa como o único meio constritivo cabível no procedimento executivo especial contra a Fazenda Pública[442].

Ovídio Baptista da Silva, adotando entendimento esposado por Vicente Greco Filho, concebe-a como verdadeira medida executiva e não como providência cautelar[443].

---

[438] *Manual do processo de execução*, 8. ed., cit., p. 886. Esse posicionamento é compartilhado também por Cândido Rangel Dinamarco (*Instituições de direito processual civil*, cit., v. 4, p. 612) e por Alexandre Freitas Câmara (*Lições de direito processual civil*, cit., 7. ed., v. 2, p. 341).

[439] *Manual do processo de execução*, 8. ed., cit., p. 886.

[440] Araken de Assis sugere a distribuição proporcional de valores "no caso de o precatório contemplar vários credores e a verba a ele destinada se revelar insuficiente, no momento, para a totalidade do crédito" (*Manual do processo de execução*, 8. ed., cit., p. 888).

[441] CÂMARA, Alexandre Freitas. *Lições de direito processual civil*, cit., v. 2, p. 259; MOREIRA, José Carlos Barbosa. *O novo processo civil brasileiro*, cit., p. 343.

[442] *Instituições de direito processual civil*, cit., p. 610.

[443] *Curso de processo civil*: execução obrigacional, execução real, ações mandamentais, cit., p. 116.

Outra controvérsia diz respeito sobre quais rendas incide esse seqüestro — rendas públicas ou sobre a quantia indevidamente paga ao credor que recebeu preterindo o direito de outro, que apresentou previamente o seu precatório.

Ovídio Baptista da Silva é partidário do primeiro posicionamento, afirmando que se trata de exceção ao princípio da impenhorabilidade dos bens públicos e que, nessa hipótese, o procedimento especial assume natureza de verdadeira demanda executiva[444].

Por outro lado, José Carlos Barbosa Moreira e Alexandre Freitas Câmara defendem a segunda posição, sob o argumento de que a penhorabilidade dos bens do domínio público só pode ser prevista em lei que realize a desafetação dos bens a serem atingidos[445].

O Supremo Tribunal Federal, resolvendo ambas as questões, decidiu que o seqüestro (§ 2º do art. 100 da CF) incidente sobre os valores indevidamente pagos ou até mesmo as rendas públicas, é *medida constritiva extraordinária*:

> "Reclamação. Alegação de desrespeito a acórdão do Supremo Tribunal Federal resultante de julgamento proferido em sede de controle normativo abstrato. Inocorrência. Seqüestro de rendas públicas, legitimamente, efetivado. Medida constritiva extraordinária justificada, no caso, pela inversão da ordem de precedência de apresentação e de pagamento de determinado precatório. Irrelevância de a preterição da ordem cronológica, que indevidamente beneficiou credor mais recente, decorrer da celebração, por este, de acordo mais favorável ao Poder Público. Necessidade de a ordem de precedência ser rigidamente respeitada pelo Poder Público. Seqüestrabilidade, na hipótese de inobservância dessa ordem cronológica, dos valores indevidamente pagos ou, até mesmo, das próprias rendas públicas. Recurso improvido. Eficácia vinculante e fiscalização normativa abstrata de constitucionalidade. Legitimidade constitucional do art. 28 da Lei n. 9.868/99"[446].

---

[444] *Curso de processo civil*: execução obrigacional, execução real, ações mandamentais, cit., p. 116.

[445] MOREIRA, José Carlos Barbosa. *O novo processo civil brasileiro*, cit., p. 259; CÂMARA, Alexandre Freitas. *Lições de direito processual civil*, cit., p. 343.

[446] Tribunal Pleno, AgRg na Recl 2.143/SP, rel. Min. Celso de Mello, *DJ*, 6-6-2003, p. 30.

5. Precatórios

O termo "precatório" deriva do verbo latino *precatore*, que significa *requisitar alguma coisa de alguém*[447]. Esse instituto surgiu infraconstitucionalmente nas Ordenações do Reino, com o nome de *precatório de mercê*, por meio do qual *o credor da Coroa de Portugal suplicava a el-rei que ordenasse o pagamento de seu crédito*[448], passando a ter *status* constitucional no Brasil a partir da Constituição de 1934, reproduzido, posteriormente, nas Constituições de 1937 (art. 95), 1946 (art. 204), 1967 (art. 112) e 1969 (art. 117) e atingindo o seu ápice na Constituição de 1988.

Ensina Fernão Borba Franco:

> "O *precatório*, no sentido que se vulgarizou, é uma ordem dirigida ao membro do Poder Executivo responsável pelo pagamento, determinando que seja a verba nele discriminada incluída no orçamento do exercício seguinte, para depósito até o final desse exercício, de modo a satisfazer o crédito exeqüente"[449].

Segundo José Martins Catharino, "é um instituto de direito processual, do processo de execução, consistente em procedimento para tornar efetiva sentença condenatória passada em julgado a favor de pessoa de direito privado contra o que se costuma chamar de Fazenda Pública"[450].

Em regra, o precatório é a forma de pagamento das dívidas judiciais da Fazenda, em razão da impenhorabilidade de seus bens, tendo por base o respeito à independência e à harmonia entre os poderes, mais precisamente entre o Executivo e o Judiciário.

De acordo com o art. 100 da Constituição, estão sujeitos ao sistema dos precatórios os pagamentos devidos pelas Fazendas Federal, Estadual e Municipal, salvo as obrigações definidas em lei como de pequeno valor (art. 100, § 3º), que, com exceção dos créditos de natureza alimentícia, deverão obedecer rigorosamente à ordem cronológica de apresentação.

---

[447] FRANCO, Fernão Borba. *Execução em face da Fazenda Pública*. São Paulo: Juarez de Oliveira, 2002, p. 129.

[448] CATHARINO, José Martins. *Do precatório*. São Paulo: LTr, 2000, p. 11.

[449] Para Araken de Assis, "o precatório ou requisitório não passa de uma carta de sentença processada perante o Presidente do Tribunal, consoante normas regimentais" (*Manual do processo de execução*, cit., 8. ed., p. 887).

[450] *Do precatório*, cit., p. 9.

A expressão "à exceção dos créditos de natureza alimentícia", trazida no *caput* do art. 100, pôs em dúvida, a princípio, a necessidade de expedição de precatórios também para os créditos alimentares. Porém, após longa discussão doutrinária e jurisprudencial, prevaleceu a opinião no sentido de ser indispensável o precatório[451].

Discutiu-se, outrossim, se seriam instituídas duas ordens de apresentação de precatórios, uma para o pagamento das dívidas fazendárias de natureza alimentícia e outra para os demais débitos.

Preponderou o entendimento de que os titulares de créditos alimentícios devem submeter-se à ordem cronológica de apresentação dos precatórios, mas concorrendo apenas com credores de mesma natureza, enquanto os demais débitos, não privilegiados, só começarão a ser pagos após a quitação daqueles[452].

Após a EC n. 30/2000, as entidades de direito público são obrigadas a incluir, nos respectivos orçamentos, verba necessária ao pagamento dos precatórios judiciários apresentados até 1º de julho, que deverão ser quitados até o final do exercício financeiro seguinte[453].

Dessa forma, o precatório apresentado até 1º de julho do corrente ano deverá ser incluído no orçamento do ano seguinte. Porém, se for apresentado após essa data, só constará do orçamento do ano posterior ao seguinte, e assim por diante, gozando as entidades de direito público do prazo de, no mínimo, dezoito meses para quitar os débitos judiciais.

Como fica, então, a atualização dos débitos em face do longo prazo que possui a Fazenda para quitá-los, uma vez que a mera expedição do precatório não tem o condão de quitar a dívida, por não representar forma de pagamento?

Inicialmente, para resolver essa questão, apareceu a figura do precatório suplementar, expedido após o pagamento do precatório primitivo, que conteria os acessórios (juros e correção monetária) apurados em relação ao período compreendido entre o cálculo inicial e a data do efetivo pagamento[454].

---

[451] CATHARINO, José Martins, *Do precatório*, cit., p. 15-16.

[452] Nesse sentido: FRANCO, Fernão Borba. *Execução em face da Fazenda Pública*, cit., p. 211; CÂMARA, Alexandre de Freitas. *Lições de direito processual civil*, 7. ed., v. 2, p. 342.

[453] Trata-se, assim, de ato administrativo vinculado, não estando sujeito à decisão política sobre o que gastar, em razão da escassez de recursos públicos, que impera na generalidade das despesas previstas no orçamento (FRANCO, Fernão Borba, op. cit., p. 154).

[454] THEODORO JÚNIOR, Humberto. *Curso de direito processual civil*, cit., v. 2, p. 252.

Contudo, esse procedimento gerava a expedição infindável de precatórios suplementares, já que sempre havia diferenças de acessórios a apurar, pois também estavam sujeitos à regra do § 1º do art. 100, que estabelece a sua inclusão, se apresentados até 1º de julho, no orçamento do ano seguinte.

O problema foi resolvido com a edição da EC n. 30, de 13-9-2000[455], que alterou a redação do § 1º do art. 100 para determinar que os valores serão atualizados monetariamente na ocasião do pagamento, eliminando a figura do precatório suplementar.

Saliente-se que, quando se tratar de pagamento de verbas remuneratórias a servidores e empregados públicos, os juros de mora nas condenações impostas à Fazenda Pública são limitados a 6% ao ano, de acordo com o art. 1º-F da Lei n. 9.494/97, introduzido pela MP n. 2.180-35/2001.

Ademais, a MP n. 2.180-35/2001 incluiu, na citada Lei n. 9.494/97, o art. 1º-E, que dispõe:

> "Art. 1º-E. São passíveis de revisão, pelo Presidente do Tribunal, de ofício ou a requerimento das partes, as contas elaboradas para aferir o valor dos precatórios antes de seu pagamento ao credor".

Essa norma, de incidência restrita às execuções por quantia certa contra a Fazenda Pública, permite a fiscalização oficiosa pelo Presidente do Tribunal, que determina o pagamento dos precatórios das contas a eles relativas, atividade esta que, antes dessa inovação, era restrita ao juiz de primeiro grau que conduzia o processo executivo.

A propósito do tema, ressaltando a possível violação da coisa julgada constitucional pela supracitada regra, manifesta-se Cassio Scarpinella Bueno:

> "O dispositivo parece desconhecer a existência de *preclusões* ou da *coisa julgada* relativa à formação do título executivo. Daí admitir a 'revisão' — inclusive de ofício — dos valores requisitados *antes* do pagamento. Certamente que a inspiração da regra é salutar. Se existe um 'erro de conta' que acarreta um pagamento maior

---

[455] Antes, porém, alguns tribunais pátrios recorreram à aplicação de indexadores aos precatórios, o que, embora fosse uma boa solução, não foi aceito pelo Supremo Tribunal Federal, em reiteradas decisões (FRANCO, Fernão Borba. *Execução em face da Fazenda Pública*, cit., p. 165).

pela Fazenda, é a própria sociedade como um todo que, em última análise, suportará esse ônus. No entanto, mesmo que bem inspirada, mister que a inovação das regras processuais obedeça ao sistema constitucional (art. 5º, XXXVI) e ao sistema processual preexistente, que protege a *coisa julgada*"[456].

Caso seja desobedecida a ordem cronológica de apresentação dos precatórios quando do pagamento, a Constituição, no art. 100, § 2º, e o CPC, no art. 731, prevêem a possibilidade de o Presidente do Tribunal que proferir a decisão exeqüenda determinar, se houver requerimento do credor e após a oitiva do Ministério Público, o seqüestro da quantia necessária para satisfazer o crédito preterido.

Além do seqüestro previsto no art. 100, § 2º, da Constituição, outras sanções podem ser aplicadas no caso de descumprimento do precatório.

Uma das hipóteses é a intervenção da União nos Estados e no Distrito Federal, prevista no art. 34 da Constituição da República[457].

Com o objetivo de dar cumprimento à ordem ou à decisão judicial violada pelo Poder Executivo, a intervenção poderá ser requisitada pelo Supremo Tribunal Federal, pelo Superior Tribunal de Justiça ou pelo Tribunal Superior Eleitoral (art. 36, II, da CF), sendo o decreto apreciado, no prazo de vinte e quatro horas, pelo Congresso Nacional que, se não estiver funcionando, poderá ser convocado extraordinariamente, também em vinte e quatro horas (art. 36, § 2º, da CF).

Na hipótese de intervenção de Estado em Município localizado em seu território, ou da União nos Municípios de Território Federal (art. 35 da Constituição), o decreto partirá do Tribunal de Justiça respectivo (art. 35, IV), após apreciação pela Assembléia Legislativa.

Em ambos os casos, dispensada a apreciação pelo Órgão Legislativo respectivo, o decreto de intervenção limitar-se-á a suspender a execução do ato impugnado, se tal medida for bastante para o restabelecimento da normalidade (art. 36, § 3º, da CF).

Outra espécie de sanção é a prevista no § 6º do art. 100 da CF, ao prescrever que o Presidente do Tribunal competente que, por ato comissivo ou omissivo, retardar ou tentar frustrar a liquidação regular de preca-

---

[456] *O Poder Público em juízo*, cit., p. 257.

[457] Ressalte-se que a intervenção não é medida jurisdicional, mas de caráter político-administrativo, conforme esclarece Fernão Borba Franco (*Execução em face da Fazenda Pública*, cit., p. 202).

tório, incorrerá em crime de responsabilidade. Trata-se de tipo penal sob a modalidade dolosa, que exige a efetiva comprovação da intenção do presidente em retardar ou tentar frustrar a liquidação de precatórios.

A EC n. 30/2000 excluiu a obrigatoriedade de recolhimento das verbas destinadas ao pagamento de precatórios requisitados à repartição competente, constante da redação anterior do § 2º do art. 100 da Constituição.

Aduz Fábio Bittencourt da Rosa que, anteriormente à EC n. 30/2000, "o Ministério do Orçamento e Finanças ficava com os valores e, por meio do sistema SIAF, quando estavam disponíveis a verba e o financeiro do precatório, descentralizava para o Tribunal"[458].

Atualmente as dotações orçamentárias e os créditos abertos relacionados com precatórios serão consignados diretamente ao Poder Judiciário, que, através do Presidente do Tribunal respectivo, determinará o pagamento segundo as possibilidades do depósito, assim que as verbas estiverem à sua disposição[459].

No âmbito da União, o Conselho da Justiça Federal vem expedindo sucessivamente inúmeras Resoluções para regular melhor os pagamentos judiciais, sendo a última delas, e em vigor, a Resolução/CJF n. 438, de 30-5-2005, que uniformizou o processamento das requisições de pagamento, entre as quais estão os precatórios, prevendo inclusive a possibilidade de uso de requisição por meio eletrônico.

Internamente, os Tribunais Regionais Federais[460], os Tribunais dos Estados e do Distrito Federal e os Tribunais do Trabalho trazem, nos respectivos Regimentos Internos, normas administrativas relativas ao pagamento e ao controle dos precatórios, bem como outros *provimentos* atinentes ao assunto.

---

[458] Regulamentação interna dos precatórios no âmbito da Justiça Federal. In: SILVA, Ricardo Perlingeiro Mendes da (org.). *Execução contra a Fazenda Pública*. Brasília: Centro de Estudos Judiciários, CJF, 2003, p. 174.

[459] Destaque-se que a atuação do Presidente do Tribunal tem natureza administrativa e não judicial, uma vez que o precatório é um procedimento administrativo revestido de caráter político. Segundo Fábio Bittencourt da Rosa, "precatório é uma requisição de um juízo de 1º grau, mediante ofício, à autoridade administrativa, que é o presidente do Tribunal, de numerário para pagamento decorrente de decisão judicial de 1º ou 2º graus, transitada em julgado, e é expedido a requerimento da parte interessada, não podendo o juízo expedi-lo de ofício" (Regulamentação Interna dos precatórios no âmbito da Justiça Federal, cit., p.164).

[460] Entre atos normativos de Tribunais Federais, ressalte-se a Portaria da Presidência do TRF da 1ª Região, de n. 237, editada em 7-4-2006, que institui, dentre outros pontos, a expedição por meio eletrônico das requisições de precatório e requisições de pequeno valor.

Por fim, destaque-se que a EC n. 30/2000 acrescentou o art. 78 ao Ato das Disposições Constitucionais Transitórias, prevendo nova moratória em favor da Fazenda além da disposta no art. 33 do ADCT. Dispõe o *caput* do citado art. 78:

> "Art. 78. Ressalvados os créditos definidos em lei como de pequeno valor, os de natureza alimentícia, os de que trata o art. 33 deste Ato das Disposições Constitucionais Transitórias e suas complementações e os que já tiverem os seus respectivos recursos já liberados ou depositados em juízo, os precatórios pendentes na data da promulgação desta Emenda e os que decorrem de ações iniciais ajuizadas até 31 de dezembro de 1999 serão liquidados pelo seu valor real, em moeda corrente, acrescido de juros legais, em prestações anuais, iguais e sucessivas, no prazo máximo de dez anos, permitida a cessão dos créditos".

Ficaram excluídos dessa moratória os créditos pendentes de pagamento na data da promulgação da Constituição já sujeitos ao parcelamento previsto no art. 33 do ADCT, os de natureza alimentar, os definidos em lei como de pequeno valor e os que tiveram seus recursos depositados ou liberados em juízo[461].

Em relação aos créditos sujeitos à moratória do art. 78 do ADCT, a expressão "ação inicial" prevista no seu *caput* deve ser interpretada como "petição inicial", sob pena de não haver lógica na redação constitucional, pois aquela expressão não tem maiores significados jurídicos.

Ademais, tal expressão deve referir-se à petição inicial do processo executivo, no qual é expedido o precatório, e não à do processo de conhecimento, onde não há qualquer certeza em relação ao crédito.

Quanto à possibilidade de a Fazenda Pública realizar acordos vantajosos e à violação do sistema de precatórios, manifestam-se Nelson Nery Junior e Rosa Maria de Andrade Nery:

> "A Fazenda Pública não está impedida de fazer acordo. Só não pode empenhar sua solução na verba destinada, pelo orçamento, ao pagamento dos precatórios judiciários, porque isto implicaria procrastinar o pagamento de obrigações preferenciais, resultaria

---

[461] Nesse último caso, não é necessário que o pagamento do precatório seja integral para não se submeter ao parcelamento, podendo a sua complementação ser exigida de uma única vez (FRANCO, Fernão Borba. *Execução em face da Fazenda Pública*, cit., p. 139-140).

em ilegal interferência na posição dos exeqüentes que permanecem na fila, para receber seu crédito no exercício programado pela respectiva previsão orçamentária, obedecida a ordem cronológica dos precatórios (TJSP, Seq. 1718-0 e 2649-0, rel. Des. Carvalho Filho, j. 29.4.1983, *in* Mazzilli, *Acordos ...*, 'O Estado de São Paulo', 24.3.1995, p.2)"[462].

6. Execução de dívida de pequeno valor contra a Fazenda Pública

Em decorrência da natureza dos bens públicos, em regra inalienáveis, e, portanto, impenhoráveis (art. 649, I, do CPC), e em decorrência dos princípios da independência e da harmonia entre os poderes previstos no art. 2º da Constituição, bem como em razão da supremacia do interesse coletivo, a exigir a não-interrupção do serviço público, a Constituição da República, no seu art. 100, previu, como regra, para pagamento pela Fazenda Pública das dívidas reconhecidas judicialmente, o sistema de precatórios.

Por esse sistema, os títulos executivos judiciais e extrajudiciais que denotam obrigação pecuniária contra pessoas jurídicas de direito público devem ser executados segundo o procedimento previsto nos arts. 730 e 731 do CPC.

Esse procedimento não prevê qualquer ato de constrição sobre o patrimônio público, o que leva a crer que o pagamento realizado pela Fazenda é voluntário e não fruto da substituição de sua atuação pelo Poder Judiciário[463].

Citada para opor embargos, caso se mantenha inerte ou, se opostos, sejam rejeitados, o juiz competente para a execução requisitará o pagamento da dívida através da expedição de precatório, por intermédio do Presidente do Tribunal respectivo.

Se o precatório for apresentado até 1º de julho, poderá a quitação ser feita até o final do exercício financeiro seguinte, obedecida a ordem cronológica de apresentação e à conta do respectivo crédito.

Observa-se que, após longos anos de tramitação do processo no Poder Judiciário, o credor da Fazenda Pública ainda terá que esperar, pelo menos, mais um ano e seis meses para ter o seu crédito adimplido.

---

[462] *Código de Processo Civil comentado e legislação extravagante*, cit., 7. ed., p. 201.
[463] Nesse sentido: SILVA, Ovídio A. Baptista. *Curso de processo civil*: execução obrigacional, execução real, ações mandamentais, cit., v. 2, p. 115.

Esse fato causa grandes transtornos ao jurisdicionado, principalmente quando se trata de crédito de natureza alimentícia, que se destina à sua manutenção e da sua família, situação que se agrava num país como o Brasil, onde parcela significativa da população é formada por pessoas necessitadas.

Buscando amenizar esse problema, o constituinte derivado editou a EC n. 20, de 15-12-1998, posteriormente, modificada pela EC n. 30, de 13-9- 2000, e regulamentada pela EC n. 37, de 12-6-2002. Estas emendas introduziram no ordenamento jurídico brasileiro (e suas regulamentações mantiveram) a sistemática da execução de dívidas de pequeno valor contra a Fazenda Pública, realizada sem a expedição de precatório.

6.1. Exceção ao uso do precatório

A redação original do art. 100 da Constituição da República estabelecia o seguinte:

> "Art. 100. À exceção dos créditos de natureza alimentícia, os pagamentos devidos pela Fazenda Federal, Estadual ou Municipal, em virtude de sentença judiciária, far-se-ão exclusivamente na ordem cronológica de apresentação dos precatórios e à conta dos créditos respectivos, proibida a designação de casos ou de pessoas nas dotações orçamentárias e nos créditos adicionais abertos para este fim.
>
> § 1º É obrigatória a inclusão, no orçamento das entidades de direito público, de verba necessária ao pagamento de seus débitos constantes de precatórios judiciários, apresentados até 1º de julho, data em que serão atualizados seus valores, fazendo-se o pagamento até o final do exercício seguinte.
>
> § 2º As dotações orçamentárias e os créditos abertos serão consignados ao Poder Judiciário, recolhendo-se as importâncias respectivas à repartição competente, cabendo ao Presidente do Tribunal que proferir a decisão exeqüenda determinar o pagamento, segundo as possibilidades do depósito, e autorizar, a requerimento do credor e exclusivamente para o caso de preterimento de seu direito de precedência, o seqüestro da quantia necessária à satisfação do débito".

Note-se que, quando da promulgação da Constituição Federal de 1988, as dívidas da Fazenda reconhecidas judicialmente só poderiam ser pagas exclusivamente via precatório, independentemente do seu valor, na ordem cronológica de apresentação.

Não contavam os credores das pessoas jurídicas de direito público com qualquer alternativa a esse pagamento, mesmo quando os créditos eram de pouca monta, ficando à mercê da disponibilidade de verbas públicas no orçamento, o que, muitas vezes, não ocorria, sob a alegação dos administradores de insuficiência de verbas orçamentárias.

Com o intuito de excepcionar a expedição de precatórios, pelo menos quanto às dívidas consideradas em lei como de pequeno valor, cujos processos, à época, amontoavam-se nas prateleiras do Judiciário à espera do cumprimento dos precatórios, a EC n. 20, de 15-12-1998, inovou ao acrescentar o § 3º ao citado art. 100, dispondo:

> "Art. 100. (...)
>
> § 3º O disposto no *caput* deste artigo, relativamente à expedição de precatórios, não se aplica aos pagamentos de obrigações definidas em lei como de pequeno valor que a Fazenda Federal, Estadual ou Municipal deva fazer em virtude de sentença judicial transitada em julgado".

A EC n. 30, de 13-9-2000, veio alterar a redação do mencionado parágrafo, para incluir na exceção ao sistema dos precatórios os créditos de pequena monta da Fazenda Distrital, a fim de que esses também fossem pagos direta e imediatamente.

O texto constitucional acrescentado, todavia, condicionou a definição dos débitos de pequeno valor à expedição de lei, para que pudesse a norma surtir regularmente os efeitos jurídicos que dela se esperavam.

Constata-se, dessa forma, que o § 3º do art. 100 encerra norma constitucional de eficácia limitada, de acordo com a classificação elaborada por José Afonso da Silva, dependente "da emissão de uma normatividade futura, em que o legislador ordinário, integrando-lhes a eficácia, mediante lei ordinária, lhes dê capacidade de execução em termos de regulamentação daqueles interesses visados"[464].

Ávidos para que seus clientes começassem a usufruir o benefício previsto no § 3º do art. 100 da Constituição, os advogados passaram a exigir nos Tribunais a imediata aplicação da norma, o que gerou intensos

---

[464] *Aplicabilidade das normas constitucionais*. 3. ed. São Paulo: Malheiros, 1999, p. 159.

debates jurídicos sobre a sua aplicabilidade enquanto as Entidades Federativas não editavam a norma específica de que trata o § 5º do art. 100[465].

Foram, assim, surgindo leis que buscavam regulamentar o § 3º, efetivando, paulatinamente, a flexibilização da regra do precatório[466].

A Lei n. 10.099, de 19-12-2000, alterando a redação do art. 128 da Lei n. 8.213, de 24-7-1991, definiu obrigação de pequeno valor para a Previdência Social.

O citado art. 128 estabelece:

> "Art. 128. As demandas judiciais que tiverem por objeto o reajuste ou a concessão de benefícios regulados nesta Lei cujos valores de execução não forem superiores a R$ 5.180,25 (cinco mil, cento e oitenta reais e vinte e cinco centavos), por autor poderão, por opção de cada um dos exeqüentes, ser quitadas no prazo de sessenta dias após a intimação do trânsito em julgado da decisão, sem necessidade da expedição de precatório.
>
> § 1º É vedado o fracionamento, repartição ou quebra do valor da execução, de modo que o pagamento se faça, em parte, na forma estabelecida no *caput* e, em parte, mediante expedição do precatório.
>
> § 2º É vedada a expedição de precatório complementar ou suplementar do valor pago na forma do *caput*.
>
> § 3º Se o valor da execução ultrapassar o estabelecido no *caput*, o pagamento far-se-á sempre por meio de precatório.
>
> § 4º É facultada à parte exeqüente a renúncia ao crédito, no que exceder ao valor estabelecido no *caput*, para que possa optar pelo pagamento do saldo sem o precatório, na forma ali prevista.

---

[465] SANTOS, Marco Aurélio. A efetividade do crédito de pequeno valor contra a União, Estados, Distrito Federal e Municípios. *Jus Navigandi* n. 57. Teresina, ano 6, jul. 2002. Disponível em: <http://www1.jus.com.br/doutrina/texto.asp>. Acesso em 4-4-2006.

[466] Não se pode deixar de observar que, na *contramão* da história dos pagamentos dos débitos da Fazenda Pública, pela MP n. 252/05, se pretendia alterar as Requisições de Pequeno Valor (RPV), já consolidadas na Lei dos Juizados Especiais Federais (Lei n. 10.259/2001), o que configuraria evidente retrocesso. Ainda bem que a aludida Medida Provisória se tornou sem eficácia, por expiração de prazo. Se tivesse vingado tal pretensão governamental, demandas inferiores a sessenta salários mínimos inevitavelmente cairiam novamente na chamada *vala do precatório*, mediante pagamento parcelado em vários anos, com prejuízo para toda a sociedade e para as conquistas constitucionais.

§ 5º A opção exercida pela parte para receber os seus créditos na forma prevista no *caput* implica a renúncia do restante dos créditos porventura existentes e que sejam oriundos do mesmo processo.

§ 6º O pagamento sem precatório, na forma prevista neste artigo, implica quitação total do pedido constante da petição inicial e determina a extinção do processo.

O que, no início, era aplicável apenas às causas de interesse da Previdência Social, por meio de interpretação analógica, com fundamento no art. 4º da LICC, passou também a definir dívida de pequeno valor para outras pessoas jurídicas de direito público, principalmente em decorrência da atuação dos Tribunais Trabalhistas.

Louvável a atitude dos Tribunais pátrios que, com essa interpretação, visavam dar imediata aplicabilidade ao disposto no art. 100, § 3º, da Constituição da República, visto que a atuação dos legisladores na feitura das referidas leis mostrava-se bastante demorada.

Contudo, não se poderia deixar de questionar, como alguns fizeram[467], a constitucionalidade dessa aplicação analógica, tendo em vista a especificidade de tratamento jurídico dispensado à Fazenda Pública.

A Administração direta ou indireta de qualquer dos Poderes deve completa obediência ao princípio da legalidade, como determina o art. 37, *caput,* da Constituição, vigendo, assim, a regra de que o administrador só pode atuar segundo a lei.

Celso Antônio Bandeira de Mello resume o princípio da legalidade no direito administrativo brasileiro na regra segundo a qual, "ao contrário dos particulares, os quais podem fazer tudo o que a lei não proíbe, a Administração só pode fazer o que a lei antecipadamente autorize"[468].

Depreende-se, assim, que o citado § 3º do art. 100 ficou conforme o princípio da legalidade, ao exigir que a lei defina dívida de pequeno valor, para excluir da expedição de precatório o pagamento das obrigações dessa natureza pelas Fazendas Federal, Estadual, Distrital e Municipal.

---

[467] *Vide*: ROCHA, Ibraim José das Mercês. Execução de débitos de pequeno valor contra a Fazenda Pública. Art. 100, § 3º: urgência de uma medida provisória e sua possibilidade (art. 246 da CF). *Jus Navigandi.* Teresina. Disponível em: <htpp://wwwl.jus.com.br/doutrina/texto.asp>. Acesso em 25-4-2005.

[468] *Curso de direito administrativo*, cit., 14. ed., p. 88.

Sob o argumento de violação ao princípio da legalidade estrita pela aplicação analógica do art. 128 da Lei n. 8.213/91, alguns doutrinadores passaram a sustentar a inconstitucionalidade dessa interpretação, como Ibraim José das Mercês Rocha:

> "Reforça-se que, para a administração, é impossível realizar qualquer ato e especialmente realizar um determinado pagamento, mesmo que definido em decisão judicial, sem um procedimento especialmente definido em Lei, dado o normal entrave da sua atividade administrativa, considerando o relevante interesse que defende e protege: o Erário Público, para que possa atender outras demandas sociais de que é seu dever acudir"[469].

Em continuação ao seu raciocínio, acrescenta o autor que "obrigar a Administração a realizar o pagamento dos débitos de pequeno valor sem Lei própria e adequada para este fim e, ainda, aplicando-se outra norma por analogia, configura-se de forma incontestável a violação direta e literal do disposto no § 3º do art. 100 da CF"[470].

Para os defensores da estrita legalidade, a execução de dívidas de pequeno valor contra a Fazenda Pública apenas estaria regulada para os débitos da Previdência Social, reclamando, quanto aos demais, a edição de lei específica para excepcionar o regime dos precatórios.

Verifica-se que o § 3º do art. 100 da CF traz exceção ao regime dos precatórios quanto ao pagamento de obrigações definidas em lei como de pequeno valor em que a Fazenda Pública Federal, Estadual, Distrital ou Municipal for condenada *por sentença judicial transitada em julgado.*

Assim, passou-se a questionar se as execuções contra a Fazenda Pública por dívidas dessa natureza deveriam estar fundadas apenas em sentenças judiciais transitadas em julgado, eliminando-se a possibilidade de execução provisória.

A execução provisória contra a Fazenda Pública é possível apenas em relação às execuções iniciadas antes da edição da EC n. 30/2000, que

---

[469] Execução de débitos de pequeno valor contra a Fazenda Pública. Art. 100, § 3º: urgência de uma medida provisória e sua possibilidade (art. 246 da CF). *Jus Navigandi.* Teresina. Disponível em: <http://www1.jus.com.br/doutrina/texto.asp>. Acesso em 25-1-2005.

[470] ROCHA, Ibraim José das Mercês. Execução de débitos de pequeno valor contra a Fazenda Pública. Art. 100, § 3º: urgência de uma medida provisória e sua possibilidade (art. 246 da CF), cit.

alterou a redação dos §§ 1º e 3º do art. 100. Desde então, passou a ser exigido expressamente o trânsito em julgado[471].

Porém, a possibilidade de executar as dívidas consideradas de pequeno valor contra a Fazenda Pública foi instituída pela EC n. 20/98, que, desde já, exigiu sentença transitada em julgado. Dessa forma, não é possível a execução provisória contra pessoas jurídicas de direito público quanto aos débitos previstos no § 3º do art. 100 da Constituição, uma vez que essa espécie de execução é incompatível com a regra constitucional.

Situação diferente é aquela que diz respeito à parte incontroversa do julgado. Mesmo que no seu todo não tenha havido ainda trânsito em julgado, admite-se a execução definitiva em relação a tal parcela da decisão, pois independente e diferente da outra, da que ainda está sendo impugnada. Nessa hipótese, embora formalmente não tenha havido o trânsito em julgado, a parcela incontroversa não mais poderá ser modificada e, portanto, é como se tivesse havido, de fato, o trânsito em julgado.

Os Tribunais admitem claramente essa possibilidade, mesmo diante da vigência da EC n. 30/2000, que não alterou efetivamente essa situação. Veja-se, por exemplo, o que diz o Superior Tribunal de Justiça em um de seus tantos julgados no mesmo sentido:

> "Entendimento sedimentado no âmbito da Corte Especial.
> (...)
> 2. Os §§ 1º, 1º-A, ambos com a redação da EC n. 30, de 13/09/2000, e 3º do art. 100 da Constituição, determinam que a expedição de precatório ou o pagamento de débito de pequeno valor de responsabilidade da Fazenda Pública, decorrentes de decisão judicial, mesmo em se tratando de obrigação de natureza alimentar, pressupõem o trânsito em julgado da respectiva sentença.

---

[471] Essa espécie executória já foi largamente admitida contra a Fazenda Pública, desde que fosse acompanhada de medidas acautelatórias, como o oferecimento de garantia para cobrir eventuais prejuízos causados ao réu, e a sua realização de modo a possibilitar desconstituir os atos já praticados (não-definitividade), pois não se vislumbrava qualquer proibição legal ou incompatibilidade existente entre a execução provisória e a Fazenda Pública. Todavia, a MP n. 2.180-32, de 24-8-2001, ao acrescentar o art. 2º-B à Lei n. 9.494/97, excluiu esse tipo de execução nos casos de "sentença que tenha por objeto a liberação de recurso, inclusão em folha de pagamento, reclassificação, equiparação, concessão de aumento ou extensão de vantagens a servidores da União, dos Estados, do Distrito Federal e dos Municípios, inclusive de suas autarquias e fundações", uma vez que somente poderá ser executada após o seu trânsito em julgado. Posteriormente, veio a EC n. 30/2000, que restringiu a execução provisória constitucionalmente.

3. A Corte Especial decidiu, nos Embargos de Divergência no Recurso Especial 721.791/RS, de relatoria do Ministro Ari Pagendler, que restou vencido, tendo o Ministro José Delgado sido designado para lavrar o acórdão, no sentido de ser possível a expedição de precatório da parte incontroversa em sede de execução contra a Fazenda Pública.

4. *Inadmitir a expedição de precatórios para aquelas parcelas que se tornaram preclusas e, via de conseqüência, imodificáveis, é atentar contra a efetividade e a celeridade processual.*

5. Embargos de divergência rejeitados" (grifos nossos)[472].

O art. 100, § 5º, da Constituição, acrescentado pela EC n. 30/2000, dispõe que a lei poderá fixar valores distintos para o fim previsto no § 3º deste artigo, segundo as diferentes capacidades das entidades de direito público, relativizando, assim, o conceito de obrigação de pequeno valor.

Leva-se em consideração, com a norma supracitada, a diversidade de capacidade orçamentária existente entre os entes federados, cujas receitas estão longe de estar no mesmo patamar.

Despiciendo afirmar ser incomparável a receita de Manacapuru, município do interior do Estado do Amazonas, com a que possui a Grande São Paulo. Igualmente, há disparidades na arrecadação dos Estados da Região Sudeste, como Rio de Janeiro e Minas Gerais, e os da Região Nordeste, tais como Alagoas, Piauí, Sergipe, entre outros.

No Brasil convivem entes federados com arrecadação elevada e outros com indicadores sociais alarmantes. Dessa forma, na busca da efetividade do princípio da isonomia, em seu sentido material, consistente em dispensar tratamento igual aos iguais e tratamento desigual aos desiguais, na medida das desigualdades, o mencionado § 5º do art. 100 permitiu fosse dado tratamento diferenciado para cada entidade de direito público quanto à determinação do que seja obrigação de pequeno valor.

Atitude em contrário, no sentido de fixar uma quantia certa e determinada, aplicável a todos indistintamente, privilegiaria poucos, para os quais esse valor poderia significar módica quantia, mas levaria muitos outros à quebra financeira, impossibilitando-os, ainda mais, de cumprir seus compromissos, bem como de investirem em setores sociais importantes, como saúde, educação, segurança etc.

---

[472] EREsp 638.620/SC, rel. Min. Luiz Fux, data do julgamento: 1º-8-2006, *DJ*, 2-10-2006, p. 204.

Tal situação revelaria flagrante inconstitucionalidade, por contribuir para o aumento da desigualdade existente entre as regiões, em desacordo com os incisos III e IV do art. 3º da CF.

Sobre o princípio da igualdade, adotado pela Constituição da República, no art. 5º, *caput,* sustenta Alexandre de Moraes:

> "A Constituição Federal de 1988 adotou o princípio da igualdade de direitos, prevendo a *igualdade de aptidão, uma igualdade de possibilidades virtuais,* ou seja, todos os cidadãos têm o direito de tratamento idêntico pela lei, em consonância com os critérios albergados pelo ordenamento jurídico. Dessa forma, o que se veda são as diferenciações arbitrárias, as discriminações absurdas, pois, o tratamento desigual dos casos desiguais, na medida em que se desigualam, é exigência tradicional do próprio conceito de Justiça, pois o que realmente protege são certas finalidades, somente se tendo por lesado o princípio constitucional quando o elemento discriminador não se encontra a serviço de uma finalidade acolhida pelo direito, sem que se esqueça, porém, como ressalvado por Fábio Konder Comparato, que as chamadas liberdades materiais têm por objetivo a igualdade de condições sociais, meta a ser alcançada, não só por meio de leis, mas também pela aplicação de políticas ou programas de ação estatal"[473].

Mostra-se indispensável, portanto, a edição de leis regulamentando o § 3º do art. 100 de modo a fixar valores diferentes para a União, para os Estados-membros e para os Municípios, levando-se em consideração as diferentes capacidades orçamentárias.

No âmbito da União, a Lei n. 10.259, de 12-7-2001, que dispôs *sobre a instituição dos Juizados Especiais Cíveis e Criminais no âmbito da Justiça Federal,* regulamentou o § 3º do art. 100, ao prescrever, em seu art. 17, § 1º:

> "Art. 17. ....
> §1º Para efeitos do § 3º do art. 100 da Constituição Federal, as obrigações ali definidas como de pequeno valor, a serem pagas independentemente de precatório, terão como limite o mesmo valor estabelecido nesta Lei para a competência do Juizado Especial Cível (art. 3º, *caput)*".

---
[473] *Direito constitucional,* cit., p. 62.

O limite máximo apontado pela norma é o previsto no *caput* do art. 3º da supracitada lei, no valor de sessenta salários mínimos.

Anote-se que, embora vários Municípios e Estados já tenham editado a lei exigida pelo § 3º do art. 100, está-se longe de chegar à totalidade. Com o intuito de resolver provisoriamente a questão, foi promulgada a EC n. 37, de 12-2-2002, que regulamentou, em nível constitucional, o referido § 3º.

Como medida paliativa até que haja a publicação oficial das leis ordinárias fixando valores de acordo com a capacidade de cada ente público (art. 100, § 5º) e para evitar que, pela inércia do Poder Legislativo, a norma constitucional do § 3º do art. 100 permaneça inaplicável, os arts. 86 e 87 do ADCT e o § 4º do art. 100 da CF, ambos acrescidos pela EC n. 37/2002, fixaram parâmetros para a identificação das causas de pequeno valor.

Após a sua promulgação e entrada em vigor, resta superada a discussão a respeito da necessidade ou não de lei específica para definir dívida de pequeno valor, uma vez que a EC n. 37/2002 tornou possível aplicação do § 3º do art. 100[474].

O art. 87 do ADCT, acrescentado pela EC n. 37/2002, prescreve:

> "Art. 87. Para efeito do que dispõem o § 3º do art. 100 da Constituição Federal e o art. 78 deste Ato das Disposições Constitucionais Transitórias serão considerados de pequeno valor, até que se dê a publicação oficial das respectivas leis definidoras pelos entes da Federação, observado o disposto no § 4º do art. 100 da Constituição Federal, os débitos ou obrigações consignados em precatório judiciário, que tenham valor igual ou inferior a:
>
> I — quarenta salários mínimos, perante a Fazenda dos Estados e do Distrito Federal;
>
> II — trinta salários mínimos, perante a Fazenda dos Municípios.
>
> Parágrafo único. Se o valor da execução ultrapassar o estabelecido neste artigo, o pagamento far-se-á, sempre, por meio de

---

[474] Nesse sentido, confira os seguintes julgados: TST, Turma D2, Subseção II, especializada em dissídios individuais, RXOFROMS 20023.2003.000.20.00, rel. Min. José Simpliciano Fernandes, *DJ*, 12-12-2003; TST, Turma D2, Subseção II, especializada em dissídios individuais, RXOFROMS 421.2002.000.23.00, rel. Min. José Simpliciano Fernandes, *DJ*, 12-12-2003; TST, 5ª Turma, RR 24912.2002.900.22.00, rel. Min. Rider Nogueira de Brito, *DJ*, 17-10-2003.

precatório, sendo facultada à parte exeqüente a renúncia ao crédito do valor excedente, para que possa optar pelo pagamento do saldo sem o precatório, da forma prevista no § 3º do art. 100".

Dessa forma, os débitos da Fazenda Estadual e do Distrito Federal, iguais ou inferiores a quarenta salários mínimos, e os da Fazenda Municipal, iguais ou inferiores a trinta salários, nos locais onde ainda não haja lei específica dispondo de forma diversa, não estarão sujeitos à expedição de precatórios para pagamento determinado em processo de execução.

Veja-se que a omissão quanto à União foi proposital, tendo em vista que o art. 17, § 1º, da Lei n. 10.259/2001, já havia regulamentado a matéria, considerando, para efeito do § 3º do art. 100, o limite de sessenta salários mínimos.

O texto da norma supracitada é expresso no sentido de que a definição dada pelos incisos do art. 87 do ADCT dar-se-á até a publicação oficial das respectivas leis definidoras pelos entes da Federação, não importando que prevejam valores maiores ou menores que os estipulados no referido art. 87.

O art. 87, *caput,* do ADCT determina seja observado o disposto no § 4º do art. 100 da Constituição da República, que veda a expedição de precatórios complementares ou suplementares de valor pago, bem como o fracionamento, repartição ou quebra do valor da execução, a fim de que seu pagamento não se faça, em parte, na forma estabelecida no § 3º desse artigo e, em parte, mediante expedição de precatório.

A norma constitucional, ao proibir a expedição de precatório suplementar ou complementar de valor já pago, busca evitar que o credor, beneficiado pelo pagamento direto e rápido de seu crédito, tente obter a posterior inclusão de verbas complementares do valor que, assim, ultrapasse o teto previsto no art. 87 do ADCT, das quais abriu mão para receber pelo sistema do § 3º do art. 100.

Ademais, a fim de receber parte do seu crédito imediatamente, que deveria ser pago *in totum* na forma tradicional prevista no *caput* do art. 100 da Constituição, não poderá o credor da Fazenda Pública requerer o fracionamento, repartição ou quebra do valor da execução para que se enquadre no limite de pequeno valor, pois isso é vedado pelo § 4º do art. 100 da CF.

A inteligência dessa norma revela a proibição de ter o débito como ponto de partida um precatório, exigindo, desse modo, em nível constitucional, que a dívida seja originariamente de pequeno valor, como esclarece o julgado do Tribunal Superior do Trabalho a seguir transcrito:

> "A determinação para que parte do valor do título exeqüendo seja satisfeito de imediato, até atingir o valor máximo previsto no inciso II do artigo 87 do ADCT (o qual fixa em 30 salários mínimos o teto máximo para a Fazenda Pública Municipal), quanto aos débitos dos Municípios, a fim de que o restante seja processado mediante a expedição de precatório, viola direito líquido e certo do impetrante, uma vez que da normatização inserta nos artigos 100, "caput" e seu § 4º, da Constituição Federal e 87, parágrafo único, do ADCT exsurge-se nítido que a dispensa do procedimento dos precatórios está jungida ao cumprimento total da importância de obrigações definidas por lei como de pequeno valor, ou no caso de renúncia do restante do crédito por parte do exeqüente, sendo vedado o fracionamento, repartição ou quebra do valor da execução com o intuito de evitar que se processe mediante a expedição do respectivo precatório"[475].

O credor poderá, todavia, renunciar ao valor que exceder ao previsto no art. 87 do ADCT, optando pela quitação direta do crédito, pois, sempre que o valor da execução ultrapassar esse limite, o pagamento se fará por meio de precatório, como estipula o parágrafo único do art. 87. Essa é a única hipótese legal em que um débito que originariamente não se enquadraria como de pequeno valor seja pago nos mesmos moldes que as dívidas dessa natureza.

Saliente-se, também, que o art. 87, *caput,* do ADCT refere-se a débitos ou obrigações consignados *em precatório judiciário,* nos quais incorrem as normas definidoras de pequeno valor.

Essa regra revela uma contradição, pois os débitos considerados de pequeno valor são justamente aqueles que não estão sujeitos à expedição de precatórios. Assim, como falar em obrigações consignadas em precatório judiciário?

A respeito da questão, Ibraim José das Mercês Rocha oferece a seguinte solução:

---

[475] Turma D2, Subseção II Especializada em Dissídios Individuais, RXOFMS 41511.2002.900.16.00, rel. Min. Emmanoel Pereira, *DJ,* 6-2-2004.

> "Teríamos duas formas de encarar o problema: 1 — Interpretar a regra apenas como um erro de redação, devendo de todo ser desconsideradas as regras que regulam o procedimento do precatório nos tribunais, para a execução de quantia certa contra a Fazenda Pública; ou 2 — Interpretar que a regra sinaliza que embora haja a dispensa de proceder-se ao pagamento na forma do precatório tradicional, ou seja, mediante a inclusão no orçamento da entidade pública, para ser pago em outro exercício, mantém o mecanismo do processo administrativo de cobrança do débito judicial, em procedimento semelhante ao atual, apenas diferenciando-se que não há necessidade de inclusão no orçamento, mas pagamento direto do débito, ou seja, do valor consignado no *precatório judiciário*. Somos pela última e vamos explicar por quê, e apresentar uma construção do procedimento"[476].

O art. 86 do ADCT, por seu turno, dispõe:

> "Art. 86. Serão pagos conforme disposto no art. 100 da Constituição Federal, não se lhes aplicando a regra de parcelamento estabelecida no *caput* do art. 78 deste Ato das Disposições Constitucionais Transitórias, os débitos da Fazenda Federal, Estadual, Distrital ou Municipal oriundos de sentenças transitadas em julgado, que preencham, cumulativamente, as seguintes condições:
>
> I — ter sido objeto de emissão de precatórios judiciários;
>
> II — ter sido definidos como de pequeno valor pela lei de que trata o § 3º do art. 100 da Constituição Federal ou pelo art. 87 deste Ato das Disposições Constitucionais Transitórias;
>
> III — estar, total ou parcialmente, pendentes de pagamento na data da publicação desta Emenda Constitucional".

Em relação aos créditos pendentes de pagamento, total ou parcialmente, na data da publicação da EC n. 37/2002, que já tiverem sido objeto de expedição de precatório, mas que se enquadrem como pequeno valor, nos termos do art. 87 do ADCT, aplicam-se as regras do art. 100 da CF.

Embora sejam pagos na ordem cronológica de apresentação dos respectivos precatórios, terão precedência em relação aos de maior valor, como determina o § 1º do art. 86 do ADCT, e, dentre aqueles, os débitos

---

[476] Execução de débitos de pequeno valor. Análise pós-Emenda Constitucional n. 37. *Revista Jurídica Consulex,* Brasília: Consulex, n. 135, 2002.

de natureza alimentícia terão precedência para o pagamento sobre todos os demais (§ 3º do art. 86).

Percebe-se que não se trata de aplicação retroativa da norma, pois a EC n. 37/2002 alcançou os precatórios já expedidos, mas não quitados, total ou parcialmente. Reforça esse posicionamento o disposto no § 2º do art. 86 do ADCT:

> "Art. 86. ....
>
> § 2º Os débitos a que se refere o *caput* deste artigo, se ainda não tiverem sido objeto de pagamento parcial, nos termos do art. 78 deste Ato das Disposições Constitucionais Transitórias, poderão ser pagos em duas parcelas anuais, se assim dispuser a lei".

Ressalte-se que são os créditos de natureza alimentícia[477], evidentemente, sujeitos à expedição de precatório, a despeito de eventuais dúvidas na interpretação do *caput* do art. 100 da Constituição. Esse foi o entendimento que prevaleceu na jurisprudência pátria, como se afere do julgamento da ADIn 47 pelo Supremo Tribunal Federal, que serviu de fundamento para a Súmula 144 do STJ, como se transcreve a seguir:

> "ADIn 47/SP: a exceção estabelecida no art. 100, *caput*, da Constituição, em favor dos créditos de natureza alimentícia, não dispensa o precatório, mas se limita a isentá-los da observância da ordem cronológica em relação às dívidas de outra natureza"[478].
>
> "Súmula 144 do STJ: os créditos de natureza alimentícia gozam de preferência, desvinculados os precatórios da ordem cronológica dos créditos de natureza diversa".

Dessa forma, estão os créditos alimentares sujeitos ao precatório, embora devam ser pagos de uma só vez, após a atualização monetária, com preferência em relação aos demais.

Nesse sentido, é oportuna a lição de Nelson Nery Junior e de Rosa Maria de Andrade Nery:

---

[477] De acordo com o § 1º-A do art. 100 da Constituição da República, são débitos de natureza alimentícia aqueles decorrentes de salários, vencimentos, proventos, pensões e suas complementações, benefícios previdenciários e indenizações por morte ou invalidez, fundadas na responsabilidade civil, em virtude de sentença transitada em julgado.

[478] Rel. Min. Octavio Galotti, *DJ*, 13-6-1997, p. 26688.

"A exceção prevista pela norma não dispensa a inclusão dos créditos alimentares em precatórios judiciais. Há duas ordens para os precatórios judiciais: a) a ordem geral, ordinária; b) a ordem especial, da qual fazem parte os créditos de natureza alimentar"[479].

Em continuação ao pensamento esposado, citam os autores exemplos de créditos de natureza alimentar derivados de título judicial reconhecidos contra a Fazenda Pública:

"a) decorrente de condenação da Fazenda Pública em reclamação trabalhista; b) indenização por ato cometido por funcionário ou servidor público; c) indenização de férias e licença-prêmio não gozadas; d) cobrança de correção monetária de diferenças salariais; e) condenação em ação de acidente do trabalho"[480].

Outras medidas legais foram tomadas visando agilizar o pagamento dos créditos alimentares, como a edição da Lei n. 10.482, de 3-7-2002, que, no seu art. 4º, prescreveu:

"Art. 4º Os recursos repassados aos Estados e ao Distrito Federal na forma desta Lei serão aplicados exclusivamente no pagamento de precatórios judiciais relativos a créditos de natureza alimentar".

Desnecessário afirmar que, em se tratando de crédito alimentício que se enquadre como de pequeno valor, será quitado sem a expedição de precatório judicial, com prioridade de pagamento sobre todos os demais, obedecida a ordem cronológica de apresentação.

Demais disso, de acordo com o art. 78 do ADCT, a moratória decenal não se aplica aos débitos considerados de pequeno valor, que não estão sujeitos a parcelamento, mas a pagamento direto, integral, em uma só parcela.

6.2. *O procedimento da execução das obrigações de pequeno valor contra a Fazenda Pública*

A EC n. 37/2002 não estabeleceu regras processuais e procedimentais para a execução dos débitos de pequeno valor contra a Fazenda.

---

[479] *Código de Processo Civil comentado e legislação extravagante,* cit., 7. ed., p. 200.

[480] *Código de Processo Civil comentado e legislação extravagante,* cit., p. 200.

Por essa razão, Ibraim José das Mercês Rocha defende a adoção do procedimento de execução por quantia certa prevista nos arts. 730 e 731 do CPC até a requisição de pagamento por intermédio do Tribunal competente, dado o princípio da paridade das formas, fazendo-o na ordem cronológica de apresentação, à conta do respectivo crédito (art. 86, § 1º, do ADCT), no prazo assinalado ou em cinco dias (art. 185 do CPC), e não por meio de meros requerimentos realizados diretamente pelos juízes das Varas[481].

Argumenta que a melhor interpretação do § 3º do art. 100 da Constituição e da EC n. 37/2002 é a que mantém o emprego do tradicional processo administrativo de cobrança do débito judicial contra a Fazenda Pública, com a diferença de que não haverá a inclusão no orçamento da entidade da Federação, para quitação nos exercícios seguintes, mas pagamento direto do valor consignado no precatório judicial.

Por fim, defende o autor que essa interpretação, além de salvaguardar os termos da EC n. 37/2002, evita a penhora de bens públicos de qualquer natureza e retira quaisquer dúvidas existentes acerca do procedimento a ser adotado para quitação dos débitos judiciais de pequeno valor (art. 100, § 3º, da CF), que deverá realizar-se através de requerimento administrativo do Presidente do Tribunal ao Chefe do Poder Executivo, sem necessidade de sua inclusão no orçamento da entidade pública devedora[482].

Marco Aurélio Santos, por outro lado, defende a aplicação subsidiária do art. 17 da Lei n. 10.259/2001[483]. Nesse caso, após o trânsito em julgado da sentença condenatória da Fazenda à dívida considerada de pequeno valor, o juiz requisitará o pagamento ao ente, a ser realizado no prazo de sessenta dias, sob pena de seqüestro do respectivo montante na conta única.

Com relação à aplicação por analogia do art. 17 da Lei n. 10.259/2001 para definir o procedimento para as obrigações de pequeno valor contra

---

[481] Execução de débitos de pequeno valor. Análise pós-Emenda Constitucional n. 37, cit., p. 29-33.

[482] Execução de débitos de pequeno valor. Análise pós-Emenda Constitucional n. 37, cit., p. 29-33.

[483] SANTOS, Marco Aurélio. A efetividade do crédito de pequeno valor contra a União, Estados, Distrito Federal e Municípios, cit.; no mesmo sentido: MAIA, Antônio Roberto Prates. Alterações no procedimento do precatório resultante da Emenda n. 37/2002. *Jus Navigandi*, Teresina, ano 6, n. 58, ago. 2002. Disponível em: <http://www1.jus.com.br/doutrina/texto.asp>. Acesso em 15-1-2006.

as Fazendas Estaduais, Distritais e Municipais, pronuncia-se Antônio Roberto Prates Maia:

> "Ao meu sentir não vejo razão para que não se aplique por analogia a disposição do art. 17 da Lei n. 10.259/01, determinando-se o seqüestro pelo próprio Juízo da execução aos processos em que for parte a Fazenda Estadual, Distrital e Municipal, depois de decorrido o prazo de sessenta dias sem que a requisição tenha sido cumprida. A aplicação desse procedimento para estas entidades tem amparo no vetusto brocardo *ubi eadem ratio, legis dispositio* (onde existe a mesma razão fundamental prevalece a mesma regra de direito)"[484].

Dessa forma, controverte a doutrina pátria sobre qual autoridade deve requisitar o pagamento aos entes públicos dos débitos de pequeno valor: se o Presidente do Tribunal respectivo, autoridade administrativa do Poder Judiciário, diretamente à autoridade administrativa do Poder Executivo, como respeito ao princípio da harmonia entre os Poderes, seguindo o rito dos arts. 730 e 731 do CPC, ou o juiz da vara responsável pela execução, para cumprimento no prazo de sessenta dias, sob pena de penhora dos valores, segundo o procedimento previsto na Lei n. 10.259/2001.

No Tribunal Superior do Trabalho é majoritário o entendimento de que, no silêncio da EC n. 37/2002 e na ausência de lei nova específica, aplica-se analogicamente o procedimento previsto na Lei n. 10.259/2001 para a execução das dívidas de pequeno valor contra as Fazendas Estadual, Distrital e Municipal:

> "(...) Na questão *sub judice*, o valor da execução será abrangido no montante definido no § 3º do art. 100 da Constituição Federal de 1988 (alterado pela Emenda Constitucional n. 37/2002). Ressalte-se, por oportuno, que incumbe ao Juízo da execução a requisição do pagamento do valor executado, uma vez que a atuação do Presidente do Tribunal, no sentido de determinar o pagamento de valores, restringe-se à hipótese de formalização de precatório, consoante a norma do § 2º do art. 100 da Constituição Federal de 1988.

---

[484] Alterações no procedimento do precatório resultante da Emenda n. 37/2002, cit.

Assim, correta a aplicação à espécie do art. 17 da Lei n. 10.259/2001, por analogia, porquanto, em se tratando de norma de natureza processual, o ato da autoridade dita coatora, neste aspecto, acha-se alicerçado na disposição do art. 769 da CLT"[485].

Porém, a despeito dessa discussão, salienta-se que a competência para legislar sobre procedimentos em matéria processual é concorrente, cabendo o seu exercício à União, aos Estados e ao Distrito Federal, conforme estipula o art. 24, XI, da Constituição da República.

Dessa forma, não se discute que, no que concerne à União, é aplicável a Lei n. 10.259/2001 e não os arts. 730 e 731 do CPC, por se tratar de lei posterior e especial em relação ao Código de Processo Civil. Nesse caso, a autoridade que requisita o pagamento é o próprio juiz de primeiro grau, diretamente, dispensando o requerimento por intermédio do Presidente do Tribunal respectivo.

Os Estados e o Distrito Federal podem, no exercício da competência prevista no art. 24, XI, da Constituição, estabelecer procedimento específico a ser aplicado ao pagamento das dívidas de pequena monta em que as Fazendas Estaduais, Distritais e Municipais forem condenadas. Anote-se que, em se tratando de competência concorrente, à União cabe apenas legislar sobre normas gerais.

Todavia, no silêncio da lei, em razão da inércia das respectivas Casas Legislativas, não se vislumbra qualquer óbice à aplicação da Lei n. 10.259/2001 e não dos arts. 730 e 731 do CPC por aqueles entes federados.

Com efeito, pois o procedimento de execução contra a Fazenda Pública estipulado no Código de Processo Civil é burocrático e incompleto, ao prever processo executivo autônomo, ao passo que a Lei n. 10.259/2001 é inovadora e vanguardista, ao transformar a inoperante sentença condenatória em auto-executável (art. 17), dispensando o processo *ex intervallo*. Nesse sentido, oportunas são as palavras de Joel Dias Figueira Júnior, quando estudou os aspectos civis da Lei dos Juizados Especiais Federais:

---

[485] Turma: D2, Subseção II, especializada em Dissídios Individuais, RXOFROMS 419.2002.00.23.00, rel. Min. Emmanoel Pereira, *DJ*, 27-2-2004. Seguindo a mesma posição: TST, Turma D2, Subseção II, especializada em Dissídios Individuais, RXOFROMS 421.2002.000.23.00, rel. Min. José Simpliciano Fernandes, *DJ*, 12-12-2003; TST, 4ª Turma, RR 24916.2002.9000.22.00, rel. Min. Ives Gandra Martins Filho, *DJ*, 27-2-2004; TST, Tribunal Pleno, RXOFROMS 1240.2002.000.03.00, rel. Min. Antonio José de Barros Levenhagen, *DJ*, 6-2-2004.

"Diferentemente do que se poderia esperar, a Lei n. 10.259/2001 inovou e o fez de maneira colossal e vanguardista, tendo-se em conta que não só baniu o bolorento processo de execução como nova fase a ser seguida pelo vencedor da demanda, como tornou a sentença auto-exeqüível e efetivamente satisfativa para o jurisdicionado, utilizando-se, para tanto, de técnicas de coerção, desapossamento ou expropriação, mediante *ordem judicial*, mesmo que se trate de ação de pagar soma (ressarcitória = natureza condenatória) que, para os fins execucionais, transmuda-se em *ação mandamental*. Para atingir esse desiderato, tratando-se de obrigação de pagar, dispensou a expedição de precatório, efetuando-se assim a quitação de forma direta"[486].

Ademais, os princípios da simplicidade, da economia processual e da celeridade, que regem o procedimento previsto na supracitada lei (art. 2º da Lei n. 9.099/95 c/c o art. 1º da Lei n. 10.259/2001) coadunam-se com o art. 100, § 3º, da Constituição da República, porquanto a norma constitucional tem por objetivo justamente tornar mais rápido o pagamento das dívidas de pequeno valor da Fazenda Pública.

Dessa forma, mostra-se mais vantajoso para o credor da Fazenda e em consonância com o espírito da norma constitucional do § 3º do art. 100, a aplicação da lei instituidora dos Juizados Especiais Federais na ausência de instrumento legal específico prevendo o procedimento de execução de dívidas de pequena monta contra os Estados, os Municípios e o Distrito Federal.

6.3. O procedimento executivo por quantia certa da Lei n. 10.259/2001

O art. 17 da Lei n. 10.259, de 12-7-2001, regula a execução de título judicial de obrigação de pagar quantia certa no âmbito dos Juizados Especiais Federais Cíveis, estabelecendo:

"Art. 17. Tratando-se de obrigação de pagar quantia certa, após o trânsito em julgado da decisão, o pagamento será efetuado no prazo de 60 (sessenta) dias, contados da entrega da requisição, por ordem do Juiz, à autoridade citada para a causa, na agência

---

[486] TOURINHO NETO, Fernando da Costa; FIGUEIRA JÚNIOR, Joel Dias. *Juizados Especiais Federais Cíveis e Criminais*: comentários à Lei n. 10.259, de 10.07.2001. São Paulo: Revista dos Tribunais, 2002, p. 412.

mais próxima da Caixa Econômica Federal ou do Banco do Brasil, independentemente de precatório.

§1º Para os efeitos do § 3º do art. 100 da Constituição Federal, as obrigações ali definidas como de pequeno valor, a serem pagas independentemente de precatório, terão como limite o mesmo valor estabelecido nesta Lei para a competência do Juizado Especial Federal Cível (art. 3º, *caput*)

§ 2º Desatendida a requisição judicial, o Juiz determinará o seqüestro do numerário suficiente ao cumprimento da decisão.

§ 3º São vedados o fracionamento, repartição ou quebra do valor da execução, de modo que o pagamento se faça, em parte, na forma estabelecida no § 1º deste artigo, e, em parte, mediante expedição do precatório, e a expedição de precatório complementar ou suplementar do valor pago.

§ 4º Se o valor da execução ultrapassar o estabelecido no § 1º, o pagamento far-se-á, sempre, por meio do precatório, sendo facultado à parte exeqüente a renúncia ao crédito do valor excedente, para que possa optar pelo pagamento do saldo sem precatório, da forma lá prevista".

Note-se que, no procedimento previsto na Lei n. 10.259/2001, não há espaço para processo de liquidação, uma vez que as sentenças no âmbito dos Juizados Especiais Federais Cíveis devem ser líquidas, respeitando o limite de sessenta salários mínimos previsto no art. 3º da citada lei.

Esse artigo, no seu § 1º, regulamentou o disposto no § 3º do art. 100 da CF quanto à União, o que explica a omissão do constituinte derivado, em relação a esse ente federativo, ao editar a EC n. 37/2002.

O *caput* do art. 3º reitera a exigência de trânsito em julgado da sentença contida no mencionado § 3º do art. 100, para que se proceda à quitação do crédito reconhecido judicialmente.

O pagamento, sem a expedição de precatório, deverá ser efetuado em agência do Banco do Brasil ou da Caixa Econômica Federal mais próxima. Conclui Joel Dias Figueira Júnior que essa proximidade se refere ao local de tramitação do processo, onde foi proferida a sentença em primeiro grau[487].

---

[487] TOURINHO NETO, Fernando da Costa; FIGUEIRA JÚNIOR, Joel Dias. *Juizados Especiais Federais Cíveis e Criminais*: comentários à Lei n. 10.259, de 10.07.2001, cit., p. 434.

Percebe-se que o § 3º do art. 17, da mesma forma que o § 4º do art. 100 da Constituição, proíbe o fracionamento, a repartição ou a quebra do valor da execução, para que o credor receba parte do valor na forma do § 1º do art. 17 e parte por meio de precatório, bem como, com o mesmo intuito, não permite a expedição de precatório complementar, objetivando, assim, que não se ultrapasse, quando da execução, o limite de sessenta salários mínimos estabelecido no art. 3º da Lei n. 10.259/2001.

O § 4º do art. 17, por seu turno, possibilita ao credor da Fazenda, cujo crédito ultrapasse o teto de sessenta salários mínimos, renunciar ao excedente, para que não se submeta ao pagamento através de precatório.

É que, embora o teto deva ser rigidamente obedecido por ocasião do ajuizamento da ação perante o Juizado Especial Federal, eventualmente incidem, sobre o valor da condenação, juros, correção monetária, multa, indenização por litigância de má-fé, parcelas que, entre outras, podem ocasionar a superação do limite previsto no art. 3º da lei.

Nesse caso, faz-se necessário o pagamento mediante precatório (§ 4º do art. 17), podendo, todavia, a parte renunciar ao excedente para que a quitação se dê de forma direta, pois não poderá fracionar o valor, em decorrência da proibição do § 3º do art. 17.

A renúncia deverá ser expressa, por isso, no caso de dúvida sobre sua ocorrência, o juiz determinará vista à parte, para que se manifeste a respeito.

E essa renúncia pode ser exigida também no momento do pagamento, isto é, da expedição da Requisição de Pequeno Valor — RPV, porque muitas vezes somente se constata que houve o excedente de sessenta salários mínimos após o ajuizamento da ação. Quanto a essa renúncia, o 3º Fórum Nacional dos Juizados Especiais Federais — FONAJEF, realizado em outubro de 2006, promovido pela Associação dos Juízes Federais do Brasil — AJUFE, concluiu, pelo seu Enunciado n. 71, que "a parte autora deverá ser instada, na fase da execução, a renunciar ao excedente da alçada do JEF, para fins de pagamento de RPV, não se aproveitando, para tanto, a renúncia inicial, de definição de competência".

Se o autor não estiver assistido por advogado (art. 10 da Lei n. 10.259/2001), a renúncia deverá ser feita pessoalmente. Se tiver causídico constituído, é necessário que este tenha poderes especiais previstos expressamente na procuração (§ 3º do art. 9º da Lei n. 9.099/95 c/c o art. 1º da Lei n. 10.259/2001).

Sobre a renúncia ao crédito excedente para que o autor goze do benefício previsto na Lei n. 10.259/2001, ressalta Joel Dias Figueira Júnior:

"Não se pode deixar de considerar o resultado que decorre da renúncia ao crédito excedente, qual seja a *recusa definitiva* de ordem material (direito substantivo), referente à quantia que sobejar ao limite da alçada dos Juizados, e, portanto, *causa extintiva da obrigação*, obstando o demandante a postular em outra ação a quantia excedente"[488].

Realizada a requisição de pagamento à autoridade administrativa do ente respectivo, se ela não for cumprida, o juiz poderá determinar o seqüestro do numerário suficiente ao cumprimento da decisão (§ 2º do art. 17 da Lei n. 10.259/2001), independentemente de solicitação pela parte autora. Essa sanção processual, contudo, não tem o condão de evitar outras formas de responsabilização da autoridade recalcitrante, como expõe Joel Figueira Júnior:

"Contudo, tal providência de ordem satisfativa sucessiva não prejudica o encaminhamento da documentação ao Ministério Público Federal, comprovando o inadimplemento, a recalcitrância e o descumprimento da ordem para que deflagre ação penal contra o responsável, caso o ofício não tenha sido expedido com as advertências de que, se a determinação não fosse cumprida no prazo de 60 dias, o inadimplemento corresponderia à prática imediata do seqüestro, sem prejuízo da prisão em flagrante por crime de desobediência e responsabilidade penal pela prática delituosa, além da incidência de multa já definida"[489].

A principal alteração trazida pela Lei n. 10.259/2001 foi a transformação em mandamental da sentença condenatória, que apenas reconhece o direito do credor, atuando no plano exclusivamente formal, deixando a efetivação do direito para um processo executivo posterior, caso a parte não cumpra voluntariamente a decisão, pois, a teor do art. 17, § 2º, da citada lei, se a requisição de pagamento não for atendida, o juiz determinará o seqüestro do numerário correspondente[490].

---

[488] *Juizados Especiais Federais Cíveis e Criminais*: comentários à Lei n. 10.259, de 10.07.2001, cit., p. 436.

[489] *Juizados Especiais Federais Cíveis e Criminais*: comentários à Lei n. 10.259, de 10.07.2001, cit., p. 435.

[490] Acerca da execução nos Juizados Especiais Federais, pronuncia-se Araken de Assis: "A terapia inerente aos provimentos mandamentais, anteriormente ignorada ou rejeitada, adquiriu singular relevo, a partir do art. 14, V e parágrafo único, e dos arts. 16 e 17 da Lei n. 10.259/2001. De

7. Conclusão

A morosidade do Poder Judiciário se potencializa quando se trata de tornar efetiva uma sentença condenando o Estado ao pagamento de certa quantia, pois, na fase do cumprimento da decisão, o crédito ainda vai ser consignado em precatório, como é a regra geral do nosso sistema processual constitucional.

A longa espera para a sua satisfação, a ausência de garantias para o credor da Fazenda quanto ao recebimento do seu crédito e o alto índice de inadimplemento da Fazenda Pública causam grandes transtornos aos jurisdicionados, principalmente quando se fala em créditos de natureza alimentícia, que se destinam à sua manutenção e da sua família, situação que se agrava num país como o Brasil, onde considerável parcela da população é formada por necessitados.

Com o intuito de amenizar o problema, pois, até então, não havia alternativa ao recebimento dos créditos por esse moroso sistema, foi editada a EC n. 20, de 15-12-1998, posteriormente, modificada pela EC n. 30, de 13-9-2000, que, acrescentando o § 3º no art. 100 da CF, introduziu no ordenamento jurídico brasileiro a sistemática da execução de dívidas de pequeno valor contra a Fazenda Pública, realizada sem a expedição de precatório.

Constata-se que as EC ns. 20/98 e 30/2000 proporcionaram grande avanço na sistemática processual de quitação dos débitos judiciais da Fazenda Pública, ao possibilitarem que, após o trânsito em julgado da sentença, haja uma imediata e direta satisfação do credor de dívida de pequeno valor em face de entidade de direito público.

O § 3º do art. 100 encerrava norma de eficácia limitada, pois cabia à lei definir obrigação de pequeno valor, até a edição da EC n. 37/2002, que proporcionou os meios para o seu pleno emprego pelos pretórios pátrios.

---

acordo com os dois últimos artigos, a atividade executiva, na execução perante o Juizado Especial Federal, qualquer que seja a natureza da prestação (pecuniária, *faciendi* ou entrega de coisa), cingir-se-á à emissão de ordem por meio de ofício. Este regime constitui radical e alvissareira mudança na técnica legislativa. De ordinário, a atividade executiva exigia, nessas prestações, o emprego de técnicas sub-rogatórias (infra, § 6º); doravante, ao menos no prisma estrutural, tudo se passará no âmbito da relação processual originária, reprimindo a desobediência através de multa (art. 14, parágrafo único). Porém, as peculiares condições que apontam a possibilidade de êxito da nova disciplina, na execução por menor quantia contra a Fazenda Pública, solvabilidade, obediência ao princípio da legalidade e receio do servidor ou dos agentes públicos em incorrer na multa, não se reproduz entre os particulares" (*Manual do processo de execução*, cit., 8. ed., p. 92).

Não há o que questionar quanto à sua compatibilidade com a natureza dos bens públicos, pois a impenhorabilidade desses bens advém de normas infraconstitucionais, já que é o art. 100 do vigente Código Civil que os considera inalienáveis, enquanto conservarem a sua qualificação, como também é o art. 649, inciso I, do CPC, que os reputam absolutamente impenhoráveis.

Não se pode, todavia, deixar de indagar quais as conseqüências econômicas, para a Fazenda Pública, da aplicação do § 3º do art. 100, em razão de essa norma prever o pagamento dos seus débitos judiciais independentemente da expedição de precatório, e, assim, da inclusão dos valores no orçamento público, para ser pago no exercício financeiro seguinte.

Pensa-se que um débito considerado de pequeno valor pode não pesar no orçamento da entidade condenada, mas milhares desses, somados, com certeza, poderão surtir efeitos devastadores aos cofres públicos.

Os recursos orçamentários para o pagamento das requisições de pequeno valor — RPV's — advêm de estimativas anuais, incluídas na Lei Orçamentária Anual do exercício financeiro seguinte, ou seja, o ente federado estima certo valor para pagamento dos débitos judiciais de pequena monta do ano que vem, para que seja possível o pagamento dentro do prazo determinado. Por se tratar de mera estimativa, pode ocorrer de não ser a verba destinada suficiente para todos os pagamentos.

Se não for atendida a requisição judicial expedida, a Lei n. 10.259/2001 prevê o seqüestro da quantia suficiente para o cumprimento da decisão na conta única do Tesouro (§ 2º do art. 17), que poderá atingir receita destinada, em princípio, para outro fim.

Nesse caso, indaga-se: prevalecerá o interesse do particular, respaldado pela norma constitucional do § 3º do art. 100, ou o interesse público, de que a Fazenda não tenha as suas verbas seqüestradas, haja vista não ter havido violação da ordem de precedência para pagamento (§ 2º do art. 100), mas ausência de numerário suficiente?

Tem-se que deve o magistrado ponderar, analisando o caso concreto, pois a regra constitucional foi editada para beneficiar o particular, cujo interesse não pode prevalecer sobre o coletivo.

A despeito dessas considerações, não se pode negar que o art. 100, § 3º, da Constituição da República trouxe grande inovação ao ordenamento jurídico pátrio, efetivamente beneficiando o credor de dívida de pequeno valor da Fazenda com um pagamento célere, direto e imediato.

Entende-se que a ampliação dessa festejada regra, para alcançar as demais dívidas fazendárias, seria uma boa alternativa para melhorar a qualidade da prestação jurisdicional, contribuindo efetivamente para solucionar o grande problema da morosidade do Poder Judiciário brasileiro, haja vista o grande volume de ações judiciais contra o Estado em que são expedidos precatórios que culminam no seu acúmulo, por anos e anos, nas prateleiras do Judiciário, à espera de pagamento.

O Estado, pela sua grande importância na sociedade, deveria ser o primeiro a cumprir tempestiva e ordinariamente as decisões judiciais, mas é sabido que isso, por inúmeras razões, não ocorre.

No cenário brasileiro atual, em que a coletividade se vê em grande embate contra a corrupção, ainda não é o momento para implementar tão grande avanço, suprimindo-se por exemplo de vez os precatórios, já que poderia transformar-se em mais uma opção para o cometimento de fraudes e desvios vultosos de dinheiro público. Isto não é óbice, porém, para que haja mais presteza e rapidez no pagamento dessa forma constitucional de cumprimento dos débitos judiciais do Estado.

Quanto ao pagamento de pequeno valor, espera-se, contudo, que não caia na vala comum da demora, e que, muito pelo contrário, sirva de modelo para as diversas modalidades de cumprimento de decisões judiciais. Nesse ponto, a EC n. 30/2000, trazida na prática judiciária pela Lei n. 11.259/2001, ao prever a modalidade de requisição de pagamento de pequeno valor, substituindo-a pelo demorado e burocrático modelo de precatório, é um grande exemplo de inovação constitucional processual que a sociedade espera e aplaude.

REFERÊNCIAS

ALBUQUERQUE, Francisco Manoel Xavier de. *Textos de direito público.* Brasília: Brasília Jurídica, 1999.

ALVES, Francisco Glauber Pessoa. A tutela antecipada em face da Fazenda Pública, seu perfil contemporâneo (tendências jurisprudenciais) e a necessidade de uma hermenêutica que lhe atribua efetividade. *Revista de Processo* n. 110. São Paulo: Revista dos Tribunais, abr./jun. 2003.

ALVIM, J. E. Carreira. Tutela antecipada antes da sentença e tutela antecipada na sentença de mérito. *Revista Ajuris* n. 30. Porto Alegre: Ajuris, mar. 2003.

_____. *Teoria geral do processo.* 8. ed. Rio de Janeiro: Forense, 2002.

ALVIM NETTO, J. M. Arruda. A EC n. 45 e o instituto da repercussão geral. In: WAMBIER, Teresa Arruda Alvim e outros (coords.). *Reforma do Judiciário:* primeiras reflexões sobre a Emenda Constitucional n. 45/2004. São Paulo: Revista dos Tribunais, 2005.

_____. *Tratado de direito processual civil.* São Paulo: Revista dos Tribunais, 1990.

ANDOLINA, Ítalo Augusto. Il modelo cotituzionale del processo civile. *Genesis — Revista de Direito Processual Civil* n. 4. Curitiba: Genesis, jan./abr. 1997.

ARAÚJO FILHO, Evilásio Correia de. Paradigma de uma efetividade possível: a positivação da tutela antecipada na lei processual civil e o princípio constitucional da proporcionalidade. *Jus Navigandi.* Teresina, ano 2, n. 22, dez. 1997. Disponível em: <http://www1.jus.com.br/doutrina/texto.asp>.

ASSIS, Araken de. *Manual do processo de execução.* 7. ed. São Paulo: Revista dos Tribunais, 2001; 8. ed. São Paulo: Revista dos Tribunais, 2002.

_____. *Doutrina e prática do processo civil contemporâneo.* São Paulo: Revista dos Tribunais, 2001.

_____. Eficácia da coisa julgada inconstitucional. *Revista Jurídica,* Porto Alegre: Síntese, n. 31, nov. 2002.

BARBOSA, Rui. *Oração aos moços*. 80. ed. Rio de Janeiro: Ediouro, 1997.

BARREIROS JÚNIOR, Edmilson da Costa. O Ministério Público e a ponderação de interesses: um alerta para uma postura institucional da efetivação de um Estado Democrático de Direito. *Revista do Ministério Público do Estado do Amazonas*, Manaus: Ministério Público do Estado do Amazonas, n. 3, jan./dez. 2002.

BASTOS, Celso Ribeiro. *Hermenêutica e interpretação constitucional*. 2. ed. São Paulo: Celso Bastos Editor/Instituto Brasileiro de Direito Constitucional, 1999.

BASTOS, Celso Ribeiro; MARTINS, Ives Gandra. *Comentários à Constituição do Brasil*. 3. ed. São Paulo: Saraiva, 2004. v. 2.

BEDAQUE, José Roberto dos Santos. *Tutela cautelar e tutela antecipada*: tutelas sumárias e de urgência (tentativa de sistematização). São Paulo: Malheiros, 1998.

BERALDO, Leonardo de Faria. A relativização da coisa julgada que viola a Constituição. In: NASCIMENTO Carlos Valder do (coord). *Coisa julgada inconstitucional*. 3. ed. Rio de Janeiro: América Jurídica, 2004.

BESSA, Indra Mara; CAVALCANTE, Márcio André Lopes. Estudo sobre a argüição de descumprimento de preceito fundamental. *Revista Jurídica Amazonense,* Manaus: PGE/IPAAM, n. 7, 1998.

_____. Reflexões sobre a Argüição de Descumprimento de Preceito Fundamental. *Revista Via Legis,* Manaus:Via Legis, ano 4, n. 23, 2001.

BIANCHI, Paolo. Un'amicizia interessata. "L'amicus curiae" davanti alla Corte Suprema degli Stati Uniti. *Giurisprudenza Costituzionale*. Milano: Giuffrè, v. 40, n. 6, nov./dez. 1995.

BIAVATI, Paolo. I procedimenti civili semplificati e accelerati: il quadro europeo e i riflessi italiani. *Rivista Trimestrale di Diritto e Procedura Civile*, Milano: Giuffrè, anno LVI, n. 3, settembre 2002.

BOGO, Luciano Alaor. Do prazo para impetração do mandado de segurança (artigo 18 da Lei n. 1.533/51). Cadernos de Direito Constitucional e Ciência Política, São Paulo: n. 26, jan./mar. 1999.

BONAVIDES, Paulo. *Curso de direito constitucional*. 16. ed. São Paulo: Malheiros, 1999.

BRAGA, Valeschka e Silva. *Princípios da proporcionalidade e da razoabilidade*. Curitiba: Juruá, 2004.

BUENO, Cassio Scarpinella. *"Amicus curiae" no processo civil brasileiro*: um terceiro enigmático. São Paulo: Saraiva, 2006.

_____. *O Poder Público em juízo*. 2. ed. São Paulo: Saraiva, 2003.

CABRAL, Antonio do Passo. *Pelas asas de Hermes*: a intervenção do *amicus curiae*, um terceiro especial. Uma análise dos institutos interventivos similares — O *amicus* e o *Vertreter des öffentlichen Interesses*. Revista de Processo, São Paulo: Revista dos Tribunais, n. 117, set./out. 2004.

CABRAL, José Bernardo. Reforma do Judiciário e a promessa constitucional de acesso à Justiça e de participação popular. *Circulus — Revista da Justiça Federal do Amazonas*, Manaus: Editora da Universidade Federal do Amazonas — EDUA, n. 4, jul./dez. 2004.

CADDAH, Micaele. Aspectos polêmicos da tutela antecipada contra a Fazenda Pública. *Jus Navigandi*, Teresina, ano 6, n. 55, mar. 2002. Disponível em: <http://www1.jus.com.br/doutrina/texto.asp>.

CALAMANDREI, Piero. *Direito processual civil*. Luiz Abezia e Sandra Drina Fernandez Barbiery (trads.). Campinas: Bookseller, 1999.

CÂMARA, Alexandre de Freitas. *Lições de direito processual civil*. 9. ed. Rio de Janeiro: Lumen Juris, 2003. v. 3; 7. ed. Rio de Janeiro: Lumen Juris, 2003. v. 2.

_____. Relativização da coisa julgada material. In: DIDIER JÚNIOR, Fredie (coord.). *Relativização da coisa julgada*: enfoque crítico. Salvador: JusPodivm, 2004.

CAPPELLETTI, Mauro. *O controle judicial de constitucionalidade das leis no direito comparado*. 2. ed., trad. de Aroldo Plínio Gonçalves. Porto Alegre: Sergio Antonio Fabris Editor, 1994.

CAPPELLETTI, Mauro; GARTH, Bryant. *Acesso à justiça*. Porto Alegre: Sergio Antonio Fabris Editor, 1988.

CARNEIRO, Athos Gusmão. *Intervenção de terceiros*. 14. ed. São Paulo: Saraiva, 2003.

_____. Mandado de segurança: assistência e *amicus curiae*. *Revista Síntese de Direito Civil e Processual Civil* n. 24. Pareceres. Porto Alegre: Síntese, jul./ago. 2003.

CARPI, Frederico. Riflessioni sui rapporti fra l'art. 111 della Costituzione ed il processo esecutivo. *Rivista Trimestrale di Diritto e Procedura Civile*. Milano: Giuffrè, anno LVI, n. 2, giugno 2002.

CARVALHO, Cristiane da Costa; PAVAN, Dorival Renato. Tutela antecipada em face da Fazenda Pública para recebimento de verbas de cunho alimentar. *Revista de Processo*, São Paulo: Revista dos Tribunais, n. 91, jul./set. 1998.

CARVALHO, Luís Gustavo Grandinetti Castanho de. *Processo penal e Constituição*: princípios constitucionais do processo penal. 3. ed. Rio de Janeiro: Lumen Juris, 2004.

CATHARINO, José Martins. *Do precatório*. São Paulo: LTr, 2000.

CAVALCANTE, Márcio André Lopes. As medidas provisórias e o presidencialismo. *Jus Navigandi*, 2000. Disponível em: <www.jus.com.br>.

CINTRA, Antônio Carlos de Araújo; GRINOVER, Ada Pellegrini; DINAMARCO, Cândido Rangel. *Teoria geral do processo*. 15. ed. São Paulo: Malheiros, 1999; 17. ed. São Paulo: Malheiros, 2001.

COELHO, Inocêncio Mártires. As idéias de Peter Häberle e a abertura da interpretação constitucional no direito brasileiro. Disponível em: <http://www.geocities.yahoo.com.br/profpito/asideiasdepeter.html>.

COMOGLIO, Luigi Paolo. "Il giusto pocesso" civil nella dimensione comparatistica. *Revista de Processo*, São Paulo: Revista dos Tribunais, n. 108, out./dez. 2002.

_____. Garanzie costituzionali e "giusto processo" (modelli a confronto). *Revista de Processo*, São Paulo: Revista dos Tribunais, n. 90, abr./jun. 1998.

CONTE, Francisco. Apectos gerais de tutela jurisdicional antecipada. *Revista da Procuradoria Geral do INSS,* Brasília: PG-INSS, n. 4, jul./set. 1997.

COUTURE, Eduardo J. *Fundamentos do direito processual civil*. Trad. de Rubens Gomes de Souza, São Paulo: Saraiva, 1946.

CRISCUOLI, Giovanni. "Amicus curiae". *Rivista Trimestrale di Diritto e Procedura Civile*, Milano: Giuffrè, 1973.

CUNHA, Leonardo José Carneiro. *A Fazenda Pública em juízo*. 3. ed. São Paulo: Dialética, 2005.

CUNHA JÚNIOR, Dirley da. *Direito administrativo*. 2. ed. Salvador: JusPodivm, 2003.

DELGADO, José Augusto. Efeitos da coisa julgada e os princípios constitucionais. In: NASCIMENTO, Carlos Valder do (coord.). *Coisa julgada inconstitucional*. 3. ed. Rio de Janeiro: América Jurídica, 2004.

_____. Pontos polêmicos das ações de indenização de áreas naturais protegidas — efeitos da coisa julgada e os princípios constitucionais. *Revista de Processo,* São Paulo: Revista dos Tribunais, n. 103, 2001.

_____. Precatório judicial e evolução histórica. Advocacia administrativa na execução contra a Fazenda Pública. Impenhorabilidade dos bens públicos. Continuidade do serviço público. In: SILVA, Ricardo Perlingeiro Mendes da (org.) *Execução contra a Fazenda Pública*. Brasília: Centros de Estudos Judiciários, CJF, 2003.

_____. Responsabilidade civil do Estado pela demora na prestação jurisdicional. *Revista de Processo*, São Paulo: Revista dos Tribunais, n. 40, out./dez. 1985.

DEZEN JUNIOR, Gabriel. Notas preliminares à reforma do Poder Judiciário. *Circulus — Revista da Justiça Federal do Amazonas*, Manaus: Editora da Universidade Federal do Amazonas — EDUA, n. 4, jul./dez. 2004.

DIAS, Francisco Geraldo Apoliano. Execução de dar, fazer e não fazer em face da Fazenda Pública: casos concretos na Justiça Federal. In: SILVA, Ricardo Perlingeiro Mendes da (org.). *Execução contra a Fazenda Pública*. Brasília: Centros de Estudos Judiciários, CJF, 2003.

DIDIER JÚNIOR, Fredie. *Direito processual civil*. 3. ed. Salvador: JusPodivm, 2003. v. 1 e 2.

DIDIER JÚNIOR, Fredie; JORGE, Flávio Cheim; RODRIGUES, Marcelo Abelha. *A nova reforma processual*. 2. ed. São Paulo: Saraiva, 2003.

DINAMARCO, Cândido Rangel. *A instrumentalidade do processo*. 10. ed. São Paulo: Malheiros, 2002.

_____. *Fundamentos do processo civil moderno*. 3. ed. São Paulo: Malheiros, 2000. v. 1.

_____. *Instituições de direito processual civil*. São Paulo: Malheiros, 2003. v. 1, 2 e 3; 2004. v 4.

_____. Relativizar a coisa julgada. *Revista Síntese de Direito Civil e Processual Civil* n. 19. Porto Alegre: Síntese, set./out. 2002.

DI PIETRO, Maria Sylvia Zanella. *Direito administrativo*. 13. ed. São Paulo: Atlas, 2001; 14. ed. São Paulo: Atlas, 2002.

ESTADOS UNIDOS DA AMÉRICA. *Rules of the Supreme Court of the United States*. Rule 37, 2.b. <http://www.supremecourtus.gov/ctrules/rulesofthecourt.pdf>.

FALLETTI, Elena. Si ricompone il contrasto tra la corte di Strasburgo e la giurisprudenza italiana sull'effettività del rimedio interno previsto dalla legge Pinto. *Rivista Trimestrale di Diritto e Procedura Civile*, Milano: Giuffrè, n. 1, p. 218-219, mar. 2005.

FARIAS, Cristiano Chaves de. *Direito civil*: parte geral. Salvador: JusPodivm, 2003.

_____. Um alento ao futuro: novo tratamento da coisa julgada nas ações relativas à filiação. *Revista Brasileira de Direito de Família*, Porto Alegre: Síntese, n. 13, abr./jun. 2002.

_____. Investigação de paternidade. In: FARIAS, Cristiano Chaves de; DIDIER JÚNIOR, Fredie (coords.). *Procedimentos especiais cíveis*. São Paulo: Saraiva, 2003.

FERRARO, Suzani Andrade. In: PEIXINHO, Manoel Messias et al. (coords.). *Os princípios da Constituição Federal de 1988*. Rio de Janeiro: Lumen Juris, 2001.

FERRAZ, Antônio Augusto Mello de Camargo; MILARÉ, Edis; NERY JUNIOR, Nelson. *A ação civil pública e a tutela jurisdicional dos interesses difusos*. São Paulo: Saraiva, 1984.

FERREIRA FILHO, Manoel Gonçalves. *Direitos humanos fundamentais*. 2. ed. São Paulo: Saraiva, 1998.

FISCHER, Octavio de Campos. Problemas de processo judicial tributário. In: ROCHA, Valdir de Oliveira (coord.). *Coisa julgada inconstitucional em matéria tributária*. São Paulo: Dialética, 2002.

FRANCO, Fernão Borba. *Execução em face da Fazenda Pública*. São Paulo: Juarez de Oliveira, 2002.

_____. Recrutamento e poder do juiz. *Revista do Processo*, São Paulo: Revista dos Tribunais, n. 86, abr./jun. 1997.

GERAIGE NETO, Zaiden. *O princípio da inafastabilidade do controle jurisdicional*: art. 5º, inciso XXXV, da Constituição Federal. São Paulo: Revista dos Tribunais, 2003 (Coleção Estudos de Direito de Processo Enrico Tulio Liebman, v. 56).

GÓES, Gisele Santos Fernandes. *Princípio da proporcionalidade no processo civil*: o poder de criatividade do juiz e o acesso à justiça. São Paulo: Saraiva, 2004.

GOMES, Conceição. *O tempo dos tribunais*: um estudo sobre a morosidade da justiça. Coimbra: Coimbra Ed. 2003 (Coleção Tribunais em Sociedade — 1).

GONÇALVES, Luiz Carlos dos Santos; GULHERME, Walter de Almeida. *Controle de constitucionalidade*. São Paulo: CPC — Curso Preparatório para Concursos, jul. 2004.

GUIMARÃES, Deocleciano Torrieri. *Dicionário técnico jurídico*. 2. ed. São Paulo: Rideel, 1999.

HÄBERLE, Peter. *Hermenêutica constitucional. A sociedade aberta dos intérpretes da Constituição*: contribuição para a interpretação pluralista e "procedimental" da Constituição. Trad. de Gilmar Ferreira Mendes. Porto Alegre: Fabris Editor, 1997.

HOFFMAN, Paulo. *Razoável duração do processo*. São Paulo: Quartier Latin, 2006.

HOUAISS, Antônio; VILLAR, Mauro de Salles; FRANCO, Francisco Manoel de Mello. *Dicionário Houaiss da língua portuguesa*. Rio de Janeiro: Objetiva, 2001.

KELSEN, Hans. *Teoria pura do direito*. 2. ed. São Paulo: Martins Fontes, 1987.

LAMY, Marcelo; CONCI, Luiz Guilherme Arcaro. Reflexões sobre as súmulas vinculantes. In: TAVARES, André Ramos; LENZA, Pedro; ALARCÓN, Pietro de Jesús Lora (coords.). *Reforma do Judiciário*. São Paulo: Método, 2005.

LASPRO, Oreste Nestor de Souza. *A responsabilidade civil do juiz*. São Paulo: Revista dos Tribunais, 2000.

LAZZARO, Fortunato. La ragionevole durata del processo: un valore fondamentale della nostra Costituzione. Disponível em: <http://www.ilprocessotelematico.it/BackStage/La ragionevole durata>.

LEIBAR, Iñaki Esparza. *El principio del proceso debido*. Barcelona: Bosch, 1995.

LENZA, Pedro. *Direito constitucional esquematizado*. 9. ed. São Paulo: Método, out. 2005.

LIMA, Maria Rosynete Oliveira. *Devido processo legal*. Porto Alegre: Fabris Editor, 1999.

LIMA, Paulo Roberto de Oliveira. *Teoria da coisa julgada*. São Paulo: Revista dos Tribunais, 1999.

LIMA, Ricardo Seibel de Freitas Lima. A execução contra a Fazenda Pública — questões polêmicas nos tribunais. *Revista Ajuris*, Porto Alegre, n. 31, jan./mar. 2004.

LOPES, João Batista. *Tutela antecipada no processo civil brasileiro*. 2. ed. São Paulo: Saraiva, 2003.

MACEDO, Alexander dos Santos. *Da querela nulitattis*: sua subsistência no direito brasileiro. 2. ed. Rio de Janeiro: Lumen Juris, 2000.

MACHADO, Antônio Cláudio da Costa. *Tutela antecipada*. São Paulo: Oliveira Mendes, 1998.

MACIEL, Adhemar Ferreira. "Amicus curiae": um instituto democrático. *Revista de Informação Legislativa*, Brasília: Senado Federal, v. 39, n. 153, 2002.

MAIA, Antônio Roberto Prates. Alterações no procedimento do precatório resultante da Emenda n. 37/2002. *Jus Navigandi*, Teresina, ano 6, n. 58, ago. 2002. Disponível em: <http://www1.jus.com.br/doutrina/texto.asp>.

MANCUSO, Rodolfo de Camargo. *Ação popular*. 2. ed. São Paulo: Revista dos Tribunais, 1996.

MARINONI, Luiz Guilherme. *A antecipação da tutela*. 7. ed. São Paulo: Malheiros, 2002.

_____. *Técnica processual e tutela dos direitos*. São Paulo: Revista dos Tribunais, 2004.

_____. *Tutela antecipatória, julgamento antecipado e execução imediata da sentença*. 2. ed. São Paulo: Revista dos Tribunais, 1998

MARINONI, Luiz Guilherme; ARENHART, Sérgio Cruz. *Manual do processo de conhecimento*. 3. ed. São Paulo: Revista dos Tribunais, 2004.

MARQUES, José Frederico. *Instituições de direito processual civil*. Campinas: Millennium, 2000. v. 2.

_____. *Tratado de direito processual penal*. São Paulo: Saraiva, 1980. v. 1.

MEDINA, Paulo Roberto de Gouvêa. *Direito processual constitucional*. Rio de Janeiro: Forense, 2003.

MEIRELLES, Hely Lopes. *Direito administrativo brasileiro*. 26. ed. São Paulo: Malheiros, 2001.

_____. *Mandado de segurança:* ação popular; ação civil pública; mandado de injunção; "habeas data"; ação direta de inconstitucionalidade; ação declaratória de constitucionalidade; argüição de descumprimento de preceito fundamental; o controle incidental de normas no direito brasileiro. 26. ed. São Paulo: Malheiros, 2003.

MELLO, Celso Antônio Bandeira de. *Curso de direito administrativo*. 10. ed., São Paulo: Malheiros, 1998; 14. ed. São Paulo: Malheiros, 2002.

MENDES, Gilmar Ferreira. Argüição de descumprimento de preceito fundamental: demonstração de inexistência de outro meio eficaz. *Revista Jurídica Virtual* n. 7, Brasília: Subchefia para assuntos jurídicos da Presidência da República, dez. 1999. Disponível em: <www.planalto.gov.br >.

_____. *Controle de constitucionalidade*: aspectos jurídicos e políticos. São Paulo: Saraiva, 1990.

_____. *Direitos fundamentais e controle de constitucionalidade*. São Paulo: Celso Bastos Editor, 1999.

MESQUITA, Eduardo Melo de. *As tutelas cautelar e antecipada*. São Paulo: Revista dos Tribunais, 2002 (Coleção Estudos de Direito de Processo Enrico Tulio Liebman. v. 52).

MIRANDA FILHO, Juventino Gomes. *O caráter interdital da tutela antecipada*. Belo Horizonte: Del Rey, 2003.

MORAES, Alexandre de. *Constituição Federal interpretada*. São Paulo: Atlas, 2002.

_____. *Direito constitucional*. 8. ed. São Paulo: Atlas, 2000.

_____. *Jurisdição constitucional e tribunais constitucionais*. São Paulo: Atlas, 2000.

MOREIRA, José Carlos Barbosa. Eficácia da sentença e autoridade da coisa julgada. In: *Temas de direito processual — Terceira Série*. São Paulo: Saraiva, 1984.

_____. *O novo processo civil brasileiro*. 22. ed. Rio de Janeiro: Forense, 2002.

MOREIRA NETO, Diogo de Figueiredo. *Curso de direito administrativo*. 12. ed. Rio de Janeiro: Forense, 2001.

NADER, Paulo. Introdução ao estudo do direito. Rio de Janeiro: Forense, 1997.

NALINI, José Renato. *O juiz e o acesso à justiça*. São Paulo: Revista dos Tribunais, 1994.

NASCIMENTO, Carlos Valder do (coord.). *Coisa julgada inconstitucional*. 3. ed. Rio de Janeiro: América Jurídica, 2004.

NERY JUNIOR, Nelson. *Princípios do processo civil na Constituição Federal*. 8. ed. São Paulo: Revista dos Tribunais, 2004.

NERY JUNIOR, Nelson; NERY, Rosa Maria de Andrade. *Código de Processo Civil comentado e legislação extravagante*. 7. ed. São Paulo: Revista dos Tribunais, 2003; 8. ed. São Paulo: Revista dos Tribunais, 2004.

NEVES, Celso. *Comentários ao Código de Processo Civil*. 7. ed. Rio de Janeiro: Forense, 1999. v. 7.

NOGUEIRA, Gustavo Santana. Do *amicus curiae*. *Revista do TRF da 1ª Região*, Brasília: TRF da 1ª Região, n. 7, 31-7-2004. Disponível em: <http://www.trf1.gov.br>.

NORMAND, Jacques; WIEDERKEHER, Georges; DESDEVISES, Yvon. *Nouveau Code de Procédure Civil*: Code de Procédure Civile/Code de l'Organisation Judiciaire. 89. ed. Paris: Dalloz, 1997.

OLIVEIRA, Carlos Alberto Álvaro de. O juiz e o princípio do contraditório. *Revista de Processo*, São Paulo: Revista dos Tribunais, n. 73, jan./mar. 1994.

OLIVEIRA, Regis Fernandes. *O juiz na sociedade moderna*. Coord. Hélio Bicudo. São Paulo: FTD, 1997 (Coleção Juristas da Atualidade).

OLIVEIRA, Vallisney de Souza. *Audiência, instrução e julgamento*. São Paulo: Saraiva, 2001.

_____. *Embargos à execução fiscal*. São Paulo: Saraiva, 2000.

_____. *Nulidade da sentença e o princípio da congruência*. São Paulo: Saraiva, 2004.

OTERO, Paulo Manuel Cunha da Costa. *Ensaio sobre o caso julgado inconstitucional*. Lisboa: Lex, 1993.

PAESE II, Wilson Antonio. Tutela antecipada proferida contra a Fazenda Pública e os arts. 475, I e 520, VII do Código de Processo Civil. *Jus Navigandi*, Teresina, ano 7, n. 60, nov. 2002. Disponível em: <http://www1.jus.com.br/doutrina/texto.asp>.

PEIXOTO, Marco Aurélio Ventura. Antecipação de tutela: reflexo da evolução do processo civil no Brasil. *Jus Navigandi*, Teresina, ano 6, n. 52, nov. 2001. Disponível em: <http://www1.jus.com.br/doutrina/texto.asp>.

PEREIRA, Milton Luiz. *Amicus curiae*: intervenção de terceiros. *Revista Jurídica Consulex*, São Paulo: Consulex, ano 6, n. 142, 2002.

PINHO, Rodrigo César Rabello. *Teoria geral da Constituição e direitos fundamentais*. São Paulo: Saraiva, 2001 (Sinopses Jurídicas, v. 17).

PINTO, Débora. Substituição vocal. *Revista Consultor Jurídico*, São Paulo. Disponível em: <http:///www.conjur.uol.com.br/textos>.

PINTO, Nelson Luiz. *Manual dos recursos cíveis*. 3. ed. São Paulo: Malheiros, 2003.

PIOVESAN, Flávia. A proteção dos direitos sociais nos planos interno e internacional. In: CORREIA, Érica Paula Barcha; CORREIA, Marcus Orione Gonçalves (coords.). *Direito previdenciário e Constituição*. São Paulo: LTr, 2004.

PONTES DE MIRANDA, Francisco Cavalcanti. *Tratado da ação rescisória das sentenças e de outras decisões*. 5. ed. Rio de Janeiro: Forense, 1976.

_____. Comentários ao Código de Processo Civil. Rio de Janeiro: Forense, 1996, v. 1.

PORTANOVA, Rui. *Princípios do processo civil*. Porto Alegre: Livraria do Advogado, 1997.

PORTO, Sérgio Gilberto. Cidadania processual e relativização da coisa julgada. *Revista Síntese de Direito Civil e Processual Civil*, Porto Alegre: Síntese, n. 22, mar./abr. 2003.

PRUDENTE, Antônio Souza. A antecipação da tutela na sistemática do Código de Processo Civil. Disponível em: <http://www.cjf.gov.br/revista/numero1/prudente.htm>.

QUINTANA, Mário. *80 anos de poesia*. Porto Alegre — Rio de Janeiro: Globo, 1986.

RAMALHO, Joaquim Ignácio. *Praxe brasileira*. São Paulo: Typographia do Ypiranga, 1869.

REALE, Miguel. *Lições preliminares de direito*. 24. ed. São Paulo: Saraiva, 1999.

ROCHA, Cármen Lúcia Antunes. *O princípio constitucional da igualdade*. Belo Horizonte: Lê, 1990.

ROCHA, Daniel Machado da. *O direito fundamental à Previdência Social*: na perspectiva dos princípios constitucionais diretivos do sistema previdenciário brasileiro. Porto Alegre: Livraria do Advogado, 2004.

ROCHA, Ibraim José das Mercês. Execução de débitos de pequeno valor contra a Fazenda Pública. Art. 100, § 3º: urgência de uma medida provisória e sua possibilidade (art. 246 da CF). *Jus Navigandi*, Teresina. Disponível em: <http://www1.jus.com.br/doutrina/texto.asp>.

_____. Execução de débitos de pequeno valor. Análise pós-Emenda Constitucional n. 37. *Revista Consulex* n. 135, São Paulo: Consulex, 2002.

ROCHA, Valdir de Oliveira. (coord.). *Problemas de processo judicial tributário*: coisa julgada inconstitucional em matéria tributária. São Paulo: Dialética, 2002.

ROSA, Fábio Bittencourt da. Regulamentação interna dos precatórios no âmbito da Justiça Federal. In: SILVA, Ricardo Perlingeiro Mendes da (org.). *Execução contra a Fazenda Pública*. Brasília: Centro de Estudos Judiciários, CJF, 2003.

ROSAS, Roberto. Devido processo legal: garantias processuais civis. In: TEIXEIRA, Sálvio de Figueiredo (coord.). *Estudos em homenagem ao Ministro Adhemar Ferreira Maciel*. São Paulo: Saraiva, 2001.

SANDIM, Emerson Odilon. *Temas polêmicos de direito previdenciário*: com soluções práticas. São Paulo: LTr Editora, 1997.

SANTOS, Marco Aurélio. A efetividade do crédito de pequeno valor contra a União, Estados, Distrito Federal e Municípios. *Jus Navigani*, Teresina, ano 6, n. 57, jul. 2002. Disponível em: <http://www1.jus.com.br/doutrina/texto.asp>.

SANTOS, Moacyr Amaral dos. *Primeiras linhas de direito processual civil*. 26. ed. São Paulo: Saraiva, 2001. v. 3.

SARMENTO, Daniel. *A ponderação de interesses na Constituição Federal*. Rio de Janeiro: Lumen Juris, 2002.

SERAU JUNIOR, Marco Aurélio. *Curso de processo judicial previdenciário*. São Paulo: Método, 2004.

SETTE, André Luiz Menezes Azevedo. *Direito previdenciário avançado*. Belo Horizonte: Melhoramentos, 2004.

SILVA, Bruno Boquimpani. *O princípio da segurança jurídica e a coisa julgada inconstitucional*. São Paulo: Mundo Jurídico, 2002. Disponível em: <www.mundojuridico.adv.br>.

SILVA, Eduardo Silva da. *Arbitragem e direito de empresa*: dogmática e implementação da cláusula compromissória. São Paulo: Revista dos Tribunais, 2003.

SILVA, José Afonso da. *Aplicabilidade das normas constitucionais*. 3. ed. São Paulo: Malheiros, 1999.

_____. *Curso de direito constitucional positivo*. 18. ed. São Paulo: Malheiros, 2000; 23. ed. São Paulo: Malheiros, 2003.

SILVA, Ovídio A. Baptista. *Curso de processo civil*: execução obrigacional, execução real, ações mandamentais. 5. ed. São Paulo: Revista dos Tribunais, 2002. v. 2.

_____. Celeridade *versus* economia processual. *Genesis — Revista de direito processual civil,* Curitiba: Genesis, n. 15, jan./mar. 2000.

SILVA, Ricardo Perlingeiro Mendes da (coord.). *Precatórios e requisições de pequeno valor — RPV*. 2. ed. Brasília: CJF, 2005.

SILVEIRA, Paulo Fernando. *Devido processo legal*. 3. ed. Belo Horizonte: Del Rey, 2001.

SOARES, Guido Fernandes Silva. *Common law*: introdução ao direito dos EUA. São Paulo: Revista dos Tribunais, 1999.

STUMM, Raquel Denize. *Princípio da proporcionalidade no direito constitucional brasileiro*. Porto Alegre: Livraria do Advogado, 1995.

TÁCITO, Caio. O controle da administração e a nova Constituição do Brasil. *Revista de Direito Administrativo,* Rio de Janeiro, FGV, n. 90, out./ dez. 1967.

TAVARES, Osvaldo Hamilton. A CVM como *amicus curiae. Revista dos Tribunais,* São Paulo: Revista dos Tribunais, n. 690, abr. 1993.

TESHEINER, José Maria. Notas sobre a argüição de descumprimento de preceito fundamental. *Revista Jurídica,* Porto Alegre: PUC, maio, 2001.

_____. Relativização da coisa julgada. *Revista Nacional de Direito e Jurisprudência,* Ribeirão Preto: RNDJ, n. 23, nov. 2001.

THEODORO JÚNIOR, Humberto. *Curso de direito processual civil.* 34. ed. Rio de Janeiro: Forense, 2003. v. 2.

_____. Embargos à execução contra a Fazenda Pública. *Regularização Imobiliária de Áreas Protegidas.* São Paulo: Governo do Estado, 1999. v. 2.

THEODORO JÚNIOR, Humberto; FARIA, Juliana Cordeiro de. A coisa julgada inconstitucional e os instrumentos processuais para seu controle. In: NASCIMENTO, Carlos Valder do (coord.). *Coisa julgada inconstitucional.* 3. ed. Rio de Janeiro: América Jurídica, 2004.

TOURINHO NETO, Fernando da Costa; FIGUEIRA JÚNIOR, Joel Dias. *Juizados Especiais Federais Cíveis e Criminais*: comentários à Lei n. 10.259, de 10.07.2001. São Paulo: Revista dos Tribunais, 2002.

TROCKER, Nicolò. Il nuovo articolo 111 della Constituzione e il giusto processo in matéria civile: profile generali. *Rivista Trimestrale di Diritto e Procedura Civile.* Milano: Giuffrè, anno LV, n. 2, giugno 2001.

TUCCI, José Rogério Cruz e. Garantia do processo sem dilações indevidas (responsabilidade do Estado pela intempestividade da prestação jurisdicional). In: FIÚZA, César Augusto de Castro; SÁ, Maria de Fátima Freire de; DIAS, Ronaldo Brêtas C. (coords.). *Temas atuais de direito processual civil.* Belo Horizonte: Del Rey, 2001.

TUCCI, Rogério Lauria; TUCCI, José Rogério Cruz e. *Devido processo legal e tutela jurisdicional.* São Paulo: Revista dos Tribunais, 1993.

VAZ, Paulo Afonso Brum. *Manual da tutela antecipada*: doutrina e jurisprudência. São Paulo: Livraria do Advogado, 2002.

_____. *Tutela antecipada na Seguridade Social.* São Paulo: LTr, 2003.

VELI, Giovanni Berti Arnoaldi. Il diritto ad un processo di ragionevole durata: la "Legge Pinto" e l'Europa tradita. p. 1-13. Disponível em: <http://www.fondazioneforensebolognese.it/relazione>.

VELOSO SOBRINHO, Manoel Lopes. Execução do "pequeno valor" contra a Fazenda Pública. Questão de sobrevivência e a lei de responsabilidade fiscal. *Jus Navigandi,* Teresina, ano 5, n. 50, abr. 2001. Disponível em: <http://www.jus.com.br/doutrina/texto.asp>.

VIGORITI, Vicenzo. Notas sobre o custo e a duração do processo civil na Itália. *Revista de Processo,* São Paulo: Revista dos Tribunais, n. 43, jul./set. 1986.

WAMBIER, Luiz Rodrigues; ALMEIDA, Flávio Renato Correia de; TALAMINI, Eduardo. *Curso avançado de processo civil:* teoria geral do processo e processo de conhecimento. 5. ed. São Paulo: Revista dos Tribunais, v. 1.

WAMBIER, Teresa Arruda Alvim. *Nulidades do processo e da sentença.* 5. ed. São Paulo: Revista dos Tribunais, 2004 (Coleção Estudos de Direito de Processo Enrico Tulio Liebman, v. 16).

_____. Súmula vinculante: desastre ou solução? *Revista de Processo,* São Paulo: Revista dos Tribunais, n. 98, abr./jun. 2000.

WAMBIER, Teresa Arruda Alvim; MEDINA, José Miguel Garcia. *O dogma da coisa julgada*: hipóteses de relativização. São Paulo: Revista dos Tribunais, 2003.

WERTER, Belmiro Pedro. *Coisa julgada na investigação de paternidade.* Porto Alegre: Síntese, 2000.

ZAVASCKI, Teori Albino. Antecipação da tutela e colisão de direitos fundamentais. In: *Reforma do Código de Processo Civil.* Coord. Sálvio de Figueiredo Teixeira. São Paulo: Saraiva, 1996.

Impressão e Acabamento
assahi
gráfica e editora ltda.